日本史研究叢刊 30

正倉院文書の歴史学・国語学的研究

解移牒案を読み解く

栄原永遠男 編

和泉書院

序――扉をすこし開けたこと――

本書は、解移牒会の討論の中から生れた論集である。解移牒会とは、事務運営の必要から作成された長大な文書ファイル（古代なので、長い巻物になっている）である解移牒符案の輪読会のことである。八年以上続いた解移牒会は、私にとって重要な意味を持っていた。そこで、この会の経緯を、私の個人的な事情と合わせて記すことをお許しいただきたい（解移牒会についての言及は、山下有美「写経所文書研究の展開と課題」『国立歴史民俗博物館研究紀要』一九二、二〇一四年十二月、にも見える）。

この会は、大阪市立大学における正倉院文書のゼミと密接な関係を持って成立した。栄原ゼミ自体については、別に記したことがある（栄原永遠男「大阪市立大学栄原ゼミにおける写経所文書研究」『国立歴史民俗博物館研究紀要』一九二、二〇一四年十二月）ので省略するが、一九八八年（昭和六十三）度にスタートし、二〇一三年（平成二十五）三月をもって終了した（全二十四年度）。

ゼミの終わりがしだいに近づいてくるなかで、二〇〇六年ごろからであったと思うが、ゼミ後をどうするのかということが話題にのぼるようになった。ゼミのメンバーの一部や、国語学・国文学の研究者との間で、正倉院文書にふくまれるいくつかの解移牒符案を読んでいきたいという声がだんだん大きくなっていった。私としても、大学を退職したあとも正倉院文書に触れる機会を持ちつづけたいという思いがあったので、こうした皆さんのお気持はとてもありがたかった。

解移牒会がスタートしたのは、私にとってまことに忘れがたい年であった。年が明けて二〇〇七年に入ると、二年間の文学研究科長・文学部長の任期終了まであと三か月である。それまでの重圧から疲労が鬱積している。一方で、指折り数えるようにして待ち望む責任からの解放の日が、すぐそこに見えるようでいながら、のろのろといつまでたっても近づいてこない焦燥感がつのる。このため、会の開始は任期が終わる四月以降にお願いせざるを得なかった。

そうしたなかで、親しい人や知りあいがつぎつぎと亡くなった。二月二日に学部時代からずっと一緒だった鎌田元一氏が亡くなり、三月十九日には正倉院文書研究の先達、岡藤良敬さんが逝かれた。四月には責任から解放されたが、反動で体調を崩した。それがようやく快方に向かった六月十二日、学生時代からお世話になりつづけてきた門脇禎二先生が亡くなられた。追いかけるように六月二十二日には先輩の野田嶺志さんが逝ってしまわれた。一方、歌木簡ということを考え付いて、その証拠を固めるために各地を調査してまわったのも、この頃がピークをなしていた。

解移牒会がスタートしたのは、そのさなかであった。第一回目は二〇〇七年五月二十六日（土）の午後二時から大阪市立大学文学部棟二三四室で行った。最初なので、渡部陽子さんに「解移牒符案について」という報告をしてもらい、天平宝字年間の五点の解移牒符案の概要を把握した。月一回のペースで行うこと、原則として土曜日の午後、ただし八月は休み、一つ読み上げるごとに打ち上げの懇親会をすることなどを決めたことが、この時のメモに残っている。

会の名称は、最初は「解移牒符案の会」とか「解移牒の会」とか定まらなかったが、やがて「解移牒会」で落ち着いた。一〇回目までは毎回担当者を決めていたが、その後、座った座席の順に左回りで一通ずつ読んでいく方式に変えた。このころ、月一回、土曜日の一四時から一八時ごろまで、途中休憩一回という方式がほぼ定まったと言える。

会場は、二〇一三年三月末における栄原の特任教授の任期切れまで、ずっと大阪市立大学文学部棟二三四室で行うことができた。しかし、四月以降は、会場の確保が問題となった。部屋さえあればよいというわけにはいかない。写真や『大日本古文書（編年）』『正倉院古文書影印集成』『正倉院文書目録』などの工具類が必要である。そんな場所を求めて奈良産業大学（現奈良学園大学）一号館、東大寺金鐘会館会議室Bなどを使用させていただいたが、最後は大阪市立大学文学部増築棟二六五室にたどり着いた。

この会は、参加者の専門が歴史学、国語学、国文学という複数分野にまたがっており、それぞれの専門の立場に立って読み、意見を出し合うところに大きな特色がある。お互いに思いがけない読みが出されて、刺激し合うことが多かった。

出席者に一通読んでいただいたあと、みなで議論する。簡単な文書だと思っても、たいていの場合、疑問が出されてすんなりとは読みこなせない。皆で考え込むことが多いので、毎回数通程度しか進まない。休憩の時間に皆さんが持ちよるお菓子類は、相当に疲れた頭脳の栄養補給に欠かせない。

私が毎回のように驚いたのは、国語学・国文学を専門とする方々の言葉・文字に対するこだわりである。最初のうちは「意味さえしっかり取れればいいんです」などとうそぶいていた。しかし、一つの言葉の用例を追いかけて、その言葉の持つニュアンスが明らかになっていくにつれて、字面に込められた書き手の感情（皮肉、揶揄、いけだか、優越、謙譲、卑屈、遠回し、なげやり、その他）が、時として浮かびあがってくることがある。そんな時はまさに感動的で、醍醐味を味わったようなとてもよい気分になる。「意味さえ取れれば……」などと言ったことを反省する。

解移牒符案は多くの断簡に分かれて残存している。まず、断簡ごとの接続情報をもとにして、本来の姿を復原し、それを一通ずつ読んでいくのである。解移牒符案は次の①〜⑤の五つで、類似の⑥がある。いずれも天平宝字年間のものである。

①　造東大寺司写経所公文案帳　　天平宝字二年六月～同三年七月　　八八通
②　御願経奉写等雑文案　　天平宝字四年二月～八月　　八一通
③　奉写一切経所解移牒案　　天平宝字五年正月～五月、九月　　五七通
④　造石山寺所解移牒符案　　天平宝字六年正月～同七年六月　　二一〇通
⑤　奉写二部大般若経所解移牒案　　天平宝字六年十二月～同八年十一月　　六七通
⑥　造石山寺所蓄貯継文　　天平宝字五年十二月～同六年十一月　　四六通

これらの輪読は、それぞれ次の期間に行った。費やした回数も合わせて記しておく。

①　二〇〇七年（平成十九）五月～二〇〇八年三月　　九回
②　二〇〇八年四月～同十二月　　八回
③　二〇〇九年一月～同七月　　六回
④　二〇〇九年九月～二〇一三年七月　　四〇回
⑤　二〇一三年九月～二〇一四年五月　　九回
⑥　二〇一四年六月～二〇一五年九月　　一三回　　合計八五回

これによると、④の造石山寺所解移牒符案が期間も回数もかなり多いことがわかる。貼り継がれている点数が多

いためであることはもちろんであるが、関係史料が多くあり、それを合わせて読まないと理解できないためでもある。一回の輪読会で読めた点数も他の半分強であった。

五つの解移牒符案をすべて輪読し終わったのを機に、栄原が論集の刊行を提案し、参加者の了承を得ることができた。これだけの時間とエネルギーを傾け、無数の新知見を得ることができたのであるから、それを形にして残したかったからである。論題は自由だが、解移牒符案に関する研究、もしくは解移牒符案を用いた研究、という限定を付けさせていただいた。

さいわい、参加者全員から投稿していただくことができた。その内容は、ご覧のように多彩だが、どの論文も、解移牒符案という長大帳簿に正面からとり組んでいる。その複雑な構造や性格、文書のやりとりの事情や背景を解き明かし、使用されている言葉の意味や文字の使用法を追究している。

解移牒符案の世界はまさに広大で、まだ多くの解明すべき問題を残しており、本書は、その世界の扉をほんのわずか開いたに過ぎない。本書であつかうことのできた分野以外にも、末端官僚制の機構や動態、所や荘の実態、事務書類や書状の作成や機能、労務管理、案主・雑使・工・仕丁などの労働実態、奈良と石山間の人の移動、書道、建築部材の確保・輸送・形状・名称、筆跡による書き手の弁別など、課題がいくらでも浮かんでくる。さまざまな専門分野からの研究が行われることにより、豊かな成果が約束されていると言って過言でない。

もとより本書で言及し得たことはごくわずかに過ぎない。もしもこのささやかな一冊になにがしかの意義があるとすれば、それは、そうした宝庫に分け入る扉を、ほんのすこし開けることができたことにあるのかも知れない。また、執筆者全員が、今後さらに追究を進めるスタートあるいは再スタートを切ったことにも留意したい。

なお、本書では、解移牒案と解移牒符案の両方の用語を用いている。④に符が含まれるが、それに留意するか、特殊なことと考えるかの違いであるので、統一しなかった。正倉院文書は、種別・帙巻・紙番号・表裏の別をたとえば続々修八ノ一九②裏のように示している。『大日本古文書（編年）』は、通例により大日古と略称し、その巻ページはただ一三ノ二四二のように表記している。本書中の正倉院文書の写真は、『正倉院古文書影印集成』（八木書店）およびマイクロフィルム焼付写真からの転載である（宮内庁正倉院事務所に届出済）。

最後に、会場と提供してくださった大阪市立大学、奈良学園大学、東大寺、および、かくも複雑で専門的な書物の刊行を、犠牲的精神からお引き受けいただいた和泉書院に心から感謝申しあげて、いささか異例の序を閉じさせていただく。

平成二十八年五月

栄原永遠男

目次

序――扉をすこし開けたこと――……栄原永遠男…一
天平宝字期の解移牒案について……山下有美…一
桴工達の訴え……中川ゆかり…八一
――下道主の文書作成の苦心――
正倉院文書における文末の「者」……桑原祐子…一二一
「并」字の使用法から文字の受容・展開を考える……方国花…一五七
――「並」「合」との比較から――

解移牒符案にみえる訂正方法とその記号について……井上　幸…一九九
正倉院文書における督促の表現……根来　麻子…二一三
――「怠延」を中心に――
古代日本独自の用法をもつ漢語……宮川　久美…二三五
――「返却」「却還」「還却」「解却」――
写経生の任用について……濱道　孝尚…二六五
正倉院文書にみえる浄衣……渡部　陽子…三〇三
天平初期の帳簿……栄原　永遠男…三三九
――解移牒符案の源流を求めて――
あとがき……桑原　祐子…三六九

天平宝字期の解移牒案について

山下　有美

はじめに

本稿は、天平宝字期（七五七〜七六四）の写経所文書に残る五通の解移牒案についての基礎的考察を行い、帳簿論として試みるものである。ここでいう解移牒案とは、次の五通である。

Ⅰ　造東大寺司写経所公文案帳　天平宝字二年六月
Ⅱ　「御願経奉写等雑文案」　天平宝字四年二月
Ⅲ　奉写一切経所解移牒案　天平宝字五年正月
Ⅳ　造石山寺所解移牒符案　天平宝字六年正月
Ⅴ　奉写二部大般若経解移牒案　天平宝字六年十二月

Ⅱを除く四通はいずれも東京大学史料編纂所の『正倉院文書目録』（以下『目録』（注1））による名称だが、Ⅱは『大日本古文書（編年）』の名称である。また、Ⅲ・Ⅳ・Ⅴにはそれぞれ題簽も残存しており、いずれもこの題名とは異なる。本稿では、これらの帳簿を総称する際には解移牒案と呼び、個々の帳簿を特定する時は「Ⅰの解移牒案」など呼ぶことにする。Ⅳについては符を含むので「Ⅳの解移牒符案」と呼ぶ。

さて、私はかつて東大寺写経所の内部構造と運営について考察した際に、(注2)解移牒案についても触れた。どのようなことを指摘したかを整理しておく。

まず、東大寺写経所では天平宝字二年（以下を宝字と略記）に別当制を導入した。写経所では宝字二年六月から造東大寺司主典安都雄足が別当として運営を差配し、別当のもとで案主や雑使が実務を担当した。(注3)安都雄足は宝字七年五月まで、その後判官葛井根道が七年十二月まで、宝字八年八月からは判官美努奥麻呂が写経所の別当であった。

別当には、その所が造東大寺司政所に出す文書を単独で発給できる権限があった。また造東大寺司の外部に出す文書には、別当の署のほかに造東大寺司官人一名の連署を必要とした。別当制は、それまで造東大寺司政所で決裁されていた事案の一部が管下の所内で行えるようにするための制度改革であった。

別当制の導入とともに写経所文書にも変化が現れた。それまでの写経所で書かれていた文書や帳簿に加えて、食物・銭の調達・運用に関する帳簿と解移牒案が作成されるようになったのである。食物や銭の出納も、別当制により各所内で決裁が可能になったために帳簿が作られた。また別当―案主間の事務連絡としての書状（牒や消息）は、別当と案主が離れた場所に居る場合に必要に応じて作られたものであり、これらが写経所文書中に含まれるようになった理由についても特に問題はない。

肝心の解移牒案については、拙著では「その名が示すように、発行文書の写し控えである」。そして「一部『不用』と書き込んだ案文や、修正のある文案も貼り継がれているが」とことわりつつ、「内容や発行主体で分類することもなく、日付順に並べたものである」と述べた。そして「具体的な内容よりも、発行したという事実を重視した」「文書の発行記録」と規定し、解移牒案が布施申請解案や告朔解案等の継文等と違う点については、公式令を参照して「発行文書を控えておくことが律令文書制の基本原則だった」と結論した。

正直、我ながら大雑把な捉え方であり、詰めの甘さは否定できない。でもそれは、私が解移牒会（解移牒案を読む会）に参加して、解移牒案の文書を一点ずつ丁寧に、写真の観察や原本調査の情報を最大限取り入れ、一字もおろそかにしない訓読と解釈を、国語・国文学の研究者の方々と共同で学んだ今だから言えることである。そこで、自分自身の過去の研究を再検討する必要をひしと感じ、「宝字期の解移牒案とは何か」を一から問うてみることにした。

その際、素人が安易に手を出すべきではない筆跡の問題を避けて通れないことに気づいた。(注4) 本稿では紙数の関係もあるので、五通の解移牒案の全体像と筆跡についての完璧なデータを示すことはできない。必要最小限の調査データを添えた各解移牒案の表を稿末に提示する（表Ⅰ～Ⅴ）。

ここで分析視角について二点、記しておく。まず、今触れた書き手の問題である。解移牒案を書いたのは誰かがここでは問題となる。解移牒案所載の各文書の署名者のことではない。日下の署名をした人物が解移牒案も書いているのであれば書き手の特定はたやすいが、そうでないものも多い。本来なら、筆跡の一つ一つについて誰のものであるかを、複数の事例を出して証明しなければならないが、紙数の関係上、別の機会に譲る。また、現段階で筆跡を特定できないものもあるが、それは不明のまま扱うこととした。

なお筆跡の特定について、私は写経所文書のような事務用帳簿や文書・伝票の場合、いくつかの文字を取り出して、一文字ずつ比較する方法だけでは十分ではないと考える。それは次に述べるような、書き記す時の意図（清書か下書きか写しか）や時間（急いでいるかゆとりがあるか）や紙面の使い方など、様々な要因が絡み、同一人物でも異なる筆跡を残している場合があるからである。文字の比較とともに、全体的な書き癖、雰囲気なども、筆跡特定では決め手となる場合がおおいにあることを付言しておく。稿末にはⅠ～Ⅴの解移牒案の書き手の筆跡をサンプルとして写真掲載したので、適宜参照していただければ幸いである。

もう一点は、下書きなのか、それとも写しなのかという問題である。文字の書き方や訂正の仕方などから、ある程度推測できる。楷書で書式・字配りにも配慮した筆跡は、それが正文や「本案」として書こうとしたことを意味する。しかし、何らかの理由で正文にも本案にもなり得ず、解移牒案に転用したという類のものもある。このようなものは「案文転用」（まれに正文転用）として表に示した。ここで「本案」について一言しておく。『令集解』公式令案成条の「古記」に「案成。謂他司来公文并本司本案、皆名案成也」（傍点筆者）とあり、本稿では発給した官司（本司）で保存する案文（正式の控え）を「本案」と呼ぶことにする。

下書きか写しか、判断にとまどうものもある。そこで、次のような基準を自分なりに設けた。[注5] まず、文字が粗雑で、著しい訂正のあるものを「下書き」とした。この場合の訂正は、数量・人名・物品名等の明白な誤りを正すもの、文章表現を大幅に書きかえるもの、字配り・位置・書式を適切な状態に直すものをいう。このような訂正は、誤った箇所に線を引いたり丸で囲んだり、文字を正しい位置に線を引いて示したり、かなり目立つ形で訂正行為が文面に残る。こうした痕跡があれば下書きと判断してよかろう。初めは写しとして書いたとしても、発給前に突然の訂正が入ることもある。そうすれば解移牒案のほうも訂正しておく必要がある。そうしたものも下書きの範囲内に入れた。

次に、文面に全く訂正がなく、つらつらと流暢に書いたものを「写し」とした。後述するように、写しながら書き間違いに気づき、すぐに直すこともしばしばある。この場合、転倒符・小字挿入・擦り消して書き直すなど、あまり目立たないように訂正している点がポイントである。また写しの場合、紙面を有効に使おうという意識が働く。たぶん正文・本案では、一条につき一行の箇条書きであるものを、解移牒案では余白の無駄を省くため、一行に二条分写すこともある。さらに写しの場合、複数の文書をまとめて写す傾向もうかがえる。その場合、前の文書の日付・署名部分が後の文書の冒頭部分とほとんど同じ行に書かれることもある。署名についても、正文や本案では二人署名する時は一行ずつ定位置に書くはずであるが、解移牒案では一行の上下に二名の署名を書いたものがある。いずれも紙面を節約するために、ぎゅうぎゅう詰めで写したものとみられる。正文・本案（またはそれと同文の案文）が完成した後に解移牒案に文面を写したと判断できるものを「写し」とした。

下書きと写しの見分けが容易でないものには次のようなものがある、たとえば全く訂正する必要がない下書きもある。また、擦り消して書き直した、転倒符をつけた、小さい字で文の右側に書き入れた、このような訂正は写しながら気づいての訂正か、それとも下書きに対する訂正か判断しかねる。これらは、前後の状況や筆跡等から総体的に判断するよう心がけた。甚だ心許ない判定基準ではあるが、必要不可欠な分析視角であると思うので、思い切って判断してみたが、決して絶対的なものではないことをあらかじめ断っておく。

なお、五通の解移牒案の復原について、Ⅰ・Ⅱ・Ⅲ・Ⅴは山本幸男氏によって（注6）、Ⅳは岡藤良敬氏によって（注7）それぞれ整理されたものを参考に、その後の研究や、『目録』の接続情報などにより、栄原永遠男氏が復原したものを解移牒会で使用した。本稿では解移牒会での復原史料とその番号をそのまま用いることとする。

一　Ⅰ　宝字二年六月の解移牒案（造東大寺司写経所公文案帳）の検討（表Ⅰ）

この解移牒案はすべて一次文書として残存している。にもかかわらず、かなりの分量が残っている。なおかつⅠの解移牒案には、当初タイトルが付けられる予定だったことがわかる。それは、Ⅰの冒頭の造東大寺司牒（①、稿末表Ⅰの番号、以下同じ）とほぼ同文の文書案（続々修八ノ一九[2]裏、一三ノ二四二〜二四三）（注8）が一次文書として残っているからである。こちらの造東大寺司牒には「次官正五位下高麗朝臣」という位署がないだけで、あとは同文である。右端にやや余白があり、そこに「写千巻経所移牒案　天平宝字二年六月廿一日」というタイトルが書かれている。当初はこの造東大寺司牒をＩの解移牒案の冒頭にする予定であったが、これよりも、次官の連署を備え文字も整った①を最終的に解移牒案として残すことにしたのだろう。この造東大寺司牒は廃棄後すぐに背面を写千巻経所食物用帳（一三ノ二八四～三一七）に二次利用された。

1　書かれた文書の発給主体と宛先

Ｉの解移牒案に書かれた文書の発給主体は、造東大寺司、東大寺写経所である。これらはすべて造東大寺司の外部に宛てた文書であり、日下に「主典正八位上安都宿祢」の署名を予定したもの、あるいは自署したものである。たまに東大寺・東寺と寺名のみを発給主体としたものもあるが、これも同類とみてよい。

自署のある文書は、正文または本案のつもりで書かれたものであろう。丁寧な楷書で、書式・字配りにも細心の注意を払って書いたものの、何かの事情で最終的に本案にもならなかったため、解移牒案として利用された。この時期の外部宛ての文書には、日下に主典安都雄足が署名し、次官高麗大山の連署を必要とした。安都雄足の自署があって高麗大山の自署がない案文は、大山が署名する段階で発給には至らず、廃棄になったということである。こういうものが案文転用で、Ｉの解移牒案は冒頭から案文転用である。なお、高麗大山が自署した文書が一点だけある（⑧稿末写真参照）。それは正文で、東大寺から藤原仲麻呂のところに安都雄足が経典を奉請し、その際に「即日内相大主御覧既畢、但経実者少僧都所勘奉納、受舎人和久土作　使雄足」と、雄足が文書のオクに書き込み、写経所に持って帰ってきた。このような正文の転用は解移牒案ではごくまれである。

発給主体に話を戻すと、造東大寺司内に留まる写経所解（㊷・写書所解（54・84）が、全体のボリュームからみればごくわずかだが存在する。発給主体を明記していない67～70も同類であろう。

そしてＩに特徴的なのは、発給主体が造東大寺司や東大寺写経所ではないもの、つまり他から来た文書を多数含んでいることである。山階寺三綱牒など、他から来た文書は全部で二二点確認でき、全体の約四分の一を占める。それらは前後に貼り継がれた造東大寺司や東大寺写経所発給文書と内容的な関連から貼り継がれたと考えられる。

さらにこの解移牒案には文書ではないものが含まれている。「考唱不参歴名」(注9)㊻と呼ばれるメモ、「経所雑物見」(71)・(86)や「奉写先経料銭散」(72)というタイトルのあるメモ、タイトルはないが雑物を書き上げたメモ(73)などである。明らかに別当—案主間の連絡用メモといえる。経所案主宛ての安都雄足牒の正文(85)もこれに類する。

2　書き手の変化と解移牒案のもつ意味

Ⅰにおけるこのような多様性は書き手の変化に連動する。造東大寺司の外部宛ての文書には主典安都雄足が日下に署名をするが、実際に文書を作成するのは雄足のもとで働いた案主である。したがって、日下の署名者が解移牒案の書き手と直接結びつかない。だが、同時期の他帳簿でこの時期の案主名と筆跡は確認できる。これらを参照して、表Ⅰの書き手の欄を埋めてみたが、どうしても不明な筆跡もある。

他から来た文書は考察の対象からはずし、この解移牒案の書き手のみに注目すると、大まかに次の三人の書き手と時期に分けられる。

まず、宝字二年六月の冒頭から八月頃までは、案主建部広足が書いている。冒頭①は案主建部広足が書いた案文転用で、その文字の美しさは、建部広足が天平初年から皇后宮職系統写経機構の経師であることに由来するのであろう。前述した正文転用⑧や他の案文転用(⑤・⑨・⑬・⑭・㉑・㉒)など、この時期の解移牒案には案文(正文)転用が多い。転用した案文の余白を利用して書いたのが建部広足の下書きである。⑤は雄足の自署がある整った文書であるが、次官高麗大山の連署をもらう際に訂正が入り、建部広足が指示通りに自ら訂正し、解移牒案に転用したものだろう。この時期の⑫の筆跡は建部広足のものではない。確証はないが、同時期の案主である佐伯里足ではないかと思われる。

文書の作成に慣れていたとみられる建部広足が書き始めた時のⅠの解移牒案は、造東大寺司外部に宛てられた発給文書を記録しておくために作成されたものだった。これは解移牒案の本質的機能なのではないか。

次に、宝字二年九月～十一月二十九日までは、別当安都雄足が自ら書いたものが多い。建部広足のあと、佐伯里足の下書き㉖・㉗をはさみ、九月下旬から十月上旬まで、安都雄足が自分で書いたものが続く（㉘～㉟・㊲・㊵・㊶）。㉘はいたみが激しく不鮮明であるが、楷書で字配りにも気を使って書いている。にもかかわらず雄足自身が訂正を加えている。別当は、東大寺写経所の発給文書に責任をもつ立場上、下書きや案文に自ら筆をとり訂正することもあった。㉗は佐伯里足の下書きに雄足がみずから訂正を加えたものである（稿末写真参照）。たいていは別当の口頭の指示を受けて案主が自分で訂正する。Ⅰの解移牒案には、雄足が筆をとって直している事例があり興味深い。

宝字二年九月末から十二月二十五日までは案主上馬養も解移牒案を書く。雄足と時期が重なるが、これには意味がある。上馬養が最初に書いた㊳は写しである。推測でしかないが、上馬養はこのときはまだ文書の作成に不慣れだったので、はじめは「写す」ことを雄足から命じられたのではないか。上馬養が書いたものに写しが多いのも、そのような事情だからではないか。また、九月末以降は上馬養と雄足がかわるがわる書いている。そして(53)は上馬養が書いた下書きに、雄足が自らの筆で訂正したものである（稿末写真参照）。このように、上馬養は別当雄足から、解移牒案を通じて文書作成能力を習得する機会を得ていたのではないか。雄足の立場よりすれば、案主に対する教育の場でもあったということである。

さらに(67)～(73)および(74)－2は上馬養が自署しているが文書形式をもたない。(86)も同様で、これらは雄足への報告を目的としたメモと思われる。このような状況の下で、雄足が経所案主に出した牒（㉟）が貼り継がれる。まさにこの時の解移牒案は、上馬養と別当雄足の二人が共有する帳簿だったといえよう。それゆえ、別当―案主間の事務連絡的機能を備えるようになり、後日の追記や物品名への合点なども、必要に応じて書き込むようになった。それに加えて、造東大寺司内に留まる文書も書き写すことになり、それが上日報告であったことは、Ⅱ以降の解移牒案にも影響を与えた。

このあと、少し年月をあけて宝字三年四月と七月の文書（87・88）が最後に二通ある。書き手は一通は案主上馬養、もう一通は案主他田水主である。案主としての経験は馬養よりも浅い他田水主の関与は、Ⅱの解移牒案でも補助的位置にとどまる。

さらに興味深いことに、⑩〜⑬には⑧・⑨の文字が左文字で裏に映っていることが『目録』から知られる。このことは、解移牒案の⑤〜⑨の断簡と⑩〜⑬の断簡は、重ねて保管されていた時期があるということを物語る。（注10）一次文書として残ったⅠの解移牒案はいつどのようにして継文にされたのか、全体で一巻をなしていたのか、それともいくつかの継文に分かれて存在していたのか、これら基本的なことは現状では不明である。そして、Ⅰの解移牒案の最も遅い日付が宝字三年七月で、二次利用された最も早い時期が宝字四年二月であるということは、Ⅰを長く保存しようという意識はなかったということを意味する。

3　内容に注目して

解移牒案に書かれている発給文書の内容について検討する。Ⅰ〜Ⅴの解移牒案全体を見渡せるように、個々の内容をグルーピングし、各解移牒案での有無を示した一覧表（表A）を作ってみた。毎月定期的に発給する文書がある場合も表に示した。

Ⅰの解移牒案は、発給文書六〇点のうち、五七点が造東大寺司の外部に宛てた文書である。Ⅰが外部に出す文書の記録というところから出発した帳簿だということがわかる。しかし、残る三点は造東大寺司政所に提出した文書であった。このうち注目したいのは、造東大寺司所属の舎人等の毎月の上日報告である。上馬養と安都雄足が署名

表Ａ　解移牒案に書かれる文書の内容

内　　容	Ⅰ	Ⅱ	Ⅲ	Ⅳ	Ⅴ-1	Ⅴ-2	備　考
雑物（写経・造営用）・銭（要劇銭）の申請・返上、用残報告、用度申請	○	○	○	○	○	○	Ⅳで要劇銭申請、Ⅳの用度申請は鏡
食料の申請・返上、用残報告	○	○	◎	○	×	×	Ⅳで雇夫役夫雑工の食料申請
写経生・工人等の申請・返上、他司への不参状や上日・行事報告	○	○	○	○	○	○	Ⅲでは竪子・召継、Ⅴでは雇女
経典（仏像）の奉請	○	○	○	○	×	×	
造東大寺司所属員（別当・領・舎人・装潢・工人等）の上日報告（毎月）	◎	◎	×	◎	◎	◎	Ⅲは装束司管下なので×
布施申請	×	○	○	×	×	○	
仕丁の粮や養物の申請（毎月）、逃亡替申請、返上	×	◎	◎	◎	×	◎	Ⅲでは火頭と仕丁
雇人の功銭申請（毎月）	×	◎	○	×	×	×	
消息（別当・案主間の連絡も含む）	○	×	○	○	×	×	
送り状	×	○	○	○	×	×	
他から来た文書	○	×	×	○	×	×	Ⅳでは近江国・愛智郡司関係写し

凡例）・Ⅰ・Ⅱ・Ⅲ・Ⅳ・ⅤはそれぞれのI解移牒案、Ⅴ-1、Ⅴ-2はⅤの解移牒案の第一期、第二期を示す。
・○は書かれている、◎は一部定期的に書かれているものもある、×は書かれていないことを示す。
・Ⅳにおける造営・作材・壊漕関係については割愛した。

しており、十月と十一月の二通だけ書かれている。おそらく、六月以降毎月このような上日報告は出されていたはずだが、上馬養が解移牒案を書くようになって、このような上日報告も解移牒案に書いておくことにしたのであろう。表Aで明らかなように、造東大寺司内の上日報告はこのあとの解移牒案に受け継がれていく。

また、Ⅰの解移牒案には、当然作られたはずの布施申請解は一つも含まれていなかった。ということは、解移牒案には、写経所が発給した文書すべてを書かなければならないといったきまりはなかったということである。解移牒案には、書き手の恣意的な意図が大きく影響していたのであろう。

二　Ⅱ　宝字四年二月の解移牒案（「御願経奉写等雑文案」）の検討（表Ⅱ）

1　構成からみた特徴

Ⅱの解移牒案は現状では続々修一八ノ六全一巻で四断簡よりなる。

続々修一八ノ六　断簡①　[1]のみ
断簡②　[2]〜[57]
断簡③　[58]・[59]
断簡④　[60]・[61]

断簡②③④の背面はⅠの解移牒案の一部である。背面が空白（一部空白でないものもある）であることに着目し、Ⅰをひっくり返して右端から用いたのである。注目したいのは断簡①[1]が案文転用だということである。これには文書形式を現す語句は無く、上馬養が書いたものであろう。Ⅰの解移牒案と同様、案文転用を解移牒案の冒頭とし、そのあとにⅠの背面（断簡②）をまず貼り継いだ。これがⅡの解移牒案スタート時の姿である。断簡②は紙五六枚分の長さであるから、Ⅱは断簡②に次々に書き込んでいこうという趣旨で始められたと考えられる。断簡③・断簡

④はいずれも二紙ずつである。Ⅱの解移牒案の最後のほうになって、紙の不足分を二度補って現状のようになったのであろう。したがって、続々修十八ノ六の現状が、Ⅱの解移牒案の原状であると判断できよう。

このように、ⅡはⅠをひっくり返して右から左へと書き継いだ解移牒案である。Ⅰの背面はすべてが空白ではなく、数は少ないが一部に宝字二年に書かれ廃棄された文書や帳簿も存在する。だが、Ⅱの解移牒案を書く際に、それらを切り取るのでもなく、墨で消すのでもなく、そのままその部分を飛ばして書き継いでいる。こうした使い方は他にあまり例をみないのではないか。Ⅱの解移牒案が、誰かの点検を受けるようなものではなく、別当と案主が共同で使用するものなので、使用者間で了解していればこうした使い方も許容範囲だったのだろう。

2　発給主体と書き手の変化

Ⅱの解移牒案は、すべて造東大寺司・写経所の発給文書であり、他から来た文書はない。発給文書のうち、造東大寺司の外部に出すものが三六点、造東大寺司内で完結するものが三二点である。その割合は五分五分で、Ⅰとは著しく異なる。また、特別に東塔所解が三点（㉘・㉛・㉝、稿末表Ⅱの番号、以下同じ）混じっている。これは安都雄足と上馬養が東塔所の別当・案主を兼ねており、内容が写経所施設に関することによる意図的な混入とみられる。

案主によるメモが混じっている点はⅠと同様であるが、驚くことにⅡには帳簿も含まれている。それは㊵で、「舎人等上日　天平宝字四年潤四月始如左」というタイトルのもと、四人（能登忍人・上馬養・小治田年足・吉志広人）の潤四月から九月までの上日を各月末に記録した帳簿である。二月の上日報告（能登忍人・後家川万呂・吉師広人）は⑤の経所解として書かれているが、三月・四月分はない。他司宛ての上日報告は毎月書いているが、造東大寺司政所に出すものは書いたり書かなかったりと不徹底であった。潤四月から上日帳を解移牒案内に書くことにしたのは、こうした不備をなくし、かつ毎月の造東大寺司政所宛ての上日報告を解移牒案に書くのを省略するためであろう。そうした便宜を図ったのも上馬養である。

では、断簡ごとに書き手を見ていく。先に触れたように、断簡①は上馬養が楷書で書いた案文転用である（①）。日付の後の「右於承前奉写経律用度、加今渡坐経巻、勘注進送如件、／東寺下任安都」（／は改行を示す。以下同じ）は、本案等に安都雄足が書いた追記を上馬養が写したものだろう。

断簡②は、②〜㊶（二月〜潤四月末）が案主上馬養のみ、㊷〜61（五月〜七月初旬）は、上馬養と案主小治田年足が、同じくらいの割合で書いている。この間、別当の安都雄足自身によるものが三点（㊼・㊽・56）ある。そのあと63〜72（七月中下旬）は安都雄足が書いたものが続く。上馬養は基本的に、断簡②の後半、安都雄足が主たる書き手となって以降は、解移牒案から離れている。

断簡③の74〜76（七月下旬）、断簡④の78〜81（七月末〜八月）の書き手は小治田年足である。同時期に他田水主の書いたものが73と77（七月二十六日・二十七日）の二点だけ含まれている。他田水主は、Ⅰでもそうだったが、臨時の書き手であろう。

このような書き手の変遷は、Ⅰの解移牒案でのあり方とよく似ている。Ⅱの解移牒案の最初が上馬養であることは、Ⅰの解移牒案を継承したものと思われる。上馬養の書いたものは下書きと写しが半々くらいである。このなかで㊻は全文抹消し、㊼としてあらためて書かれたものである。つまり上馬養の下書きに対して、人名や数量などが細かくチェックされているのである。チェックしたのは、発給文書に最終的な責任を負う安都雄足をおいてほかに考えられない。

そのあと五月から登場する案主小治田年足は、初めは写しが多かった。これはⅠにおける上馬養と同様、見習いの意味があるのではないか。この時期、上馬養が書いたものが全くない。おそらく造東大寺司内の他の所（たとえば東塔所）に赴くなどの理由で、不在だったのであろう。別当安都雄足は、馬養のかわりに小治田年足に文書作成の任を与え、解移牒案を書かせた。初めは、文書を写すことで文書作成に慣れさせたのだろう。六月半ばから七月には、安都雄足自身も解移牒案に下書きや写しを書く。そのあとは、小治田年足も写しだけでなく下書きも書くようになり、小治田が文書作成を担うようになった。文書作成ができて初めて文字通り一人前の案主となるのであろう。

はじめから反故紙の継文を右から左へひたすら書き継いでいったⅡの解移牒案のあり方から考えると、Ⅱの解移牒案は、まさしく案主と別当のノートとしての機能を持ったと言えよう。上馬養のノートから次第に小治田年足のノートへと、ノートのあるじは時期により変化しつつも、別当と案主が共有する帳簿であったことには変わりはない。Ⅰの解移牒案の背面を二次利用する際に、背面のⅠも参照したのかもしれない。

別当は発給文書の責任がある以上、かならず案主の作成した文書をチェックし、必要があればまずは口頭で訂正を指示する。案主はそれをもとに訂正するが、案主も自分たちで人名や数量を確認する努力は当然したであろう。だから、案主が自分で気づいて訂正することも多々あったと思われる。訂正の後、その時の状況に応じて、再度下書きをするか、正文と本案の作成に取りかかる。正文と本案には日下に別当雄足の署名をもらう。ここまでが案主の仕事で、連署に造東大寺司官人の署をもらうのは、別当雄足の仕事であったと思われる。文書発給までには、このように多段階の工程を踏まねばならない。いかに別当の意に添った草案を作れるかが、案主として問われる能力だったにちがいない。

3　内容について

前掲の表Aを見てもわかるように、Ⅰの解移牒案と大きく違う点が三つある。一つは、他から来た文書がないことである。これは、解移牒案の作成方針が大きく変わったことによる。

二点目は、仕丁についての文書がⅡで初めて登場したことである。五月から、仕丁の粮を前月の上日状況に基づいて申請する文書が毎月発給されたほか、逃亡についても報告され、Ⅱに書かれた。同じ五月から、雇人の功銭を毎月申請する文書もⅡには書かれた。これら毎月決まって出された文書は、自署の存在から小治田年足によって作成されていることがわかる。まず定型化された文書をつくるところから、文書作成を任されたのだろう。そして仕丁や雇人についての文書を解移牒案に書くこと自体が、小治田年足の発想だったのではないか。

三点目は、造東大寺司政所宛ての文書が、Ⅰに比べて相対的に多いということである。そのなかには布施申請が二点含まれている。⑧は印八麻中村宣による最勝王経・宝星陀羅尼経（浄衣も一緒に申請しており通常の布施申請とは異なる）、㉗は法華経の写経事業である。いずれも布施申請解案のいわゆる歴名部を省略したもので、この点については後述する。だが、この時期の重要な写経事業であった光明皇太后発願一切経や称讃浄土経の布施申請解はⅡの解移牒案には書かれていない。布施申請解を解移牒案に書くか否か、その基準のようなものはおそらくなかったのだろう。別当雄足の恣意的な判断で、⑧と㉗だけが書かれたのだろう。こうした点からも、解移牒案が別当と案主共有の文書作成用ノートとしての役割を持っていることがわかるのである。

三　Ⅲ　宝字五年正月の解移牒案（奉写一切経所解移牒案）（表Ⅲ）

Ⅲの解移牒案には題箋と表題がある。題箋は「五年正月／移牒案」と表裏に書かれ、右軸である（続々修三ノ四、一五ノ二）。表題は、続々修三ノ四[1]に書かれた「奉写一切経所移」である。これは文書の書き出しと見られないこともないが、宛て所が同じ行に書かれていない点が気になる。仮にそうだとしても、書き出しだけ書いたところでやめたので、紙を細く切って表題として利用したと解釈できないか。[1]と[2]との間に白い紙はないので、これが解移牒案作成当初時の姿である。題箋や表題の存在自体は、はじめから解移牒案を作るという意図の現れであり、

Ⅲの解移牒案には移と牒を主に書く予定で作り始められた。

1　発給主体と文書の署名者について

Ⅲの解移牒案は全部で五七点と短い。他から来た文書は一点もない。五七点中四五点は奉写一切経所の発給文書で、そのほとんどが解文である。題箋や表題にある移はひとつもない。また解などの文書形式が書いていないものもあり、それは経典奉請や銭の申請などの文書である。㉝と㊿（稿末表Ⅲの番号、以下同じ）は写一切経所とあって奉写一切経所ではないが、内容、署名者からみて奉写一切経所の文書とのちがいはない。

残りのうち四点（②・⑤・⑥・⑦）は奉写一切経所の上級官司である装束忌日御斎会司の牒である。奉写一切経所は実質的には東大寺写経所である。㉑「東大寺奉写一切経所」が「装束忌日御斎会奉写一切経所」と書きかえられていることに明らかなように、この時期、周忌斎一切経の書写を担った奉写一切経所は装束忌日御斎会司の指揮下に置かれていたのである。(注11) Ⅲの解移牒案には周忌斎一切経写経事業プロジェクトを進めた構成員として、坤宮少疏の池原粟守の連署を予定した文書が多数ある。一例だけ河内史生中臣丸連馬主（㉑。坤宮官に縁の深い人）も見られる。もちろん造東大寺司主典で東大寺写経所別当の安都雄足はこの写経事業の中心メンバーである。したがってこうした面々が署名する文書は、装束忌日御斎会司が外部に出すことを予定して書かれたといえよう。

実は、奉写一切経所の名で書かれた発給文書の中にも、装束忌日御斎会司の外部に出すことを意識した文書が多数ある。それは、坤宮少疏池原粟守の署名があるもののほかにも、別当の安都雄足の肩書きに「造東大寺司主典」（傍点筆者）と書かれたものが外部宛てと推定できる。このようにみると全五七点中少なくとも二六点は外部宛てである。そのほかに写経所案主である他田水主がわざわざ「坤宮舎人」という肩書きを冠している⑩も外部宛ての可能性がある。①・⑪には署名が全くないが、これはおそらく誰の署名が必要なのかが判らずに書かなかったためだろう。だがこれも外部宛ての可能性がある。これらを加えれば二九点、全体の半数以上が外部宛ての文書を書いた解移牒案なのである。この傾向はⅠやⅡを継承している。

さて、奉写一切経所の文書で日下に署名しているのは、別当造東大寺司主典安都雄足や複数の案主である。主な案主は小治田年足と上馬養の二人で、補佐として他田水主（⑩）と賀茂馬養（⑫は連署・㊽）がいる。特筆すべき日下の署名者は、造東大寺司の史生下道福麻呂である。もともと史生は「繕写公文」（浄書し複写し装丁する）、「行署文案」（主典以上の所に行って署名を取る）[注12]を職掌とする公文のエキスパートである。装束忌日御斎会司の結成にあたって、案主に加えて造東大寺司史生を構成員に入れたということであろう。奉写一切経所の組織強化がその目的である。史生は、職掌上文書を発給することはできないので、ここでの史生下道福麻呂の存在はあくまでも案主らの強力な助っ人、もっといえば案主らを指導する立場として写経所のメンバーに加わったのではないか。

Ⅲの解移牒案には、書き方の変わったものもある。㉖・㉗・㉘は、奉写経所が縄などを進上したことだけを、別当安都雄足と史生下道福麻呂の署名とともに書き写したものである。覚え書きのようでもあるが、実際にモノに付けられた送り状の写しではないかと思う。とすれば同様の書き方の㉛も、経所が縄を進上した時の送り状の写しであろう。

最後に㊽について。冒頭は「写経所」で始まり、一つ書きが三条ある文書は、写経所から装束司への報告書である。これはいわゆる消息と呼ばれる文書である。消息については後述する。

2　書き手と書かれ方の多様性

Ⅲの解移牒案の筆跡は多種多様である。それでも案主の他田水主・上馬養・小治田年足・賀茂馬養と史生下道福麻呂のいずれかが書いた可能性が高い。

Ⅲでは、Ⅰ・Ⅱで書き手の一人でもあった別当安都雄足は全く書いていない。雄足はⅠやⅡで解移牒案を案主たちの教育指導としても使っていた面があった。憶測に過ぎないが、Ⅲでは雄足自身の事情によりそれができないため、少しでも公文勘造に慣れた史生下道福麻呂をスタッフに加えたのではないか。

文書の下書きか、写しか、案文転用かについてもⅢは複雑である。①は他田水主の下書きであるが（稿末写真参照）、②は①の余白に上馬養が写したもので、これ以降、基本的に写しが多い。だが、明らかに下書きとわかるものがいくつかある。

まず⑪であるが、日付・署名を欠いており、明らかに途中で書きやめたと思われる文書の下書きである。⑪の書き手は、「堺料鹿毛筆…」までは他田水主と思われるが、「合請銭七貫…」以降は筆跡が変わっており、その書き手はわからない。これに数量や書式・字配りの訂正等を加えたのは案主小治田年足である。そして、これには銭の請け取りに関する後日の追記がある。また、賀茂馬養が書いた⑱にも訂正が著しく入っている（稿末写真参照）。㊾も他田水主が書いたものに対して、少しではあるが、数量の訂正のほかに書式・字配りの訂正など決定的な誤りが直されている。⑱や㊾を書いた賀茂馬養や他田水主は解移牒案の主たる書き手ではない。ということは文書作成にも不慣れである。それゆえ、⑱や㊾は訂正を前提とした下書きだとみるべきである。

以上の例は、案主といっても他田水主や賀茂馬養ら、公文作成には不慣れな者が、文書を作成しようと試みて解移牒案に下書きし、それに対して公文に習熟した小治田年足や史生下道福麻呂らが、おそらく書式等の訂正、数量チェックを行ったのだろう。文書作成チームとでもいうべき複数の案主と史生が、解移牒案を共有している様子がよくわかる。

Ⅲの解移牒案には案文転用もある。⑭・⑮・㉑・㊳は下道福麻呂の書いた案文の転用、㊼は小治田年足の書いた案文の転用である。特に㉑は整然とした楷書で丁寧に書かれたにも関わらず、発給主体と署名者の変更を余儀なくされ、そのために解移牒案に転用されたのであろう。

3　内容からみた独自性と解移牒案に書かれる布施申請解について

前掲表Aを見ると、他との大きな違いは二点ある。まず一点は、Ⅲの解移牒案には造東大寺司所属員の毎月の上日報告がないことである。これはこの時の写経所が装束忌日御斎会司の管下に置かれていたためであり、史生・案主らの月々の上日は、おそらく造東大寺司側の業務だったと考えられる。他司から来た装潢の長江田越麻呂（伊豆国史生）の全期間の上日・行事報告（55）は特例と思われる。

もう一点は、上級官司が装束忌日御斎会司であることに由来する内容だということである。たとえば、写経生や雑使は、竪子や召継として召集され、各人を経師・校生・雑使にあてがう（1）。また雑用を担う者は駈使として、左勇士衛火頭・坤宮仕丁・仁部祓出仕丁から召集され、「熟紙所・炊飯幷料理食所・経堂雑使・沸湯所・政所雑使」（3）や「経奉平・煮黄檗・採薪」（36）などの仕事に充てる。坤宮仕丁と左勇士衛火頭の養物は別々に申請された（18と19、40と41）。初めの頃は、養物申請の期間もまちまちであったが、次第に月ごとに申請するようになっていった（35・44）。また、周忌斎一切経に入れるべき経典の写経を追加する命令（42）、完成した一切経を東大寺から嶋院へ運ぶ際に必要な雑物の申請（49）も、Ⅲの解移牒案独自のものである。

そのほか、写経生らの食料も二月から五月まで毎月定期的に申請され、解移牒案に書かれた（16・30・46・53）。三月の申請解に対しては、物品のひとつひとつに朱点を打ち、チェックにも使われたことがわかる（30）。

さて、ここでⅢに含まれる「奉写一切経所解　申応給経師等布施物事」で始まる布施申請解（14）に注目したい。布施申請解案の歴名部が省略されることはⅡの解移牒案でも同じであるが、14は案文転用であることに注意すべきである。写真を観察すると、楷書で書式・字配り・行間等にも気を使いながら書いたものであることがわかる。四箇所の○囲みによる消去、一箇所の小字挿入（右側に小さく書き込む方法）などの訂正が見られる。擦り消して書き直した箇所もあるので、さらに訂正箇所は多かったのだろう。長いので、うしろのほうになると多少書体もくずれてくるが、一応最後まで書き上げ、文書の左側には余白もたっぷりと残してある。このような⑭は、本案として書かれたものとみなしてもいいのではないか。

私はこれまで、布施申請解案の歴名部の省略は、解移牒案に書く際にその部分を外したのだと思っていたが、⑭が案文転用であるということは、歴名部のない布施申請解案の本案が作られていたということを意味する。歴名部を含む布施申請解案は写経所で継文などの状態で保存し、布施支給の際のチェックに用いられる。では、歴名部のない布施申請解案の本案は何のために作られたのであろうか。

私は、この問題が解移牒案の本質を解くカギではないかと思う。というのは、造東大寺司外部に出す文書（Ⅲの場合は装束忌日御斎会司の外部に出す文書）の本案はどこで保存するか、という論点を導くからである。写経所関係の文書は写経所でしか書けない。だから写経所で正文も本案も書くが、そのあと造東大寺司官人の署名をもらう。そして、正文は使者に持たせ宛て所へ届け、本案は造東大寺司政所（Ⅲの場合は装束忌日御斎会司政所）で保存されるのだろう。その際、正文に書かれている歴名部は写経所で保管している布施申請解案にあって、写経所での布施支給の時に使用することがわかっており、そのために煩を避ける意味で本案では省略したのであろう。⑭からはそうした意図がうかがえる。とすれば、写経所で作成する解移牒案という帳簿は、上級官司政所で保存される本案の内容を、写経所でも、発給責任者である別当が、把握し保管するという機能を第一義的に持った帳簿なのではないだろうか。最初の解移牒案であるⅠで、造東大寺司の外部に宛てて出す文書が圧倒的に多かったということも、この推定を裏付けるだろう。Ⅱで、造東大寺司内に留まる文書が、上日報告、仕丁の粮や雇人の功銭申請を中心に書かれることになったのは、本来の解移牒案の機能に対し新たに付加されたものなのではないか。そしてⅠやⅡで顕著だった、別当が案主に文書作成を教育指導する側面は、Ⅲではほとんど把握できなかったが、これも別当と案主の間で生まれた副次的機能と位置づけるほうが適切であろう。

四　Ⅳ　宝字六年正月の解移牒符案（造石山寺所解移牒符案）（表Ⅳ）

いわゆる造石山寺所解移牒符案（Ⅳのみ解移牒符案と呼ぶ）は、中に書き込まれた文書等の数が二一六通あり、長大な帳簿である。巻物の軸には「解移牒符案」と書かれた題籤（続々修一八ノ三、一五ノ一三七）があり、帳簿の冒頭には同文の表題がある。この表題が示すように、Ⅳの解移牒符案には造石山寺所が出した符の占める割合が大きい。Ⅰ～Ⅲにはなかった特徴である。

ほとんどが造石山寺所ないし石山寺写経所（奉写石山院大般若経所）、そしてその上級官司である造東大寺司が発給した文書である。わずかの例外は、造石山寺所に来た一八通の愛智郡司解（⑲③～⑳⑩－1、稿末表Ⅳの番号、以下同じ）と、近江国から坂田郡司に来た符（⑧⑨）、近江国から愛智・坂田・高嶋郡司に来た符（⑩⑦）である。いずれも東大寺の封戸租米を造石山寺所で用いる関係で解移牒案に書き写されたのであって、原本を貼り継いだのではない。この点Ⅰとは異なる。特に一八通の愛智郡司解については、造石山寺所の案主下道主がその末尾に「以前、一百廿五石五斗自郡進上、解文副政所、進送已訖、仍具状、案取置如件」とこれを書き写した根拠を注記している（⑳⑩－2）。手元で保管していた一八通の愛智郡司解を造東大寺司政所に送るのでそのコピーとして書き写したのである。この点は、先に述べた解移牒案の本質的機能にも通じ、重要な論点であると思われる。

1　発給主体について

発給主体は大きく二つに分けられる。

(1)造石山寺所（作石山院所・石山院など）・東大寺造石山院所（造東大寺石山院所）

造石山寺所は、主に案主下道主が用いる書き方であり、上馬養は作石山院所と書くことが多い。「石山寺（石山院）をつくるところ」と呼んでいたのであろう。ここでは便宜上造石山寺所の表記を用いる。(176)の造寺所も造石山寺所のことであろう。

解・移・牒は造石山寺所という発給主体を明記するが、符は発給主体を書かず、単に「符」とのみ書く。[注13] 細かく見れば、宛先は山作所という機関ではなく、山作所の領、すなわち人物である。

発給主体に「石山院」と書いた文書は、造石山寺所を発給主体とする文書とどう違うのか。宝字六年三月二十五日(72)の石山院牒は因八麻中村宣による命令を安都雄足が書き、大僧都良弁の連署を予定したもの、[注14] 四月七日(84)の石山院とだけ書いた安都雄足の消息は、その中身が別広虫宣や笠命婦宣を通じた命令を含むものであり、どちらも特別な意味合いがあるといえばある。ただ、その後の石山院の解や牒は五月～六月に六点あるが、それらには造石山寺所ではなく石山院としなければならなかった理由は特に見当たらない。十月一日の鏡鋳料の灰の進上状(173)や十二月五日と八日の大般若経の奉請文(177)・(178)など、造石山寺所よりも石山院のほうが発給主体としてふさわしいといえるものもある。十一月三十日の仕丁の月養物を申請した文書(175)で発給主体となっている「石院務所」などは、造東大寺司政所側にわかればいいというくらいの認識であろう。僧等の署名の有無には意味があるが、造石山寺所と石山院という発給主体のちがいは、全体としてさほど留意されているとはいえない。

東大寺を冠した「東大寺造石山院所」を発給主体とするものは、主に近江国庁・愛智郡司・坂田郡司・高島郡司宛ての庸米・租米の請求・返抄等の文書である。六年七月の愛智郡司宛て返抄は「造石山院所返抄」であるが(143)、すでに造東大寺司との関係を示さなくても相手にわかると判断されたのだろう。[注15]

(2)奉写石山院大般若経所（奉写勅旨大般若経所・石山写経所など）

造石山寺所内に設けられた写経所の名称であるが、両者の間に所管―被管関係はない。勅旨による大般若経の写経事業が中心であったのでこの名がある。しかし、写経関係でなく、造石山寺所全体に関わる内容であってもこの名称を用いる場合がある。これについては後述する。

(1)・(2)以外には、造東大寺司（106）、司（114・144）、東大寺（78・81）といった、上級官司の造東大寺司を発給主体としたものが数点あるが、ⅠやⅡに比べれば少ない。Ⅳでは特別なものといえる。

また、書状形式で出された文書がいくつかある。大僧都良弁が造東大寺司に出した牒（14・21）や、鋳物師・勢田庄領・信楽殿壊運所等に宛てた牒（87・182・183・184）、これらは牒という書状であるが、内容は私的なものではない。安都雄足が奈良東大寺の写経所の案主他田水主と上馬養に宛てて出した「告」で始まる文書（8）、上院良弁宛ての「謹啓」で始まる消息（55）も同様である。

2　解移牒符案の書き手―下道主と上馬養―

書き手の大半は案主下道主である。そしてそのほとんどが完成した本案を写したものである。もう一人の書き手は上馬養で二六点を数えるが、発給文書全体の一三・七パーセントにすぎない。

造石山寺所解移牒符案の筆跡については、他の造石山寺所の帳簿も含めて行った山本幸男氏の先行研究がある。(注16)それによると、阿刀乙万呂が下道主の補佐役として各帳簿のかなりの部分を書いているらしい。しかし、山本氏が例としてすべての筆跡を具体的に明示したのは食物用帳だけであり、他の帳簿のついては判定結果のみを表に示しているだけである。この表によると解移牒符案にもかなりの割合で、むしろ他の帳簿よりも多い割合で、阿刀乙万呂が書いたことになっている。そこで山本氏の判定研究を踏まえて、私なりに筆跡の違いを検討してみた。だが、私の力不足のため、山本氏の判別が正しいかどうかを判断できないところが多い。たしかに、返抄の「抄」の字では、阿刀乙万呂の場合「抄」と点をつける癖があるとか（⑭、稿末写真参照）、奉写大般若経所の「般」の字を「盤」と間違える癖があるなど（51・102、稿末写真参照）、いくつかの違いを見いだすことはできる。しかし必ずしも山本氏のように、判然と区別することは私には不可能であった。それゆえ、稿末の表Ⅳには山本氏の判定結果を尊重し、「山本」欄をつくって表示し、今後山本氏のご教示を願おうと思う。私としてはあくまで下道主と上馬養の二人を書き手として論を進めていく。

この時期の下道主と上馬養は、石山寺造営ではほとんど一緒に所の運営に携わっているが、上馬養は石山寺での写経事業を担当したという点で、下道主との分担が見られる。だが解移牒符案の書き手としては、写経関係が上馬養でそれ以外は下道主、というような単純な分担はない。注目すべきは、上馬養が書いた箇所は、ある程度時期的にまとめられるという点である。下道主が不在である等の事情が関係しているのではないか。

上馬養が書いているのは、主に三つの時期である。一つは四月初めから二十日頃の一〇通（80・81・86・88・92・94～98）である。この中には因八麻中村宣による鏡の鋳造に関する文書が含まれているが、山作所領への符など石山寺造営関係の文書にも、領や案主として上馬養が署名した文書もあり、それを解移牒案に書き写している。二つ目は六月下旬の七通（135～140）で、石山院奉写大般若所の文書には担当者として上馬養が署名している。この時期、造石山寺所の文書で日下に下道主が署名し上馬養が連署したものが二例ある（138・139）。本来は下道主が文書を作成すべきところ、本人不在などの理由で上馬養が作成し、日下の署名を下道主とし、上馬養は連署したのではないか。三つ目は八月末から九月の前半までの八通（163～170）、うち六通が奉写大般若経所の文書であるため、上馬養が書いていると判断できる。「石山院奉造阿弥陀仏像并法華経一部用物事」（170）も寺の造営ではないので上馬養担当なのだろう。この三つの時期以外には、十月・十一月に三通ある（172・174・175）。

このように上馬養が解移牒符案に書いている時期は、上馬養担当の鏡の鋳造、写経や仏像の製作に関する文書が多く含まれ、それなりに上馬養が書く必然性がある。だがそれよりも、下道主の帳簿であるといっても過言ではない解移牒符案を、理由は定かではないが、下道主か別当雄足の指示によって上馬養が特定の期間だけ書くことになったのではないか。その理由とは何であろうか。

そこで、下道主と上馬養の造石山寺所における正月〜十月の上日数を解移牒符案に含まれる上日報告（これを上日文という）[注17]から調べてみた（表B）。

これによれば、上馬養が解移牒符案を書いていた四・六・八・九月は、下道主の上日・夕数は上馬養よりも少ない。逆に上馬養はほぼ毎日出勤していたか、九月の場合でも下道主より若干多い。上馬養が書き手となるのは、単純に考えて、下道主の不在が関係しているのではないか。

そこで造石山寺所の他の帳簿を調べてみた。上馬養だけが署名している日と、上馬養・下道主二人が署名している日を表Cに一覧した。造石山寺所の帳簿で上馬養だけが署名しているのは、四月五日〜二十日、六月四日〜二十一日、八月二十三日〜九月五日の三つの時期である。奉写大般若経所関係では八月十二日〜九月十七日である。これらの期間は、先にみた解移牒案における上馬養が書いている時期と一致する。署名からわかることは、この期間、造石山寺所には上馬養だけがおり、下道主はいなかったということである。そこで別当雄足が上馬養に、この期間の文書作成とすべての帳簿管理を指示したのであろう。

また、造石山寺所が造東大寺司に提出する毎月の上日文は、解移牒符案のなかに全部で一〇通ある（表B）。その発給主体に着目すると、正月から八月までは造石山寺所解として、九・十月は石山院奉写大般若経所として発給している。その内容は主典（安都雄足）、装潢能登忍人、領（上馬養・下道主・玉作子綿・三嶋・品遅石弓・工広道・弓削伯麻呂・阿刀乙麻呂・秦足人・道豊成）、長上船木宿奈麻呂・画師上楯麻呂・木工・鉄工・土工・仏工（木工以下名前省略）の上日・夕数の報告書である。このなかで正月から十月まですべてに上日があるのは、領の上馬養・下道

表B　Ⅳ造石山寺所解移牒符案にみえる毎月の上日（天平宝字６年）

	正月	2月	3月	4月	5月	6月	7月	8月	9月	10月
安都雄足	30／18	20／－	30／20	17／11	23／19	14／13	10／9	4／3	5／3	－
上馬養	7／6	30／－	23／20	28／27	22／21	30／29	5／4	29／28	17／16	29／28
下道主	15／14	29／－	30／29	19／18	25／28	23／20	29／28	20／19	15／14	25／24
史料番号	⑫	㉞	(71)	(100)	(131)	(139)	(156)	(163)	(171)	(174)

凡例）上日／夕の数。－は文書に書かれておらず不明。

表C　造石山寺所の帳簿で上馬養が署名している時期（月／日）

【造石山寺所の帳簿】

帳　簿	上馬養だけ署名	上馬養と下道主２人が署名
雑材并檜皮納帳	4/5～7、6/6～20	4/22・23
鉄充并作上	4/2・4/11・4/14・4/19・4/20、6/4～21	4/20又・4/21、7/2
銭用帳	4/7～20、6/5～20、8/23～9/5又	4/24、4/25又、8/10～19
銭用帳（案文）	4/9～20	
雑材用帳	4/6～20、6/6～19	6/26・27
雑物用帳	4/5又～20、6/4～18	4/21
食物用帳	4/5～20、6/5～19、8/23	2/11、4/21又～23、4/23又、4/24 6/20～21又、6/22、6/24、6/29又 8/11又、8/12～19
「雑様手実帳」	4/5・6・10・13・18	

注）銭用帳（案文）はすべて上馬養の署名で、廃棄され、下道主が改めて銭用帳を作り直した。

【奉写大般若経所の帳簿】

帳　簿	上馬養だけ署名	上馬養と下道主２人が署名
米売価銭用帳　第二帳	8/12～16、22～30、12/21	8/10、12又・15・16・24
経所食口始　八月	8/20又～9/17、10/19～11/26	8/12～20、10/8・10・12～18又

注）上記の各帳簿は岡藤良敬『造石山寺所関係文書・史料篇』（『福岡大学総合研究所報』100号別冊、1987年）によった。

主・弓削伯麻呂と装潢能登忍人だけであり、主典安都雄足は正月から九月までで、十月は造石山寺所では上日は把握されなかった。長上船木宿奈麻呂はじめ木工たちは正月から七月まで、他の鉄工・土工・仏工・画師は必要な期間だけ造東大寺司から造石山寺所に来て、ここで上日を把握された。人数や工人の種類などの違いはあるものの、造石山寺所が報告する毎月の上日文としての一貫性は正月から十月まで変わらない。それにもかかわらず、九月と十月の上日文が石山院奉写大般若経所として出されたのには、木工などの工人がいないことが関係しているのではないか。石山寺の造営は八月で終了しており、入れ替わるようにして写経所が動き始めたのである。しかし九月の上日文は日下に下道主が署名し、十月のほうは上馬養が日下に署名している。

こうしてみてくると、造石山寺所で下道主と上馬養はほとんど同じように領として造営事業や写経事業を運営し、文書作成や帳簿管理の面でもほとんど同じように仕事をしていたといえよう。造石山寺所が終わりに近づいた宝字六年十二月五日、安都雄足が下道主に宛てて出した消息がある（続々修四ノ二一裏②、五ノ二八九）。そのなかに大般若経についての指示のなかに、残った絁・布・銭等は上案主と共に勘知するよう命じた一条がある。これは残ったものについての指示であるが、雄足が現場にいない状況のもとでは、雑物や銭の管理は、下道主・上馬養の二人の共同管理を基本としていたのではないだろうか。造石山寺所の諸帳簿にも二人そろって署名したものが多々ある。

ただ、解移牒符案だけは、下道主が書いている箇所が圧倒的に多かった。それは下道主が解移牒案を預かっていたからであろう。造石山寺所が、所属の別当・長上・領や工人等の考中行事を報告した七月二十五日付け文書⒃のなかで、下道主には「勘作雑公文　告朔并解移類」が行事として列記されている。これに対し、上馬養にはそのような行事はカウントされていない。造石山寺所の発給文書を「勘作」する責任者は、造東大寺司政所の認めるところでは案主下道主だけだったということである。このような理由で下道主は解移牒符案を預かっていたのである。

さて別当安都雄足と下道主の関係に言及しておく。下道主は安都雄足に抜擢されて造石山寺所の案主（領）となった。雄足は造東大寺司政所に下道主を造石山寺所の案主とすることを申し出たが、政所はそれを許さなかった(注18)。それでも雄足が強引に下道主を案主として使ったので、しまいには政所も承認せざるをえなかったのだろう。結局、下道主は造石山寺所の開始当初から石山寺に身を置き、最後まで案主を務めた。前掲表Bで明らかなように、安都雄足は正月～三月は石山にいることが多かった。この時期の解移牒案をみると、雄足が日下に署名し、連署のない造石山寺所解が多い。ところが四月頃から、雄足は月の三分の二～半分くらいしか石山寺にいない。そして七月頃になると月の三分の一や、月に四、五日と、石山寺にいる期間はますます少なくなる。雄足が石山にいる日数が減るにつれ、次第に下道主が日下に署名し、すなわち文書を勘作し、雄足の連署を予定した造石山寺所解が多くなる。たとえば上日文でみると、正月（⑬）は雄足の日下の署名のみ、二月（㉞）は初め雄足が日下に署名していたが、それをわざわざ下道主に訂正した。二月の上日文は楷書で書かれた案文転用で、書いたのは下道主、署名を変更するよう命じたのはおそらく雄足であろう。そして三月以降の上日文はすべて下道主が日下に署名し雄足の連署を予定したものとなっている。上日文のこの変化は、安都雄足が下道主に文書の「勘作」を指導し、下道主が練達していったことを反映したものだと私は考えている。

また山作所領などに出す符についてはも、初見の正月二十三日の符（⑨）は、下道主・安都雄足ともに自署があり、端裏書きもある。文字はややくずれてはいるが楷書であることから、これは石山の解移牒符案ではめずらしい案文転用と判断できる。しかしその次の⑩の符からは下道主はとにかく写しに徹した。前の文書の日付・署名と次の文書の冒頭が重なって一行におさまるほど詰めて写されている。紙の使い方とも関係するが、下道主は紙を一枚ずつ貼り継いでは写し、その一枚には写せるだけ写した。スペースがなくなってくると字を小さくしてでも、この紙面にとにかくおさめるという意識が働いたことが見て取れる（㊳・㊴）。

下道主は皇后宮職舎人で天平十五年から校生となり、天平勝宝期には写経所の雑務も手伝う。宝字二年二月～四月には「算勘」（続々修四三ノ九裏②、四ノ二六六・続修二九⑤、四ノ二六八）として見えるので、文書作成よりも計算等に長けていたのかもしれない。しかし、宝字四年の法華寺作金堂所や作西院所では案主として、安都雄足のもとで造営事業を担当した。宝字五年十二月には従七位下（続修一八⑪、一三ノ一三二）、安都雄足よりも位階は上だったのである。こうした経歴から安都雄足が下道主を重用した理由が理解できる。だが、造東大寺司政所とのいざこざで、少なくとも宝字六年三月から八月の間は従八位上に降格しており、宝字七年二月に従七位下に戻っている。

いま上日文と符の事例をみてきた。安都雄足は、自分が石山にいる二、三ヶ月間は、下道主と共同で文書作成に携わったが、四月以降はほとんど下道主に任せるようになったのではないか。下道主は、造石山寺所に来る時点ですでにかなりの技量を持っていたようである。初めの二、三ヶ月間に雄足自身が作成した文書（署名を取る前の本案）を写すだけで、「勘作雑公文」を会得してしまったのであろう。

そして下道主は、その後も解移牒符案を書く時には写すことに徹する。字面を写すことに専心するあまり、字配りや書式、署名の位置が乱れることもある。書くスペースを省くよう努めた痕があちこちにうかがえる。急いで書いていることがわかるほど、文字は雑で小さく、つらつらと流れるように書いている。比較的きれいな字の写しもあるが（54・55・155）、その数は少ない。

このことに関連して、黒田洋子氏の次のような指摘を取り上げたい。(注19) ⑩の山作所の領玉作子綿等への符の中の一条で、別当安都雄足は「遣西院公文一巻、打紙卌枚　間々可写」と命じている。これを黒田氏は、公文類の書式を熟知していない領に、手本となる「西院公文一巻」を渡して「間々」に写させたと解釈した。公文一巻を写せば、相当学ぶことができるという意味であろう。打紙は新しい紙なので、単なる公文の勉強のためにそのような貴重な紙は使わないだろうと、私はかつて考えていた。だが、解移牒符案でも新しい紙を使用していることや、写す行為によって文書作成の技術等を身につけられるという側面に目を向ければ、黒田氏の見解は妥当なのではないか。よって私見を改めたいと思う。

ここで山本氏の見解にも触れておかなくてはならない。(注20) ⑩が出された宝字六年正月二十四日には、玉作子綿とともに阿刀乙万呂は田上山作所にいた。⑩で「西院公文」を写すように命じられたのは、具体的には阿刀乙万呂だった可能性がある。その真偽は不明だが、阿刀乙万呂はその後、⑲の二月四日には阿刀乙万呂に替えて道豊足を領として派遣すると伝えられ、乙万呂は予定通り二月六日には田上山作所から造石山院所に来たようである。山本説の通りならば、そのあと下道主のもとで乙万呂が活躍するということであろう。ただ下道主と阿刀乙万呂が過去に一緒に仕事をし、特別な信頼できる間柄だったかどうかは知り得ない。

しかし下道主が書いたものでも、写しではないものがある。案文転用が一点(⑨)、これについては、上日文と符のところで述べた通りである。下書きのように訂正の著しいものも五点あるが、これも全体からみればわずかである。⑪⑦は下道主が書いたものだが、文章のかなりの部分を訂正している。おそらく雄足のチェックを受けての訂正であろう。また⑭①も多数の訂正があるが、これは自分でチェックして翌日に出したことがわかる。⑮⑥の上日文も定型化したものなので、普通なら訂正が入るようなものではない。しかし文章を線で消したり木工の「夕」の数を勾点で消したり、こまごまと直している。雄足の指示に基づいた訂正としか考えられない。⑮⑥は初めは写しであっても、訂正が入ったので結果的に下書きとなってしまった。そしてこれをもとに正文や本案となる文書を書いたのではないか。⑰②も同じような性格のものである。⑱①の「造石山院牒　愛智郡司」は墨色の違う筆でほとんど全部訂正されている。墨色の違いが書き手の違いなのか、書いた時の違いなのかは判別できない。いずれにしても、あとからチェックして訂正したことには変わりない。

一方もう一人の書き手である上馬養も、原則としてできあがった文書を写しているが、案文転用が一点（㉞）、数量や文章、書式・字配りにまで訂正が入ったものがいくつかある。九月一日の⑯④は違う墨色で訂正されているし、九月二日の⑯⑤・⑯⑥・⑯⑦にも訂正が入っている。この箇所だけまとまって訂正が入っているので、背景に何か事情があるのだろう。

このように、案文転用や、写しでも結果的に下書きになってしまったものがあるが、全体からみればごく少数である。基本的にできあがった文書を写している点は、石山の解移牒符案の最大の特色といえよう。

3　内容について

造石山寺所解移牒符案には、他の解移牒案にはない三つの特徴がある。第一は、当然のことだが造営・建築関係の内容だということである。多種多様な工人・雑工・雇夫や、そして多種多様な材料の調達などは、写経所とは様相が全く異なる。

第二は造石山寺所管下の山作所の領宛ての符、すなわち山作所での「作物」についての命令指示が多いことである。材木の仕様を寸法・数量まで細かく指定したり、進行状況をこまめに把握して促したり、管理が行き届いている。それは造東大寺司と造石山寺所と山作所が、地理的に離れているからこそ、こうして文書による綿密な連絡を必要とした。また寺の造営ではないが鏡の鋳造に関連して、用度申請から鋳工・炭の手配などの文書も一三点含まれている。これは、安都雄足が鏡鋳造の担当となったことによるものであろう。

第三は、愛智郡の租米関係の文書である。(注21)造石山寺所の食料として東大寺封戸租米の一部を用いることになり、特に愛智郡の宝字四・五年の租米については、造石山寺所から直接愛智郡に請求することになった。ところが租米の進上が滞り、再三にわたる請求にもかかわらず、愛智郡側は少しずつしか進上しなかった。時には質の良くない米が混ざることもあった。結局、造石山寺所を閉める時点で、全量を収納できていなかった。下道主が解移牒符案の末尾に愛智郡司解一八通を写し取った経緯については前述のとおり、手元に証拠としてコピーを置いておく必要があると判断したからである。

だが、この三点の特徴を除けば、前掲表AのとおりⅠ～Ⅲの解移牒案の内容の範囲内におさまる。解移牒案に書くべき内容が次第に定着してきたと考えられる。

ただし、石山の解移牒符案にはもう一つ、案主や領の人事に関する内容が書かれている点も注意しなくてはならない。先に触れたように下道主の案主任用については、安都雄足と政所の間で意見が食い違っていた。ほかに玉作子綿（山作所領）と道豊足（領）も、すでに石山寺で働いている実態が先にあり、造東大寺司政所へは事後承諾であった。(注22) これらは通常であれば造東大寺司政所内での協議で済まされる問題であったろう。だが造石山寺所が奈良の造東大寺司政所から遠く離れているので、文書でのやりとりとなった。それに加え、安都雄足の強引さにも起因する。運営や作業効率を第一として、自分の意に添う人物を配下に置きたかった雄足は、文書で協議するしかなかったのである。

さらに、すでにⅠやⅡでも同様であったが、石山の解移牒符案でも造石山寺所の発給文書のすべてが書かれたわけではない。(注23) 写されていない文書の中には重要と思われるものも少なくない。たとえば造石山寺所関係の文書ばかりが集められている続修別集八を例にとってみよう。

続修別集八所収断簡（断簡④～⑥は省略、断簡①と断簡③は一次文書である）

断簡①造石山寺所牒　宝字六年三月十七日（五ノ一四三～四）道主と雄足自署あり

断簡②石山寺奉写大般若所牒　竪子所　宝字六年五月十四日（五ノ二三一～二）自署あり

〃　石山寺奉写大般若所牒　竪子所　宝字六年八月四日（一五ノ二三四～五）

断簡③石山院牒　造物所　宝字六年七月十八日（五ノ二五一～二五二）自署あり

このうち断簡①と断簡③は背面を解移牒符案として二次利用されている。どちらも自署のある文書であるが、発給前段で反故となったのだろう。しかし、①も③も解移牒符案にはない。また断簡②で、五月十四日の文書は見事な楷書で書かれた自署のある案文である。（注24）②は背面を使うことはなかったが、反故となった後も一応保管され、表側の余白に八月四日の文書が写された。断簡②のうち五月十四日の文書は解移牒符案(119)に写されているが、「止」という文字と大きな勾点によってこの文書の発給が中止されたことがわかる。しかし断簡②の余白に書かれた八月四日の文書は解移牒符案にはない。ほぼ同内容の文書でも、発給を一旦止めて、再度出した際に解移牒案に書き残す事例はⅡの解移牒案にはあった（㊻→㊼）。しかし、石山の解移牒符案ではそうしなかった。同様に、造石山寺所労劇文案（続修三七(3)、一五ノ二三五～二四〇・続修二九⑧裏、一五ノ二四一～二四二・続修二二⑧裏、一五ノ二四二）なども解移牒符案にあってもいいような重要な文書であるが、ない。

この数例以外にもまだ事例はたくさんあると思われるが、ここでは言及しない。このように解移牒符案には書かれていない造石山寺所の発給文書は、意外と数多く存在する。そういう目でもう一度解移牒符案を見てみると、たとえば先にあげた続修別集八断簡②の二通めが出された八月四日の前後は、一日と二十八日（(162)・(163)）しかない。この間二十日以上も文書が発給されなかったわけではなく、解移牒符案自体が一時期、書かれなかったとは考えられないか。このように解移牒符案には、必ず書くべき内容の文書は別として、そのほかは臨機応変に書き写していたのではないだろうか。

そういう意味では、解移牒符案に書き込まれた様々な追記も同様である。別当や案主らの覚え書以上の意味はなく、必要な時だけメモする。書いてすぐに追記をすることもあれば、物品を受け取った日に書き込むこともある。また解移牒符案には、いわゆる文書ではないものの写しが時々混じっている。たとえば、(93)は「一、新銭一百廿四文／右、去三月料要劇銭、進上如件」とだけ写したものである。また(139)－2も「又進上炭壱斛（中略）便経所借用　主典安都宿祢」とだけある。文書形式は書かれていないが、どちらも造東大寺司への進上文であり、おそらく銭や炭に付属して発給した送り状を写したのであろう。

他方(140)のように、仏工二人の上日を「右　依无送所　自上日帳書着此帳如件」として書いたものもある。上日帳から上日文を作る際に気づいたことを忘れないために書いたメモである。(155)－2も「一、自宇治進上文一紙　又返事自彼京於宇治所仰遣」という一つ書きである。直前の(154)が宇治より進上された桴工の功食料についての文書なので、その関連で書かれた覚書とわかる。

このように、書き手のその時々の都合や必要により書かれたものも解移牒符案には多々含まれている。もろもろの書き込み・後日の追記・覚書（メモ）の存在、そして書かれなかった発給文書の存在は、解移牒案の初めからもつ属性なのである。解移牒案に書くことが決まっている文書内容がある一方で、それ以外は、書き手である案主の、その時々の判断や裁量に任されていた。解移牒案はそうした性格を内在的にもった帳簿だといえよう。

4　消息について

消息はⅠとⅢにも一通ずつあったが、石山の解移牒符案には多数書き写されている。

まず、どういうものを消息と呼ぶのか。(55)は「謹啓　削(ママ)息事(注25)」で書き始められ、一つ書きで三箇条の事柄とそれに基づく食料の不足とそれによる雇役の困難、遅滞の旨を、案主下道主と主典安都雄足の名で出したものである。もう一通、(112)が「石山院解　中消息事」で始まり、雑工の返上に加えて七箇条の用件を、案主下と主典安都の名で出されている。このように、もろもろの事項、それは相手が知っておくべき進行状況や、こちらから知らせるべき事柄について、箇条書き等にして報告するものが消息とよばれるものである。

今、例にあげた二例は造石山寺所から造東大寺司政所へ、もっといえば別当安都雄足から造東大寺司政所への報告である。このような消息は、「消息」という言葉が文面になくても、内容と書き方からみてわかる。①・⑤・⑦・⑬・⑮・㉗・㊱・(55)・(69)・(84)・(112)・(126)がこの類である。

だが、案主から安都雄足へ、消息を出すこともあり、(141)・(169)がこれにあたる。(141)は案主下道主だけが署名しており、おそらく東大寺側にいる雄足への報告と解してよいだろう。(169)も「石山院奉写経所解　申削《ママ》息事」で始まり「以前五条事、附乙足、申送如件」で結び、上馬養が雄足に報告したものと思われる。

石山の解移牒符案にある消息は以上である。だが、解移牒符案のほかにも消息は残存している。「石山院申　解削《ママ》息事」（続々修一八ノ四[6]および裏[6]、一五ノ四五六、一五ノ二五七）は、表から書き始めて「又後在文、未可返見」と注意書きがあるように、裏返して書き継いだ珍しい紙の使い方をしているが、年月日も署名もないので、反故として残ったものだろう。だが、間違いなく石山院が良弁宣などを含む事柄を造東大寺司政所に伝えるための消息である。にもかかわらず、解移牒符案にはこれと同内容のものは残っていない。やはり消息にも、解移牒符案に書くものと書かないものがあったのだろう。

さらに、下道主啓（続修四九⑧(2)[10]、一六ノ二四～二五）のように、下道主が上馬養（道守）にあてて六箇条の内容を伝えたものも、消息と呼ばれていた。奥裏書に「借用銭并消息文進上道守所」（傍点筆者）と書かれていることから明白である。ちなみにこの文書は『目録』でも宝字六年と推定されており、造石山寺所関係であろう。このように案主同士の連絡も消息文であった。

以上、造石山寺所の解移牒符案について、様々な角度から検討してきた。この解移牒符案が下道主（一部上馬養）による写しによっておおかた成り立っているという点が、ⅠからⅢの解移牒案と比べて際立った特徴といえよう。

五 Ⅴ 宝字六年十二月の解移牒案（奉写二部大般若経解移牒案）（表Ⅴ）

この解移牒案には題箋がある。中央に「解移牒案」、右下に「二部般若」（もう一方の面は下部に「二部／般若」）と小さめの字で書かれ、側面に「宝字六年」と書かれた題箋である。帳簿冒頭にはタイトルはない。

一通目の宝字六年十二月二十一日の「奉写経所解」（①、稿末表Ⅴの番号、以下同じ）は日下に安都雄足の自署のある案文を転用したものである。雄足が自署した後に、細布の書き方や文章の直し、調を凡布に変えるなどの訂正が入り、案文転用となった。「司政所」という書き込みは宛先を示す。①と同じ紙の余白に②の十二月二十四日「奉写経所解」が書かれた。こちらは「少僧都所」と宛先が書き込まれている。②には訂正がなく、写しと思われ、その書き手はおそらく下道主であろう。

案文転用からはじまるのも、タイトルがないのもⅠ・Ⅱの解移牒案との共通点である（Ⅰは当初タイトルがあった）。

1 造石山寺所解移牒符案との関係

一通目が宝字六年十二月から始まるⅤの解移牒案は、時期的に造石山寺所解移牒符案と重なる。それだけでなく、石山関係のものも書かれている。そこでまず、造石山寺所がどのように収束していったか、Ⅳの解移牒案の宝字六年十二月末以降の部分を見ておきたい。

Ⅳの解移牒符案によれば、宝字六年十二月に石山院奉写大般若経所が残物を返却しており(180)、造石山寺所の写経所での写経事業が終わったことがわかる。これで造石山寺所でのすべての活動は終了し、造東大寺司へと引き上げる。

だが、Ⅳの解移牒符案は最終、宝字七年六月十六日まで書き継がれる。この間、解移牒符案には二つの問題に関連した文書が書き写された。一つは、未進の愛智郡租米の取り立てと収納⑱・⑱～⑲、もう一つは宝字七年二～三月の信楽殿壊漕に関連する米の充遣・銭の徴収（⑱～⑱）である。結局、愛智郡租米は未進分を残したまま、⑲でその用残が造東大寺司政所に報告されることになった。

ここで⑱に注目したい。「造石山院所牒」の右側に「東大寺」と書いてまた消しており、文章もすべて訂正され、検納した旨だけでなく、さらに残りの米を進上するよう命じる内容に書きかえられている。「東大寺」という文字がここに入ることについては、⑱・⑲・⑲の「東大寺（司）造石山院所牒（返抄）愛智郡司（等）」でも同じである。この時期の愛智郡司あてのすべての文書が、このような発給主体名であることには意味があろう。それは造石山寺所が発給主体でありながら、実際には造東大寺司から出しているからではないか。とすれば、⑱の潤十二月二十八日にはすでに造石山寺所の案主・別当も、他の造東大寺司所属の舎人らも造東大寺司側に帰ってきていることを表している。造石山寺所のいわゆる秋季告朔とよばれる宝字六年潤十二月二十九日付の決算書も、案主下道主と別当安都雄足は造東大寺司側で作成したのであった。その後、石山寺に放置してきた雑物が返上されたのは宝字七年五月六日とだいぶ遅れた（⑱）。いったん造東大寺司側に身を置き、造石山寺所の決算や新しい写経事業がすでに始まっている状況では、石山寺での残物の整理が遅れたのも当然と理解しうる。

このように、造石山寺所の残務整理や愛智郡司租米の収納・取り立ては、実際には造東大寺司にいる案主下道主と別当安都雄足によって行われ、造石山寺所解移牒符案にも必要に応じて文書が写された。それが書かれた場所は東大寺写経所であろう。すなわち、Ⅴの解移牒案が書かれた場所と同じところなのである。

このような事情により、ⅣとⅤとは、互いに時期も内容も重なっているのである。たとえばⅣの宝字七年五月六日「経所解」（⑱）は本来Ⅴに書かれるべき内容であろう。逆にⅣの造石山寺所解移牒符案に書かれるべき内容が

Ⅴにはいくつも見つけられる。潤十二月一日にまとめて書かれた⑧・⑨・⑩・⑪・⑫は、先に述べた造石山寺所の残務整理に関わる内容である。また潤十二月二十三日の⑮・⑯は石山院に放置してあった造寺料物の盗難に関わるものである。すでに別当も案主も造東大寺司側に来ているので、管理がゆきとどかなかったことは容易に推測される。これも造石山寺所関係なのではないか。さらに宝字七年正月二十六日の⑲と、二月十八日の㉓については、文書冒頭の「造東大寺司石山院所牒　愛智郡司」という書き方に注目したい。これは、先に触れたⅣの造石山寺所解移牒符案の⑱⑨〜⑲①（五〜六月）と同様であり、内容も未進分の租米の進上を催促するもので、Ⅳに書かれるほうが適切なものといえよう。これらはすべて下道主によって書かれたものである。同じ二月十八日付けの文書でも、「牒　岡田鋳物師王公所」、「符　猪名マ枚虫所」、「牒　信楽殿壊運所」⑱②〜⑱④はⅣに書き、「造東大寺司石山院所牒　愛智郡司」（㉓）はⅤに書いている。文書の日付の日が、解移牒案に書き写した日であるとは限らない。このような帳簿の使い分けにどのような意味があるのだろうか。

下道主の手元にはⅣとⅤの二つの解移牒案があった。発給文書のうち、写し置く必要があるものを、本来なら内容に応じてⅣとⅤに振り分けて書くべきであった。だが、以上のような混乱が生じてしまった。私は、下道主としては、どららでもいいから写しておけばそれでよいという意識だったのではないかと思っている。それほど解移牒案という帳簿が、写経所の事務局の中でも、柔軟に使うことが許される性格を帯びていたという印象を強くもっている。

2　別当安都雄足が写経所にいる時期（第一期）

Ⅴの解移牒案は「二部般若」(注26)と題籤に書かれているが、解移牒案自体は二部般若の写経事業が終わった後も続けて書かれている。二部般若は、宝字六年十二月十六日の小僧都慈訓宣により写経事業が始まった。案主下道主・上馬養が造石山寺所から戻ったばかりの頃である。これは仲麻呂派による写経事業だが、同時期には孝謙・道鏡派による十二灌頂経や仁王経疏の写経事業も東大寺写経所で行われていた。二部般若は宝字七年三月十日頃に書写が終わり、四月二十三日に決算報告され終了した。このあと、Ⅴの解移牒案で別当安都雄足の名が見えるのは㉜の七年五月十四日までで、この日より遅く別当雄足の存在をうかがわせる史料はない。

宝字二年より一貫して写経所の別当を務めてきた安都雄足がいる間（第一期）と、いなくなった後（第二期）で、解移牒案の様子が一変する。以下、発給主体・書き手・内容も含めて、この時期区分によって検討していく（前掲表Aを参照）。

第一期、すなわち別当安都雄足が写経所にいる間は、基本的にⅣの造石山寺所解移牒符案の性格を踏襲している。つまり、案主下道主が書いた写しが基本である。前述した造石山寺所関係のものを除くと、造東大寺司内にとどまる発給文書「経所解」は、料理供養に使う釜を請求した一例（④）を除き、すべて毎月の上日報告である。その他は造東大寺司の外部に宛てられた文書の写しで、経典の奉請、他司出向の写経生の上日文、浄衣の申請、雇女の申請などで、これらはⅠ～Ⅳと共通したものである。

しかし一方で特殊なものもある。東西市領等宛ての奉写経所解（③）、難波使杜下月足・弓削伯万呂等宛ての符（⑦）などがⅤに特有な内容である。写経事業の財政事情の影響とみられる。また、泉木屋領山辺公所宛ての奉写経所解（⑭）では紙打殿の屋根を葺くための材木を請求しており、長期間留守にしていた東大寺写経所の施設に修理が必要になったことを物語る。

さて、ここで造東大寺司政所への毎月の上日報告（上日文）について見ておく。宝字六年十二月から毎月の上日文が解移牒案に書かれており、表にしてみた（表D）。三月分は「上日送所未定」のメモが確認できるので、上日文そのものは直前の欠失部分にあったと推定される。

表D　宝字6～7年の上日文

	年.月.日	日下署名	連　署	備　考
⑤	宝字6.12.30	領下	主典安都宿祢	
⑰	宝字6.潤12.29	下	主典安都宿祢	
⑱	宝字6.潤12.29	下	主典安都宿祢	⑱は⑰で漏れ堕ちた分
㉑	宝字7.正.30	案主上	主典安都宿祢／案主下	後ろに「上日送所未知」メモあり
㉔	宝字7.2.30	領下	主典安都宿祢／案主上	後ろに「上日送所未定」メモあり
㉖	宝字7.3.25	なし	なし	「上日送所未定」メモのみ残存
㉘	宝字7.4.29	案主上	主典安都宿祢	後ろに「上日未定送所」メモあり
㉝	宝字7.5.29	下	上(「馬甘」は擦り消し)	

凡例）史料番号は表Ⅴによる。

㉔と㉕は断簡の切れ目で接続は確認できないが、内容的には欠失なくつながっていると判断できる。㉑・㉔・㉖・㉘それぞれには、上日文を送る宛先が未定のため、とりあえず解移牒案に書きとどめたメモがある。㉔の後ろは欠失しているため不明であるが、あとの㉑・㉖・㉘の次に書かれた㉒・㉗・㉙はいずれも御書所宛てに発給された上日文で、造東大寺司政所宛ての文書と同日付けである。

ここで㉝に注目したい。㉝には主典安都宿祢という連署がなく、下道主と上馬養の二人の案主が署名した上日文である。また㉝の次の㉞は宛先は書かれていないが、報告されている写経生からみて御書所宛ての上日文と判断できる。この上日文は宝字七年六月三日付で書かれ、日下に「案主散位従七位下下（道主）」、連署に「別当判官正六位上葛井連（根道）」が予定されている。つまり㉝で安都雄足の連署がなかったのは、この時すでに雄足が写経所別当を退いていたからだと判断できよう。雄足が別当として確認できる最後の史料は五月十四日であったので、そのあと㉝が書かれた五月二十九日より前には退いたことになる。造東大寺司外部に宛てる文書には、別当ないし造東大寺司官人の連署を必要とする。御書所宛ての㉞も、造東大寺司官人が連署して、本来㉝と同じ日に発給すべきものであった。それが、六月三日まで遅れたのは、新しい別当が決まっていなかったからではないか。

五月半ばの安都雄足の別当退任、その後、短期間ではあるが別当の不在をはさみ、六月に入ってやっと判官葛井根道の別当就任が決まった。この背景に、この時期の政権抗争の影響、二部般若の終了とともに雄足を写経所から遠ざける力が働いたと見るのは考え過ぎであろうか。

ともかくこの第一期は、下道主と上馬養の二人の案主と別当安都雄足のもとで写経所が運営され、Ⅴの解移牒案もこの二人の案主による写しを原則とした。Ⅴに含まれる九点の造石山寺所発給文書と写経所発給文書の両者合わせてみると、写しでないものは四点しかない。①が案文転用であるほか、㉓の下道主の書いた文書に対して安都雄足が訂正を入れたもの、㉗・㉘の上馬養の書いた文書に対して下道主が訂正を入れたものだけである。これはⅣの造石山寺所解移牒符案と同じメンバーによる、同じ方針のもとで作成されたからにほかならない。

第一期で一点注意しておく必要のあるものがある。⑬は土師名道が書いた経師の貢進文であり、写経所が受け取った文書である。前後が宝字六年潤十二月の文書であるのに、これは十二月二十三日付けで、日付からみてもこれだけ異質である。写経所の発給文書ではないので、Ⅴの解移牒案とは本来関係がない。なぜ⑬が解移牒案に含まれることになったのか。⑬貢進文の背面は、宝字六年十二月二十一日の雑物収納帳・銭用帳・用帳（続々修四ノ二一④・⑤、一六ノ八八～九〇）で、⑤の背面の貢進文は明らかに二次文書である。これが解移牒案に含まれることになった理由は、④と⑤はもともと貼り継がれており、背面に貢進文があっても、その余白がたっぷりとあることに注目し、貢進文の存在を無視して二次利用したからであろう。関係のない文面があっても気にせずに、余白だけを利用することはⅡの解移牒案にもあった。解移牒案が、書き手がわかりさえすればよいという性格を本質的に持っていることを、このような事実は示している。

3　雄足が写経所を去った後（第二期）

先に見たように㉝の時点ですでに安都雄足は写経所を去っていた。とすれば㉝からが第二期となる。宝字七年五月末から八年十一月末（66、67は後欠なので除く）、その次の後欠の経所解までが対象である。先に第二期には解移牒案の様相が一変すると述べた。何が変わるのかを整理してみよう。

第一に、主たる書き手が下道主から上馬養に変わった。33・34の二通だけは下道主が書き写しているが、35からはほとんど上馬養が書いている。これは文書の署名も同じで、造東大寺司内に留まる「経所解」は一例の例外を除き、日下に上馬養が署名している。このことは下道主が写経所の案主を退いたことを意味するだろう。例外とは37であるが、これも「仕丁小子部船公（上日廾九）」という書き込みと「七年八月廾九日能登」の筆跡が同じなので、37の本体は上馬養が書き、それに仕丁の上日を書き加えるように上馬養が能登忍人に指示し、このような異筆の書き込みと署名がなされたのであろう。

第二に、個々の文書の署名者が変わった。造東大寺司内に留まる「経所解」も宝字八年六月末の47までは日下の上馬養だけであったが、八月の48以降は日下の上馬養に加えて、史生土師家守が連署予定、十一月二十九日の62からは日下の上馬養、土師と案主建部広足の三名の連署が予定されるようになった。一方、造東大寺司外部宛ての文書の署名者も変わる。これには二つの型がある。一つは、宝字八年十月三日の四通の「造東大寺司移」（51〜54）、56の「造東大寺司牒」には、日下に主典志斐麻呂の署名、そして連署は判官従五位下美努連奥麻呂である。もう一つの型は59・60の「造東寺司」ではじまる文書で、判官従五位下佐伯宿祢を消して次官国中連君麻呂が日下の署名予定者となっている。十一月二十一日付の59は大般若経一部の布施申請解案であるが、訂正が多く入ったため65の「経所解」（十一月二十八日付）として一度書き改められた。だが、これにも訂正が入り、最終的には十二月五日に、日下に案主上、そして判官弥努連・史生土師・案主建部が連署して発給したことが59の訂正からわかる。

まず史生土師家守がかかわることになったのは、Ⅲの奉写一切経所の時と同じで、一人しかいない案主上馬養を補佐する意図があったのだろう。そして造東大寺司外部宛ての文書に、主典志斐麻呂と判官弥努奥麻呂の署名や、次官国中君麻呂が署名することになったことについては、この時の写経事業の性格が関係しているだろう。第二期の解移牒案の時期に行われた御願大般若経写経事業は(注27)、宝字八年七月二十八日の道鏡宣によって開始された孝謙発願経である。宝字九年正月二十一日には内裏へ奉請され、三月中には事業を終えた。宝字八年九月の藤原仲麻呂の乱をはさみ、写経所から仲麻呂派が一掃され、そのなかに安都雄足や下道主が含まれていた。乱の後は造東大寺司も写経所も孝謙・道鏡派で固められ、そうした政治的緊張が、造東大寺司外部宛ての文書に造東大寺司の次官・判官といった比較的高い地位の官人の署名をさせることになったのではないか。

第三に、解移牒案に書く文書の内容・種類がかなり限定的になり、数も少なくなった（前掲表A参照）。第二期のほとんどが造東大寺司政所に提出する月々の上日文である。宝字七年八月から宝字八年九月まで、宝字八年三月と七月の二通を欠くだけで一六通分が残っており、第二期の文書数の半数を占める。上日文のほかには翌月の仕丁の粮を申請する経所解が八月から十二月まで毎月出されている。これはⅡの解移牒案にあった粮の申請方法と同じである。そのほか、布施申請と功銭申請、浄衣返上などが「経所解」として書かれている。一方、造東大寺司外部に宛てたものには、他司から来ている写経生の不参状と、経典奉請、雑物・銭の申請で、これらは、Ⅰ～Ⅳの解移牒案の内容とほぼ重なる。

第四に、解移牒案の書き方の問題であるが、写しばかりではなく、下書きの占める割合が多くなった。志斐麻呂が日下に署名をする四点の造東大寺司移(51～54)などは、上馬養の筆跡と違い、おそらく史生土師家守が書いたと思われるが、主典志斐麻呂のチェックが入って、かなり修正されている。また、56の造東大寺司牒にも文章を大幅に訂正、58の奉写経所解は字配りについての訂正、59の布施申請解について前述したように数量、字配り、発給主体と署名者と全体的に手が入れられた。59に関連する65も同様である。このように、外部宛ての文書を中心に、細心のチェックが入り、大幅に訂正されている様子が多々見られる。これは、パターン化した上日文や仕丁粮の申請文などと違って、造東大寺司政所の強い関与、管理下のもとで訂正されたとみられる。

第二期の解移牒案を書き継いできたのは、上馬養である。先に触れた㉛〜㉞の四通は例外とみてよい。上馬養も文書を写す時と、下書きとして書く時がある。上馬養のそうした方法はⅠ・Ⅱの解移牒案でも同様であった。そもそも毎月の上日文を解移牒案に書くようになったのは、Ⅰにおいて上馬養が始めたことであった。別当安都雄足が写経所から姿を消した後も、上馬養が引き続き解移牒案を書き続けたのは、自らこの帳簿を必要としたからであろう。

おわりに——宝字期の解移牒案とは何か——

以上、五通の解移牒案について、誰が、どのような目的で解移牒案を作成してきたのか、という視点から検討してきた。一口に解移牒案といっても、Ⅰ〜Ⅴの五通はすべて違う様相をもつ帳簿であった。最後に、宝字期の解移牒案の本質、性格についてまとめることとする。

解移牒案の端緒であるⅠを起点に考えてみたい。

第一に、Ⅰは一次文書として残っている。これは長く保存しようという意図がなかったことを現している。いくつかの継文を重ねた状態で置いてあった期間があったことは確かであり、全体で一巻の巻物になっていたかどうかも甚だ疑問である。

第二に、Ⅰは他から写経所に来た文書の正文も貼り継いでいる。

第三に、Ⅰに書かれた文書は、そのほとんど（六〇点中五七点）が造東大寺司の外部に宛てて出す文書である。造東大寺司外部に出すものも写経所が作成を担う。このことは別当制と大いに関係があるだろう。草案だけでなく、正文も本案も写経所の案主が書いたと思われる。ただ、本案は署名を整えた後、造東大寺司政所で保管されたと思われる。そこで写経所で、どんな文書を発給したのかを把握しておくために解移牒案なるものを作り始めたのではないか。そしてこれが解移牒案の最も本質的な機能なのではないか（機能①としておく）。当初、タイトルとして「移牒案」と書いていた点からすると、造東大寺司が発給する移と牒を写し置く帳簿を構想していたのであろう。Ⅰの実態を考慮すれば、このタイトルを書いた時点での「移牒案」には、他司から来た移や牒も含んでいた可能性もある。

第四に、Ⅰでは書き手が大きく二段階で変化した。まず前半は建部広足が書いた案文転用と下書きである。後半は、別当安都雄足の下書きと、上馬養による写しと下書きである。このような変化は、解移牒案の性格の変化をも示している。後半では、別当雄足による上馬養の教育指導的な意味を見いだすことができる。これを解移牒案の第二の機能（機能②）とする。

第五に、Ⅰには文書ではなく、覚書・メモの類が七点含まれていた。これらは、前半・後半二グループのうちすべて後半に属する。それに雄足が経所案主に宛てた牒（正文）も貼り継がれていた。このようなメモや雄足の牒を見ていると、別当と案主の事務連絡としての機能（機能③）も解移牒案には付加されていたと考えられる。

Ⅰのもつこの五点の特徴をもとにⅡ～Ⅴを検討してみよう。

まず、第一の点についてであるが、Ⅰは写経事業の終了とともに廃棄の対象となり、結果的にⅡとして二次利用された。Ⅱ・Ⅲ・Ⅳ・Ⅴは、いずれも二次文書として残ったが、そのことが保存を意味するのか、それとも放置を意味するのかは知り得ない。題籤の有無やタイトルの存在も、事務整理上の観点で付けられたことを示すだけである。当該の事業の最終的な処理や精算までは参照されたにせよ、その後どこまで保管しようとしたかはわからない。だが、このあと東大寺写経所で写経事業がされなくなった期間に、少なくとも積極的に処分する意図は無かったことだけは言える。

また第二の点についても、Ⅱでは作成当初から一巻のノートとでもいうべき状態で使用しており、途中に他から来た文書の正文を貼り継ぐことは物理的に可能であっても、そうするつもりもなかった。Ⅲ以降については、物理的には可能ではあったが、わざとそうしなかったのだろう。その理由であるが、解移牒案が書かれた紙の背面に、一次文書として他から来た文書が多々残っているところを見ると、用が済めばそれらは廃棄の対象となっていたのではないか。もちろん保管すべきものは残しておいたはずで、そういう大切な文書は別途保存していたのであろう。

さて機能①、すなわち解移牒案の最も本質的機能と思われる、上級官司の外部宛て発給文書の内容的把握、内容的保管について。最初の目的は、上級官司である造東大寺司政所にしか本案が残らないから、写経所でも把握しておこうというものであった。Ⅲで、歴名部のない布施申請解案が解移牒案とは別に作成されていたことが判明し、これを本案になりそこなった案文と考えてみた。正式な本案は署名を整えた上で上級官司の政所で保存されたはずである。この機能①についてはⅡ～Ⅴでも基本的に踏襲されたが、少しずつ違った面を見せる。

Ⅱでは、造東大寺司政所どまりの文書の割合が大幅に増え、外部宛ての文書との割合は半々となった。もちろん造東大寺司政所に出した文書についても、写経所で把握しておかねばならないだろうから、この傾向は必然的ともいえる。Ⅲは上級官司が異なるけれども、装束司の外部宛てが三三点なのに対し、装束司内部にとどまるものが二四点と、これも割合的にはⅡと似ている。Ⅳは、造石山寺所が管下に山作所をもつことや、造東大寺司から離れた場所にあることなどから、造東大寺司外部宛ての文書、造東大寺司政所宛ての解、山作所領宛ての符など、あらゆるものが解移牒案の対象となった。Ⅴは写経所の解移牒案であるが、第一期におけるⅣとの混同を除くと、造東大寺司政所に宛てた経所解はすべて上日文（七点）であり、それ以外はすべて造東大寺司外部宛て文書（一三点）である。そして別当雄足が去った後の第二期でも似たような傾向がある。造東大寺司政所宛ての二四点のうち、上日文（一五点）と仕丁の粮申請（五点）の占める割合が大きいのに対して、造東大寺司外部宛ては八点にとどまる。

このように、上級官司の外部に発給する文書の内容的保管という当初の目的を踏襲しながらも、次第に上級官司宛ての文書も内容的に保管の対象となり、むしろⅤではそちらがメインになっていくという変化を見せるのである。

では機能②、別当が案主に公文勘造を教育指導する機能について。これはⅡまでは持続した。別当雄足自身が解移牒案を書き、Ⅰで上馬養、Ⅱで小治田年足を指導したことが、全体としてうかがえる。だが、Ⅲ以降は雄足自身が解移牒案に筆を入れる、下書きをするようなことはなくなった。それとともにⅢ～Ⅴは原則としてできあがった文書を写すようになる。写経所や造石山寺所で書いて、別当が承認した段階で、解移牒案に書き写したのだろう。それは実際に発給される正文と同文でなければならなかったので、後で訂正が入ることもあった。しかし、文書を写すことも公文勘造を学ぶ一つの方法であり、この点で機能②は生きているといえる。Ⅳでも、すでに公文勘造に慣れていた下道主を起用し、初めの頃は別当雄足もそばで見ていたが、あとは全面的に任せたといっても過言ではない。Ⅲ～Ⅴは、雄足は直接書かないけれども、文書発給責任があるので、間接的には案主たちを指導していたことになる。別当雄足がいた宝字二年六月から宝字七年五月までは、解移牒案には多かれ少なかれ機能②はあったといえよう。

では機能③、別当と案主が相互の事務連絡をするために解移牒案が何らかの役割を果したという点については、Ⅲの上級官司が造東大寺司ではない時期をはさんで、消息に収斂されていったのではないか。

このようにⅠを起点として整理すると、五通の間にはかなりの差異があることがはっきりしてくる。だがもう一方で、五通全体に通じる点をとらえることも重要である。それらを次に列挙する。

（イ）文書ではないメモや帳簿を書く。

（ロ）下書き・写し・案文転用も含めて解移牒案に書く内容は、ある程度の原則はあるが、発給文書のすべてを書いているわけではなく、一定でない。

（ハ）関係のない文面がもともと紙に書かれていても、切り取ったりせずに、その部分を飛ばして使う。

（ニ）ⅣとⅤの第一期は、内容的に混同している。

（イ）や（ロ）からは、解移牒案には、こう書かねばならぬといった約束事はなく、それぞれの書き手にゆだねられていたことがわかる。書き手が自分の必要に応じてどのように使ってもよい、比較的自由で融通のきく帳簿であるという面が浮かび上がる。（ハ）や（ニ）からは、書き手である別当と案主のほかに解移牒案をチェックする人がいないから、もちろん別当雄足の承諾のもとでだが、あくまでも自分たちさえわかればいいという点が指摘できる。雄足が作ろうとした解移牒案自体が、そのようなゆるやかさを持つものとしてイメージされていたのだろう。ⅠやⅡが、別当と案主の共有ノートのように感じられるのも、このような属性を持っていたからである。

とすれば、やはり解移牒案は別当安都雄足との関わりで作られた帳簿であると断定できよう。雄足にとってみれば、造東大寺司主典である自分の責任で発給する文書を、写経所内でも参照する目的で解移牒案が必要であった（機能①）。文書を作るのは主に案主であるから、必然的に解移牒案を通じて、別当は案主を教育指導する任務も果たした（機能②）。融通のきく帳簿だったので、備忘的にメモを書き残すことも、業務上の必要から許容した。

解移牒案の初めから最後まで登場した上馬養はどうかといえば、Ⅰ・Ⅱではまだ教わる立場であり、Ⅲでは史生下道福麻呂の下にいて補佐し、Ⅳでは下道主の下で、不在時に補佐する程度であり、それがⅤの第一期まで続く。雄足が去った第二期になってはじめて、上馬養は解移牒案をわがものとすることができた。だが、その時にはもう教育的機能②や事務連絡的機能③はなく、本質的機能である外部宛て文書の控え（機能①）も相当小さくなっていた。

以上に述べたような機能をもった解移牒案は、やはり別当安都雄足の帳簿による所運営のたまものなのである。しかし、宝字二年に造東大寺司内に導入された別当制で、各所一斉にこのような帳簿を作成したかどうかは全く知るよしもない。雄足が別当を務めた他の所でなら、このような帳簿を作っていた可能性はある。ゆえに別当制だから解移牒案が作られたといった直接的な関係は、写経所文書からはわかりえないのである。

注

（1）東京大学史料編纂所『正倉院文書目録一～七』（東京大学出版会、一九八七～二〇一五年）。続々修七帙まで刊行。

（2）拙著『正倉院文書と写経所の研究』（吉川弘文館、一九九九年）の第二章「写経機構の内部構造と運営」。

（3）拙著では、造東大寺司の他の所には知られる範囲ではすべて二名の別当が配属されており、その二名の位階の差から上位と下位の別当が基本的組織であると想定していた。写経所でも上位別当安都雄足のもとで勤続した案主上馬養を下位別当と措定してみた。だが、上馬養が別当あるいは専当と称された史料はなく、別当であった証拠がないこと、造東大寺司内の所に必ずしも二名の別当がいなければならないという原則があった証拠もない。したがって、現時点では写経所別当は一名であったと判定し、私見を訂正したい。

（4）筆跡の問題については早く、山本幸男氏が造石山寺所の帳簿について検討されている。「造石山寺所の帳簿―筆跡と記帳作業の検討―（上・中・下）」（『相愛大学研究論集』一四―一、一四―二、一五―一、一九九七～九八年）。

（5）文章の訂正方法については、井上幸氏の解移牒会での報告がとても参考になった。本書井上論文を参照。

（6）山本幸男『正倉院文書の基礎的研究』（吉川弘文館、二〇〇二年）。

（7）岡藤良敬『日本古代造営史料の復原研究』（法政大学出版局、一九八五年）、同『造石山寺所関係文書・史料篇』（『福岡大学総合研究所報』一〇〇号別冊、一九八七年）。

（8）『大日本古文書（編年）』一三巻の二四二頁から二四三頁。以下本文のように表す。

（9）『大日本古文書（編年）』四巻三四四頁の頭注。

（10）具体的には、墨が乾かないうちに重ねた場合、乾いた後に重ねた状態で長期間の湿気により墨移りがおきた場合などが考えられる。後者であれば、奈良時代の段階ではⅠの解移牒案はすべてが継文にされたのではなく、中には巻物の中に挟んだ状態で保管したものもあった可能性がある。以上は栄原永遠男氏のご教示による。

(11) 装束忌日御斎会司については、稲田奈津子「奈良時代の忌日法会―光明皇太后の装束忌日御斎会司を中心に―」(初出二〇〇四年、西洋子・石上英一編『正倉院文書論集』青史出版、二〇〇五年)。

(12) 職員令2太政官条にみえる史生の職掌。( )内は『日本思想大系 律令』(岩波書店)の頭注。

(13) 例外が二例あり、「石山政所符 山作所領等」(⑲)と「石山司符 領橘守金弓」(⑭)である。

(14) 大僧都良弁が出した文書はほかにも二通あり(⑭と㉑)、いずれも牒という書状のかたちでのものである。

(15) 「造石山院所返抄」はあと二点ある(⑭・⑮)。前者は信楽殿壊漕所宛てと明記されているが、後者も同じであろう。これらはもともと東大寺との関係を示す必要はないものである。

(16) 注4山本幸男「造石山院所の帳簿」。

(17) 上日文という言葉は、Ⅳの⑬に「先上日文漏堕其名、仍追申送如件」と出てくる(傍点筆者)。直前の⑫の「造石山寺所解 申上日事」で始まる上日報告書を上日文と呼んでいることがわかる。

(18) 続修別集七、五ノ六八～六九。正集五①(4)、五ノ八四。鷺森浩幸「天平宝字六年石山寺造営における人事システム」(『日本史研究』三五四、一九九二年)参照。

(19) 黒田洋子「正倉院文書の一研究―天平宝字年間の表裏関係からみた伝来の契機―」(『お茶の水史学』三六、一九九二年)。

(20) 注4山本幸男「造石山院所の帳簿」。

(21) 愛智郡の租米に関する研究として、西洋子「造石山寺所解移牒符案の復原について」(関晃先生古稀記念会編『律令国家の構造』吉川弘文館、一九八九年)、中村順昭「愛智郡封戸租米の輸納をめぐる郡司と下級官人」(初出二〇〇五年、『律令官人制と地域社会』吉川弘文館、二〇〇八年)をあげておく。

(22) この点については注18鷺森論文、桑原祐子「道豊足の人事」(『正倉院文書研究』一三、二〇一三年)参照。

(23) 注7岡藤良敬『日本古代造営史料の復原研究』の「第七章公文案帳」。

(24) 続修別集八①と②の見事な楷書は下道主の筆によると思われる。

(25)「削」と「消」の文字の混同については、中川ゆかり「考察Ⅰ　「仰」と「抑」―正倉院文書における〝誤字〟―」(二〇〇七～二〇〇九年度科研費報告書『正倉院文書からたどる言葉の世界㈠』二〇一〇年)に的確な指摘がある。

(26) 二部般若については栄原永遠男「奉写大般若経所の写経事業と財政」(初出一九八〇年、『奈良時代写経史研究』塙書房、二〇〇三年)。

(27) 御願大般若経については栄原永遠男「御願大般若経の写経事業」(初出一九八九年、注26栄原著書所収)。

付記

本稿を成すにあたり解移牒会の皆様と栄原永遠男先生に様々なご教示をいただきました。記して感謝いたします。

表Ⅰ　造東大寺司写経所公文案帳　宝字2年6月

番号	年・月・日	発給主体・文書形式・宛所	内容	書き手	性格	大日古巻頁	正倉院文書	備考
①	宝字2・6・19	造東大寺司　牒紫微中台	雑物直(銭)申請	(建部広足)	案転	13ノ241	々34ノ10裏[11]	
②	宝字2・6・23	奉写千巻経所解	雑物申請	(建部広足)	下書き	13ノ242	〃	
③	宝字2・6・26	造東大寺司移　右舎人寮	写経生申請	(建部広足)	下書き	13ノ334	〃[10]	
④	(欠)	造東大寺司移　写御書所▽	写経生申請	(建部広足)	下書き	13ノ334〜335	〃	「止」
⑤	宝字2・7・6	東大寺写経所解	衾申請	(建部広足)	案転	13ノ381〜382	々34ノ10裏[9]	雄足自署、広足訂正
⑥	宝字2・7・8	東大寺	経典奉請	(建部広足)	下書き	13ノ382	〃	
⑦	宝字2・7・14	東大寺	経典奉請	(建部広足)	下書き	13ノ383	〃	「止」
⑧	宝字2・7・14	東大寺	経典奉請	(建部広足)	正転	13ノ383〜384	〃②(2)裏[8]	雄足・大山自署、雄足追記
⑨	宝字2・7・22	東寺	経典奉請	(建部広足)	案転	13ノ384〜385	〃(1)裏[7]・[8]	雄足自署
⑩	宝字2・7・21	(香山薬師寺牒)＊	経典検納か	(他)	(正文)	13ノ476	々3ノ8②(6)裏[7]	
⑪	7・23	(伊香弟虫経軸進上文)＊	経軸進上	(他)	(正文)	14ノ329〜330	〃(5)裏[6]	
⑫	宝字2・7・24	東寺写経所解	器申請	(佐伯里足か)	写しか	13ノ476〜477	〃(4)裏[5]	
⑬	宝字2・7・25	東寺	経典奉請	(建部広足)	案転	13ノ477	〃(3)裏[4]	雄足自署
⑭	宝字2・8・5	東寺写経所解	写畢経巻数報告	(建部広足)	案転	13ノ480〜481	々39ノ3裏[34]	雄足自署、広足訂正
⑮	宝字2・8・8	東寺写経所　牒嶋院	経典奉返	(建部広足)	下書き	13ノ481	〃〃	
⑯	宝字2・8・9	山階寺三綱　牒造東大寺司	経典奉請	(他)	(正文)	13ノ482	〃[33]	政所判追記
⑰	8・10	(高秋永経軸進上文)＊	経軸進上	(他)	(正文)	13ノ485	〃[32]	
⑱	宝字2・8・10	中嶋写経所　牒東寺写経所	経典奉請	(他)	(正文)	13ノ484	〃[31]	追記
⑲	宝字2・8・9	興福寺三綱　牒造東寺司務所	経典検納	(他)	(正文)	13ノ482〜483	〃[30]	
⑳	宝字2・8・9	元興寺三綱牒　造東大寺司	経典領納	(他)	(正文)	13ノ483〜484	〃[29]	
㉑	宝字2・8・17	造東寺司　牒菅原寺三綱務所	経典奉請	(建部広足)	案転	13ノ485	々3ノ8②(2)裏[3]	雄足自署
㉒	宝字2・8・18	造東寺司移刑部省	写経生上日行事報告	(建部広足)	案転	13ノ486	〃②(1)裏[2]	
㉓	宝字2・8・19	山階寺	経典収納	(他)	(正文)	4ノ289〜290	正45⑥(1)[6]	
㉔	宝字2・9・10	山階寺三綱　牒造東大寺司務所	経典検納	(他)	(正文)	4ノ312〜313	々18ノ6裏[61]	
㉕	宝字2・9・10	香山薬師寺三綱　牒造東寺司写経務所	経典検納	(他)	(正文)	4ノ313〜314	〃[60]	
㉖	宝字2・9・22	東寺写経所牒　御書所	写経生申請	(佐伯里足か)	下書き	14ノ173〜174	々18ノ6裏[58]	雄足が訂正
㉗	(欠)	造東大寺司移　文部省▽	写経生申請	(佐伯里足か)	下書き	14ノ172〜173	続28③[3]	
㉘	宝字2・—・—	造(ママ)司「写経所」※	写経生申請	(安都雄足か)	案転か	14ノ177	々24ノ5裏[41]	破損、雄足訂正※異筆

㉙-1	—	—	—	—	—	14ノ182	〃	[42]	高麗署名予定のみ
㉙-2	-・9・-	■写経所移　図書寮	写経生召喚	（安都雄足）	下書き	14ノ182	〃	〃	
㉚	宝字2・9・23	東寺写経所解	写経生申請	安都雄足	案転か	4ノ319～320	々18ノ6裏	[57]	小杉本では雄足自署
㉛	宝字2・9・23	東寺写経所解	巾申請	安都雄足	下書き	4ノ320	〃	[56]	
㉜	宝字2・9・27	東寺写経所解	経典奉請	（安都雄足）	下書き	4ノ320～321	〃	[55]	
㉝	宝字2・9・27	僧綱　牒造東大寺司	経典奉請	（他）	（正文）	14ノ178～179	〃	[54]	
㉞	宝字2・9・28	東寺写経所解	経典奉請	安都雄足	下書き	4ノ179	〃	〃	
㉟-1	宝字2・9・28	造東大寺司解	写経生考唱不参	安都雄足	下書き	4ノ323	〃	[53]	
㉟-2	—	「先進文召外記所…」※	先の発給文書関係	（安都雄足）	メモ	〃	〃	〃	2行のみ※書き出し
㊱	宝字2・9・28	造東大寺司移文部省	写経生不参と召喚	（佐伯里足）	下書き	14ノ180～181	〃	[52]	
㊲	（欠）	造東大寺司移文部省▽	写経生未到と不参	（安都雄足）	下書き	14ノ181	〃	〃	
㊳	2・9・29	東寺写経所　牒香山寺三綱務所	経典奉請	（上馬養）	写し	4ノ325	〃	[51]	
㊴	宝字2・10・1	東寺写経所解	被申請	（佐伯里足）	写し	4ノ337～338	〃	〃	
㊵	宝字2・9・30	東寺写経所解	9月上日報告	（安都雄足）	案転	4ノ326	〃	[50]	雄足自署
㊶	宝字2・10・5	東寺写経所	舎人2人不参	（安都雄足）	案転	4ノ340	〃	[49]	雄足自署、雄足追記
㊷	宝字2・10・6	謹啓（造東大寺司判官川内祖足啓）	写経生私事使用申請	（他）	（正文）	4ノ340～341	〃	[48]	
㊸	（欠）	写御書所移　東大寺写経所▽	写経生関係	（他）	（正文）	13ノ335	〃	[47]	
㊹	宝字2・10・8	「奉請金剛般若経…」※	経典検受	（他）	（正文）	4ノ343	々18ノ6裏	[46]	※書き出し
㊺	宝字2・10・10	造東大寺司移儀部省	写経生考唱不参	（上馬養）	下書き	4ノ343～344	〃	[45]・[44]	
㊻	—	（考唱不参歴名）＊	写経生考唱不参リスト	（上馬養）	メモ	4ノ344～345	〃	[43]	
㊼	宝字2・10・11	東大寺写経所	綺軸直（銭）申請	（上馬養）	下書き	14ノ188～189	〃	[42]	
㊽	宝字2・10・12	東寺写経所移左大舎人寮	写経生考唱不参報告	？	写し	14ノ189	〃	〃	
㊾	宝字2・10・12	東大寺写経所移右大舎人寮	写経生考唱不参報告	？	写し	14ノ189	々18ノ6裏	[42]	
㊿	（欠）	東大寺写経所牒　散位寮▽	写経生進上延期願	（上馬養）	写し	14ノ209	〃	[41]	[40]は空白
51	宝字2・10・25	散位寮牒　東大寺写経所	写経生追喚	（他）	（正文）	14ノ208	〃	[39]	
52	宝字2・10・26	造東大寺移　仁部省	写経生上日行事報告	（上馬養）	案転	14ノ211	〃	[38]	雄足自署
53	宝字2・10・25	東大寺写経所　牒散位寮	写経生進上延期願	（上馬養）	下書き	14ノ208～209	〃	[37]	雄足が訂正
54	宝字2・10・28	写書所解	10月上日報告	上馬養	写し	14ノ213～214	〃	[36]	
55	宝字2・10・26	散位寮　牒東大寺写経所	写経生追喚	（他）	（正文）	14ノ210～211	〃	[35]	
56	宝字2・10・27	東大寺写経所牒散位寮	写経生見参不参顕注	（上馬養）	下書き	14ノ212	〃	[34]・[33]	
57	2・11・1	東寺写経所解	写経生上日行事報告	（上馬養）	写し	14ノ212～213	〃	[33]	

㊽58	宝字2・11・2	造東大寺司写経所移節部省	写経生上日行事報告	安都雄足	写し	14ノ220〜221	〃	32	
59	宝字2・11・1	東大寺写経所移左京職	写経生上日行事報告	安都雄足	写し	14ノ221	〃	〃	
60	宝字2・11・3	東寺写経所移礼部省	写経生上日行事報告	(上馬養)	写し	14ノ221〜222	〃	〃	
61	宝字2・11・1	三綱牒　造寺司務所	紺張請求	(他)	(正文)	14ノ217〜218	〃	31	阿刀酒主追記あり
62	宝字2・11・2	東寺写経所移弾正台	写経生上日行事報告	上馬養	写し	14ノ220	〃	30	
63	(欠)	(写大般若経并料紙等注文)▽＊	料紙	(他)	(正文)	14ノ225	〃	29	
64	—	東大寺写経所符漢部忍国	枚替料銭報授	(安都雄足)	写し	14ノ240	〃	28	
65	宝字2・11・10	東寺奉写経所解	綺・褾紙竹申請	(上馬養)	写し	14ノ241	〃	28・27	楽書
66	宝字2・11・18	東寺写経所解	上日報告	(上馬養)	写し	14ノ258〜259	〃	26	
67	2・11・7	「葛木大夫所銭用」※	布施用残報告	上馬養	メモ	14ノ238	々44ノ6裏	13	※書き出し
68	2・11・7	「司并人々大般若経料銭事」※	銭用残報告	上馬養	メモ	14ノ235〜236	〃	12・11	※書き出し
69	2・11・7	「奉写先経料銭事」※	銭用残報告	上馬養	メモ	14ノ237	〃	11	※書き出し
70	(欠)	「奉写後金剛般若経料銭事」▽※	銭用残報告	(上馬養)	メモ	14ノ237〜238	〃	〃	※書き出し
71	—	「経所雑物見」※	銭用残報告	(上馬養)	メモ	14ノ199〜200	々18ノ6裏	23	※書き出し
72	2・11・10	「奉写先経料銭散」※	銭の使途報告	上馬養	メモ	14ノ241〜242	〃	22	※書き出し
73	2・11・10	(写経料雑物注文)＊	見在の雑物リスト	(上馬養)	メモ	14ノ244〜245	〃	21	馬養自署
74-1	宝字2・11・14	東寺写経所解	用残報告	安都雄足	下書き	14ノ247	〃	20	馬養追記あり
74-2		「八月廿日返上嶋院…」※	残物返上	上馬養	メモ	14ノ248	〃	〃	3行のみ※書き出し
75	宝字2・11・14	東寺写経所解	写経報告	(上馬養)	写し	14ノ246	〃	19	
76	宝字2・11・14	東寺写経所解	写経・用紙報告	(上馬養)	写し	14ノ248〜252	〃	18・17・16	
77	宝字2・11・15	造東寺司	写経顕注報告	(上馬養)	下書き	14ノ257〜258	〃	15・14	
78	宝字2・11・20	(舎人大網広□勘受物送文)＊	雑物検受	(他)	(正文)	14ノ259	〃	13	
79	宝字2・11・20	節部省史生広田連広濱解	用紙請求	(他)	(正文)	14ノ260	〃	12	
80	宝字2・11・21	(大隅君足雑紙検納文)＊	雑紙検納	(他)	(正文)	14ノ260〜261	〃	11	
81	宝字2・11・22	嶋院勘経所　牒東寺写経所	経典奉請	(他)	(正文)	14ノ265	〃	10	
82	宝字2・11・25	写経所解	余雑残物進入	上馬養	写し	14ノ266	〃	9	
83	宝字2・11・25	(秦馬養収納米検納文)＊	米検納	(他)	(正文)	14ノ265〜266	〃	8	
84	2・11・29	写書所解	11月上日報告	安都雄足	写し	14ノ267〜268	〃	7	案主上と署名予定
85	2・11・29	牒　経所案主(安都雄足牒)	食料充給指示	(安都雄足)	(正文)	14ノ267	〃	6	
86	2・12・25	「経所雑物見」※	見在の雑物リスト	(上馬養)	メモ	14ノ275	〃	5	※書き出し
87	宝字3・4・29	東寺奉写経所	借用分の銭請求	(上馬養)	写し	14ノ279〜280	〃	4	

⑱⑱	宝字3・7・10	造東寺司写経所移文部省	写経生上日行事報告	他田水主	下書き	14ノ280〜281	〃	〃	

（凡例）・番号…解移牒会で使用した史料の番号を基本とし必要に応じて枝番をつけた。
・年月日…天平宝字は宝字と略す。—はもともと書いていないことを示す。
・発給主体・文書形式・宛所…文書でないものについては適宜（　）にタイトルを記した。▽は後欠、△は前欠。*は『大日本古文書（編年）』の表題。文書でないものについては書き出しを記した。
・書き手…書き手がわかる場合、日下署名と同じならそのまま、違う時は（　）内に記した。不明は?、他から来た文書は（他）。
・性格…下書き、写し、案文転用（案転）、正文転用（正転）、メモの別を示した。他から来た文書は（　）内に示した。
・大日古…『大日本古文書（編年）』の巻と頁。
・正倉院文書…正集（正）、続修（続）、続修後集（後）、続修別集（別）、続々修（々）と略記。『正倉院文書目録』からわかる範囲で断簡番号を記した。断簡番号が不明なものは紙番号（□）を記した。
・備考…気づいた事や注（※）を記した。

（注）・Ⅰの解移牒案は、原状を復原できる継文のまとまりを縦罫線で区切ってある。

表Ⅱ「御願経奉写等雑文案」宝字4年2月

番号	年・月・日	発給主体・文書形式・宛所	内容	書き手	性格	大日古 巻頁	正倉院文書	備考
①	宝字4・2・19	「可奉写一切経律…」※	写経用度進送	（上馬養）	案転	14ノ365〜366	々18ノ6 [1]・[2]	※文書冒頭
②	宝字4・2・-	造東大寺司移散位寮	写経生申請	（上馬養）	下書き	14ノ366〜367	〃 [2]	
③	—	造東大寺司移左大舎寮	写経生申請	（上馬養）	写し	14ノ367	〃 [2]・[3]	余白
④	宝字4・2・25	東寺奉写経　返抄※	絁・銭返抄	（上馬養）	下書き	14ノ367	〃 [4]	※墨色薄い
⑤	4・2・29	経所解（3人）	写経生2月上日報告	上馬養	写し	14ノ368	〃 〃	
⑥	宝字4・2・29	東寺写経所解（2人）	写経生2月上日報告	（上馬養）	写し	14ノ368	〃 〃	
⑦	4・3・10	東寺奉写経所	銭申請・絵仏奉請	（上馬養）	写し	14ノ369	〃 [5]・[6]	
⑧	4・3・14	写経所解	浄衣・布施物申請	上馬養	下書き	14ノ369〜372	〃 [6]〜[8]	
⑨	4・3・17	写経所解	生菜直申請	上馬養	下書き	14ノ372	〃 [8]・[9]	
⑩	宝字4・3・20	造東寺司	布施申請	（上馬養）	下書き	14ノ372〜374	〃 [9]・[10]	
⑪	宝字4・3・20	造東大寺司　牒嶋院	経典奉請	（上馬養）	写し	14ノ374	〃 [11]	
⑫	宝字4・3・20	東寺写経所解	表紙竹申請	（上馬養）	写し	14ノ374〜375	〃 [11]・[12]	
⑬	宝字4・3・25	造東寺司	紙申請	（上馬養）	下書き	14ノ375	〃 [12]・[13]	日付後文あり↓抹消
⑭	—	東寺写経所（2人）	写経生3月上日報告	（上馬養）	写し	14ノ375〜376	〃 [13]・[14]	

⑮	**宝字2・9・10**	**(辛広濱請暇不参解)＊**	—	—	—	**14ノ376**	〃	**[14]**	
⑯	**－・27**	**(僧修浄啓)＊**	**(校生貢進)**	—	—	**14ノ376～377**	〃	**[15]**	
⑰	宝字4・4・5	写経解	浄衣申請	(上馬養)	下書き	14ノ377～379	〃	[15]～[17]	
⑱	4・4・5	写経所解	紙返上	上馬養	下書き	14ノ379～380	〃	[17]・[18]	
⑲	—	東寺写経所	綺・軸直申請	(上馬養)	下書き	14ノ380～381	〃	[18]	
⑳	4・6	「見物」※	銭・雑物・食料リスト	上馬養	下書き	14ノ381	〃	[18]・[19]	※書き出し
㉑	**宝字2・9・21**	**(阿閇豊庭請暇不参解)＊**	—	—	—	**14ノ381**	〃	**[19]**	
㉒	(4・4・10)	(上馬養二部経奉請文)＊	経典奉請	上馬養	写し	14ノ382	〃	〃	
㉓	宝字4・4・3始※	(僧万福所読経奉請文)＊	経典奉請	上馬養	写し	14ノ382	〃	〃	※「始」は読経開始日か
㉔	宝字4・4・16	東寺奉写所解（2人）	写経生4月上日報告	(上馬養)	写し	14ノ383	〃	[20]	
㉕	4・4・15	経所見物	銭・雑物・食料リスト	上馬甘	下書き	14ノ383～384	〃	[20]・[21]	
㉖	**(宝字2)** —	**(奉写先経料銭散注文▽)＊**	**銭合計のみ**	—	—	**14ノ384**	〃	**[22]**	
㉗	宝字4・4・26	経所解	法華経布施申請	上馬養	写し	14ノ385～386	〃	[22]～[24]	[24]は空白
㉘	宝字4・4・29	東塔所解	板□涅葺料銭申請※	上馬養	写し	14ノ386	〃	[25]	※経師等施設用　池主自署
㉙	宝字4・潤4・2	写経所解	灌頂経用度申請	上馬養	下書き	14ノ387～389	〃	[26]～[28]	
㉚	潤4・2	(綺并褾紙奉請文)	綺・褾紙請取	上馬養	メモ	14ノ389	〃	[28]・[29]	
㉛	宝字4・潤4・5	東塔所解	葺涅料銭申請※	上馬養	写し	14ノ389～390	〃	[29]・[30]	※経師等施設用　池主予定
㉜	潤4・9	(法華経奉請文)		上馬養	メモ	14ノ390	〃	[30]	
㉝	宝字4・潤4・12	東塔所解	歩板直申請※	上馬養	写し	14ノ390～391	〃	[30]・[31]	※経師等施設用　坂田のみ
㉞	4・潤4・13	写書所解	温室用雑材申請	上馬養	写し	14ノ391	〃	[31]	
㉟	宝字4・潤4・23	経所解	温船用釘申請	上馬養	下書き	14ノ391～392	〃	[31]	
㊱	宝字4・潤4・25	写書所解	来5月仕丁粮申請	上馬養	下書き	14ノ392～393	〃	[31]・[32]	
㊲	宝字4・潤4・26	東寺写経所移左大舎人寮	写経生申請	(上馬養)	写し	14ノ393	〃	[32]	
㊳	宝字4・潤4・26	東寺写経所移右大舎人寮	写経生申請	(上馬養)	写し	14ノ393	〃	〃	
㊴	宝字4・潤4・27	造東大寺司	写経報告	(上馬養)	下書き	14ノ394	〃	[32]・[33]	
㊵	—	舎人等上日　宝字4・潤4始如左	舎人4人9月迄上日	(上馬養)	帳簿	14ノ394～395	〃	[33]・[34]	
㊶	宝字4・潤4・29	東寺奉写経所解（4人）	写経生潤4月上日報告	(上馬養)	下書き	14ノ395	〃	[34]	
㊷	宝字4・5・14	経所解	潤4月雇人功銭申請	小治田年足	写し	14ノ395～396	〃	[35]	
㊸	宝字4・5・25	写書所解	来6月仕丁粮申請	小治田年足	写し	14ノ396	〃	[35]・[36]	
㊹	宝字4・5・29	東寺奉写経所解（4人）	写経生5月上日報告	(小治田年足)	写し	14ノ396～397	〃	[36]	
㊺	宝字4・6・11	東寺写経所移文部省	自文部省写経生歴名※	(上馬養)	下書き	14ノ397～398	〃	[36]～[38]	※校生等は人数のみ
㊻	(欠)	東寺奉写一切経所解▽	雑使申請	(上馬養)	下書き	14ノ399	〃	[38]	全文囲み消し→㊼へ

㊼	宝字4・6・17	造東大寺司移　中宮職	雑使申請	安都雄足	下書き	14ノ399	〃	[38]・[39]	
㊽	宝字4・6・17	東大寺奉写経所牒　大和国写経所	経典奉請	安都雄足	下書き	14ノ399～400	〃	[39]	
㊾	**(宝字2)**	**(写経料雑物納帳)＊**		｜	｜	**14ノ400～401**	〃	**[40]・[41]**	
㊿	(宝字4)	奉造経仏像所解▽		(上馬養)	?	14ノ401	〃	[41]	書き出し1行のみ
(51)	**宝字2・10・5**	**東寺写経所**	**舎人不参状**	｜	｜	**14ノ401～402**	〃	**[42]・[43]**	**[43]は空白　I㊵同文**
(52)	**(宝字2)**	**(写経料雑物納帳)＊**		｜	｜	**14ノ402**	〃	**[44]・[45]**	
(53)	4・6・19	奉造経仏像所解	布申請	(上馬養)	写し	14ノ402～403	〃	[45]	㊿を改めて書いたもの
(54)	6・24	(阿弥陀浄土図奉請文)＊		(上馬養)	写し	14ノ403	〃	[46]	
(55)	(欠)	東大寺奉写一切経所牒　興福寺西院▽	経典返上	上馬養	写し	14ノ403	〃	〃	
(56)	宝字4・6・25	奉写称讃経所解	器申請	安都雄足	下書き	14ノ403～404	〃	[47]・[48]	
(57)	宝字4・6・25	経所解	来7月仕丁粮申請	小治田年足	写し	14ノ404	〃	[48]	
(58)	宝字4・6・27	東寺司　牒興福寺三綱政所	経典奉請	小治田年足	写し	14ノ404～405	〃	〃	
(59)	宝字4・6・29	東寺奉写経所解(15人)	写経生6月上日報告	(小治田年足)	下書き	14ノ405～406	〃	[49]	┐点で削除
(60)	宝字4・6・25	経所牒　木工所	上日報告	小治田年足	写し	14ノ406	〃	[50]	
(61)-1	4・7・3	経所解	6月雇人功銭申請	小治田年足	写し	114ノ407	〃	[50]	
(61)-2	｜	「一、六月雇人東漢乎志万呂…」		小治田年足	メモ※	14ノ407	〃	〃	雄足自署　※「案記」
(62)	**宝字2・9・23**	**造東寺司写経所解**	**写経生申請**	｜	｜	**14ノ407～408**	〃	**[51]**	
(63)	宝字4・7・11	東寺奉写経所解	布返上	小治田年足	写し	14ノ408	〃	〃	
(64)	宝字4・7・12	造東大寺司牒　造法花寺司(木工寮)	轆轤工申請	安都雄足	写し	14ノ408～409	〃	[51]・[52]	
(65)-1	宝字4・7・11	東寺写経所解	布施申請	安都雄足	写し	14ノ409～410	〃	[52]	
(65)-2		東寺写経所		安都雄足	?	14ノ410		〃	1行のみ　線で消す
(66)	宝字4・7・14	東寺写経所解	布施申請	安都雄足	写し	14ノ410～411	〃	[53]～[54]	
(67)	宝字4・7・14	東寺写称讃浄土経所	紙申請	安都雄足	下書き	14ノ411	〃	[54]	
(68)	｜	東寺写経所移仁部省▽	写経生上日報告	安都雄足	下書き	14ノ411～412	〃	〃	途中まで書き抹消
(69)	4・7・20	東寺写経所	写経生返向	安都雄足	写し	14ノ412	〃	〃	⑱を中止して書いたもの
(70)	宝字4・7・16	(東寺)写経所解※	経師等厨房湯屋申請	安都雄足	下書き	14ノ412	〃	[54]～[55]	※東寺は削除
(71)	宝字4・7・20	経所解	湯屋用黒葛申請	安都雄足	写し	14ノ413	〃	[55]	
(72)	宝字4・7・25	東寺写経所	竹帙返上・錦帙検納	安都雄足	写し	14ノ413	〃	[55]・[56]	
(73)	4・7・26	写経所牒　木工所	来8月仕丁粮申請	他田水主	下書き	14ノ413～414	〃	[56]・[57]	(73)・(74)とも「不用」「止」
(74)	宝字4・7・26	(経所解)＊	来8月仕丁粮申請	小治田年足	下書き	14ノ414～415	々18ノ6	[57]・[58]	(73)・(74)とも「並経所粮文入」
(75)	宝字4・7・29	経所牒　造物所	上日報告	小治田年足	下書き	14ノ415	〃	[58]	

⑯	宝字4・7・29	経所解	優婆夷上日報告	小治田年足	写し	14ノ415〜416	〃 58	
⑰	宝字4・7・27	写経所牒　木工所	来8月仕丁粮申請	他田水主	写し	14ノ416〜417	〃 59	⑦3とほぼ同文「不用」
⑱	宝字4・7・30	（造東大寺司解）△	考中行事	小治田年足	下書き	25ノ270〜271	所属不明、々18-6 60	
⑲	宝字4・8・1	東寺写一切経所解	且請雑物勘注	小治田年足	下書き	14ノ417〜418	々18ノ6 60・61	初行「東寺写経所解」抹消
⑳	8・2	写経所解	7月雇人功銭申請	小治田年足	写し	14ノ418	〃 61	
㉑	（欠）	東寺写経所解▽	雑物返上	（小治田年足）	下書き	14ノ419	〃 〃	

（凡例）・番号…解移牒会で使用した史料の番号を基本とし必要に応じて枝番をつけた。
・年月日…天平宝字は宝字と略す。—はもともと書いていないことを示す。
・発給主体・文書形式・宛所…文書でないものについては適宜（ ）にタイトルを記した。▽は後欠、△は前欠、＊は『大日本古文書（編年）』の表題。
・書き手…書き手がわかる場合、日下署名と同じならそのまま、違う時は（ ）内に記した。宝字2年のものについては—とした。
・性格…下書き、写し、案文転用（案転）、メモの別を示した。不明は?。他から来た文書は（ ）内に示した。宝字2年のものについては—とした。
・大日古…『大日本古文書（編年）』の巻と頁。
・正倉院文書…正集（正）、続修（続）、続修後集（後）、続修別集（別）、続々修（々）と略記。『正倉院文書目録』からわかる範囲で断簡番号を記した。断簡番号が不明なものは紙番号（□）を記した。
・備考…気づいた事や注（※）を記した。

（注）・IIの解移牒案は断簡と断簡の間に縦罫線を入れた。
・**ゴシック体**はIIの解移牒案作成以前に続々修18ノ6表に書いてあった宝字2年のものである。

表III　奉写一切経所解移牒案　宝字5年正月（題箋「五年正月／移牒案」15ノ1　続々修3ノ4）

番号	年・月・日	発給主体・文書形式・宛所	内容	書き手	性格	大日古 巻頁	正倉院文書	備考
		奉写一切経所移	タイトル	（上馬養か）		15ノ1	々3ノ4 1	
①	宝字5・1・6	奉写一切経所解	堅子・召継舎人行事※	（他田水主）	下書き	15ノ1〜3	〃 2	※写経生申請
②	宝字5・1・12	装束忌日御斎会司牒文部省	写経生不参	（上馬養）	写し	15ノ3	〃 2、続19④裏	
③	宝字5・1・12	奉写一切経所解	駈使散役	（小治田年足）	写し	15ノ3〜5	続19④裏、続20④裏	
④	宝字5・1・12	奉写一切経所解	雑用料銭申請	（上馬養）		15ノ5、4ノ485	続20④裏、続41②	⑤とは中間欠
⑤	宝字5・1・14	装束忌日御斎会司牒文部省	写経生不参	（他田水主）	写し	4ノ503	続19③裏	
⑥	宝字5・1・15	装束忌日御斎会司牒文部省	写経生不参	（上馬養）	写し	15ノ5	続20③裏	
⑦	宝字5・1・15	装束忌日御斎会司牒文部省	写経生不参	（上馬養）	写し	15ノ6	続20③裏、々3ノ4 3	
⑧	宝字5・1・22	奉写一切経所解	駈使返上	下道福麻呂	写し	15ノ6〜7	々3ノ4 4	
⑨	宝字5・1・23	奉写一切経所解	仕丁粮返上	下道福麻呂	写し	15ノ7	〃 〃	

⑩	宝字5・2・4	奉写一切経所	経典奉請	他田水主	写し	15ノ7～8	〃[5]	小治田が訂正
⑪	—	奉写一切経所	筆墨料銭申請	（他田水主・?）	下書き	15ノ8、15ノ83、15ノ9	々3ノ4[5]、続20⑦裏、々3ノ4[6]	
⑫	宝字5・2・11	奉写一切経所解	経紙申請	（上馬養）	下書き	15ノ9	〃[6]	余白
⑬	宝字5・2・12	奉写一切経所解	経紙申請	下道福麻呂	写し	15ノ10～11	〃[7]	
⑭	宝字5・2・13	奉写一切経所解	布施申請	下道福麻呂	案転	15ノ11～14	々3ノ3[6]～[7]	
⑮	宝字5・2・15	奉写一切経所	経典奉請	（下道福麻呂）	案転	15ノ14～15	々3ノ4[8]	返送追記
⑯	宝字5・2・7	奉写一切経所解	2月食料申請	下道福麻呂	下書き	15ノ19～23	〃[9]～[11]	
⑰	宝字5・2・18	奉写一切経所解	2月食料追加申請	小治田年足	写し	15ノ23～24	〃[12]～[13]	請取追記
⑱	宝字5・2・18	奉写一切経所解	火頭月養物申請	（小治田年足）	写し	15ノ24～25	〃[13]～[14]	勾点追記
⑲	宝字5・2・18	奉写一切経所解	仕丁月養物申請	（小治田年足）	写し	15ノ25	〃[14]	
⑳	宝字5・2・18	奉写一切経所	経典奉請	（小治田年足）	写し	15ノ25～26	〃〃	
㉑	宝字5・2・21	忌日御斎会奉写一切経所（牒岡本院）	経典奉請	（上馬養）	案転	15ノ26～27	〃[15]	雄足自署、「不用」
㉒	宝字5・2・22	奉写一切経所解	火頭国・月養物申請	上馬養	下書き	15ノ27～28	〃[16]	
㉓	宝字5・2・22	奉写一切経所解	借米申請	上馬養	写し	15ノ28	〃[16]～[17]	
㉔	宝字5・2・23	奉写一切経所解	仕丁・火頭歴名	下道福麻呂	下書き	15ノ29～30	〃[17]～[18]	
㉕	宝字5・2・23	奉写一切経所解	仕丁月養物申請	下道福麻呂	写し	15ノ30	〃[18]～[19]	
㉖	2・25	「奉写経所進縄…」※	縄の送り状	下道福麻呂	写し	15ノ30	〃[19]	※書き出し
㉗	2・26	「奉写経所進俵薦…」※	俵薦・縄送り状	下道福麻呂	写し	15ノ30～31	〃〃	※書き出し
㉘	2・30	「奉写経所進縄…」※	縄の送り状	下道福麻呂	写し	15ノ31	〃〃	※書き出し
㉙	宝字5・3・1	奉写一切経（所）解	召継等人の返上	（上馬養）	写し	15ノ31	〃[19]～[20]	
㉚	宝字5・3・1	奉写一切経所解	3月食料申請	下道福麻呂	下書き	15ノ32～35	〃[20]～[24]	
㉛	3・3	「経所進上縄…」※	縄の送り状	下道福麻呂	写し	15ノ35～36	〃[24]	※書き出し
㉜	3・4	奉写一切経所解	膳部等人の返上	下道福麻呂	下書き	15ノ36～37	〃[25]～[27]	
㉝	宝字5・3・9	写一切経所解	人（火頭）の返上	?	下書き	15ノ37	〃[27]～[30]	
㉞	宝字5・3・8	奉写一切経所	経典奉請	上馬養	写し	15ノ38	〃[31]	
㉟	3・8	奉写一切経所解	3月仕丁粮申請	上馬養	写し	15ノ38	〃[31]	
㊱	宝字5・3・20	奉写一切経所解	駈使散薬	下道福麻呂	下書き	15ノ38～39、5ノ242	々3ノ4[31]、続22⑧裏、々3ノ4[32]	余白
㊲	3・4	奉写一切経所解	食料（塩）申請	下道福麻呂	下書き	15ノ39～40	々3ノ4[33]	余白、楽書
㊳	宝字5・3・20	奉写一切経所解	折留布施布	下道福麻呂	案転	15ノ40	〃[34]	
㊴※	（1・16）	〈Ⅲから除外すべし〉	（請暇不参解）			15ノ40～41	々3ノ4裏[34]	※㊳の背面の一次文書
㊵	宝字5・3・22	奉写一切経所解	2月火頭月養物申請	下道福麻呂	写し	15ノ41	〃[35]	
㊶	宝字5・3・22	奉写一切経所解	2月仕丁月養物申請	下道福麻呂	写し	15ノ41～42	〃〃	勾点追記

㊷	宝字5・3・22	奉写一切経所解	後写加経奉請※	下道福麻呂	写し	15ノ42～46	〃 [36]～[38]	※入唐廻使請来経
㊸	宝字5・3・23	奉写一切経所解	褾紙料紙申請	下道福麻呂	写し	15ノ46、15ノ102～103	〃 [38]、々37ノ9[31]	
㊹	宝字5・4・1	奉写一切経所解	4月仕丁粮申請	上馬養	写し	15ノ46～47	々3ノ4[39]	
㊺	5・4・1	奉写一切経所解	逃走火頭報告	上馬養	写し	15ノ47	〃 〃	余白
㊻	宝字5・4・2	奉写一切経所解	4月食料申請	上馬養	写し	15ノ47～49	〃 [40]～[43]	
㊼	宝字5・4・9	奉写一切経所解	駈使丁返上	小治田年足	案転	15ノ49～50	〃 [44]	余白
㊽	宝字5・4・14	写経所	（消息）	賀茂馬養	下書き	15ノ50～51	〃 [45]	
㊾	宝字5・4・24	奉写一切経所解	一切経奉請雑物申請	他田水主	下書き	15ノ52～53	〃 [46]	
㊿	宝字5・4・24	奉写一切経所解	米申請	小治田年足	写し	15ノ53	〃 [47]	追記
51	宝字5・4・26	写一切経所解	被返上	小治田年足	写し	15ノ53～54	〃 〃	
52	宝字5・5・2	奉写一切経所解	乗米雑用	小治田年足	写し	15ノ54～55	〃 [48]～[49]	
53	5・5・2	奉写一切経所解	5月食料（塩・米）申請	（下道福麻呂）	下書き	15ノ55～56	〃 [49]	
54	5・5・3	奉写一切経所解	仕丁返上	下道福麻呂	？	15ノ56	〃 [49]～[50]	
55	宝字5・5・9	奉写一切経所解	写経生上日・行事報告	上馬養	写し	15ノ56～57	〃 [50]	
56	5・5・10	奉写一切経所解	箋・緒申請	（上馬養）	写し	15ノ57	〃 [51]	
57	5・9・1	「奉写一切経所料遺紙…」※	遺紙返上	上馬養	写し	15ノ57～58	〃 〃	※書き出し

（凡例）・番号…解移牒会で使用した史料の番号を基本とした。
・年月日…天平宝字は宝字と略す。—はもともと書いていないことを示す。
・発給主体・文書形式・宛所…文書でないものについては適宜（ ）にタイトルを記した。
・書き手…書き手がわかる場合、日下署名と同じならそのまま、違う時は（ ）内に記した。不明は?。
・性格…下書き、写し、案文転用（案転）の別を示した。不明は?と示した。
・大日古…『大日本古文書（編年）』の巻と頁。
・正倉院文書…正集（正）、続修（続）、続修後集（後）、続修別集（別）、続々修（々）と略記。『正倉院文書目録』からわかる範囲で断簡番号を記した。断簡番号が不明なものは紙番号（□）を記した。
・備考…気づいた事や注（※）を記した。

表Ⅳ　造石山寺所解移牒符案　宝字6年正月（題簽「解移牒符案」15ノ137　続々修18ノ3）

番号	年・月・日	発給主体・文書形式・宛所	内容	書き手	山本	性格	大日古 巻頁	正倉院文書	備考
①	宝字6・1・15	解移牒符案 造石山寺所解	タイトル 仕丁逃亡替・国養物申請	（下道主） （下道主）	下	写し	15ノ137 15ノ137～138	々18ノ3①(1)[1] 〃 〃	

②	宝字6・1・16	造石山寺所解	買漆銭申請	下道主	下	写し	15ノ138	〃	〃	
③	宝字6・1・18	造石山所解	雑物申請	(下道主)	下	写し	15ノ138～139	〃	〃	
④	宝字6・1・20	造寺所解	買漆銭申請	下道主	下	写し	15ノ139	〃	〃	追記
⑤	宝字6・1・20	造石山寺所解	(消息3条)	(下道主)	下	写し	15ノ139～140	〃	①(2)[2]	
⑥	宝字6・1・23	造石山寺所牒　造物所	買漆銭用残報告	(下道主)	下	写し	15ノ140～141	別5⑥裏		
⑦	宝字6・1・23	造石山寺所解	木工不能替ほか3条	下道主	下	写し	15ノ141～142	別5⑥裏、続44⑫裏		
⑧	宝字6・1・23	告　経所他田上案主等	雑物運搬命令ほか1条	下道主	下	写し	15ノ142～143	続44⑫裏、続44⑬裏		
⑨	1・23	符　庄領等所	米下充	下道主	下	案転	15ノ311	続22⑨裏		雄足自署
⑩	宝字6・1・24	符　山作領玉作子綿等所	釘検納ほか9条	下道主	下	写し	15ノ143～144	後28⑤裏		
⑪	宝字6・1・26	符　山作所領玉作子綿等	雑役夫食料充用	下道主	下	写し	15ノ144～145	〃		
⑫	宝字6・1・28	造石山寺所解	1月上日報告	下道主	下	写し	15ノ145～146	〃		
⑬	宝字6・1・30	作石山寺所解	上日追加報告・訂正	(下道主)	下	写し	15ノ146	別48⑦裏[10]		
⑭	宝字6・2・1	牒　造寺司政所	常例に依り施行五経布施	(下道主)	下	写し	15ノ146～147	〃		大僧都署名予定
⑮	宝字6・2・1	造石山寺所	土師嶋井の件ほか2条	(下道主)	下	写し	15ノ147	別48⑦裏、々18ノ3②(1)[3]		
⑯	宝字6・2・1	符　山作領玉作子綿等	充遣葅ほか4条	下道主	下	写し	15ノ147～148	々18ノ3②(1)	[3]	
⑰	2・3	符　山作領阿刀乙万呂等	食料充遣	下道主	下	写し	15ノ148	〃	[3]・[4]	
⑱	2・3	符　庄領猪名部枚虫等	食料下充	下道主	下	写し	15ノ149	〃	[4]	
⑲	2・4	符　山作所領玉作子綿等	充遣道豊足ほか2条	下道主	下	写し	15ノ149	〃	〃	
⑳	2・5	符　山作所領玉作子綿阿刀乙万呂等	作材員申上命令ほか3条	下道主	下	写し	15ノ150	〃	〃	
㉑	宝字ー・2	牒　造寺司政所	木工申請	(下道主)	下	写し	15ノ150～151	〃	〃	大僧都署名予定
㉒	2・8	符　山作所領玉作子綿等	堂一宇料作材命令	下道主	下	写し	15ノ151	〃	〃	
㉓	2・9	符　山作所領玉作子綿等	充遣夫7人	下道主	下	写し	15ノ151～152	〃	〃	
㉔	宝字6・2・10	造東大寺石山院所解	雑工・役夫料買米申請	(下道主)	下	写し	15ノ152	〃	〃	
㉕	宝字6・2・14	奉写大般若所解	仕丁逃亡替	(下道主)	下	写し	15ノ152	〃	〃	
㉖	2・14	造石山寺所	舎人工広道上日	(下道主)	下	写し	15ノ152～153	〃	〃	
㉗	宝字6・2・14	造石山寺所	食料雑物申請ほか1条	(下道主)	下	写し	15ノ153	続43⑫裏		
㉘	2・16	造石山寺所牒　造物所	木工返上上日功銭	(下道主)	下	写し	15ノ153～154	〃		
㉙	2・11	符　山作所領等	黒米充遣	下道主	下	写し	15ノ154	〃		
㉚	宝字6・2・19	造石山院所解	買給米申請	(下道主)	下	写し	15ノ154	〃		
㉛	宝字6・2・26	造東大寺石山院所牒　近江国庁	庸米検納	(下道主)	下	写し	15ノ154～155	続28④裏		雄足訂正
㉜	6・2・28	符　山作所	作材命令	下道主	下	写し	15ノ155	〃		
㉝	宝字6・2・30	造東大寺司	1月要劇銭申請	(下道主)	下	写し	15ノ155～156	〃		

㉞	宝字6・2・27	作石山寺所解	2月上日報告	(上馬養)	下	案転	未収	歴49		別筆訂正
㉟	宝字6・2・30	造石山寺所解	土工黒葛申請ほか1条	(下道主)	下	写し	未収	歴49、々18ノ3③	5	
㊱	宝字6・2・30	造石山寺所解	消息3条	下道主	下	写し	15ノ156～157	々18ノ3③	5	㊲と続く(中間欠)
㊲	3・4	符山作(所)領玉作子綿等	作材命令	下道主	下	写し	15ノ158～159	続48⑤裏		
※	宝字6・2・29	造東大寺司移 主税寮	未進租米申請	(下道主)	下	案転	5ノ113～114	別1⑥		※『目録』により除外
㊳	宝字6・3・2	造石山寺所解	紙・雑役夫食料申請	(下道主)	下	写し	15ノ157	〃		
㊴	宝字6・(3)・3	符 山作所領等	米銭等充遣	下道主	下	写し	15ノ157	〃		
㊵	宝字6・3・6	造石山院所	写経生申請	下道主	乙	写し	15ノ157～158	〃		
㊶	宝字6・3・6	造石山院所	写経生申請	下道主	乙	写し	15ノ159	々18ノ3④(1)	6	
㊷	6・3・6	符 山作領等	黒米充遣ほか2条	(下道主)	乙	写し	15ノ159～160	〃	〃	
㊸	―	符 山作領等	黒米・雇夫充遣	下道主	下	写し	15ノ160	〃	7	
㊹	3・7	造石山院所符 庄領猪名部枚虫	買運薬命令	下道主	下	写し	15ノ160～161	〃	〃	
㊺	3・8	符 山作領三嶋豊羽等	作材命令	下道主	下	写し	15ノ161	〃	7・8	
㊻	3・9	符 山作領玉作子綿等	雑役夫功食料充遣	下道主	乙	写し	15ノ161～162	〃	8	
㊼	宝字6・3・11	造石山院所	借充用衣服	(下道主)	下	写し	15ノ162	〃	〃	
㊽	宝字6・3・10	造石山院所解	仕丁月養物申請	下道主	下	写し	15ノ162～163	〃	〃	追記
㊾	6・3・12	符 山作領三嶋豊羽玉作子綿等	充遣木印等ほか1条	下道主	乙	写し	15ノ163	〃	〃	
㊿	宝字6・3・13	造石山院所解	仕丁逃亡替	(下道主)	乙	写し	15ノ163	〃	9	
51	宝字6・3・13	奉写石山院大盤若所	写経生申請	(下道主)	乙	写し	15ノ163～164	〃	9・10	
52	宝字6・3・13	造石山院所牒 板屋壊運僧等所	米・銭・塩進送	(下道主)	乙	写し	15ノ164	〃	10	
53	6・3・13	符 橘守金弓等	米充当(板屋壊運僧等所)	下道主	乙	写し	15ノ164～165	〃	〃	
54	宝字6・3・13	造石山院所解	雑工役夫功食料申請	下道主	乙	写し	15ノ165	〃	〃	
55	宝字6・3・13	謹啓 削(ママ)息事	消息3条	下道主	乙	写し	15ノ165～166	〃	〃	
56	3・15	符 山作領等	作材命令	下道主	下	写し	15ノ166～167	〃	11	
57	―	符 山作所領等	黒米充遣	下道主	乙	写し	15ノ167	〃	〃	
58	6・3・15	符 山作所領等	役夫食料充遣	下道主	乙	写し	15ノ166	〃	〃	
59	6・3・16	符 山作所	作材命令2条	(下道主)	下	写し	15ノ168	〃	〃	
60	3・17	符	蔦運搬方法指示	下道主	下	写し	15ノ168～169	〃	〃	
61	3・18辰	符 甲賀運材領橘守金弓	食料充遣、車負材法	下道主	下	写し	15ノ169～170	〃	12	馬賃等追記あり「以時使検校」
62	3・19	石山院務所符 山作所	飛炎棉梠停止	下道主	乙	写し	15ノ170	〃	〃	
63	宝字6・3・20	奉写石山大般若所解	仕丁国養物申請	下道主	下	写し	15ノ170～171	〃	〃	支給日追記
64	6・3・21	符 山作領等	作材命令	下道主	乙	写し	15ノ171～172	〃	12・13	

⑥⑤	6・3・22	符　山作領三嶋豊羽玉作子綿等	堂戸作材報告命令ほか	下道主	下	写し	15ノ172	〃	[13]	
⑥⑥	6・3・23	符　三雲運材領橘守金弓等	銭下充、運出命令ほか	下道主	下	写し	15ノ173	〃	〃	
⑥⑦	―	符　坂田庄領錦部小老	僧都宣により仰給う事あり	(下道主)	乙	写し	15ノ173	〃	〃	
⑥⑧	6・3	符　山作所	充遣食料ほか	下道主	乙	写し	15ノ173〜174	〃	[13]・[14]	
⑥⑨	―	造石山院所解	米申請ほか3条	下道主	乙	写し	15ノ174〜175	〃	[14]	
⑦⓪	―	解	領2人不参向	下道主	乙	写し	15ノ175	〃	〃	
⑦①	宝字6・3・26	造石山院所解	3月上日報告	下道主	乙	写し	15ノ175〜176	〃	[14]・[15]	書き込みあり
⑦②	宝字6・3・25	石山院牒　奈良政所	鋳工進上	(下道主)	乙	写し	15ノ177	〃	[15]	
⑦③	3・28※	符　山作所	黒米充遣ほか	下道主	乙	写し	15ノ177〜178	〃	〃	※「午一点」
⑦④	宝字6・3・29※	造石山院所解	鋳工未到	(下道主)	乙	写し	15ノ178	〃	〃	※「巳四点」、使追記
⑦⑤	3・30	符　山作領三嶋豊羽玉作子綿等	雑材進上命令	下道主	乙	写し	15ノ178〜179	〃	[15]・[16]	
⑦⑥	宝字6・3・30	造石山寺所牒　運屋所	銭・食料充遣	下道主	下	写し	15ノ179	〃	[16]	
⑦⑦	6・4・1	符　山作所	黒米等充遣	下道主	下	写し	15ノ179〜180	〃	〃	
⑦⑧	―	東大寺	鋳工召上	(下道主)	乙	写し	15ノ180	〃	〃	
⑦⑨	宝字6・4・4	造石山院所解	愛智郡祖米申請ほか1条	(下道主)	上	写し	15ノ180〜181	〃	[16]・[17]	
⑧⓪	宝字6・4・6	石山寺写経所解	仕丁2・3月養物申請	上馬養	上	写し	15ノ181	〃	[17]	
⑧①	宝字6・4・2	東大寺	鏡鋳造用度	(上馬養)	乙	下書き	15ノ181〜183	〃	[17]・[18]	下道主が訂正
⑧②	6・4・7	符　山作所	米下充ほか1条	(下道主)	乙	写し	15ノ183〜184	〃	[18]	
⑧③	宝字6・4・7	造石山院所解	黒葛申請ほか1条	(下道主)※	乙	写し	15ノ184	〃	〃	※文章から判断
⑧④	宝字6・4・7	石山院	阿弥陀浄土図奉請ほか2条	(下道主)	乙	写し	15ノ185	々18ノ3	[18]、後33(2)裏[5]	
⑧⑤	6・4・9	符　山作所	仕丁額田部広濱召喚ほか	(下道主)	乙	写し	15ノ185〜186	後33(2)裏	[5]	
⑧⑥	6・4・10	作石山院所解	荒炭進上（鏡用）	上馬養	上	写し	15ノ186	〃		
⑧⑦	宝字6・4・10	牒　鋳物所上毛野大夫所	鏡4面鋳造命令ほか1条	(下道主)	上	写し	15ノ186〜187	後33(2)裏	[5]、々18ノ3⑤[19]	
⑧⑧	6・4・7	符　山作所領玉（作）子綿等	米塩充遣	上馬養	上	下書き	15ノ187〜188	後33(1)裏	[4]	別筆で訂正
⑧⑨	宝字6・4・8	国府　坂田郡司	宝字4年祖米石山寺へ進上	(下道主)	乙	写し	15ノ188	〃	〃	
⑨⓪	宝字6・4・11	造東大寺司　牒坂田郡司	祖米石山寺へ進上	(下道主)	乙	写し	15ノ188〜189	〃	〃	
⑨①	宝字6・4・13	造石山院所	高座短薦等請求	(下道主)	乙	写し	15ノ189	〃	〃	
⑨②	宝字6・4・15	造石山院所解	鏡調度・鋳工浄衣進上	(上馬養)	乙	写し	15ノ189	〃	[4]・[3]	
⑨③	―	「一、新銭百廿四文…」※	進上3月要劇料進上	(下道主)	上	メモ	15ノ189	〃	[3]	※書き出し
⑨④	6・4・15	符　山作所領玉作子綿等	雇工雇夫功料銭等充遣	上馬養	上	写し	15ノ190	〃	〃	
⑨⑤	6・4・17	符　山作所領玉作子綿等	作材命令	上馬養	上	写し	15ノ190	〃	〃	
⑨⑥	4・17	作石山院所解	雑工食料酢滓申請	上馬養	上	写し	15ノ190〜191	〃	〃	

⑰	—	符　山作所領玉作子綿等	檜皮検納、食料充遣	上馬養	上	写し	15ノ191	〃	〃	
⑱	6・4・21	符　山作所領玉作子綿等	米充遣	（上馬養）	下	写し	15ノ191	〃	[3]・[2]	
⑲	宝字6・4・22	東大寺作石山院司返抄	愛智郡租米検納、残米進上	下道主	乙	写し	15ノ191～192	〃	[2]	
⑩⑩	宝字6・4・27	造石山院所解	雑色人4月上日報告	下道主	乙	下書き	15ノ192～193	〃	[2]・[1]	
⑩①	宝字6・4・27	造石山院所	工広道上日報告	下道主	乙	写し	15ノ193～194	〃	[1]	
⑩②	宝字6・4・27	奉写石山院大盤若所牒　右大舎人寮	物部毗登塩浪上日報告	下道主※	乙	写し	15ノ194	〃	〃	※日下上馬養→擦消
⑩③	6・4・26	符　山作所	黒米充遣ほか2条	下道主	乙	写し	15ノ194～195	〃	〃	
⑩④	宝字6・4・27	東大寺作石山院司返抄（愛智郡）	愛智郡租米検納	下道主	乙	写し	15ノ195	〃	〃	
⑩⑤	宝字6・4・28	東大寺作石山院所返抄（愛智郡）	愛智郡租米検納	下道主	下	写し	15ノ196	別48⑨裏	[12]	
⑩⑥	宝字6・5・2	造東大寺司	工広道2月要劇銭申請	（下道主）	乙	写し	15ノ196～197	〃	〃	
⑩⑦	宝字6・5・1	国府　愛智・坂田・高嶋郡司	愛智郡蚊野郷租米を石山寺	（下道主）	下	写し	15ノ197	々18ノ3⑥	(1)[20]・[21]	
⑩⑧	6・5・1	符　山作所領等	作物停止	下道主	下	写し	15ノ198	〃	(3)[22]	
⑩⑨	6・5・2	石山政所符　山作所領等	黒米充遣ほか	下道主	下	写し	15ノ198	〃	〃	
⑪⑩	宝字6・5・2	東大寺司作石山院所返抄	租米返抄	下道主	下	写し	15ノ199	〃	(3)[22]・(4)[23]	
⑪①	宝字6・5・2	東大寺司作石山院所返抄	租米返抄	下道主	乙	写し	15ノ199	〃	(5)[24]	
⑪②	宝字6・5・4	石山院解	消息8条	下道主	乙	写し	15ノ199～201	〃	(5)[24]～(6)[25]	上日書き込み
⑪③	宝字6・5・4	東大寺司作石山院所牒　愛智郡司	租米収納と進上催促	下道主	乙	写し	15ノ201	〃	(6)[25]	
⑪④	宝字6・5・3	司　牒益田大夫所	早速退向	下道主	乙	写し	15ノ201～202	〃	〃	
⑪⑤	宝字6・5・4	造石山院所解	仕丁月養物申請	下道主	乙	写し	15ノ202～203	〃	〃	
⑪⑥	宝字6・5・6	造石山院所解	木工返上	下道主	下	写し	15ノ203	〃	(6)[25]・(7)[26]	
⑪⑦	宝字6・5・7	造石山院所解	長上船木文部省へ参向	下道主	下	下書き	15ノ203～204	〃	(7)[26]	
⑪⑧	6・5・13	符　山作所領等	夫等食料充遣	下道主	乙	写し	15ノ204	〃	(7)[26]・(8)[27]	
⑪⑨	宝字6・5・14	石山院奉写大般若所牒　竪子所	上日報告	下道主	乙	写し	15ノ204	〃	(8)[27]	「止」、「点で削除
⑫⑩	宝字6・5・14	石山院牒　木工所	上日報告	下道主	乙	写し	15ノ205	〃	〃	「止」、「点で削除
⑫①	宝字6・5・14	石山院奉写大般若所（左衛士）	仕丁私部広国処分申請	下道主	乙	写し	15ノ205～206	〃	〃	5ノ230案文
⑫②	6・5・16	造東大寺石山院牒　愛智郡司	2箇年租米進上	（下道主）	乙	写し	15ノ206	〃	〃	「従七位上」を消す
⑫③	宝字6・5・16	石山院奉写大般若所解	仕丁月養物申請	下道主	乙	写し	15ノ206～207	〃	〃	「不用」
⑫④	宝字6・5・17	造石山院所解	仕丁逃走	下道主	乙	写し	15ノ207～208	正6(2)裏		
⑫⑤	6・5・16	符山作領等	夫等食料充遣	下道主	下	写し	15ノ208	〃		
⑫⑥	6・5・17	造石山所解	禄布申請ほか1条	下道主	下	写し	15ノ208～209	〃		
⑫⑦	6・5・17	石山院奉写大般若所牒　竪子所	上日報告	下道主	下	写し	15ノ209	〃		
⑫⑧	宝字6・5・23	造石山院所解	長上木工鉄工進上	下道主	下	写し	15ノ210～211	続17②裏		

129	宝字6・5・23	造石山院所解	舎人衣服申請	下道主	乙	写し	15ノ210～211	続17②裏、々18ノ3⑦[29]	
130	宝字6・5・23	石山院牒　造物所	上日報告	下道主	下	写し	15ノ211～212	々18ノ3⑦[29]	
131	宝字6・5・27	造石山院所解	上日報告	下道主	乙	写し	15ノ212～213	々18ノ3⑦[29]、続46⑦裏	
132	宝字6・6・3	石山院牒　焼炭司	炭収納	下道主	乙	写し	15ノ213～214	続46⑦裏	
133	宝字6・6・3	石山院	炭運搬命令	下道主	乙	写し	15ノ214	続46⑦裏、続17③裏	
134	6・6・4	石山司符　領橘守金弓	柱漕下命令	下道主	上	写し	15ノ214～215	続17③裏	
135	宝字6・6・21	造石山院所解	仏工画師木工食料申請	上馬養※	下	写し	15ノ215	続17③裏、正6(3)裏	※日下は下道主
136	宝字6・6・21	石山院奉写大般若所解	仕丁月養物申請	上馬養	下	写し	15ノ215～216	正6(3)裏、々18ノ3⑧(1)[30]	
137	宝字6・6・21	石山院奉写大般若所解	仕丁逃亡替	上馬養	下	写し	15ノ216～217	々18ノ3⑧(1)[30]	
138	6・6・26	石山院	木工上日報告	上馬養	上	写し	15ノ217	〃　〃	
139-1	宝字6・6・27	造石山院所解	6月上日報告	上馬養	下	写し	15ノ217～218	〃[30]・[31]	
139-2	—	「又進上炭…」※	鏡料炭進上	上馬養	下	メモ	15ノ218	〃[31]	※書き出し
140	—	(仏工上日注文)*	上日帳より此帳に書着※	上馬養	下	メモ	15ノ218	〃　〃	※送所無きにより
141	6・7・1	造石院所解	作物支障報告(11箇条)	下道主	下	下書き	15ノ219～220	〃[31]・[32]	
142	6・7・7	造石山院所返抄	信楽殿壊運所より雑材収納	下道主	乙	写し	15ノ220～221	々18ノ3⑧[32]、正5⑤裏	「合」線引き
143	宝字6・7・9	造石山院所返抄	租米収納と催促	下道主	乙	写し	15ノ221	正5⑤裏	
144	6・7・9	司符　秦足人穂積河内等	参向命令	下道主	乙	写し	15ノ221～222	〃	
145	宝字6・7・9	造石山院所解	帛帳・画師申請	下道主	乙	写し	15ノ222	〃	
146	宝字6・7・13	東大寺作石山院所返抄	租米収納	下道主	乙	写し	15ノ222～223	〃	
147	宝字6・7・13	東大寺作石山院所返抄	租米収納	下道主	下	写し	15ノ223	〃	
148	宝字6・7・16	東大寺司作石山院所牒　愛智郡司	租米進上申請	(下道主)	下	写し	15ノ223～224	〃	
149	宝字6・7・16	東大寺作石山院所牒　坂田郡司	租米進上申請	下道主	下	写し	15ノ224	〃	
150	宝字6・7・16	作石山院牒　鋳物所	炭進上	下道主	乙	写し	15ノ225	〃	
151	宝字6・7・21	東大寺司造石山院所牒　高嶋郡司	租米進上申請	下道主	乙	写し	15ノ225	〃	
152	宝字6・7・21	造石山院所返抄	雑材収納	下道主	乙	案転	15ノ226～228	続30⑩裏、別8③裏、続49②裏	
153	宝字6・7・23	造石山院所解	画師食料申請	下道主	下	写し	15ノ229	々18ノ3⑨[33]	
154	6・7・23	造石山院所牒　宇治司所	桴工2人返向功銭充給	下道主	乙	写し	15ノ229	〃　〃	
155-1	7・23	造石山院所解	桴工2人功食料の件	下道主	乙	写し	15ノ256	々18ノ4④[5]	
155-2	—	「一自宇治進上文一紙…」※	添付文書と返事について	下道主	乙	メモ	15ノ256	〃　〃	※書き出し
156	宝字6・7・25	造石山院所解	7月上日報告	下道主	乙	下書き	15ノ230～231	続47③裏	
157	宝字6・7・25	造石山院所解	預考人考銭進上	下道主	乙	写し	15ノ231～232	続47③裏、々18ノ3⑩[34]	
158	宝字6・7・25	造石山院所解	公文4道進上	下道主	乙	写し	15ノ232	々18ノ3⑩[34]	

159	宝字6・7・25	造石山院所解	好白土請求	下道主	乙	写し	15ノ233	〃	
160	宝字6・7・25	造石山院所（解）※	上楯麻呂行事報告	下道主	下	写し	15ノ233～234	々18ノ3⑩、別8①裏	※「解」は書きかけ
161	宝字6・7・25	造石山院所解	考中行事	下道主	下	写し	未収	続9⑨裏、々47ノ4②、続9①裏、続9⑤(2)裏・(1)裏、々46ノ7⑤裏	
162-1	―	造石山院所解	仕丁進返	（下道主）	下	写し	未収	続9⑥裏	「止」
162-2	宝字6・8・1	造石山院所解	木工進返	下道主	上	写し	未収	〃	
163	宝字6・8・28	石山院作所解	8月上日報告	上馬養	上	写し	未収	続9⑥裏、続9⑧裏	
164	宝字6・9・1	石山院奉写大般若経所（解）	仕丁月養物申請	（上馬養）	上	下書き	未収、16ノ1	続9⑧裏、続26⑨裏	
165	宝字6・9・2	奉写勅旨大般若経所移－文部省	上日行事報告	（上馬養）	下	下書き	16ノ1	続26⑨裏	
166	宝字6・9・2	奉写勅旨大般若経所移左大舎人寮	上日行事報告	（上馬養）	下	下書き	16ノ1～2	続26⑨裏、続19⑤裏	
167	宝字6・9・2	奉写勅旨大般若経所移散位寮	上日行事報告	（上馬養）	上	下書き	16ノ2～3	続19⑤裏、続49⑨裏	
168	宝字6・9・9	石山院奉写大般若経所（解）	本経返還	上馬養	下	写し	16ノ4	々18ノ3⑪ [35]	
169	6・9・14	石山院奉写経所解	消息5条	上馬養	乙	写し	15ノ243	〃 [36]	
170	宝字6・9・16	「石山院奉造阿弥陀仏像并法華経一部」※	画師らの食料直計算	上馬養	下	写し	15ノ244～245	〃 [36]・[37]	※書き出し
171	宝字6・9・30	石山院奉写大般若所解	上日行事	下道主	下	写し	15ノ245～246	〃 [37]	
172	宝字6・10・3	石山院奉写大般若経所	仕丁月養物申請	（上馬養）	下	下書き	15ノ246	〃 〃	
173	宝字6・10・1	石山院	鏡料炭進上	下道主	乙	下書き	15ノ246～247	〃 〃	「止」㇆点で削除
174	宝字6・10・28	石山院奉写大般若所解	10月上日行事	上馬養	下	写し	15ノ247	続26⑧裏	
175	宝字6・11・30	石院務所解	仕丁月養物申請	（上馬養）	下	写し	15ノ248	続44④裏	
176	宝字6・11・30	造寺所	先日借請黒米返還	下道主	乙	写し	15ノ248～250	続44④裏、※続20⑧裏	※一行分欠
177	6・12・5	石山院	大般若経令奉請	下道主	乙	写し	15ノ250	続20⑨裏	
178	6・12・8辰	石山院	大般若経本経等令奉請	（下道主）	乙	写し	15ノ250～251	〃	
179	宝字6・12・24	石山院奉写大般若所解	仕丁進返	（下道主）	乙	写し	15ノ251	続20⑨裏、々18ノ3⑬(1)[38]	
180	宝字6・12・	石山院奉写大般若経所解	大般若経他残物進返	（下道主）	乙	写し	15ノ252～254※	々18ノ3[38]・[39]、続49⑧(2)裏	※16ノ118～119
181	宝字6・潤12・28	造石山院所牒　愛智郡司	租米収納	下道主	下	下書き	16ノ119	続49⑧(2)裏・(1)裏	
182	宝字7・2・18	牒　岡田鋳物師王公所	黒米充遣	下道主	下	写し	16ノ119～120	続49⑧(1)裏	
183	宝字7・2・18	符　猪名マ枚虫所	壊漕専当宝慶師へ黒米充遣	下道主	下	写し	5ノ385～386	々18ノ4①[1]	
184	宝字7・2・18	牒　信楽殿壊運所	黒米充遣	下道主	下	写し	5ノ386	〃 〃	(185)とは中間欠
185	宝字7・3・3	造石山院所牒　信楽殿壊運所	銭充遣、米徴収	下道主	下	写し	5ノ400～401	別8⑥	
186	宝字7・3・3	符　庄領猪名マ枚虫所	壊運夫米充行	下道主	乙	写し	5ノ401～402、未収	別8⑥、後42③	
187	宝字7・5・6	造石山院所解	雑物進返	下道主	乙	写し	5ノ439～440	後42③、後42⑥(1)裏	破れ
188	宝字7・5・6	経所解	釜進入	下道主	下	写し	5ノ438	々18ノ4③[3]	

⑱⑨	宝字7・5・21	東大寺造石山院所牒　愛智郡司等	4年租米進上命令	下道主	下	写し	5ノ441〜442	〃〃	
⑲⓪	宝字4《ママ》・6・9※	東大寺司造石山院所牒　愛智郡司	4年租米進上命令	下道主	下	写し	5ノ444	々18ノ4③[3]・[4]	※宝字7
⑲①	宝字7・6・15	東大寺造石山院所返抄　愛智郡司	租米収納	下道主	下	写し	5ノ444〜445	〃〃	
⑲②	宝字7・6・16	造石山院所解	愛智郡租米乞用・残	下道主	下	写し	5ノ445〜446※	々18ノ4③[3]、続40裏[3]	※16ノ390
⑲③	宝字7・6・12	愛智郡司解	東大寺封租米進上	下道主	下	写し	16ノ390	続40裏[3]	
⑲④	宝字7・4・8	愛智郡司解	東大寺封租米進上	下道主	下	写し	16ノ390	〃〃	
⑲⑤	宝字7・2・20	愛智郡司解	東大寺封租米進上	下道主	下	写し	16ノ391	〃[3]・[2]	
⑲⑥	宝字6・潤12・24	愛智郡司解	東大寺封租米進上	下道主	下	写し	16ノ391	〃[2]	
⑲⑦	宝字6・10・23	愛智郡司解	東大寺封租米進上	下道主	下	写し	16ノ392	〃〃	
⑲⑧	宝字6・10・16	愛智郡司解	東大寺封租米進上	下道主	下	写し	16ノ392〜393	〃〃	
⑲⑨	宝字6・10・17	（愛）智郡司解	東大寺封租米進上	下道主	下	写し	16ノ393	〃[2]・[1]	
⑳⓪	宝字6・10・15	愛智郡司解	東大寺封租米進上	下道主	下	写し	16ノ393〜394	〃[1]	
⑳①	宝字6・9・28	愛智郡司解	東大寺封租米進上	下道主	下	写し	16ノ394〜395	〃〃	
⑳②	宝字6・4・20	愛智郡司解	東大寺封租米進上	下道主	下	写し	16ノ395	続17④[4]	
⑳③	宝字6・4・25	愛智郡司解	東大寺封租米進上	下道主	下	写し	16ノ395〜396	〃〃	
⑳④	宝字6・4・21	愛智郡司解	東大寺封租米進上	下道主	下	写し	16ノ396	〃〃	
⑳⑤	宝字6・4・20	愛智郡司解	東大寺封租米進上	下道主	下	写し	16ノ396〜397	〃〃	
⑳⑥	宝字6・4・29	愛智郡司解	東大寺封租米進上	下道主	下	写し	16ノ397	続43②裏	
⑳⑦	宝字6・4・21	愛智郡司解	東大寺封租米進上	下道主	下	写し	16ノ397〜398	〃	
⑳⑧	宝字6・6・4	愛智郡司解	東大寺封租米進上	下道主	下	写し	16ノ398	〃	
⑳⑨	宝字6・7・6	愛智郡司解	東大寺封租米進上	下道主	下	写し	16ノ398〜399	続43①裏	
㉑⓪-1	宝字6・7・9	愛智郡司解	東大寺封租米進上	下道主	下	写し	16ノ399	〃	
㉑⓪-2	—	「以前一百廾五石五斗自郡進上…」※	政所進送解文案取置	下道主	下	メモ	16ノ399	続43①裏、続16⑤裏	※書き出し

（凡例）・番号…解移牒会で使用した史料の番号を基本とし必要に応じて枝番をつけた。
・年月日…天平宝字は宝字と略す。—はもともと書いていないことを示す。
・発給主体・文書形式・宛所…文書でないものについては適宜（　）にタイトルを記した。*は『大日本古文書（編年）』の表題。
・書き手…書き手がわかる場合、日下署名と同じならそのまま、違う時は（　）内に記した。不明は?。
・山本…山本幸男説による書き手。下は下道主、乙は阿刀乙麻呂、上は上馬養を示す。
・性格…下書き、写し、案文転用（案転）、メモの別を示した。
・大日古…『大日本古文書（編年）』の巻と頁。
・正倉院文書…正集（正）、続修（続）、続修後集（後）、続修別集（別）、続々修（々）と略記。『正倉院文書目録』からわかる範囲で断簡番号を記した。断簡番号が不明なものやないものは紙番号（□）を記した。

・流出文書については国立歴史民俗博物館『正倉院文書拾遺』（便利堂、一九九二年）の番号（歴○）を記した。
・備考…気づいた事や注（※）を記した。
（注）・㊲の次の※は『目録』では造東大寺司移で㊳～㊵はその余白に書かれたものとするが、解移牒符案の一部とみなした。

表Ⅴ　奉写二部般若経解移牒案　宝字6年12月（題箋「二部般若／解移牒案」「宝字六年」16ノ105～106　続々修4ノ21）

番号	年・月・日	発給主体・文書形式・宛所	内容	書き手	性格	大日古巻頁	正倉院文書	備考
①	宝字6・12・21	奉写経所解	浄衣料布申請	？	案転	16ノ106	々4ノ21（1）[1]	雄足自署
②	宝字6・12・24	奉写経所解	経典奉請	（下道主）	写し	16ノ106～107	〃〃	
③	宝字6・12・29	司符　東西市領等	雑物買進上	（下道主）	下書き	16ノ107	〃（2）[2]	
④	6・12・29	経所解	料理供養用釜申請	下道主	写し	16ノ108	〃〃	
⑤	宝字6・12・30	経所解	12月上日報告	下道主	写し	16ノ108	〃〃	1人追記
⑥	宝字6・潤12・1	造寺司牒　三綱所	浄衣縫女3日申請	（下道主）	写し	16ノ109	〃（3）[3]	
⑦	宝字6・潤12・1	符　難波使杜下月(足)弓削伯万呂等	食料買進上	（下道主）	写し	16ノ109	〃〃	
⑧	宝字6・潤12・1	符　庄領猪名部枚虫	愛智郡租米徴収	（下道主）	写し	16ノ110	〃〃	
⑨	宝字6・潤12・1	符　橘守金弓	大小豆進上命令	（下道主）	写し	16ノ110	〃〃	
⑩	宝字6・潤12・1	符　庄領猪名部枚虫	壊運雇夫食料充遣	（下道主）	写し	16ノ110～111	〃（3）[3]（4）[4]	
⑪	宝字6・潤12・1	牒　岡田鋳物師所	米進上命令	（下道主）	写し	16ノ111	〃（4）[4]	
⑫	宝字6・潤12・1	司　牒愛智郡司	未進米進上命令	（下道主）	写し	16ノ111～112	〃〃	
⑬	**宝字6・12・23**	**（土師名道経師貢進啓）＊**	**—**	**—**	**—**	**16ノ112**	**〃（5）[5]**	
⑭	6・閏12・19	奉写大般若所符泉木屋領山辺公所	杉榑買進上命令	（下道主）	写し	16ノ112～113	〃〃	
⑮	6・潤12・23	東寺写経所牒　石山院三綱務所	所伝盗人勘問	下道主	写し	16ノ113、5ノ333	々4ノ21（5）[5]、別48⑩裏[12]	
⑯	6・潤12・23	司符　庄領猪名マ枚虫阿刀乙万呂等	石山院物盗人勘問	（下道主）	写し	5ノ333～334	別48⑩裏[12]	
⑰	宝字6・潤12・29	経所解	上日報告	下道主	写し	5ノ334	〃〃	
⑱	宝字6・潤12・29	「建部広足…」※	誤漏堕人上日報告	下道主	写し	5ノ335	〃〃	※書き出し
⑲	宝字7・1・26	造東大寺司石山院牒　愛智郡司	未進租米進上	（下道主）	写し	5ノ383	別6⑧[8]	
⑳	宝字7・1・26	東大寺	机・覆尺寸報告	？	写し	5ノ383～384、16ノ326	別6⑧[8]、続20㉑裏[21]	
㉑-1	宝字7・1・30	経所解	1月上日報告	上馬養	写し	16ノ326～327	続20㉑裏[21]	
㉑-2	—	「丸部足人…」※	4人上日送所不知	（上馬養）	メモ	16ノ327	〃〃	※書き出し
㉒	宝字7・1・30	東寺奉写大般若経所牒　御書所	写経生上日報告	上馬養	写し	16ノ327～328	〃〃	
㉓	宝字7・2・18	造東大寺司石山院所牒　愛智郡司	残米進上	下道主	下書き	5ノ386～387	々18ノ4②[2]	

㉔-1	宝字7・2・30	経所解	2月上日報告	下道主	写し	5ノ387、5ノ399	々18ノ4②[2]、歴52	
㉔-2	―	「散位丸マ足人…」※	3人上日送所不知	下道主	メモ	5ノ399	歴52	㉖とは中間欠※書き出し
㉖	宝字7・3・25	「散位丸部足人…」※	3人上日送所不知	(下道主)	写し	16ノ328	続48③裏[3]	※書き出し
㉗	宝字7・3・29	東大寺奉写経所牒(移)　御書所	写経生上日報告	上馬養	下書き	16ノ328	〃 〃	
㉘-1	宝字7・4・29	経所解	4月上日報告	上馬養	下書き	16ノ328～329	〃 〃	
㉘-2	―	「散位丸部足人…」※	1人上日送所不知	上馬養	メモ	16ノ329	〃 〃	※書き出し
㉙	宝字7・4・29	東大寺奉写経所移　御書所	写経生上日報告	上馬養	写し	16ノ330	〃 〃	
㉚	宝字7・5・13	東大寺	経典奉請	(上馬養)	写し	16ノ382～383	続47⑧裏[8]	
㉛	宝字7・5・14	東大寺写経所牒　興福寺三綱務所	経典奉請	(上馬養)	写し	16ノ383	〃 〃	
㉜-1	宝字7・5・14	東大寺写経所　元興寺三綱務所	経典奉請	(上馬養)	写し	16ノ383～384	〃 〃	
㉜-2	―	「一部奉請香山薬寺…」※	経典奉請	(上馬養)	メモ	16ノ384	〃 〃	※書き出し
㉝	宝字7・5・29	経所解	5月上日報告	下道主	写し	14ノ364～365、330	々24ノ5⑬[38]、続48④裏[4]	
㉞	宝字7・6・3	東大寺奉写経所	写経生上日報告	下道主	写し	16ノ330	続48④裏[4]	
㉟	宝字7・6・30	経所解	6月上日報告	上馬養	写し	16ノ331	続48④裏[4]、々18ノ7①(2)裏	
㊱	7・7・21	経所解	7月上日報告	上馬養	写し	16ノ331～332	々18ノ7①(2)裏[2]	
㊲	7・8・29	経所解	8月上日報告	上馬養※	写し	16ノ332～333	続50③裏[3]	※追記は能登忍人
㊳	7・9・9	経所解	9月上日報告	上馬養	写し	16ノ333	〃 〃	
㊴	7・10・29	経所解	10月上日報告	上馬養	写し	16ノ333	〃 〃	
㊵	11・30	経所解	11月上日報告	上馬養	写し	16ノ333～334	〃 〃	
㊶	(欠)	経所解▽	(12月上日報告)	(上馬養)	写し	16ノ334	〃 〃	㊷とは中間欠
㊷	8・1・29	経所解	1月上日報告	上馬養	写し	5ノ468～469	別38(1)[1]	
㊸	8・2・30	経所解	2月上日報告	上馬養	写し	5ノ469	〃 〃	
㊹	8・3・30	吉祥悔過所解	3月上日報告	上馬養	写し	5ノ469～470	〃 (2)[2]	
㊺	宝字8・4・29	経所解	4月上日報告	上馬養	写し	5ノ470～471	〃 (3)[3]	
㊻	宝字8・5・30	経所解	5月上日報告	上馬養	写し	5ノ471	〃 〃	
㊼-1	宝字8・6・29	経所解	6月上日報告	上馬養	写し	5ノ471	〃 (4)[4]	
㊼-2	―	「上馬甘上日廾三」※	6月上日報告	上馬養	メモ	5ノ471	〃 〃	※書き出し
㊽	宝字8・8・26	経所解	来9月仕丁粮申請	上馬養	下書き	5ノ472	〃 〃	
㊾	8・8・29	経所解	8月上日報告	上馬養	写し	5ノ472～473	〃 (5)[5]	
㊿	宝字8・9・25	経所解	来10月仕丁粮申請	上馬養	写し	5ノ473	〃 (6)[6]	
51	―	造東大寺司移内竪所	写経生不参	(土師家守)	下書き	5ノ494	〃 〃	

㊾	―	造東大寺司移左大舎人寮	写経生不参	(土師家守)	下書き	5ノ494	〃 〃	
㊿	―	造東大寺司移式部省	写経生不参	(土師家守)	下書き	5ノ494～495	〃 〃	
㊹	8・10・3	造東大寺司移散位寮	写経生不参	(土師家守)	下書き	5ノ495～496	〃 (6)[6](7)[7]	
㊺	9・29	経所解	9月上日報告	上馬養	写し	5ノ474	〃 (7)[7]	
㊻	宝字8・10・14	造東大寺司牒　図書寮	一切経顕注	(上馬養)	下書き	5ノ496～497	〃 (7)[8]	
㊼	宝字8・10・25	経所解	来11月仕丁粮申請	上馬養	写し	5ノ474～475	〃 〃	
㊽	宝字8・10・24	奉写経所解	大般若経料欠紙筆墨申請	上馬養	下書き	5ノ498～500	〃 (8)[9]	
㊾	宝字8・11・21※	造東寺司(経所解)	布施申請	上馬養	下書き	5ノ501～502	々18ノ7②(1)[3](2)[4]	※月日、署名者変更
㊿	宝字8・11・21	造東寺司	帙綺申請	(上馬養)	下書き	5ノ502	々18ノ7②(2)[4]	
61	宝字8・11・25	経所解	来12月仕丁粮申請	上馬養	写し	5ノ475	〃 〃	
62	宝字8・11・29	経所解	残物返上	上馬養	写し	5ノ505～507	〃 (2)[4](3)[5]	背面同内容の案文5ノ504
63	―	―△※	―	(上馬養)	?	未収	〃 (4)[6]	※署名のみ
64	宝字8・11・29	経所解	雇女功銭申請	上馬養	下書き	5ノ507	〃 〃	
65	宝字8・11・28	経所解	布施申請	上馬養	案転	5ノ503～504	〃 (4)[7]	馬養・奥麻呂・家守・広足自署
66	宝字8・11・29	経所解	布施申請	上馬養	写し	16ノ562、5ノ508	々42ノ1⑧[11]、別47⑨裏[10]	
67	(欠)	経所解▽	来1月仕丁粮申請	(上馬養)	下書き	5ノ509	別47⑨裏[10]	

(凡例)・番号…解移牒会で使用した史料の番号を基本とし必要に応じて枝番をつけた。
・年月日…天平宝字は宝字と略す。―はもともと書いていないことを示す。
・発給主体・文書形式・宛所…文書でないものについては適宜(　)にタイトルを記した。▽は後欠、△は前欠、*は『大日本古文書(編年)』の表題。
・書き手…書き手がわかる場合、日下署名と同じならそのまま、違う時は(　)内に記した。不明は?。
・性格…下書き、写し、案文転用(案転)の別を示した。不明は?。
・大日古…『大日本古文書(編年)』の巻と頁。
・正倉院文書…正集(正)、続修(続)、続修後集(後)、続修別集(別)、続々修(々)と略記。『正倉院文書目録』からわかる範囲で断簡番号を記した。断簡番号が不明なものは紙番号(□)を記した。
・流出文書については国立歴史民俗博物館『正倉院文書拾遺』(便利堂、一九九二年)の番号(歴○)を記した。
・備考…気づいた事や注(※)を記した。
(注)・第一期と第二期の境に縦罫線を入れた。
・㉕は表Ⅴの㉔-2に相当。接続情報はないが、㉔-1と一続きとみなし㉔-2とした。
・⑬は解移牒案とは関係ないもの。

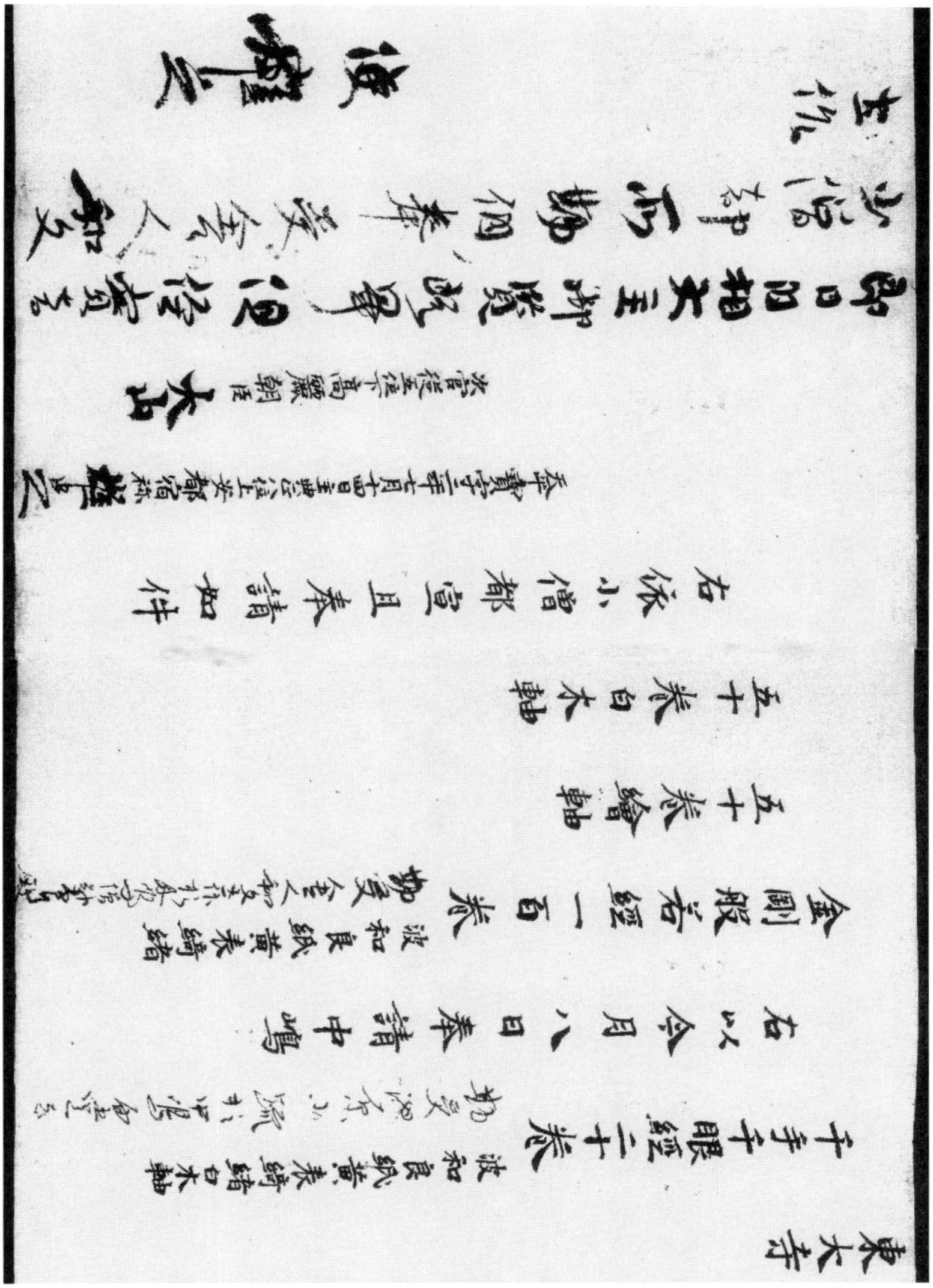

I⑧　建部広足が書いた正文に安都雄足が追記（続々修三四ノ一〇裏⑧）

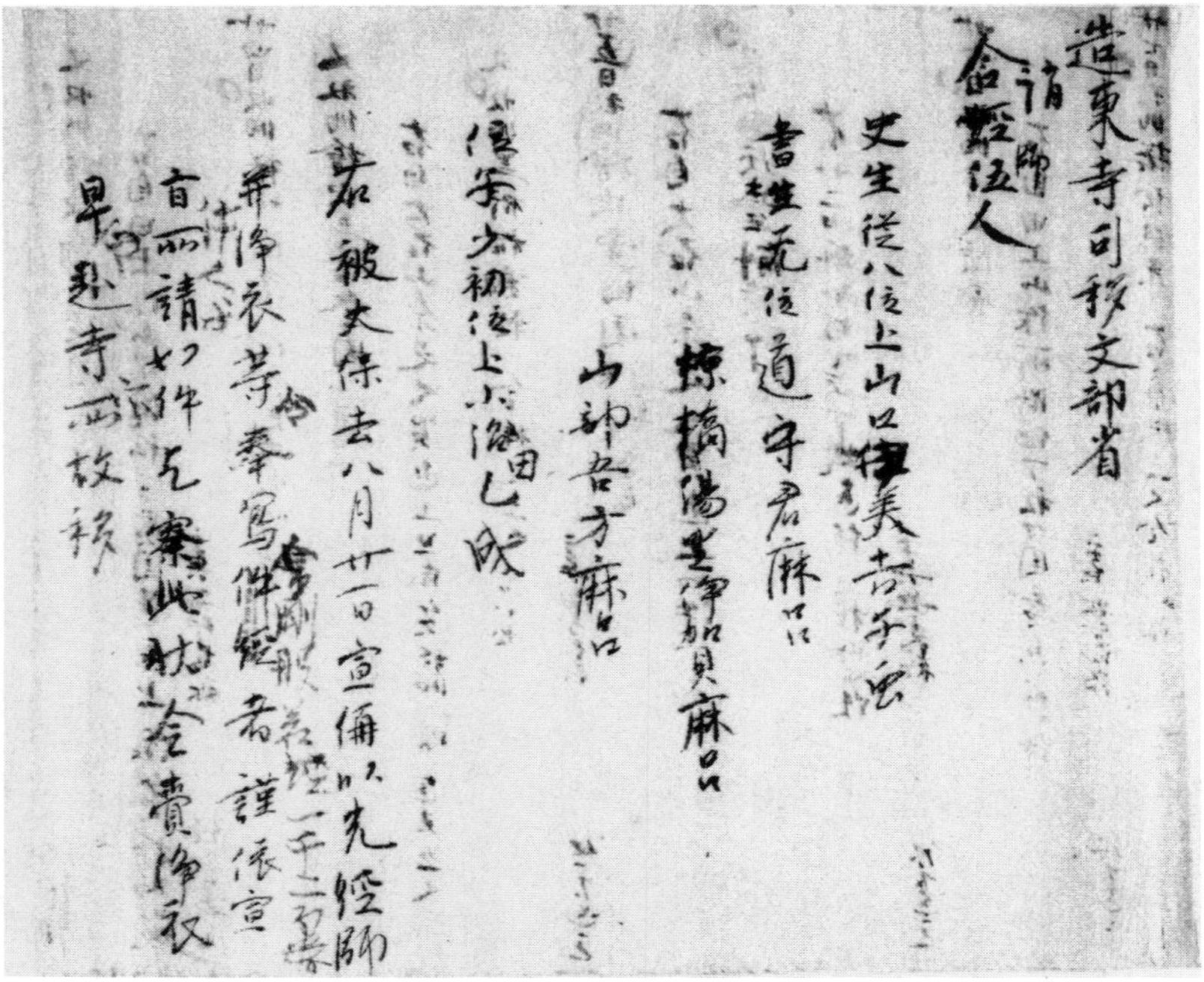

I㉗佐伯里足が下書きをし安都雄足が訂正（続修二八③3）

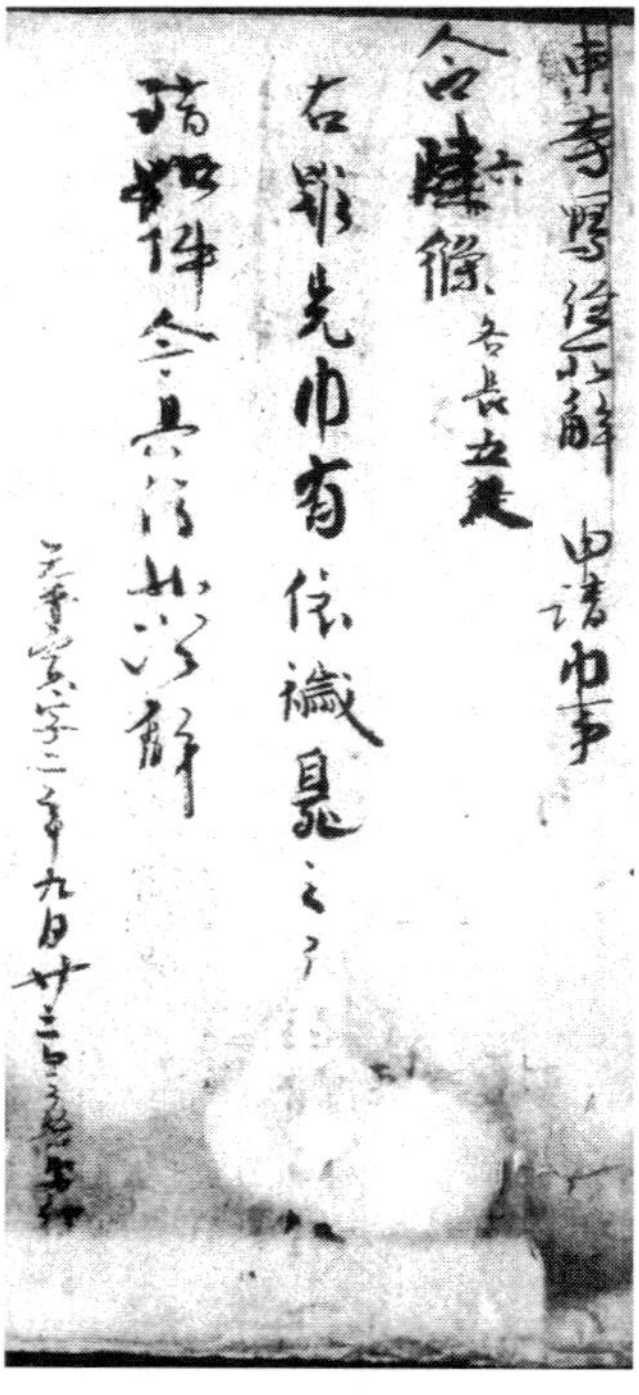

I㉛安都雄足の筆跡（続々修一八ノ六裏56）

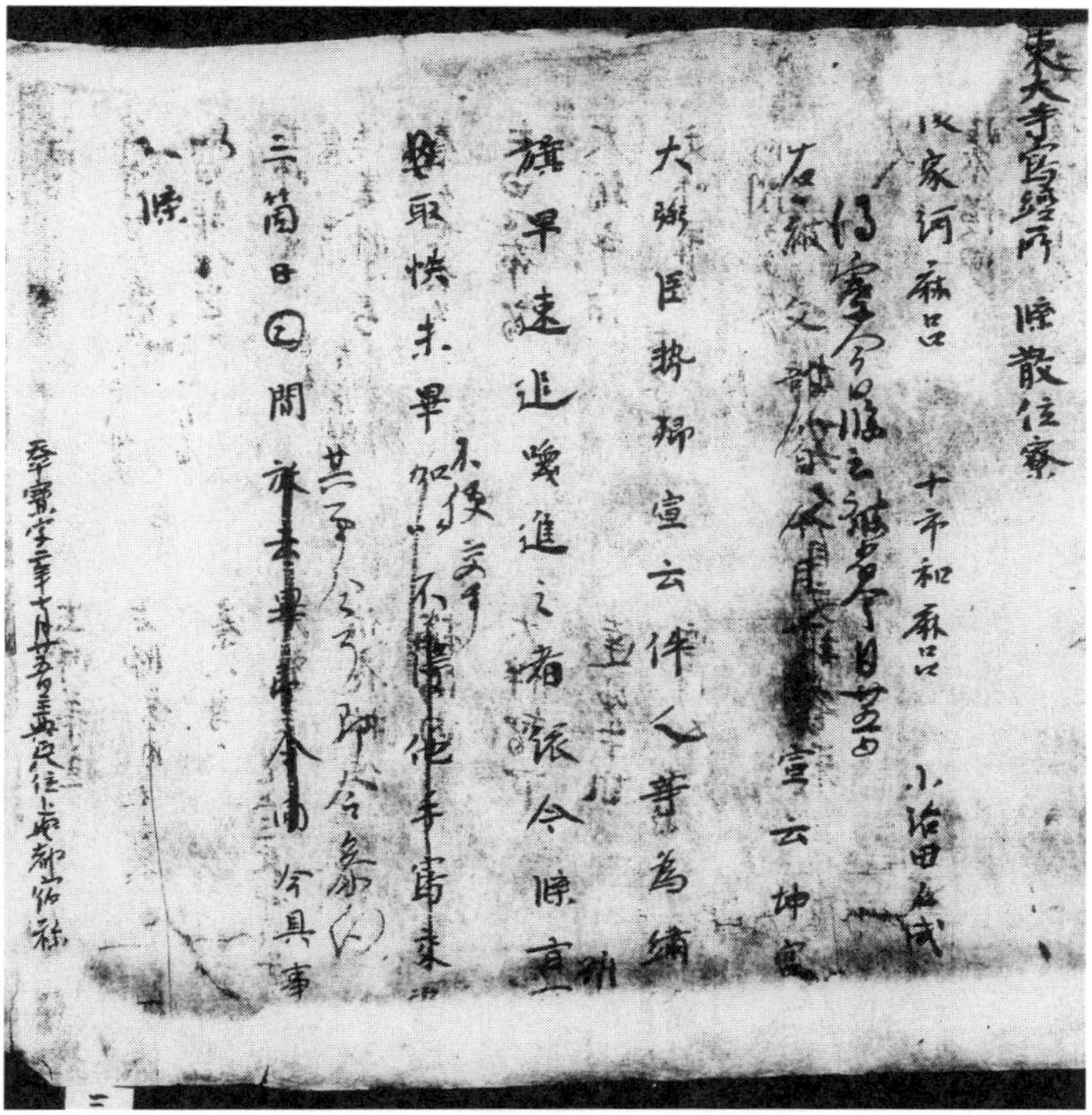

Ⅰ㊸上馬養が下書きし安都雄足が訂正（続々修一八ノ六裏37）

Ⅱ「御願経奉写等雑文案」宝字四年二月　筆跡サンプル

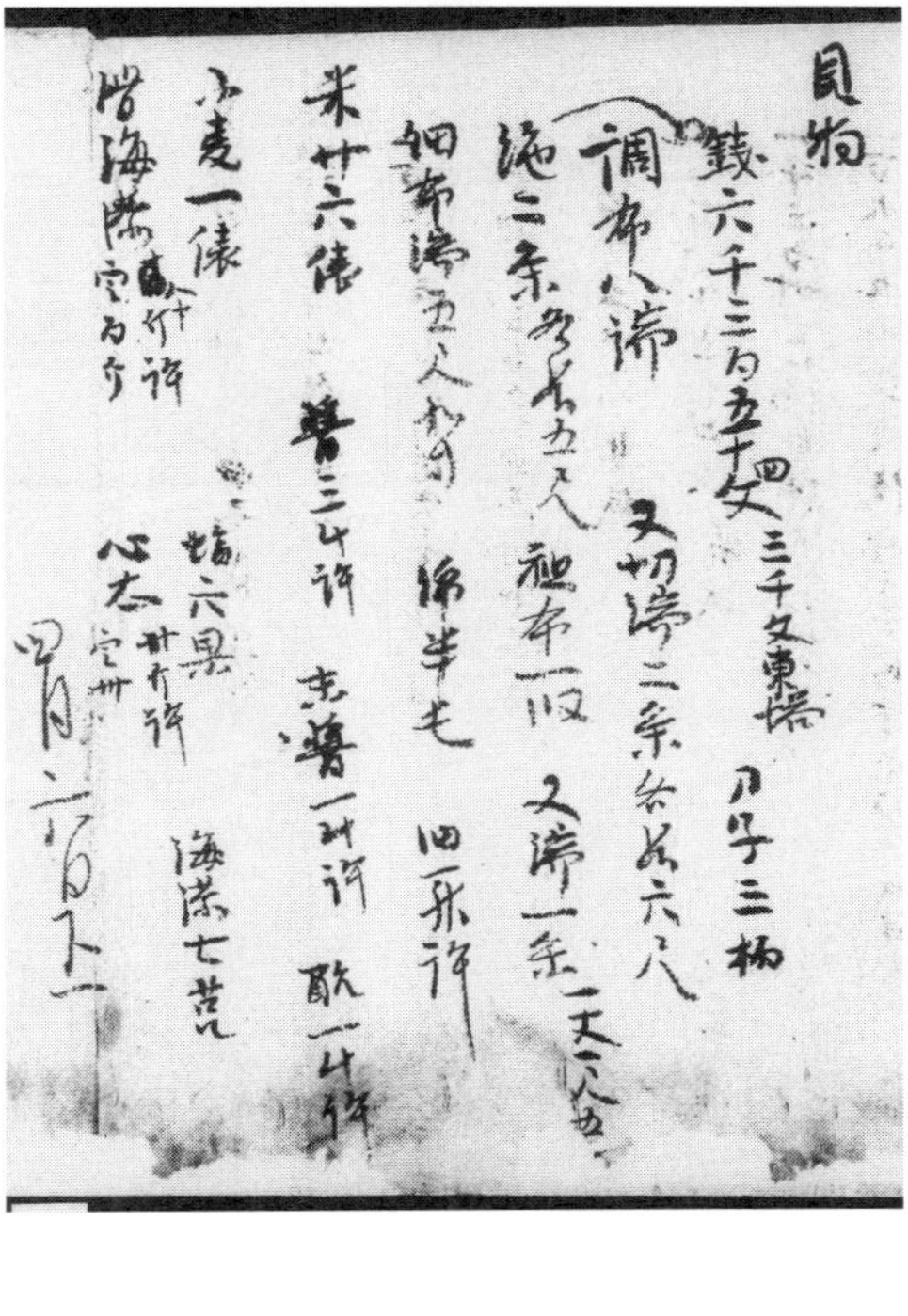

Ⅱ⑳上馬養の筆跡（続々修一八ノ六18 19）

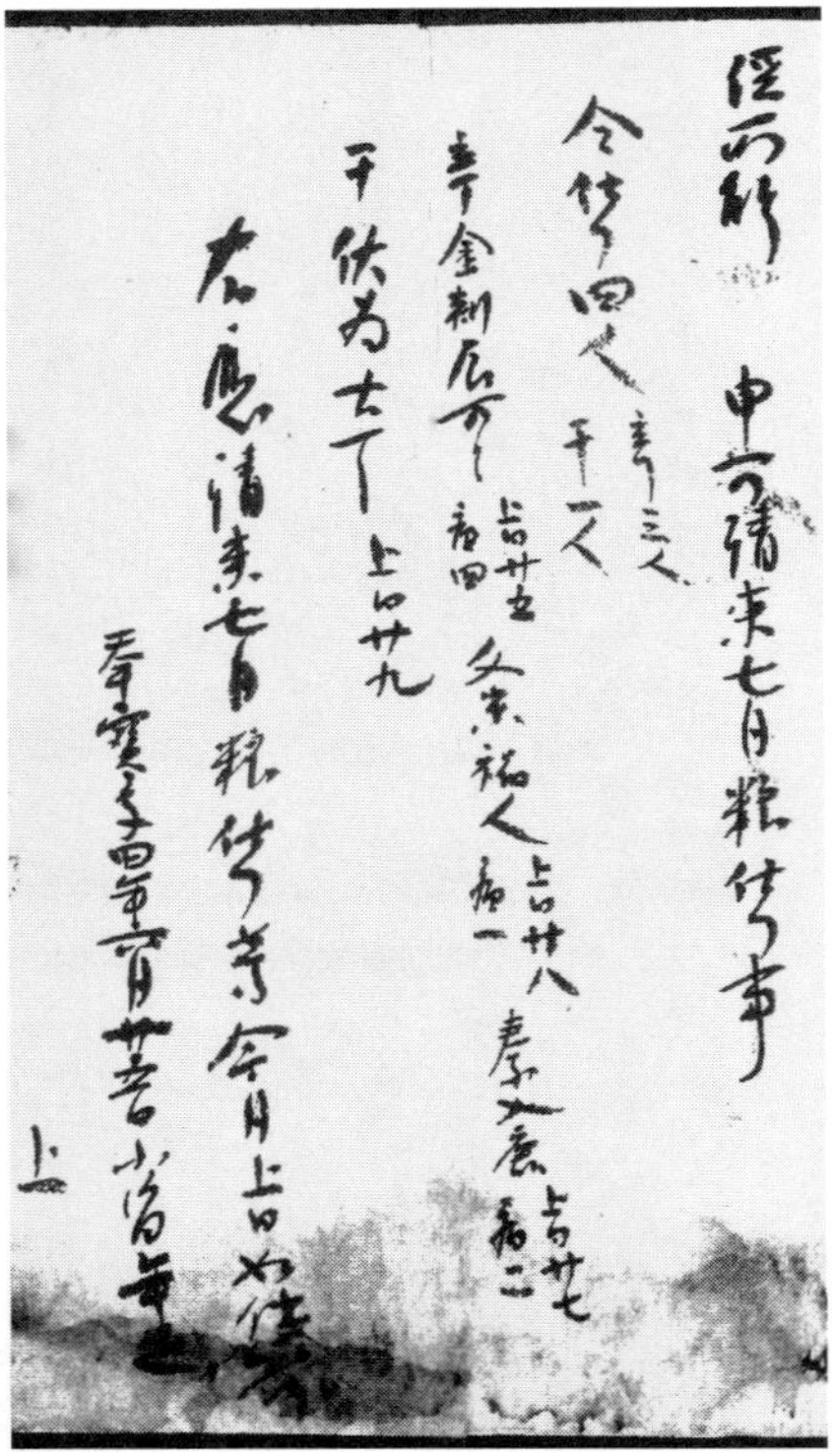

Ⅱ㊼小治田年足の筆跡（続々修一八ノ六48）

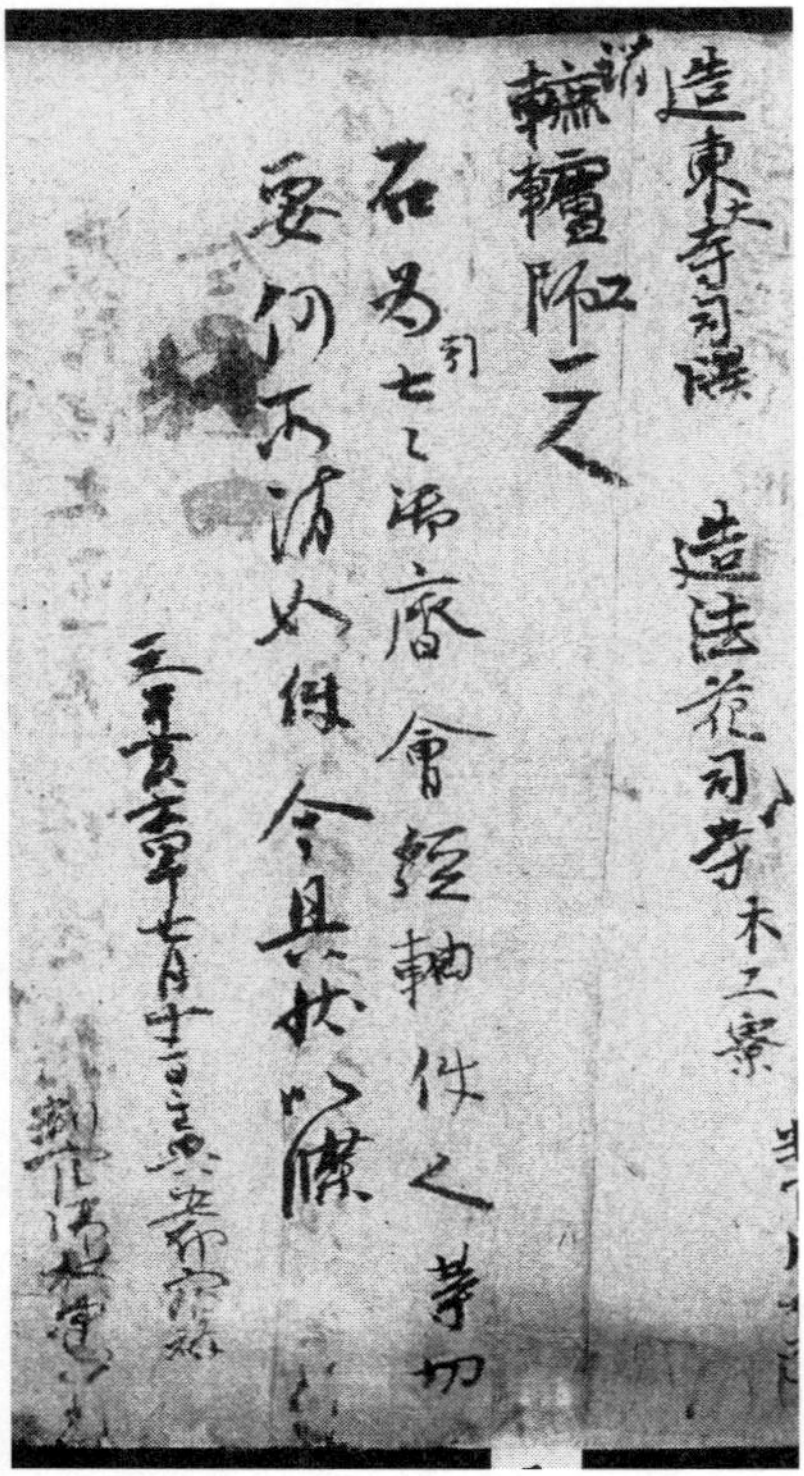

Ⅱ64安都雄足の筆跡（続々修一八ノ六51 52）

Ⅲ　奉写一切経所解移牒案　宝字五年正月　筆跡サンプル

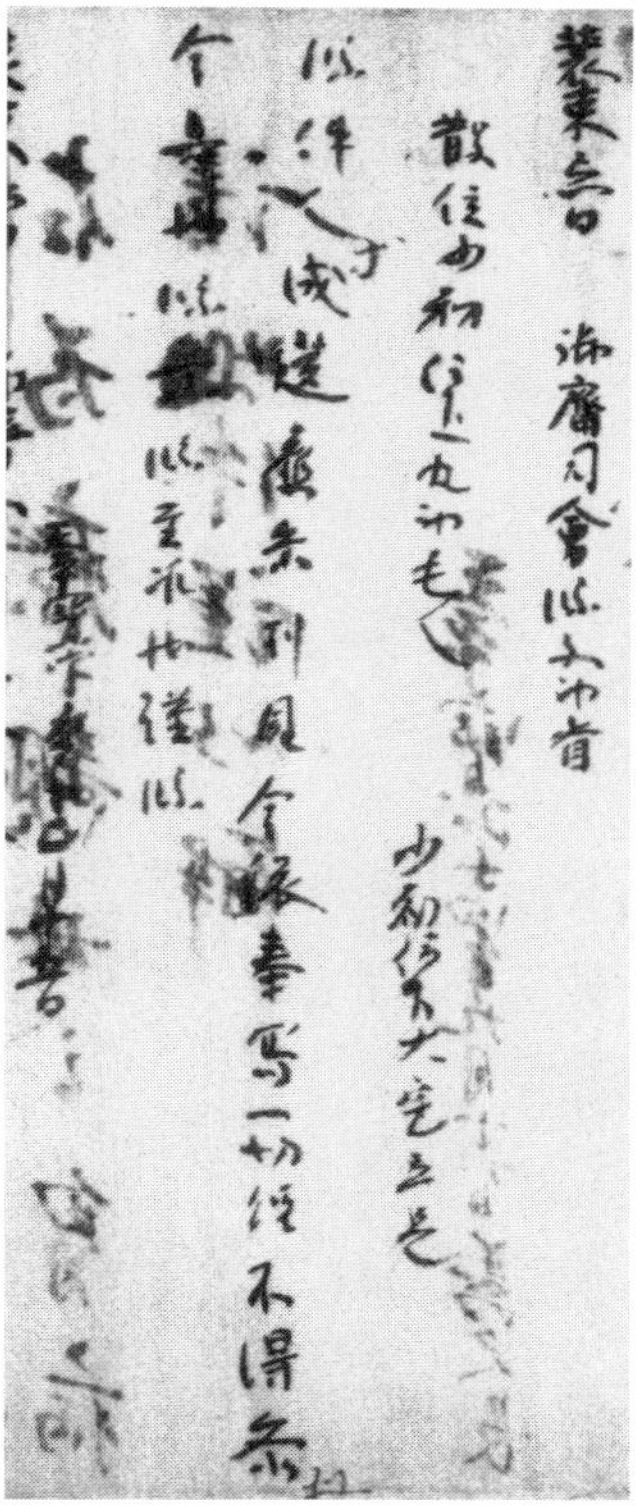

Ⅲ⑥上馬養の筆跡（続修二〇③裏3）

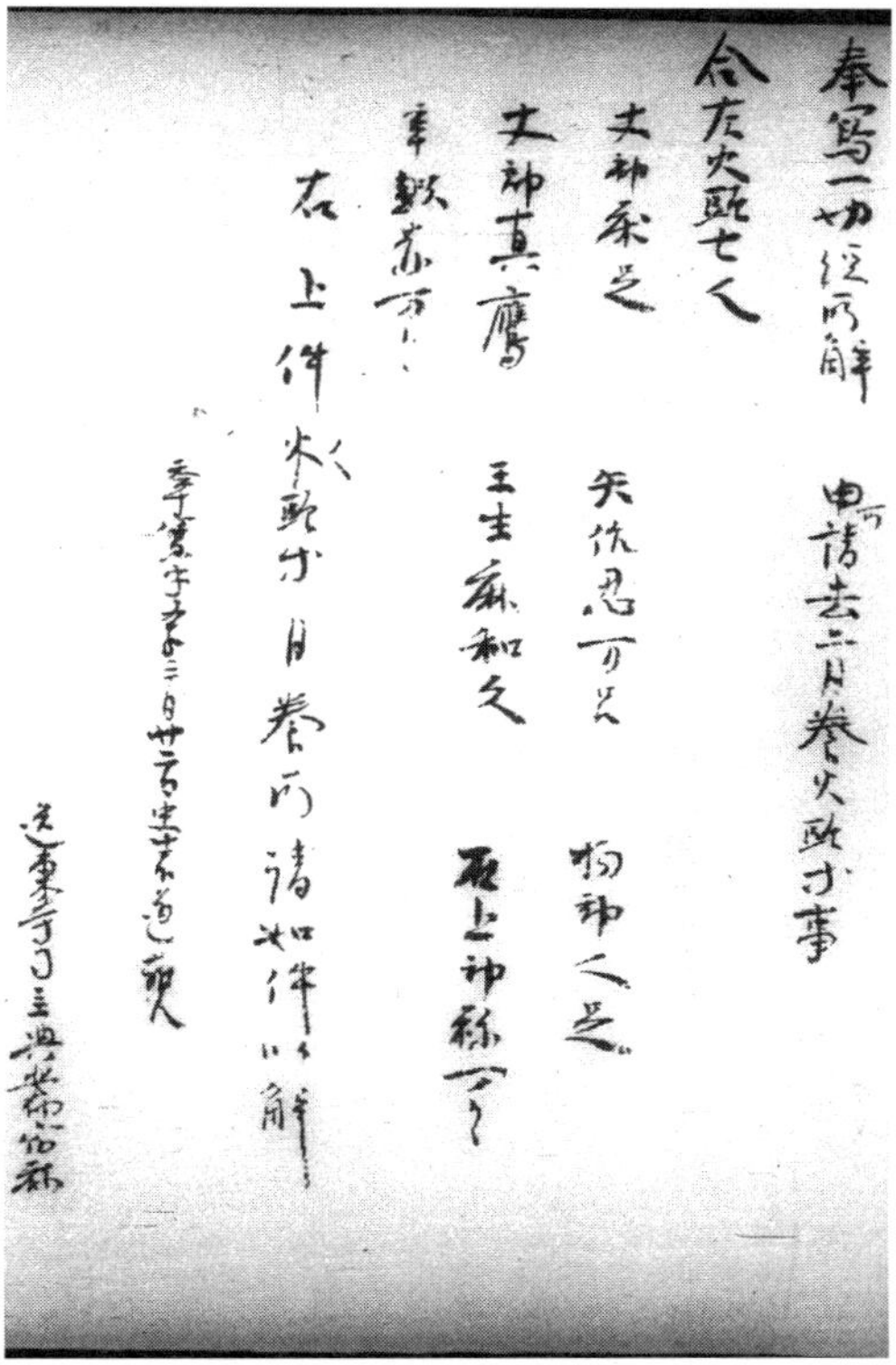

Ⅲ㊵下道福麻呂の筆跡（続々修三ノ四35）

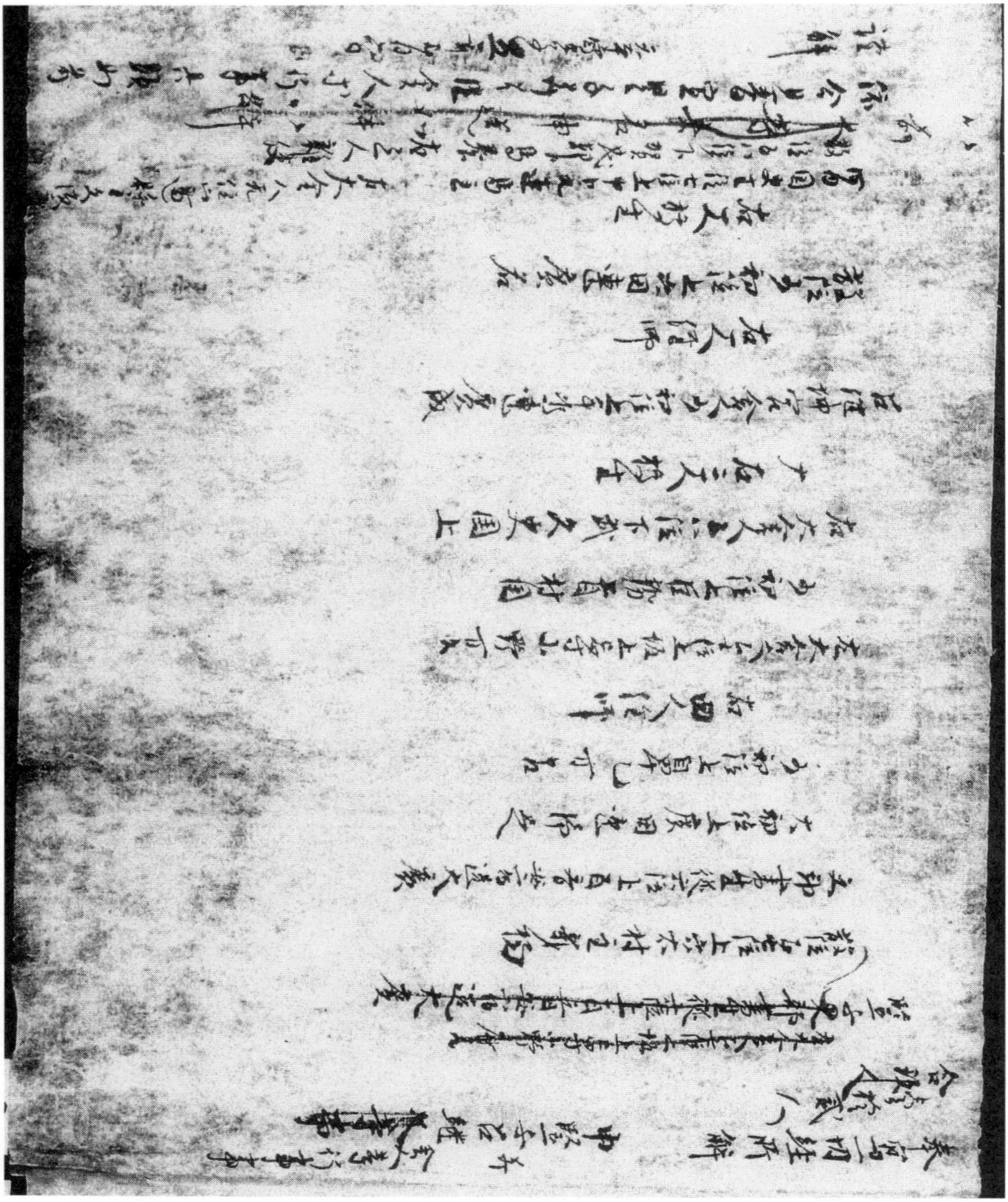

Ⅲ①他田水主の筆跡（続々修三ノ四②）

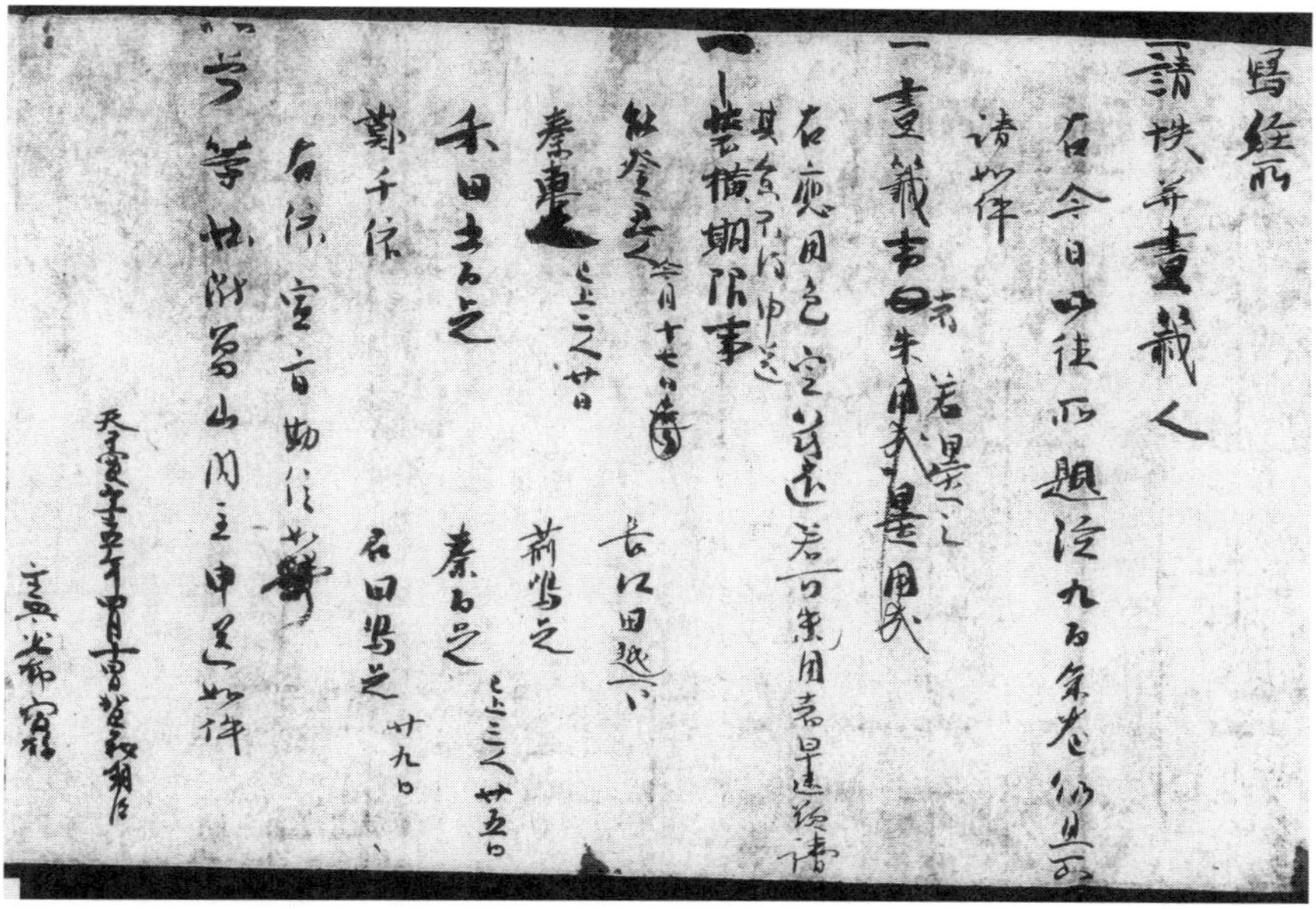

Ⅲ㊽賀茂馬養の筆跡（続々修三ノ四45）

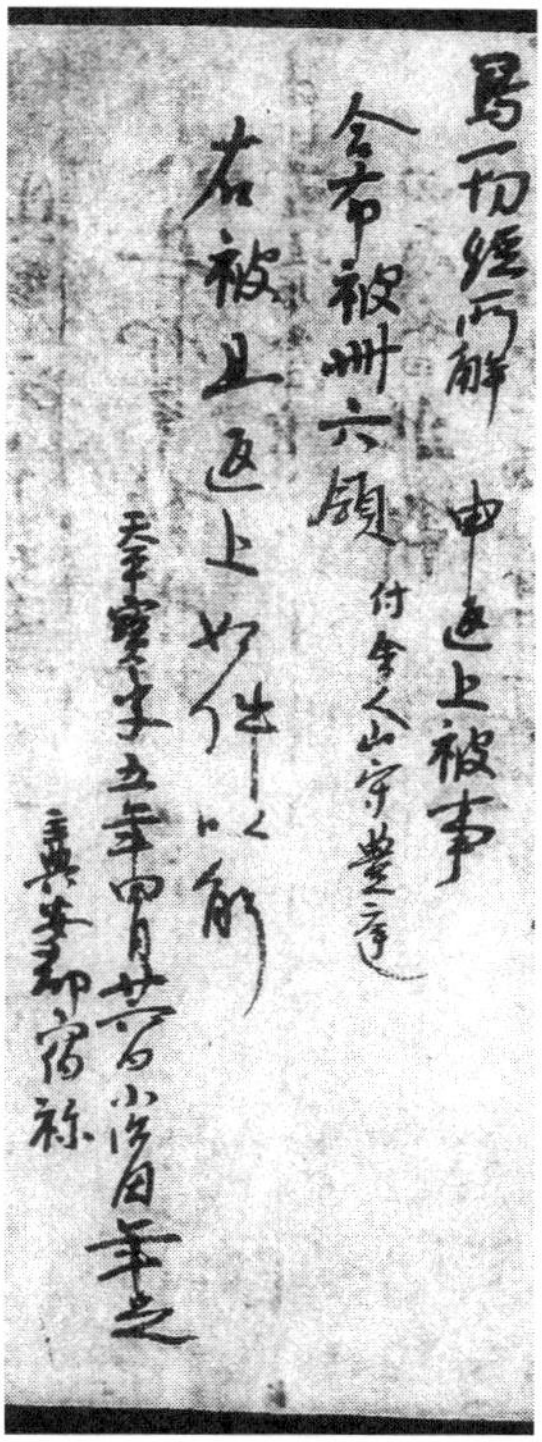

Ⅲ㊿小治田年足の筆跡（続々修三ノ四47）

Ⅳ　造石山寺所解移牒符案　宝字六年正月　筆跡サンプル

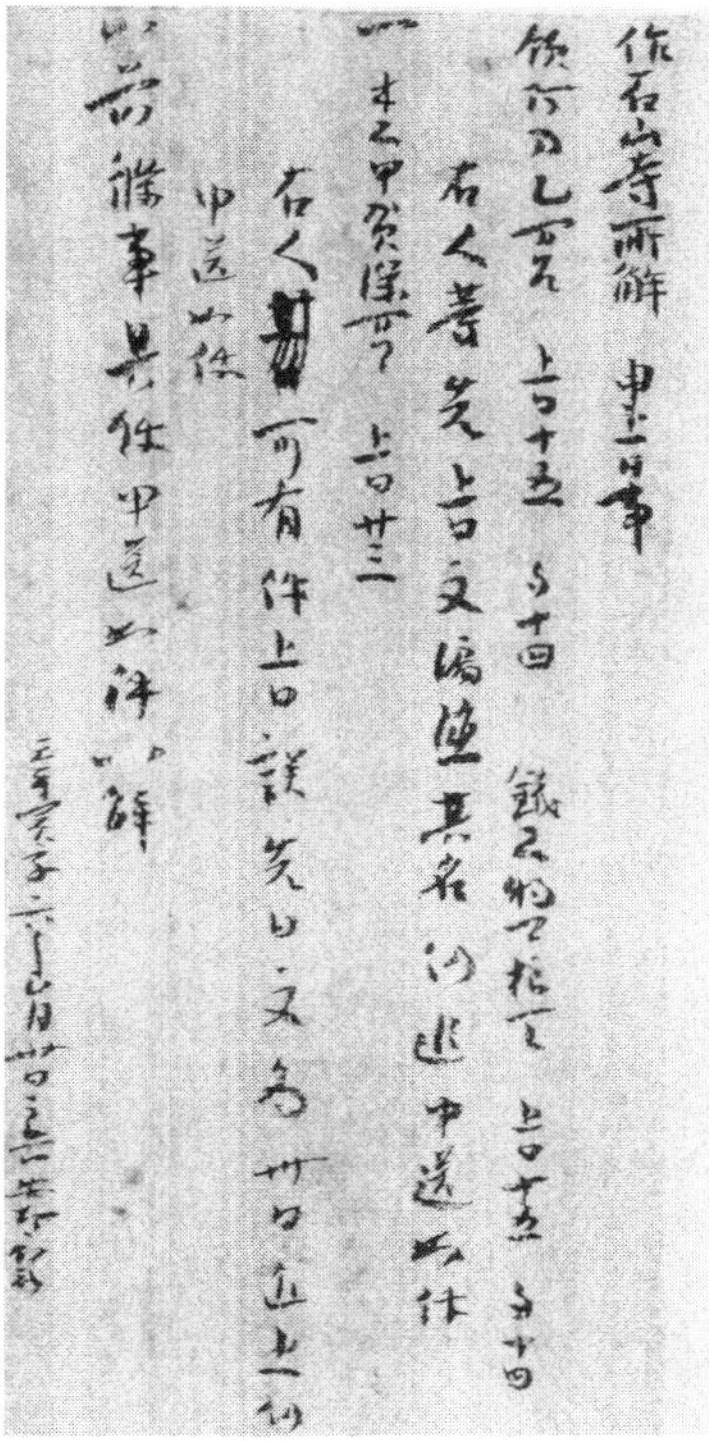

Ⅳ⑬下道主の筆跡（続修別集四八⑦裏10）

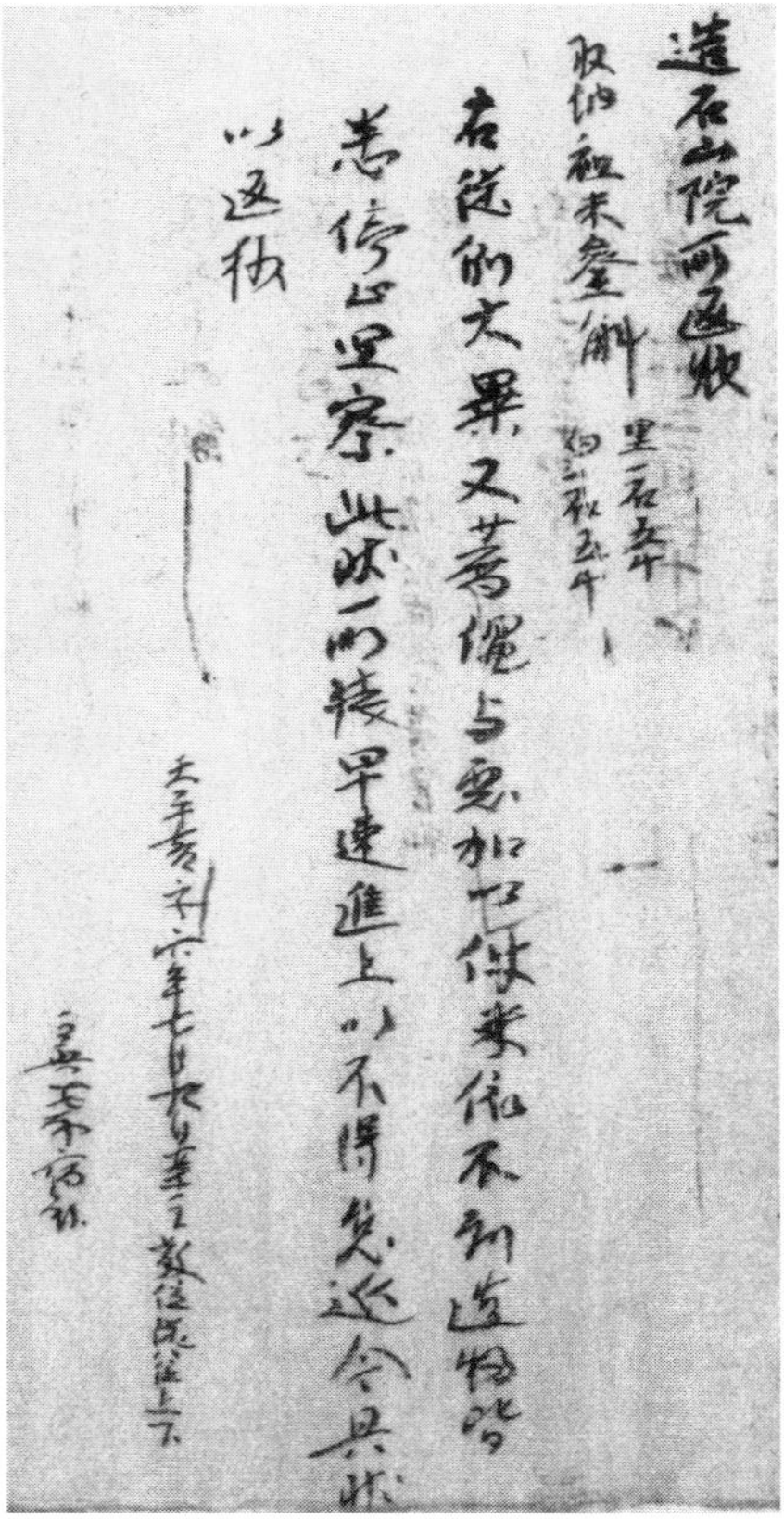

Ⅳ⑭³下道主（山本説では阿刀乙麻呂）の筆跡（正集五⑤裏[14]）

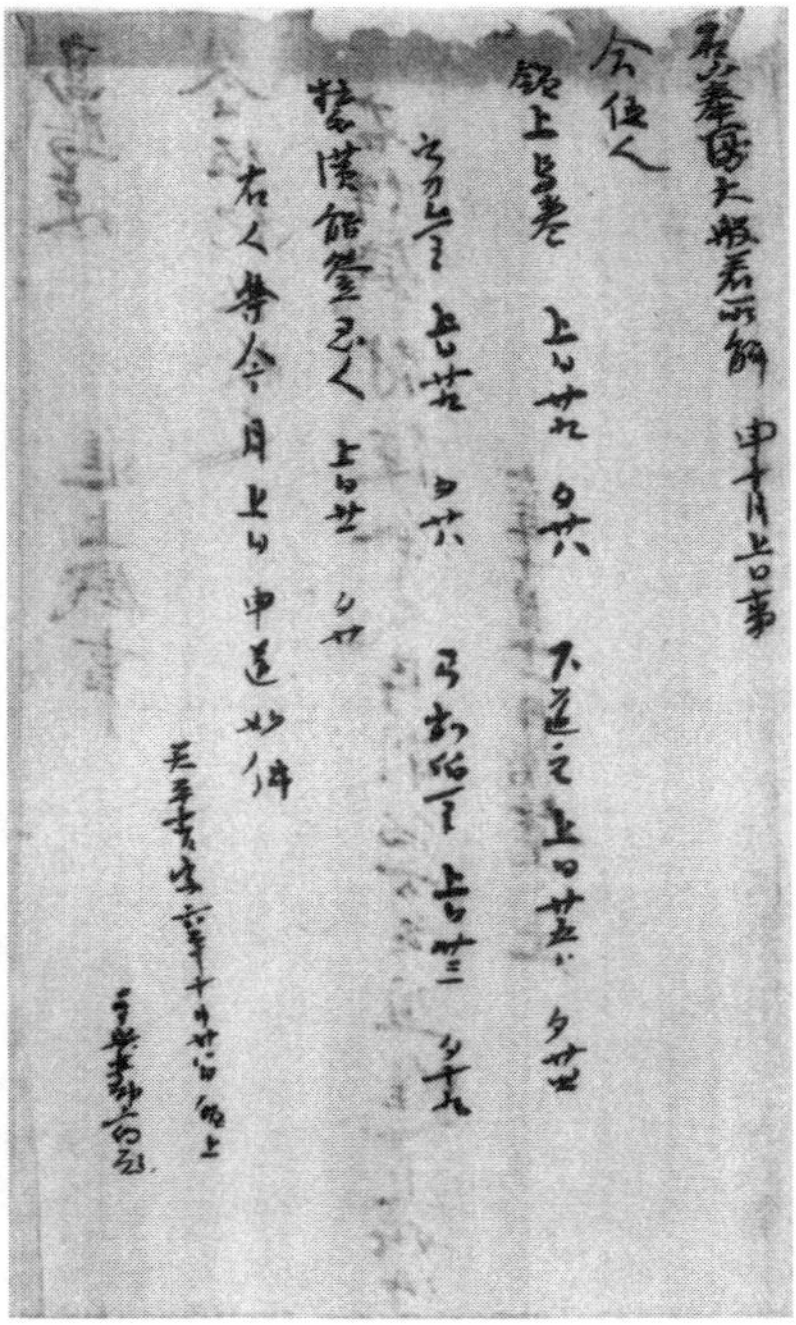

Ⅳ⑰⁴上馬養の筆跡（続修二六⑧裏[8]）

Ⅳ⑩下道主（山本説では阿刀乙麻呂）の筆跡（続修後集三三⑴裏[1]）

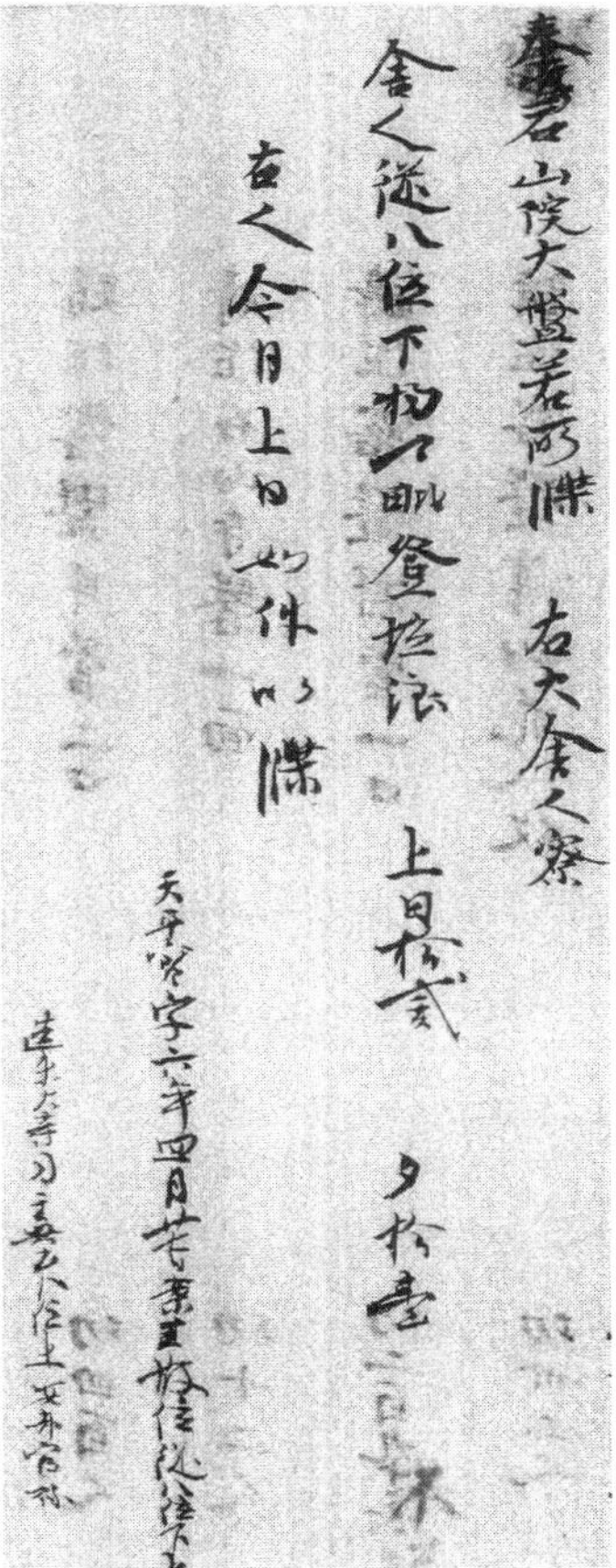

Ⅴ　奉写二部大般若経解移牒案　宝字六年十二月　筆跡サンプル

Ⅴ⑲下道主の筆跡（続修別集六⑧[8]）

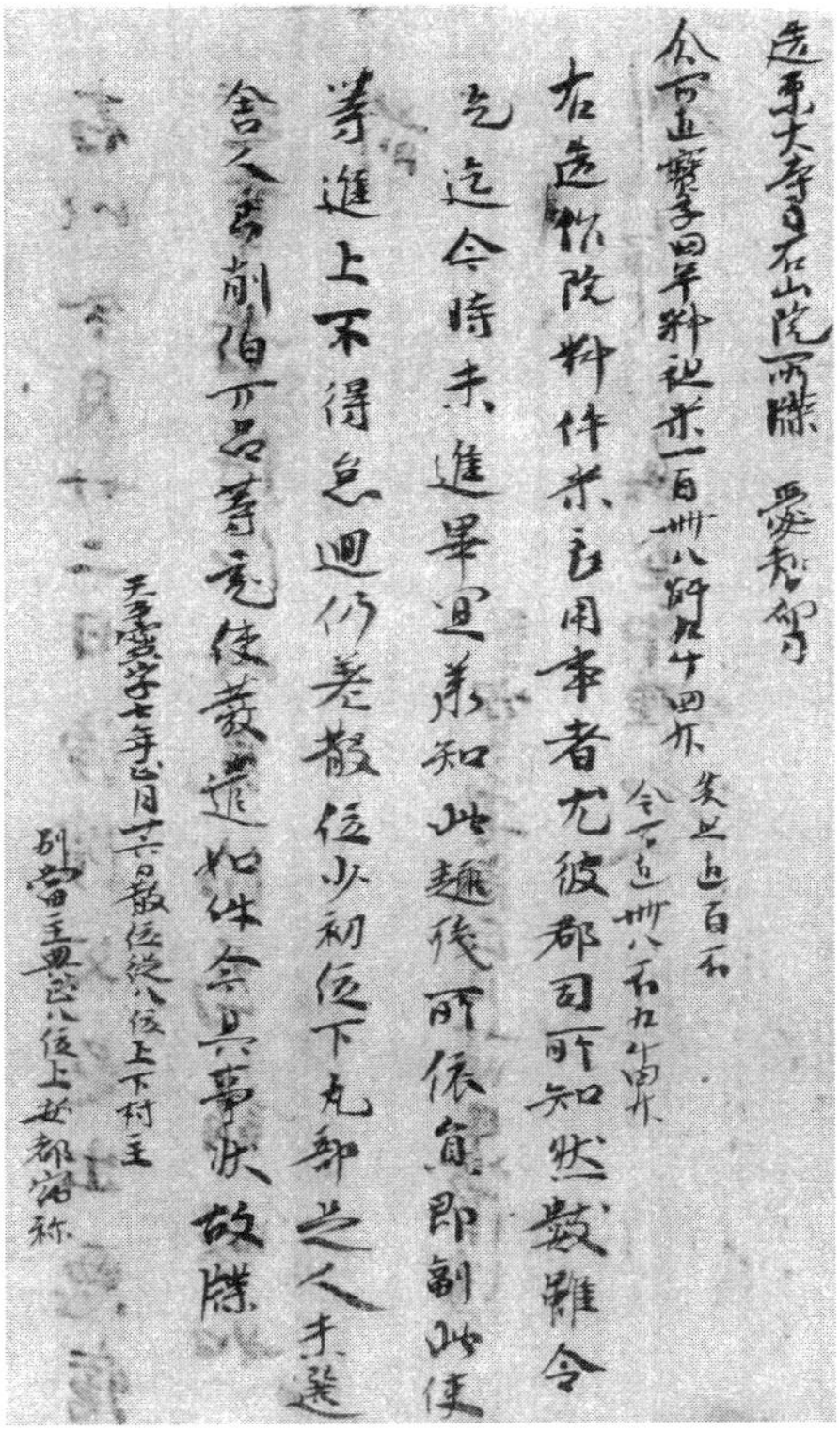

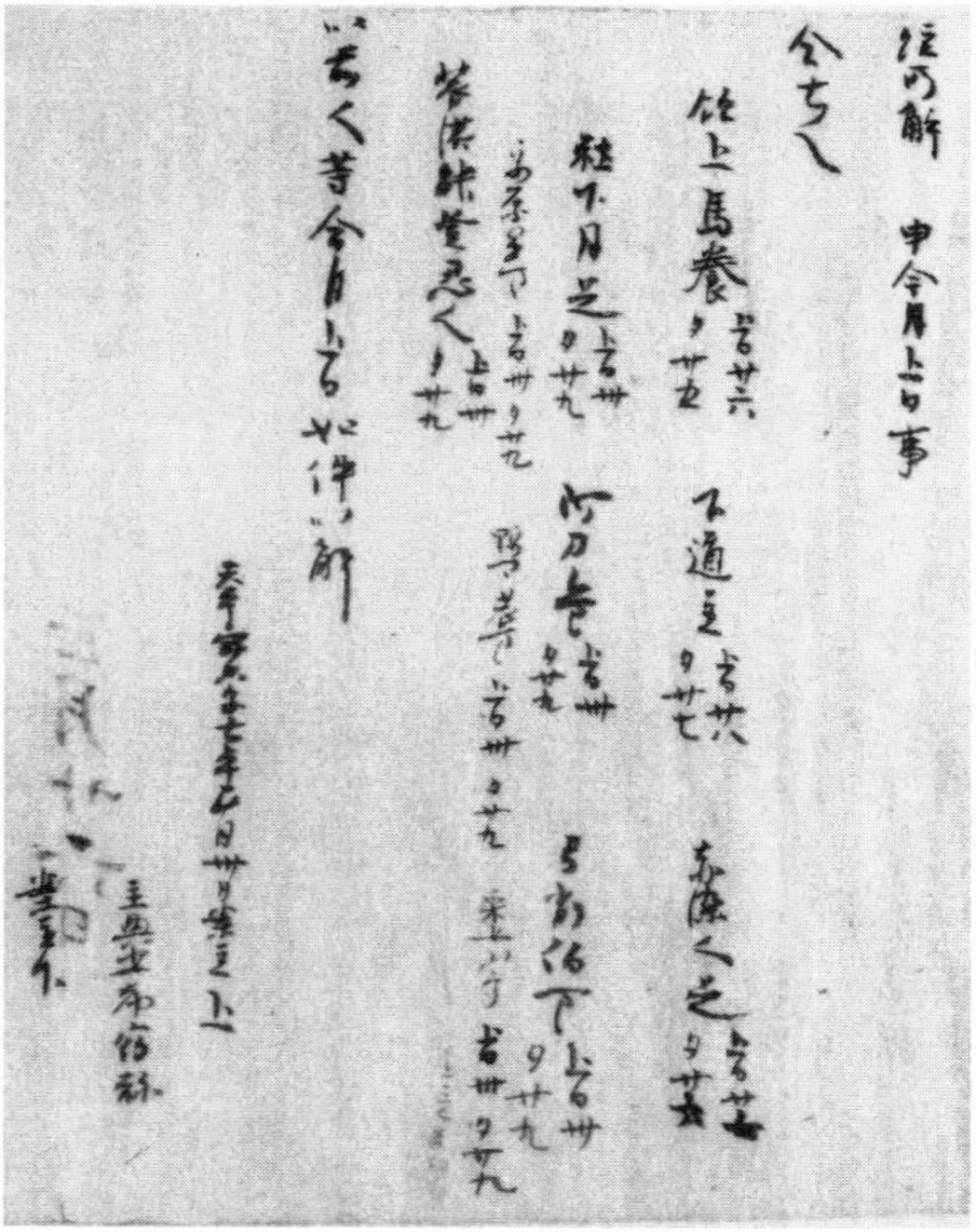

V㉑－1上馬養の筆跡（続修二〇㉑裏[21]）

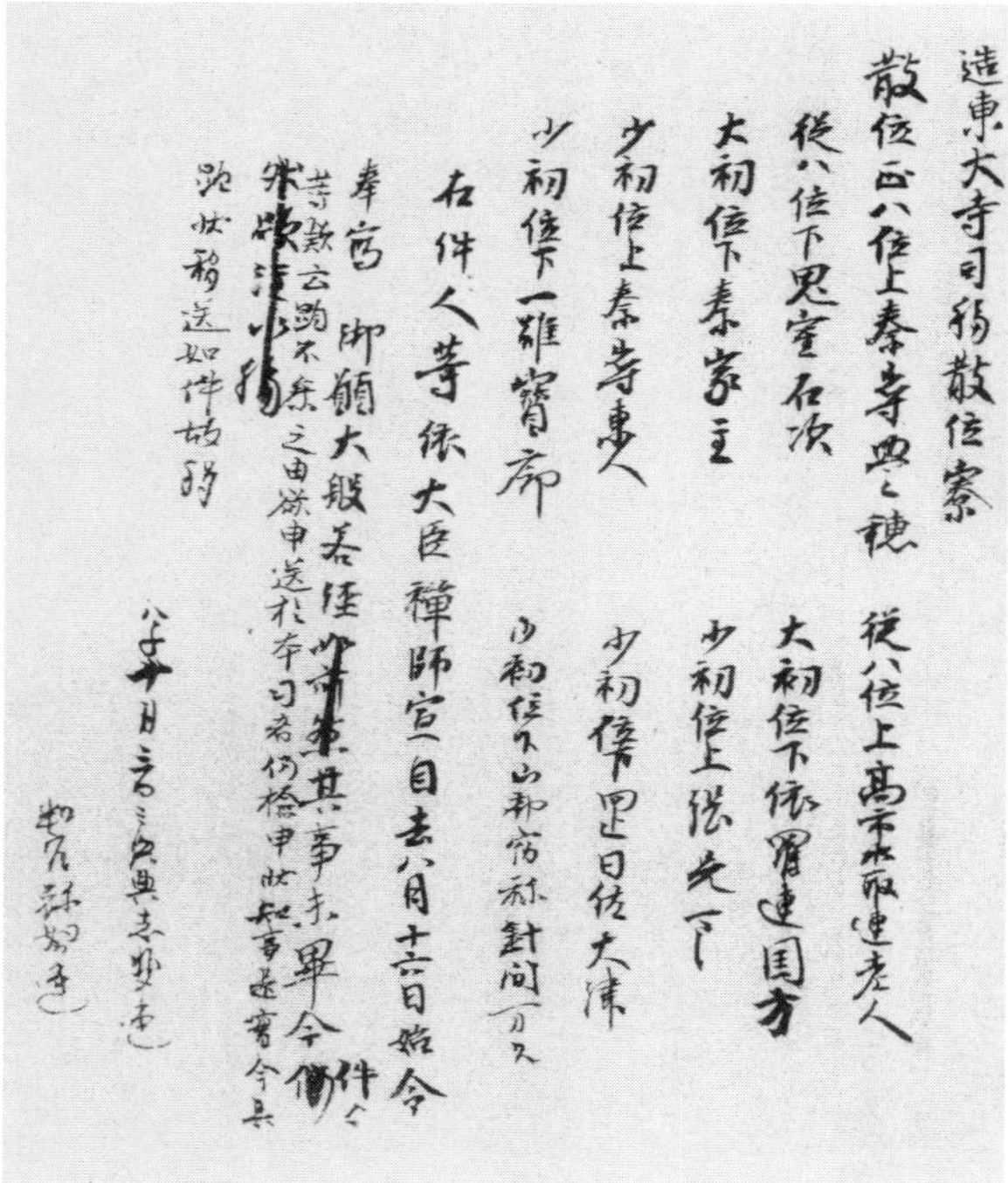

V㊹土師家守の筆跡（続修別集三八(6)[6][7]）

桴工達の訴え
――下道主の文書作成の苦心――

中川　ゆかり

はじめに

次の「造石山院所解」は石山寺の造営が成り、その残材を宇治まで漕《はこ》ぶための手配に関するものである。本文に加点し句読を施したものと写真、及び訓読を示す。

本文加点

造石山院所解　申下自二宇治一進上桴工事上
合桴工二人土師石国 民鎰万呂
右人等偁《欸》云、「自二勢多椅間一、迄二宇治椅一、漕榑
一千村《之》功・食料充二米一十俵一、此国懸文所
レ載。但他色材准レ是、共二彼功食一、無レ堪レ咸。」者。
今院与二件人等一、《共》不レ得二商量一。仍具レ状、即附二
嶋足等一、申送如レ件。
七月廿三日　下

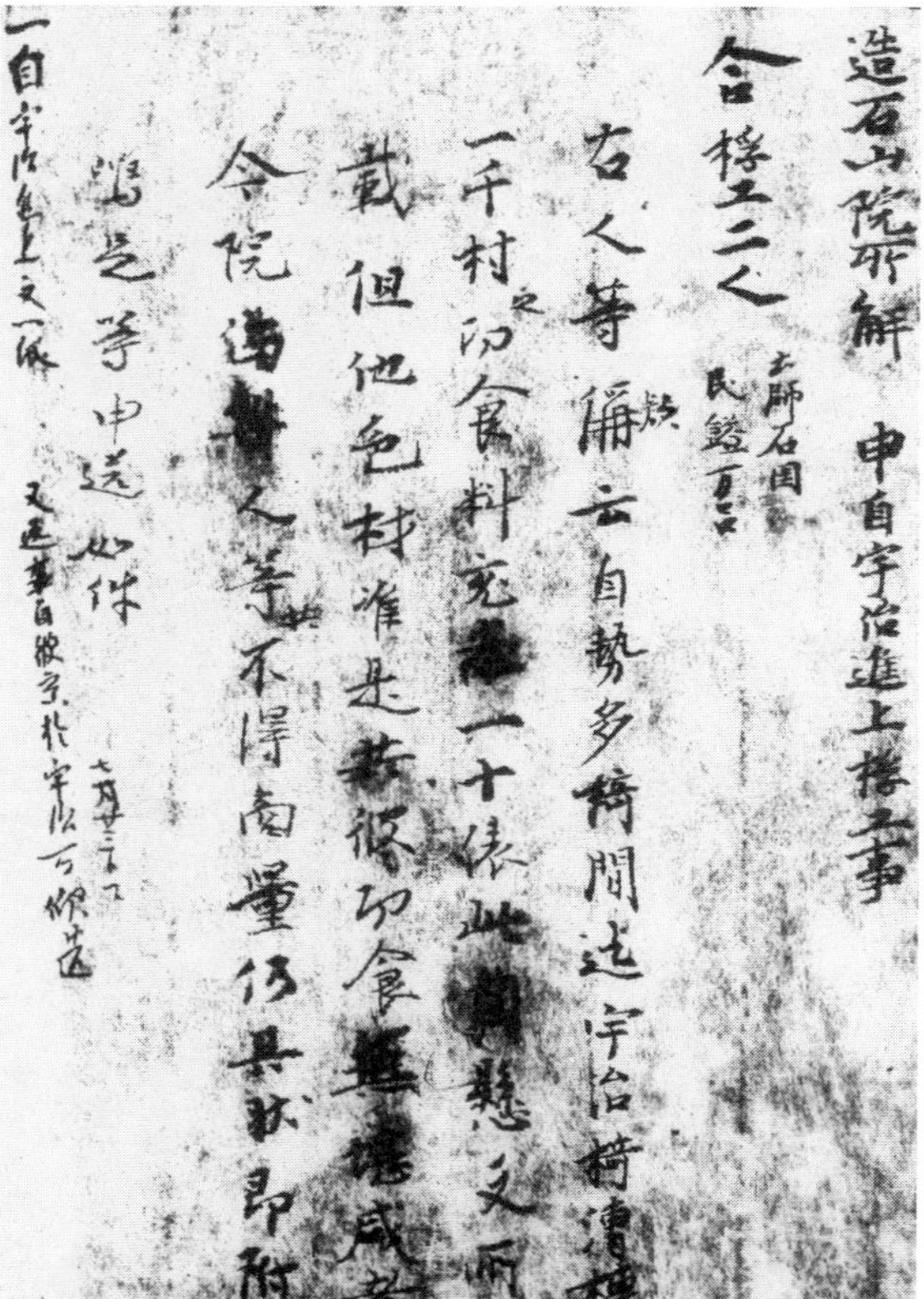

一自二宇治一進上文一紙。又返事自二彼京一於二宇治一可二仰遣一。

（続々修一八ノ四④、五ノ二五六）

訓読

造石山院所解す。宇治より進上する桴工の事を申す。
合はせて桴工二人（土師石国 民鎰万呂）
右の人等欵（もとは「偁」）して云はく「勢多の椅の間より、宇治の椅まで漕《はこ》ぶ榑《くれ》一千村の功・食の料に米一十俵を充つるは此れ国の懸文に載する所なり。但、他の色の材も是に准じて、その功・食を共にするは感に

堪ふること無し」者。今、院、件人等と共に商量するを得ず。仍りて、状を具にして、即ち嶋足等に附して、
申し送ること件の如し。

七月二十三日　下

一、宇治より進上する文一紙。　又返事彼の京より宇治に仰せ遣すべし。

今、石山寺造営の残材運漕の経過を岡藤良敬「造石山寺所の請負的雇傭労働力―桴工の場合―」(注1)をもとにたどると、前後の状況が次のように復元できる。但し、（　）の部分は推測。

(1)（天平宝字六年（七六二））七月十九日以前（造石山所が宇治司所に桴工の派遣を依頼）

(2)七月十九日〔宇治麻呂解（五ノ二五二）〕〝桴を流す川道を知る人〟を雇って、造石山寺所に進ることと、今は水量が多いので、日を置かずに流してほしいという依頼を述べる。

◎(3)七月二十三日〔本文書〕桴工等が石山にやって来て、榑以外の材を榑と同じ功では引き受けられないと訴えていることを道主が奈良の雄足に伝える。

(4)八月八日〔造石山院所牒宇治司所（一五ノ二一九）〕別当安都雄足が不在で功の件が決定できないので、取りあえず、銭百文を渡して桴工等を返すと伝える。
〔造石山寺所銭用帳（五ノ三六八）〕宇治橋の本まで材を漕ぶ桴工等四人の功食料が支出される。さらに、津神祭料も支出される。

(5)八月九日〔日佐真月・土師石国等解（五ノ二六一）〕桴工等と造石山寺所の請負契約が結ばれる。

(6)八月十二日〔(5)の解〕運漕開始。

(7)八月二十六日〔土師石国等解（五ノ二七一）〕流出した際の、材の弁償を誓う。

取り上げた文書は(3)七月二十三日のもので、宇治の桴工達の声が「款云…者」という形で引用されている。本稿で問題とするのは、その中で〝その功・食を共にするは感に堪ふること無し〟のような、他の文書には見出しにくい

表現がされたのはなぜか、そして、「併」が「款」と訂正された理由は何なのか、という二点である。下道主がどのような意図でこの文書を書いたのか、その読解を通して探りたいと思う。

一　「共二彼功食一、無レ堪レ咸」をどう読むか

1　「共」の字義

「共二彼功食一」とはどのような意味だろうか。「共」は次のように「同」のくり返しを避けるために使われる。

①…春秋所三以大二一統一者、六合同レ風、九州共レ貫也。…（『漢書』巻七十二　王吉伝）

（『春秋』が国家の統一を重視するのは国が風俗を同じくし、そして習慣も同じくするからです。…）

②…諸劉与二三十二人一同レ宗共レ祖者勿レ罷、賜レ姓曰レ王。（『漢書』巻九十九中　王莽伝中）

（…劉氏一族でこの三十二人と宗を同じくし、祖を同じくする者は辞職させないで、姓を王と賜う。）

③…若恃レ衆怙レ力、将丁各棊峙、以観二成敗一、不レ肯丙同レ心共レ胆、与斎乙進退甲…。（『後漢書』巻七十　鄭太伝）

（もし、彼らが大軍をたのみとし、武力に頼るならば、それぞれが並び立ち、形勢を伺い、心を一つにして、共に軍の進退を同じくすることは決してないでしょう。…）

こうした変字法（平板さを避けるために、共通する字義を持つ異なる漢字を使う修辞法）を以って書かれた文章中で、「共」が「同」の換字として用いられていることから、両字が〝おなじ〟という共通の字義を持つことがわかる。

「共」と「同」の変字法は次の『日本書紀』にも見える。

④…昔為二吾伴一、摩レ肩触レ肘、共レ器同レ食。…（巻十七　継体天皇二十一年六月甲午条）

この「共器」には前田本の「オナシケニシ」という訓がある。意訳と言ってよい日本語的な訓であるが「オナシ」

という語があらわれることに注意される。観智院本『類聚名義抄』の「共」にもオナシの訓があり、「共」の「同」と共通した字義が理解されていたことがわかる。こうした〝同じ〟という意の「共」は、次の正倉院文書中の経典の貢進文にも見える。

⑤貢

　本願経合九百巻

　　法華経一百部八百巻

　　喩伽論一部一百巻

右上。為二帝上天皇大御一奉仕。退聖御門、共二天地日月一不レ動、欲レ将二大坐一。次天平下（下平カ）安、於二公御門一无レ退欲レ令二奉仕一。

　　　天平勝宝九歳五月二日

　　　　願主越前国足羽郡江下郷生江臣家道女

　　　　　母生江臣大田女

（続々修一五ノ八、一二ノ二九二）

生江臣は越前国足羽郡の豪族。天皇のために経典をたてまった際の貢進文である。「共二天地日月一不レ動」は〝天地日月と同じように（注2）、天皇の御世が不動でありますように〟という寿詞であろう。

　このような奈良時代の「共」の用法から考えると、桴工等の言葉「共二彼功食一」は〝その（国の懸文で定められた榑の）功・食とおなじなのは…〟の意と理解できる。

2 「咸」の文字

「咸」は次の三種の漢字の可能性がある。

㋐みな・ことごとく

㋑「減」の略字

㋒「感」の略字

「咸」は〝みな・ことごとく〟の意の漢字である。しかし、「無堪咸」の「咸」はその意では文意が理解できない。また、正倉院文書中では〝みな・ことごとく〟は、東大寺献物帳以外は「皆」「悉」を使う。このような点からすると、本文書の「咸」は㋑㋒の略字としての使用と考えるべきだろう。

正倉院文書中で「咸」はたとえば「不増不減経」を「不増不咸経」（続々修一五ノ三、二四ノ一八三）と書くように、「減」の略字としてよく用いられる。けれども、〝その功・食と同じなのは〟に続く句として、〈減ぜらるるに堪ふること無し〉ではやはり文意が通らない。

一方「咸」は次のように「感」の略体としても使われる。（〜線部）

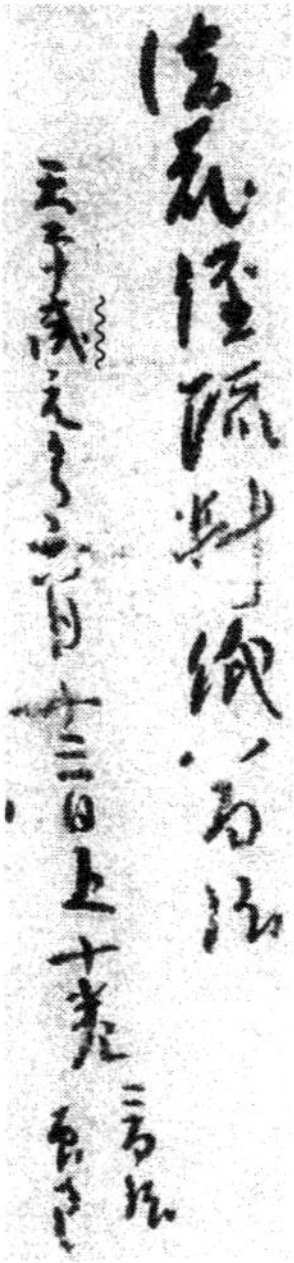

⑥「写経疏間紙充装潢帳」（続々修二八ノ九、九ノ五一六）

⑦「経師充筆墨帳」の倭人足の項（続修一二①裏、九ノ五四）

⑧「本経疏奉請帳」（続々修一五ノ二、十一ノ九）

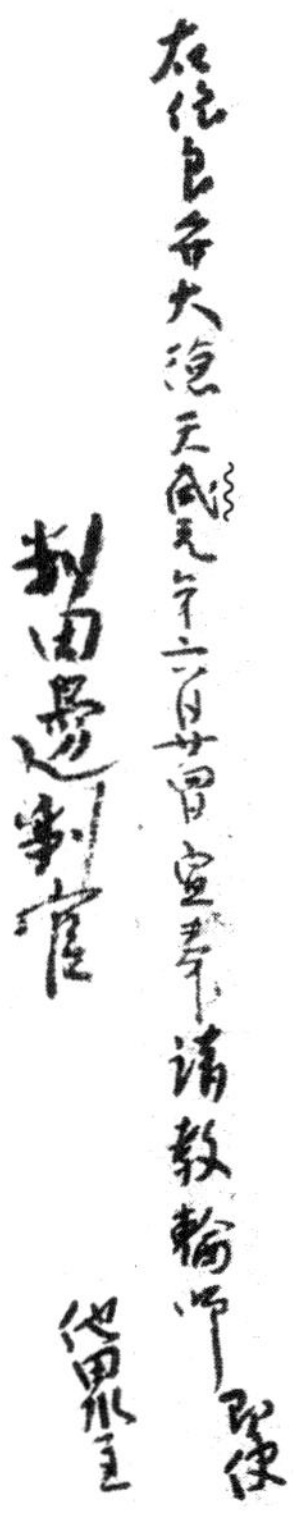

⑥⑦は「天平咸元年」、⑧は「天咸元年」で、「天平感宝元年」（天平二十一年（七四九）四月から六月までの三ケ月だけの年号）を略したものである。文字も略され「感」ではなく「咸」と書かれている。年号以外にも次のように「感」（「憾」）を「咸」と書いた例がある。

⑨「大宝積経勘出注文」（十二帙の部分）（続修後集三七、二二ノ一九四～一九五）

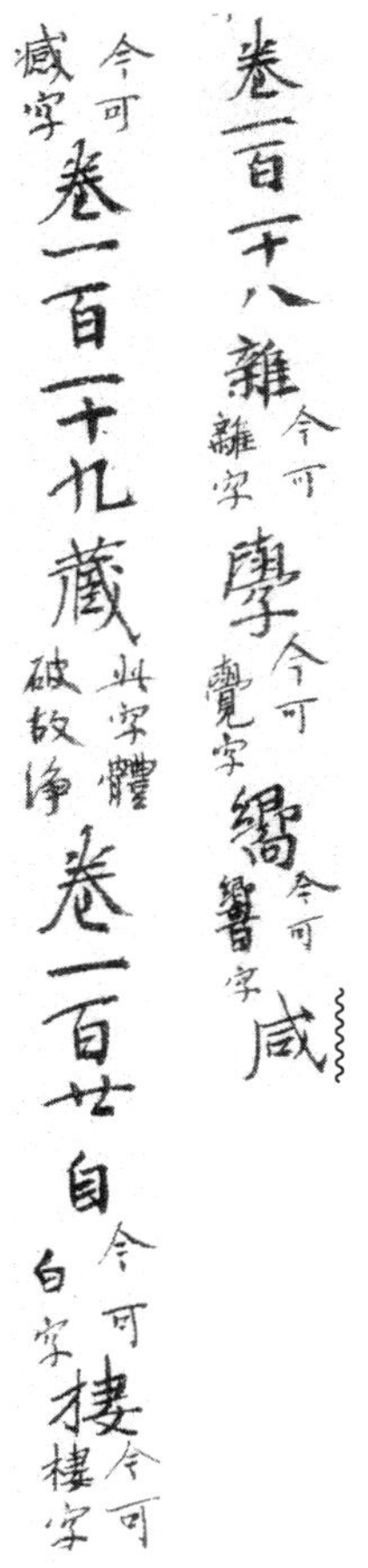

これは「大宝積経勘出注文」で、書写された経典中の誤りを抜き出したものである（十二帙の部分）。「咸」については「憾」と書くべきであると指摘されている。「感」を「憾」と書くことは、次のように⑩三條西家本『播磨国風土記』揖保郡条（平安後期書写）に見え、⑪ア真福寺本『古事記』中巻応神天皇条（応安五年（一三七二）写）には「減」も使われている。「憾」・「減」も「感」の異体字であろう。（注3）

⑩

⑪ア

イ

⑨「大宝積経勘出注文」には、字体の類似や同音による書き誤りの他に、字体が「破」なので「浄」で書くように、あるいは木偏はよく使われる「才」ではなく、正しく「木」と書くようにとも指示されている。経典の文字はこのように略体で書くことが認められない。しかし、⑥〜⑧のように、文書類では「感」を略して「咸」と書くことが許容されていたため、経典の書写においてもついうっかり「咸」と書いてしまった写経生のミスがここで取り上げられているのである。「感」を「咸」と書くことは⑪イ真福寺本『古事記』にも「見咸」（中巻景行天皇条）と見え、後代にも使われた略体であると考えられる。

それでは「咸」が「感」であるとすると、「無㆑堪㆑感」はどのような文意になるのだろうか。

3 〝感に堪ふること無し〟という表現

「無㆑堪」（たふることなし）は感情表現を下接して〝〜の思いにたえられない〟の意となる。同様の意味で「不㆑堪」・「不㆑勝」・「不㆑任」と書かれることもある。（注4）表Ⅰは、正倉院文書中のこうした〝〜にたへず〟を用いた感情表現をまとめたものである。たとえば表Ⅰ9の飯高息足は、次のように二度も〝〜にたへず〟を使っている

（史料⑫）。

⑫謹恐惶請二処分一

所レ賜綿卅連先日仰給直屯別六十五文者。今所レ請屯別充二六十文一。可レ申レ状。

右、縁二先日宣一、如レ数将レ進思食、遣二外国一
交易。附二不レ能人一、毎二物売一減。不レ堪二望心一。
仍望請、垂二鴻恩寵一。依二所レ請状一領納幸甚。
今所レ遺銭、依二懇田来一、随二宣旨状一、追
可二奉上一。子細事趣、含二使師口状一。不レ勝二
至憑一。伏乞二処分一。

天平宝字七年二月廿九日飯高息足

謹上　佐官尊左右辺

（続々修四四ノ一〇、一六ノ三四〇〜三四一）

天平宝字六年（七六二）の二部大般若経書写の財源には綿が充てられた。そのため写経所はまずその綿を売って銭を得ることから仕事を始めなければならなかった。⑫（表Ⅰ9）の書状の書き手飯高息足もその任務に当たったが、〝一屯を六五文で売れ〟という命にもかかわらず、六〇文でしか売ることができなかった。そのため、それを命じた「佐官尊」（安都雄足）に対して謝罪し、損失分は後に補塡することで許してもらえないかと頼んでいる。〝望む心に堪へず〟は許してもらうことを強く望む意であり、〝至りて憑むに勝《た》へず〟は佐官尊をたのむ気持が強いことである。正倉院文書中の他の例も仕官を強く望む場合や物品・仕事の依頼等の文中で使われる。〝〜にたへず〟は願う気持の強さを相手に訴える際に用いられる表現であることがわかる。

表I “〜にたへず”という語を用いる感情表現〔正倉院文書〕

	年代	文書の種類	書き手	相手	〜にたえず	内容	大日古
1	天平9・10頃か	啓	朝明人君	六郎尊	不㆑勝㆓望情㆒	小子大原牛養は担夫は無理なので、雑使として使ってほしい。それを望む気持にたえられません。	25ノ80
2	天平勝宝7か	啓	石川豊麻呂	（「判行」）佐伯宿祢	不㆑勝㆑望	軸二十枚（絵がかいてあるもの）を下さい。それを望む気持にたえられません。	25ノ185
3	天平勝宝年間	啓	衣枳広浪	道守尊	不㆑任㆓仰企㆒	古い筆と良い墨と薄い紙を下さい。お慕いする気持にたえられません。	25ノ209
4	天平宝字2	啓	為奈豊人	東大寺第五座下	不㆑任㆓慕至㆒	大般若経書写に関する依頼。お慕いする気持にたえられません。	25ノ235
5	天平宝字6か	啓	土師名道	貴門	無㆑任㆓仰望之至㆒	二人の経生を採用してほしい。お願いする気持にたえられません。	15ノ307
6	天平宝字6か	状	紀堅魚	東大寺第四安殿門	不㆑勝㆓仰憑㆒	私願による写経を書生淡海金弓に依頼することを許可してほしい。おすがりする気持にたえられません。	15ノ349
7	天平宝字6か	状	僧誠敏	道守尊	不㆑任㆓至願㆒	（内容は断簡によって不明）願う気持にたえられません。	25ノ333
8	天平宝字6・潤12	啓	和雄弓		不㆑勝㆓仰望之至㆒	写経生として働きたい。お願いする気持にたえられません。	5ノ332
9	天平宝字7	状	飯高息足	佐官尊	不㆑堪㆓望心㆒ 不㆑勝㆓至憑㆒	綿を屯別六五文で売らねばならないのに六〇文でしか売れなかったことをわびる。許してもらうことを望む気持にたえられません。おすがりする気持にたえられません。	16ノ340

10	宝亀3か	状	上咋麻呂		不レ勝ニ望憑一	「欲望官事」望みおすがりする気持にたえられません。	22ノ213
11	宝亀6	啓	葛立継	東大寺判官尊	不レ任ニ仰憑一	件の人を経生として採用してほしい。おすがりする気持にたえられません。	6ノ583

特徴的なのはこれらがすべて「啓」・「状」という書状の中にあらわれることである。中国でも手紙や表・状の中で用いられたらしく、書儀の中に多く見える。書儀は身分・階級と状況に応じた言葉遣い等の規定及びそれに則って書かれた書状の模範例文を載せた書である。[注5] 内容によって〝朋友書儀〟・〝吉凶書儀〟・〝表状箋啓〟（公的文書）に分類される。[注6]

このうち〝朋友書儀〟の一つ『杜家立成雑書要略』[注7]が光明皇后の手で写され、正倉院に残っている。その中に表Ⅱのような〝〜にたふることなし〟〝〜にたへず〟の表現が見える。

表Ⅱ　〝〜にたふることなし〟〝〜にたへず〟という語を用いる感情表現〔杜家立成雑書要略〕

書簡のテーマ	発信者	相手	表　現	内　容
与ニ知故別近一書	友人同士		…儻別多時、何堪ニ離念一。不レ勝ニ眷望一、聊歇ニ寸心一。…	別れが近いので慕う気持にたえられません。
与ニ知故別経宿一書	友人同士		…無レ堪ニ眷恨一、聊謹丹誠…	別れて一日たっただけなのになつかしい気持にたえられません。
知故成レ礼、不レ得ニ往看一与書	友人同士		…不レ堪ニ歎望一　謹謝諮陳…	友人の婚礼に参加できないことを歎く気持にたえられません。
賀ニ知故得レ官一書	友人同士		…無レ任ニ欣慰一、且附ニ諮承一…	友人が官を得たことを喜ぶ気持にたえられません。

別れに際しての寂しさが、友人の婚礼に出席できない無念さが、友人が官職を得た喜びが〝～にたふることなし〟〝～にたへず〟の表現を以って語られる。

そして、こうした感情表現は友人同士だけでなく娘の嫁ぎ先や上司、[注8]さらには皇帝にたてまつる表にも、たとえば「無レ任二感レ恩、惶恋屏営之至一」（『甘棠集』賀二元日御殿一表）や「無レ任二彷徨戦越之至一」（『甘棠集』奉レ慰二西華公主薨一表）の如く見出される。[注9]それが主に書状に見える言い回しであるのは、相手に自らの心情を訴える書状には、〝思いがあふれ出てたえかねる〟というような感情の高まりの表現が必要であったからだろう。

但し、表Ⅰの正倉院文書の〝～にたへず〟という感情表現は、自分の願いをかなえる権限を持った相手に、願いを強く訴える内容に限られていた。それは黒田洋子氏が指摘するように、[注10]正倉院文書の啓・状のそのほとんどが〝依頼文〟だからである。

一方で、この感情表現は『日本書紀』では天皇への奏上への言葉に見え、[注11]『万葉集』では「悲しみいたむ心にたえられず思いを陳べて作る歌」のように作歌動機を語る文中に頻用される。[注12]この表現は漢籍では上表文や書簡（書儀）中に多く見出すことができる。奈良時代にある広がりをもって受け入れられたこの感情表現は、恐らく船載された上表文や書簡・書儀の類を源とするのだろう。[注13]

それでは問題の桴工等の言葉を文字に載せた〝感にたへず〟はどのような意味なのだろうか。情況からすると、この〝感〟は重さも形も異なる雑材を運んで、一定の形状で運びやすい榑と同じ賃金なのは理不尽だという気持であろう。それをそのまま書くと〈無レ堪二憤歎一（憤慨する気持にたえられない）〉の如き言い方になる。しかし、桴工等の不満をそのようにストレートに責任者である造東大寺司主典安都雄足に伝えると衝突は避けられない。雄足の右腕である道主はそう考え、あえて〝感に堪ふることなし（思いにたえることができません）〟という曖昧な表現を選んだのではないか。

こう解釈すると「無レ堪レ感」は正倉院文書の啓・状の〝〜にたふることなし〟の願いの強さの表現というパターンからはずれる。むしろ、作歌に至る強い心の動きを語る『万葉集』の詞書・左注の表現の方に近い。道主は上司との摩擦を避けつつ、桴工等の言い分を伝える文章を模索し、定型から一歩踏み出したものと思われる。その苦心は「侢云」を「款云」に書き換えたという点からも伺える。

二　桴工達の言葉の引用を「款云」に変えた理由——〝訴え〟を載せる形式——

「款」（「欵」は「款」の異体字。本稿では「款」に統一する）は『続日本紀』にたとえば「款将二仕奉一人」（巻一 文武天皇元年（六九七）八月庚辰条）、「款誠既著」（巻三 慶雲三年（七〇六）正月丁亥条）、「輸レ款尽レ忠」（巻二十 天平宝字二年（七五八）正月戊寅条）のように見え、忠実に、忠実・誠実の意味で知られていた。

その「款」を冠して発言を引用する「款云」という直接話法の形式が『続日本紀』や正倉院文書にしばしば見える。又、その内容を記した「款状」という文書もあった。これらは奈良時代においては、その言葉が真実であることを強調する場合と嘆願を表す場合とがある。両者の「款云」がどのように成立したかをまず見ておきたい。

1　〝真実の言葉〟であることの強調

表Ⅲは正史に見える「款云」「款状」である。まず1の『日本書紀』の「款云」は、高麗・百済の王の〝永遠に西蕃と称して朝貢する〟という言葉を引用する。直前の新羅王は降服して朝貢することをまず述べ、さらにその言葉が真実であることを「誓」によって保証している。高麗・百済王の「款云」はそうした二段構えの書き方に相当する真実を述べる表現であると理解されていたことがわかる。

こうした〝真実を述べる〟ことを強調する「款云」で最も多いのは、次のような罪を問われた人の自白の引用で

表Ⅲ　正史における「款云」「款状」

	番号	年代	「款」の主体	「款」の相手	款の状況	「款」の内容
日本書紀	1	巻9 仲哀9・10	高麗・百済王	天皇	（新羅王） 叩頭之曰 …誓之曰	今後、西蕃と称して朝貢を絶やさない。
続日本紀	2	巻20 天平宝字 1・7・4 （孝謙）	小野東人 安宿王 橘奈良麻呂 佐伯古比奈 遠江守多治比国人 陸奥守佐伯全成	勅使藤原永手 ↓ 天皇	窮問→ 勘問→ 問　→ 問　→ 勘問→ 勘問→	奈良麻呂の変の計画が事実であることとその参加者を語る 奈良麻呂の変に参加した事情。欺かれたと訴える 反の理由を語る 反の具体的な作戦を語る 同じことを語る。 反に参加するよう説得されたが拒否したことを語る。
	3	巻26 天平神護 1・5・20 （称徳）	賀古郡人 馬養造人上	播磨守早部宿祢子麻呂	伏願	誤って馬養造に編まれたが、改めて印南野臣の姓を賜ることを願う。
	4	巻29 神護景雲 2・3 （称徳）	東海道の寺・神の封戸の百姓	東海道巡察使式部大輔紀朝臣広名 太政官 ↓ 天皇	款を得る 望請	一般の公民の戸と同じく水旱虫霜の場合には課役の減免を願う。
	5	巻32 宝亀 5・12・13 （光仁）	壱伎嶋掾 上村主墨縄	大宰府	望請	年粮を対馬嶋に送る時、例年通りの時期であったのに、逆風にあって年粮は失った。人力ではいかんともしがたいので公廨での補填を願う。
	6	巻36 宝亀11・8 （光仁）	狄志良須の俘囚宇奈古	出羽国鎮狄将軍 安倍朝臣継人		秋田城に以前のように専当官を置いてくれることを願う。
	7	巻37 延暦 1・閏1・14	大和乙人	所司	獲 推問→	川継の反の計画を語る。
	8	巻39 延暦 7・6・7 （桓武）	備前国和気郡河西の百姓170余人	美作・備前二国国造中宮大夫和気朝臣清麻呂	請	大河があって通行しにくいので、河西の和気郡よりの分置を願う。
	9	巻40 延暦 9・5・3 （桓武）	遠田郡領 遠田公押人	陸奥国	伏望	田夷の姓である「公」を律令農民の姓に改めることを願う。
続日本後紀	10	巻13 承和10・4 （仁明）	諸国軍毅等	陸奥国	望請	兵士を一千人増やし、非番の日を延ばしてほしい。
	11	巻14 承和11・11 （仁明）	鴨上下大神宮祢宜賀茂県主広友等			鴨川の上流で、王臣家人や百姓が獲った鹿や彘を洗って川を汚すのをやめさせてほしい。
	12	巻18 承和15・2 （仁明）	賀茂御祖大社祢宜鴨県主広雄等		請	御戸代田一町を加増してほしい。

ある。

⑬…遣二中納言藤原朝臣永手等一、窮二問東人等一。款云「毎レ事実也。無レ異二斐太都語一。…。」於レ是、追二被レ告人等一、随レ来悉禁着、各置二別処一、一々勘問。始問二安宿一。款云「…被レ欺往耳。」…勅使又問二奈良麻呂一云「逆謀縁レ何而起。」款云「内相行レ政、甚多二無道一。故先発レ兵、請得二其人一、後将レ陳レ状。」…又遣レ使、追二召遠江守多治比国人一勘問。所レ款亦同。…

（『続日本紀』巻二十　天平宝字元年（七五七）七月庚戌条（表Ⅲ2））

⑭初川継資人大和乙人私帯二兵仗一闌二入宮中一。所司獲而推問。乙人款云「川継陰謀、今月十日夜、聚レ衆入レ自二北門一、将レ傾二朝庭一。」

（同巻三十七　延暦元年（七八二）閏正月丁酉条（表Ⅲ7））

これらはいずれも「窮問」「勘問」「推問」（罪を問いただす）に対する答えである。きびしい追及に対して、本当のことを言う意が「款云」と書き表わされている。

『日本書紀』には「推問」されて「作二矯詐一曰」（巻二十　敏達天皇元年（五七二）六月）（いつわって答える）という言い方がある。又、その反対の「伏レ罪言」（同十二年是歳）（罪を認めて本当のことを言う）場合もあり、これが「款云」に当たる。唐令の獄官令には「辞定、令二自書款一…」（訊問が終了すれば、被告にその自白の内容を書かせよ）とある。無筆の人の多かった日本では「辞定、訊司依レ口写…」（訊問が終了すれば、被告の自白通りに筆録せよ）（養老令　獄令）と改められているが、被告の自白調書が作成されるのは同じである。⑬の橘奈良麻呂の乱の『続日本紀』の詳細な叙述はこのような自白調書を史料としたのだろう。

一方、表Ⅳの正倉院文書中には、⑬⑭のような重大な罪の自白ではなく、より日常的な〝命令通りに成し得なかった申し開きや実状の説明〟が「款云」を用いて述べられる。表Ⅳ6では指名された鑄工秦中国が来ず、自分（山代野守）が来た事情が、7では愛智郡の租米が石山に到着しなかった事情が「款云」を以って語られる。こうした釈明は嘆願に結びつきやすい。その点を15の上馬養の「款状」から見たい。

<table>
<tr><td>12</td><td>天平宝字
6·6·21
(15ノ216)</td><td>4人の仕丁
云……者</td><td>上村主
安都宿祢
〈解〉</td><td>石山院奉写
大般若所</td><td>国の養物を省家に受け取りに行くことを願う。</td><td>款云
申状</td></tr>
<tr><td>13</td><td>天平宝字
6·7·9
(15ノ222)</td><td>上楯万呂等
云……者</td><td>下
〈解〉</td><td>造石山院所</td><td>彩色する絵師がいないので、完成の期日を延期してほしい。もし求める人を送ってくれたら、あと10日で仕上げる。但し、その人には40文支払ってほしい。</td><td>款云
申状</td></tr>
<tr><td rowspan="4">14</td><td rowspan="4">天平宝字
8·10·3
(5ノ494)
云……之
云……者</td><td>穴太村主雑物
(内竪)</td><td>造東大寺司
〔志斐連
祢努連〕
〈移〉↓
内竪所</td><td>造東大寺司</td><td>不参の理由を本司に申し送ること。</td><td rowspan="4">「仍状顕注以移」
↓ 訂正
件人款云顕不参之由、欲申送於本司</td></tr>
<tr><td>科野虫麻呂
(左大舎人)</td><td>造東大寺司
〈移〉↓
左大舎人寮</td><td>造東大寺司</td><td>不参の理由を本司に申し送ること。</td></tr>
<tr><td>若和部連国桙
丈部忌寸浜足
荊国足
百済安宿公広成</td><td>造東大寺司
〈移〉↓
式部省</td><td>造東大寺司</td><td>不参の理由を本司に申し送ること。</td></tr>
<tr><td>秦忌寸豊穂
他9名</td><td>造東大寺司
〈移〉↓
散位省</td><td>造東大寺司</td><td>不参の理由を本司に申し送ること。</td></tr>
<tr><td>15</td><td>天平神護
1·4·9
(5ノ521)</td><td>上村主馬養
云……者</td><td>造東大寺司
〔雄橋公
美努連〕
↓
(写経所)</td><td>造東大寺司</td><td>経典は久須麻呂の使に渡したということ。そこをさがして返却してもらうことを望む。</td><td>款状云
款状</td></tr>
</table>

表Ⅳ　正倉院文書における「款云」「款状」

番号	年代	「款」の主体	発信者→あて先	「款」の相手	「款」の内容	款の形
1	天平勝宝 3·3·7 （3ノ491）	茨田久比麻呂 遊部足得 茨田石男 茨田大垣	「款」の主体に同じ	東大寺	本来の良の籍に編戸されることを願う。	款状を録す
2	天平宝字 6·1·15 （15ノ137）	5人の仕丁 云……者	安都宿祢 〈解〉	造石山寺所	国の養物を寺家に受け取りに行くことを願う。	款状を得る 申状
3	天平宝字 6·3·10 （15ノ159）	広浜 云……者	安都宿祢 〈符〉↓ 山作領等	造石山院所	充てられた米の欠けている分は領等が使夫等に償はせたこと。	款云 申状
4	天平宝字 6·3·10 （15ノ162）	6人の仕丁 云……者	下 〈解〉	造石山院所	国の養物を受け取りに行くことを願う。	款云 申状
5	天平宝字 6·3·20 （15ノ170）	5人の仕丁 云……者	下村主 安都宿祢 〈解〉	造石山院所	国の養物を省家に受け取りに行くことを願う。	款云 申状
6	天平宝字 6·4·4 （15ノ178）	山代野守 云……者	安都宿祢 〈解〉	造石山院所	秦中国等は私用のため今日明日奈良に留まる（ので代りに私が来た）こと。	款云 申状
7	天平宝字 6·4·4 （15ノ180）	綱丁 云～之	安都宿祢 〈解〉	造石山院所	綱丁·史生麻柄又万呂が都に参向したこと。	款云
8	天平宝字 6·4·4 （15ノ196）	司史生·麻柄全万呂 状云……者	下 安都宿祢 〈返抄〉↓ 愛智郡	東大寺作石山院所	（愛智郡の租米について）米ではなく銭で進上することを願う。	状云 款状
9	天平宝字 6·5·4 （15ノ202）	9人の仕丁 云……者	下 安都宿祢 〈解〉	造石山院所	国の養物を政所に受け取りに行くことを願う。	款云 申状
10	天平宝字 6·5·16 （15ノ206）	5人の仕丁 云……者	下 安都宿祢 〈解〉	石山院奉写大般若所	国の養物を省家に受け取りに行くことを願う。	款云 申状
11	天平宝字 6·5·22 （15ノ210）	10人の仕丁 云……者	下 安都宿祢 〈解〉	造石山院所	衣服を受け取りに奈良に向かうことを願う。	款云 申状

2　嘆願を強調する「款云」へ

天平宝字八年（七六四）九月の藤原仲麻呂の乱後、仲麻呂家に貸し出されていた経典の回収作業が進められたことが一連の正倉院文書によってわかる。(注14) 次の文書はその一つである（表Ⅳ15）。

⑮造東大寺司
合可レ奉二請返一経二百六巻
見請返一百八十五巻十九帙
大宝積経一百卅巻十二帙　大集経六十巻六帙
解深蜜経五巻一帙　右、自二殖槻寺一且請返如レ件。
未二請返一廿一巻三帙
最勝王経十巻一帙　大楼炭経八巻一帙
摩鄧女解形中六事経一巻
摩鄧伽経二巻一帙　右、可レ求二探久須万呂之家一。
以レ前。得二散位正八位上上村主馬甘款状一云、「以二去年五月廿七日一、附二久須万呂之使猪名部一、所レ令レ奉レ請経、如レ件。望請、其所探求。欲二請返一。」者。司、依二款状一、検二先牒文一、実是、不レ空。仍、差二件馬養一、充レ使、令レ奉レ請如レ前。
天平神護元年四月九日　主典雄橋公
判官美努連
（続修四四⑤、五ノ五二一～五二二）

右の文書の書かれた四日前に東大寺の僧綱は殖槻寺と前山寺に、次のような牒を送っていた。

⑯僧綱　牒殖槻及前山寺三綱
　正八位上上主村馬養
牒。被二内宣一偁、「差二件馬養一充レ使、發二遣
彼殖槻寺等一、仲麻呂等平生之日、借
請東大寺経論等類令二捜求取一。」者。三
綱承二知此旨一、至宜二任使簡取一。但其別
名具如二別巻一。今以レ状下。牒到准レ状。故牒。
　天平神護元年四月五日従儀師法師光応
大律師進守大禅師安寛　従儀師法師　善集
（続修別集七⑭、五ノ五一九）

僧綱の牒に引用された内宣においてすでに上馬養を使に充てて殖槻寺等を捜索するように命じている。このことからも、上馬養が経典の貸出責任者として知られ、重要な役割を果たしていたことがわかる。(注15) その分、未回収の経典については厳しく責任が追求されたであろう。その追求に対する馬養の申し開きの言葉が記されたのが⑮の文書の「款状」であった。馬養は款状で〝殖槻寺になかった四部の経典は、仲麻呂の三男久須麻呂の使に渡しましたので、そこをお探し下さい〟と訴える。

　この馬養の回答の文書が「款状」とされるのは、それが単なる質問に対する答なのではなく、責任を追求されての申し開きだからであろう。これらは刑法上の罪に問われているわけではないが、命令通りにできなかった、あるいは過失があったことの弁明をする場合である。

　注意すべきはこうした申し開きが多くの場合嘆願に向かってゆくことである。⑮の馬養の款状も〝望み請ふらくは、其の所を探し求めむことを〟という願い出に帰結してゆく。こうした傾向は日本だけでなく、七世紀後半の敦

煌の判集[注16]にも見出される。

⑰…其（折衝府の楊師）男彦琮年廿一、又不二宿衛一。款云「患レ痔、身是残疾。不レ合二宿衛一。」…但師男彦琮、幸承二父蔭一、年余二弱冠一、尚隠二簷閭一、託レ疾推延、不レ令二侍衛一。…前冒後許、罪実難レ容。款云「患レ痔不レ虚冀欲レ図二残疾一。」…仍未レ験、真偽莫レ知。…検勘待レ実量レ科。

（『敦煌社会経済文献真跡釈録二』）

〝判集〟は判決を記録したもので、罪に問われた人の弁明も記されている。[注17] 右の彦琮は二十才を過ぎながら、父の威光の蔭で、病気を理由に果たすべき任務から逃れようとする罪を糾弾されている。それに対する彦琮の弁明〝病気がなおっていないので、宿衛できないのです〟が「欵云」で記述されている。そして、二度目の「欵云」では〝痔を患っているのはウソではありません。どうぞ、病が癒えない状態を推察して下さい〟という嘆願を述べている。先の獄官令の規定に沿った訊問の調書であるが、ここでは自白でなく弁明であり、嘆願も加えて「款云」で述べられる。

こうして見ると、日本でも中国でも「款」は本来の字義から少しずつ変化した使われ方がされていったことがわかる。特に正倉院文書では「款云」が日常の業務の中の弁明で使われている。そして、そうした状況は容易に〝嘆願〟に結びつく。それが次の段階ではただ願いを訴える書式になってゆくわけである。⑮の馬養の款状は〝弁明＋嘆願〟の内容で、その過渡的なあり方を示している。

3 下道主と「款云」表現

誓や自白の言葉を引用する「款云」は日常的な官人社会では職務上の弁明が本当であることを強調する表現形式として使われていた。そして、嘆願を含みやすいこのような使い方が、〝款云〟の〝心から～を願う〟ことを意味する表現形式への変化を促した。「款云」「款状」は平安時代以降は完全に嘆願の形式になる。

正倉院文書中でも、すでに嘆願の内容が圧倒的に多く、今問題としている桴工達の訴えを載せた「款云」もその一つである。表Ⅳを見ると、この型が天平宝字六年（七六二）の造石山寺所の解（2～13）に集中していることがわかる。特に〝国の養物を受け取りに行きたい〟という願いが多い。この仕丁達の嘆願を「款云」を用いて最初に書いたのは2の天平宝字六年一月の安都宿祢の署名のある文書である。しかし、実際にこの文書を書いたのは下道主だという、桑原祐子氏の興味深い指摘がある。[注18] それは、文書の宛先の造東大寺司に対して、道主の名前を出すのが憚られる事情があったので、その名を伏せ安都宿祢の名で作成したというものである。

そうであれば、下道主は実際に作業を行っていた人達の切実な願いを表すために、彼らの声を「款云」で直接引用する方法を造石山寺所で最初に採用した人ということになる。こうした「款云」の意識的な用い方からすると、桴工達の言い分を「偁云」から「款云」に変えたのも[注19]、彼らの訴えをより効果的に書き表わそうとする意図によると考えられる。道主がそうした配慮をしたのは、彼らの言い分をもっともだと認めたからであろう。それでは桴工等の言い分は通ったのだろうか。

三　桴工の言い分

七月二十三日、石山にやって来た桴工等は功の交渉を行うが、主典の安都雄足が不在のため、手付金だけもらい宇治に帰る。その後、何らかの調整がなされ、八月九日に交わされたのが次の契約である。

⑱曰佐真月・土師石国等解　申下請レ様漕二雑材一事上
　合請雑材壱仟参佰拾伍物　但准二榑一千九百七十三物一
　　請米弐拾俵（別筆）「定壹拾玖俵」（朱筆）「准二銭五貫三百卅文一 俵別二百八十文」
　　右、以二八月十二日一、依二雑材員一、必於レ使勘将レ進。

若此材一枝亡失、真月・石国等、作成将㆓進上㆒。
仍注㆓事状㆒、以解。

天平宝字六年八月九日

曰佐真月（画指）
土師石国（画指）
民鎰万呂（画指）
但波清成（画指）

（正集六(5)、五ノ二六一）

且充銭四貫二百文経所米直内　又下給銭陸拾文神祭料経所内置
主典安都宿祢　領下道主

契約書によれば桴工等が漕んだのは〝雑材〟であった。国の懸文（注20）で提示されているのは榑（注21）を漕んだ際の功である。その違いを明らかにしたのが「雑材・榑対照表」とでも言うべき次の文書である。

⑲充㆓功食料米十九俵㆒
合漕上雑材一千三百十六物。准㆓榑一千九百七十三村㆒。
柱九根各長一丈五尺径一尺二寸　准㆓榑八十村㆒一根充㆓九村㆒
柱十二根各長一丈一尺径六寸　准㆓榑卅村㆒一根二村
柱廿根各長九尺径四寸　准㆓榑十村㆒二根充㆓一村㆒
（以下、桁・角木・搏風・綿梠・長押・架・歩板・樋・戸調度等のそれぞれの大きさ毎に、榑何村に当たるかが記載されている）
以前材木、桴師曰佐真月・土師石国・但波広成・民鎰万呂等、以㆓月九日㆒令㆑採、漕下如㆑件。

天平宝字六年八月九日　領勝屋主

三嶋豊羽

案主　下道主

（続修四五ノ六④⑴⑵、五ノ二六二〜二六五）

岡藤良敬氏はつとにこの対照表に注目されていたが、当時両文書の接続状況は不明であった。調査によって、今は「接続カ」(注22)とされ、⑱に⑲が接続していたと見られる。契約書とその功の根拠となる対照表は一まとまりの文書として作成され保管されていた。

この文書⑲において榑と雑材の運漕の功の比率が詳細に示されている。⑱の契約書の雑材「壱仟参伯拾伍」と⑲の「雑材・榑対照表」の雑材「一千三百十六」とは材の数が一つ違うが、日付・桴師の名前・「准榑一千九百七十三」は同じなので、⑲の「雑材・榑対照表」は⑱の契約の際の功算出の基準として作成されたものと考えられる。山作所の領として漕材の経験の豊富な勝屋主と三嶋豊羽が主に作製し、それに下道主が連署している。曰佐真月等が漕んだ雑材一三一五物は榑に換算すると一九七三物に相当する。国の懸文の公定価格は榑百村に米一俵なので、桴工等の功は一九・七三俵になる。そこで、彼らは切り上げて、二〇俵請求した。但し、それは⑱の契約書の訂正と書き込みによって、造石山所側の判断で一九俵に切り下げられたことがわかる。

こうして見ると、功の総額では切り下げられたが、本文書の〝雑材を漕ぶのに榑と同じではこまる〟という桴工等の主張は認められたわけである。桴工等がこのような主張をしたのは、彼らが一日の労働で功が支払われる雇工ではなく、⑱の契約書の事書きに「請㆑様漕㆓雑材㆒事」とあるように〝〜の仕事を〜で請け負う〟という取り決めをして働く様工であったからではないか。様工の活躍する職種は檜皮採りや檜皮葺等で、その特徴として在地性や集団性が指摘されている。(注23)本文書の宇治川の桴流しはそれを担う桴工が〝桴を流す川の道を知る人〟と呼ばれるよ(注24)

うに、山中の急流を下る熟練の技を必要とした。宇治川を知悉する人達という意味で在地性を、そしてその技に専門性を見ることもできる。(注25)

彼らには自分達の技を正当に評価してほしいという思いがあり、雑材を漕んで榑と同じ功ではたえられないという発言もその自負による。道主は桴工等の主張を妥当なものとし、その願いをかなえるべく、契約書に対照表を添付し、同時に作文に腐心したのであろう。

むすび

造石山寺所の造営に係わった下道主は数多くの文書を残しており、それらの多くを解移牒符案という形で読むことができる。ここで取り上げた文書はその一つである。(注26)

残材運漕という作業の中で、汲むべき桴工等の声は上司に受け入れられるように作文し、彼らの切実さは「款云」を用いて表現した。その点に、人を動かす文章を書く能力が職務の遂行に有用であることを自覚していた一官人の姿が見えるように思われる。

注

（1）『続律令国家と貴族社会』（吉川弘文館、一九七八年）

（2）同様の表現が宣命中にしばしば見える。

①…与二天地一共尓絶事無久…（第九詔　天平十五年（七四三）五月癸卯条）

②…与二天地一共、人尓不レ令レ侮、不レ令レ穢…（第十三詔　天平勝宝元年（七四九）四月甲午条）

又「皇帝陛下太上天皇皇后殿下与二日月一斉二其明一…」（天平十三年千手千眼陀羅尼経の写経識語（奈良国立博物館編

『奈良朝写経』二十九、東京美術、一九八三年）という類似の句によって、「共」が「斉」（等しい、同じ）と同じ字義で使われていることがわかる。そして、万葉集に「天地日月等登聞仁　万世尓　記続牟曽…」（巻一九―四二五四）とあることから、〝…トトモニ〟というよみで、意味は〝天地日月と同じように…〟であったことがわかる。

（3）⑩は『天理図書館善本叢書　古代史籍集』（八木書店、一九七二年）、⑪㋐㋑は『国宝　真福寺本　古事記』（桜楓社、一九七八年）による。

（4）書状の内容については『正倉院文書の訓読と注釈―啓・書状―』（科研「正倉院文書訓読による古代言語生活の解明」（代表桑原祐子）研究成果報告書Ⅱ、担当黒田洋子、二〇一〇年）を参照した。

（5）丸山裕美子「書儀の受容について―正倉院文書にみる『書儀の世界』―」（『正倉院文書研究』4、吉川弘文館、一九九六年）の「一書儀について」による。

（6）趙和平『敦煌写本書儀研究』（新文豊出版公司、一九九三年）

（7）『杜家立成雑書要略　注釈と研究』（翰林書房、一九九四年）による。

（8）時代は降るがたとえば『諸雑謝賀』（後晋頃か）に次の例がある。本文は趙和平『敦煌表状箋啓書儀輯校』（江蘇古籍出版社、一九九五年）による。

〔女家答〕

…伏事二親家翁高門一　下情無レ任二喜躍一。

〔又謝〕

…伏蒙二司空鴻慈一、特賜二寛仮医療一。下情無レ任二惶懼一。

「女家」は嫁の実家で「親家翁」は夫婦の親どうしが相手方を呼ぶ際の男性に対する呼称。「司空」は重職の官人。

（9）『甘棠集』は晩唐の書儀（本文は注7前掲書による）。実際にたてまつられた上表文にも、その結句にしばしば見える。たとえば、次の例は皇帝に謝意を表した上表文である。

…無レ任二感激悦予之至一　（『全唐文』巻三二二蕭穎士「為李中丞賀赦表」）

…無レ任二感激欣戴之至一　（同巻三二四王維「為曹将軍謝写真表」）

（10）黒田洋子注3報告書の「啓・書状について―本編の方法論と目的と意味―」

（11）『日本書紀』の例は次のように会話文中に見える。

巻	天皇代	年代	文章の種類	発言者	相手	内容
9	神功	50・5	会話文「奏」	百済の使者久氐	天皇	「天朝鴻沢遠及二弊邑一、吾王歓喜踊躍、不レ任二于心一。故、因二還使一以致二至誠一。…」（喜びの気持にたえられません。）
9	神功	62・即年	会話文「啓」	加羅国王の妹既殿至	天皇	百済記云「…加羅国王妹既殿至向二大倭一啓云『…反滅二我国一、兄弟・人民皆為流沈。不レ任二憂思一。故以来啓』…」。（憂いにたえられません。）

丸山注4論文に、書儀の内容は「言葉遣いや立ち居振る舞いにも及」び、『入唐求法巡礼行記』中の「挨拶の言葉を書儀によっていた」興味深い例を指摘する。今の『日本書紀』の「奏」・「啓」も、書儀の表や啓を参考にして述作されたのかもしれない。

（12）『古事記』・『万葉集』の〝〜にたへず〟・〝〜にたふることなし〟は次の通りである。一七―三九六九以外は、『古事記』も『万葉集』も作歌に至る心の高まりを語る文中で用いられる。

三九六九番は書簡文で、書儀の影響は当然想定できる。類似した「喩」を含む表現は「莫レ知レ所レ喩」（『杜家立成雑書要略』）や「無レ喩二下情一」（『記室備要』）のように書儀に見える。

〔古事記〕

巻	天皇代	文章の種類	内容
下	允恭	地の文	故、後（衣通王が）亦不レ堪二恋慕一而追往時歌曰…（恋慕の思いにたえられず…）

〔万葉集〕

巻・番号	文の種類	内容
2—90右	古事記の引用	古事記曰「…此時、衣通王不レ堪二恋慕一而追往時歌曰」（恋慕の思いにたえられず…）
5—853右	遊二於松浦河一序	娘等皆咲答曰「…今以下邂逅相二遇貴客一、不上勝二感応一、輒陳二款曲一。…」。（感応する心にたえられず…）
3—458左		右五首（大納言大伴卿薨之時歌）、資人余明軍不レ勝二犬馬之慕心中感緒一作歌。（主人を慕う思いにたえられず…）
16—3786右		（言い寄った娘子の死）其両壮士不レ敢二哀慟一、血泣漣レ襟、各陳二心緒一作歌（悲しみ嘆く心にたえられず…）
16—3788右		（言い寄った娘子の死）於レ時壮士不レ勝二哀頽之至一、各陳二所心一作歌（悲しみいたむ心にたえられず…）
16—3869左		（志賀の荒雄の死）因レ斯妻子等不レ勝二犢慕一、裁二作此歌一。（深い悲しみにたえることができず…）
17—3969右	書簡（大伴家持↓池主）	…載二荷来眷一、無レ堪レ所レ喩也。…（たとえる言葉がない程うれしい。）
19—4177右		贈二越前判官大伴宿祢池主一霍公鳥歌不レ勝二感旧之意一述レ懐一首（なつかしい気持にたえられず…）

（13）『古事記』序の構成や語句に唐、長孫无忌の「上五経正義表」や「進律疏表」の影響があることはつとに指摘されており、奈良時代の官人が目にすることができたことがわかる。

上代文学における書儀の受容については小島憲之「海東と西域—啓蒙期としてみた上代文学の一面」（『萬葉集以前—上代びとの表現』岩波書店、一九八六年）（初出一九八三年）や、近時では西一夫「書儀・尺牘の受容—起筆・擱筆表現を中心に—」（『萬葉集研究三〇』塙書房、二〇〇九年）等『万葉集』を中心に研究が進んでいる。

又、書簡そのものにもたとえば次のような類似の表現が見える。

六月二十七日、羲之報。周嫂弃背、再周㆓忌日㆒。大服終㆓此晦㆒。感摧傷悼、兼情切劇、不㆑能㆓自勝㆒。奈何奈何。…
（『右軍書記』一七七）
〔王羲之から甥の穆松に宛てたもの。森野繁夫・佐藤利行『王羲之全書翰』（白帝社、一九八七年）による。〕
賓如㆑無㆓人往㆒。心不㆑堪。憶㆑之不㆑忘、懐㆑之無㆑已。
（『右軍書記』一五七）
〔甥の郗超を心配したもの。同書による。〕

(14) この間の事情については栄原永遠男「藤原仲麻呂家における写経事業」（『奈良時代の写経と内裏』塙書房、二〇〇〇年）（初出一九九九年）に詳しい。

(15) 上馬養が経巻の出納に重要な役割を果たしていたことは、次の文書からも伺える。

司牒　造石山寺所

（中略）

又召。

上馬養

右、自㆓所々㆒奉㆓請経㆒使甚太有。重不㆑得㆓施行㆒。宜㆘承㆓知状㆒、早速参向㆖。

天平宝字六年三月十七日主典志斐連「麻呂」

判官上毛野公「真人」

（正集五①(6)、五ノ一四四）

経の借用を求める使が多く、処理し切れないので、早く上馬養を返してほしいという造東大寺司の命である。
又、七つの論と五つの疏を求めた藤原家の牒（塵介三十④(1)裏、三ノ六四四～六四五）には許可した判官・主典の署名の後に「以㆓六年七月廿七日㆒返納已訖」と、七ケ月後に返却されたことが記され、同筆で「納上馬養」と署名しており、上馬養が返却の確認をしている。こうした例から見て、上馬養が経巻の管理に対して実務的な責任を負っていたことがわかる。

(16)『敦煌社会経済文献真跡釈録二』（北京図書館敦煌吐魯番資料研究中心、一九九〇年）六〇八頁

(17) 注15前掲書には他にも、夫の罪によって地位を失った妻が「款云『不㆑委㆓夫奸㆒』」六〇一頁（夫の奸なるを委《し》らず）と弁明する例がある。

(18) 『正倉院文書の訓読と注釈―造石山寺所解移牒符案（二）―』（科研「正倉院文書による日本語表記成立過程の解明」〔代表桑原祐子〕研究成果報告書Ⅰ　二〇一四年）65（五八頁）に次のようにその事情を述べる。

…造石山寺所で文書作成を主に担当していたのは、案主の下道主であったのに、なぜNo.1（表Ⅳ2の文書のこと）は日付下に雄足が署名しているのか。これには、下道主の人事が関わっている。道主の造石山寺所勤務については、造東大寺司の判許が得られず、上日も却下されていた。そのため正月から二月中に造東大寺司に発信した解には道主の署名はない。…しかし、造東大寺司宛以外の文書も帳簿も道主が書いている。推測の域を出ないが、No.1（表Ⅳ2）の文書は、道主が作成した文書であるが、右のような事情があったため、日付下に雄足の署名を書いたと考える可能性は充分にあろう。

(19) 似た例が表Ⅳ14の造東大寺司の移（下書が控えになったものか）に見える。四ケ所の官司から出向してきて御願大般若経の写経に従事している人達の仕事が完了しないため、それぞれの所属の官司に「不参」を通達したものである。もとは「仍りて状を顕はし注し以て移す」とあったものを「件人欵して云はく『不参の由を顕はし、本司に申し送らむと欲す』と」に書き換えている。これも、文書作成にあたって〝説得力〟が考慮された例であろう。

(20) 「恐らく勢多の橋のあたりに、近江国司の名をもって、公定の材木運漕賃が掲示されてゐたであらう」（福山敏男『日本建築史の研究』桑名文星堂、一九四三年）と言われている。

(21) 榑の規格は延暦十年の太政官符に「長一丈二尺、広六寸、厚四寸」とあり、延喜式も同じ。

(22) 『正倉院文書目録三　続修後集』（東京大学出版会、一九九四年）

(23) 浅香年木『日本古代手工業史の研究』（法政大学出版局、一九七一年）、注1論文

(24) 宇治麻呂が造石山寺所に宛てた解（五ノ二五二）に「可㆓雇進越㆒桴流川道知人等」という事書が見える。

(25) 海野聡「奈良時代における様工の活動と主体性」（『建築史学』五六、二〇一一年）に「様工の作業は、夫のような単純労働ではなく、技術を必要とする作業であった」という見解が見える。

（26）『正倉院文書目録二』に「造石山院所解　申七月上日事　天平宝字六年七月廿五日」（続修四七③裏）に「接続カ」とあり、造石山寺所解移牒符案の一部と認められる。

付記

本稿は平成二十七年度科学研究費「正倉院文書の読解を通した上代文学の表現の生成に関する研究」による。研究分担者の荻原千鶴・桑原祐子両氏からは有益な助言を得た。又、書儀に関しては、楊莉氏から御教示頂いた。記して感謝申し上げる。

正倉院文書における文末の「者」

桑原　祐子

はじめに

上代における「者」字に関する研究は、これまでに数多くの蓄積(注1)がある。しかし、その研究対象は、『古事記』『日本書紀』『万葉集』『風土記』等の編纂された文献類である。一次資料である木簡や金石文に関する言及(注2)もあるが、厖大な数量をほこる正倉院文書での「者」字の用法について言及された研究はほとんどないといってよい。そこで、本稿では正倉院文書の中で、様々なタイプの文書がまとまって残存している解移牒符案、控や草稿などが残っている布施申請解案、自由な記載が許容された写経生の手実等を対象として、特に「文末の者」の用法についての考察を試みることとする。

漢字・漢文に習熟していた人々が様々な意図を持って完成させた『古事記』『日本書紀』『風土記』、和語で詠まれた歌を書き記した『万葉集』などと、正倉院文書は、言語の位相を異にする。役所で実務を担当した下級官人たちが、業務遂行のために書き記した書類である。したがって、そこには、彼らの日常の漢字用法の実態、つまり、漢字・漢文を使って、共有すべき情報や自らの意図をどのようにして伝達したのか、換言するならば、頭の中にある日本語（和語に限定しない）をいかに表現したのか、ということを知る手がかりあると考える。

一　正倉院文書に見える「者」の用法

まず、正倉院文書に見える「者」字の用法を整理しておく。「者」には、次に示す五つの用法がある。

（イ）提示用法……係助詞「は」に相当する。
（ロ）仮説用法……「～ば」に相当する。
（ハ）形式名詞用法……物・人・事などを表し「～のもの・ひと」等に相当する。
（ニ）引用提示用法……「といへり・てへり」に相当する。
（ホ）文末の「者」

各々の用法を具体的な資料で確認する。取り上げる資料は「造石山寺所解移牒符案」[注3]中の文書である。「造石山寺所解移牒符案」に記載される内容は、他の石山寺造営資料の帳簿や文書を用いて検証することが可能なので、これらの文書を取り上げることとする。

【資料①】　続々修一八ノ三③[5]、一五ノ一五六[注4]～一五七

造石山寺所解　申消息事
一今作僧房者、構立既畢、但檜皮葺可レ塗レ壁之、
一経堂西殿者、雖二葺了一、依レ无二敷板一、今間不レ得令レ奉二悔過一、但二月八日可レ奉レ供之、
一可レ請浄衣廾具
右、仏堂可レ作木工等料、給哉否哉、請二進止一、若可二給遣一者、便附二還使一欲レ請、但以二三月十日一始可レ作之、

以前消息、附二秦足人一、申上如レ件、以解、

天平宝字六年（七六二）二月卅日案主下

「今作僧房者、構立既畢（今作る僧房者《は》、構へ立てること既に畢りぬ）」の「僧房者」の「者」が（イ）提示用法である。「経堂西殿者《は》、雖葺了（経堂の西殿者、葺き了ると雖も）」の「西殿者」の「者」も同様である。

「若可給遣者（若し給し遣はすべくむ者《ば》）」の「者」が、（ロ）の仮説用法である。

【資料②】　続々修一八ノ三②⑵4、一五ノ一五〇

符　山作所領玉作子綿阿刀乙万呂等

（中略）

一充遣斧二口　右、自二其所一為二修理一進上斧三口之内、一口穂積川内私者、

仍給已訖、

以前、先後条事等、依レ符早速施行、今具レ状、故符、

主典安都宿祢

領下道

二月五日

「自其所為修理進上斧三口之内、一口穂積川内私者（其所より修理の為に進上せし斧三口の内、一口は穂積川内の私の者《もの》なり）」の「穂積川内私者」の「者」は、前述の斧を示しているので、（ハ）の形式名詞用法である。

【資料③】　続々修一八ノ三①⑴1、一五ノ一三七～一三八

造石山寺所解　申請二仕丁逃替并国養等一事

（中略）

額田部広浜立丁　笛吹申万呂　土師嶋公　宇治部乙万呂　守部乙万呂已上四人干

右、得二仕丁等款状一云、向二寺家一欲レ請二国養物一者、今依二申状一可レ令レ

向、

（中略）

以前条事、附二安比等一、申送如レ件、以解、

天平宝字六年正月十五日主典安都宿祢

「得仕丁等款状云、向寺家欲請国養物者、（仕丁等の款状を得るに云く、寺家に向かひ国の養物を請はむと欲す者《といへり》）」の「云~者」が、（ニ）引用提示用法の「者」である。

【資料④】　続々修一八ノ三⑧、一五ノ一六二

造石山院所

応二借充用衣服一事先　御葬時御輿人装束物者

右、被二竪子別広虫今月十日宣一云、奉レ勅、依二少都《（ママ）》申状一、弥努為レ用、奉レ請二仏装束一、許給已畢、宜二司察レ趣、早速施行一者、今依二宣旨一、申送如レ件、

天平宝字六年三月十一日主典安都宿祢

「先　御葬時御輿人装束物者（先の御葬りの時の御輿人の装束の物者）」の「者」が（ホ）の文末の「者」である。

以上が典型的な「者」の五つの用法であるが、個々の資料を検討してみると、（ハ）と（ホ）の識別が容易ではない場合がある。【資料④】の場合は、「者」が名詞「物」に下接しているので、形式名詞でないことは明確である。しかし、次の資料⑤のように、一見すると形式名詞のようであるが、必ずしも形式名詞用法と認定できない場合もある。

【資料⑤】　続修別集八⑥[6]＋続修後集四二③[3]、五ノ四〇一〜四〇二＋未収

符　庄領猪名部枚虫所

可㆓充行㆒米壹拾斛柒斗陸升（彼買置卅一俵内者）

右、信楽殿壊運夫等食料、充遣如㆑件、

（中略）

主典安都宿祢

案主下

天平宝字七年（七六三）三月三日

信楽殿を壊運する夫等の食料として充て遣わす米について、そこ（勢多荘）に買い置きしている三一俵の内の米であることを、割注で指定しているのであるが、類似の割注が次の【資料⑥】に見える。

【資料⑥】　続々修一八ノ三[10]、一五ノ一六四〜一六五

符　橘守金弓等

合米伍斛（残八石余之内）　塩伍升

右、便充㆓信楽板屋壊運僧等所㆒、宜㆘承㆓知状㆒、早速施行㆖、今具㆑状、以

符、

主典安都宿祢

案主下

（天平宝字[注5]）六年二月十三日

資料⑥の符は、甲賀山作所の残米八石余の内から伍斛の米を信楽壊運所の僧等に支給するように指示する内容で

ある。資料⑤も資料⑥も、支給する米は「～の内」の米であることを割注で指定している。一方は「～内者」と書き、他方は「～之内」とし、「者」を書いていない。書き手は同じ下道主である。つまり、「者」は、文として内容が成立するための必須の要素ではないということである。一見すると形式名詞のように見える「者」も、個々に検討してみなければ、純然たる形式名詞用法なのか、それとは異なる「文末の者」なのか、その識別は容易ではない。

そこで、本稿では、文末に「者」をもつものを調査対象とし、文末に付された「者」をどのように理解すべきかということを考えたい。なぜ、「者」を付したのか、「者」を付すことでどのような意味を表出したのか、「者」は特定の日本語と対応するのか、ということを明らかにしたい。

二　文末の「者」

1　天平宝字年間の解移牒符案の場合

天平宝字二年（七五八）から八年（七六四）の間に、五つの解移牒符案（注6）が残存している。これらは、その時々の写経事業や造営事業に関わって遣り取りされた文書類の写しを主とする。同一組織内で授受された文書や、外部機関との間で授受された文書を含んでいるので、一般的な文書での「文末の者」の実態を調査するのに適当な資料群である。

五つの解移牒符案における文書数と文末に付された「者」の用例数を表1に示す。

五つの解移牒符案には、合計五〇三通の文書があるが、文末に「者」が付されるのは、僅か一六例である。解・移・牒・符などの形式をもつ文書類では、文末に「者」を記すことが多くないこと、また、「者」が記されるのは、割注に集中していることも見てとれる。次に、文末に「者」が記された事情を検討する。

表1　解移牒符案（注7）において文末に付された「者」

	年代	名称	文書数	用例数（本文）	用例数（割注）	資料番号
a	天平宝字二年	造東大寺司写経所公文案帳	88	0	1	⑦
b	天平宝字四年	御願経奉写等雑文案	81	1	2	⑧⑨⑩
c	天平宝字五年	奉写一切経所解移牒案	57	0	2	⑪⑫
d	天平宝字六年	造石山寺所解移牒符案	210	2	8	②④⑤⑬⑭⑮⑯⑯⑰⑱
e	天平宝字六年～八年	奉写二部大般若経所解移牒案	67	0	0	
		合計数	503	3	13	

【資料⑦】　続々修一八ノ六裏51、四ノ三二五

東寺写経所　牒香山寺三綱務所
可レ奉レ返薬師経八十巻並新写者
右、依二少僧都今月廿八日宣一、為レ奉二請内裏一、
差二舎人文岡主使一請返如レ件、故牒、
（天平宝字）二年九月廿九日主典安都宿祢

資料⑦は、a造東大寺司写経所公文案帳の中の牒で、天平宝字二年七月四日に紫微内相の宣によって書写が命じられた一千四百巻経（千手千眼経一千巻・新羂索経二百八十巻・薬師経百二十巻）の内の薬師経の奉請に関する牒であ

る。大僧都の宣（一四ノ一七九）で、香山薬師寺に一〇八巻の薬師経が同年九月十日に奉請された（四ノ三一三〜三一四）。ところが、二十八日に少僧都の宣によって、内裏へ奉請することになったので、香山薬師寺に渡した一〇八巻の内八〇巻を返却するように指示しているのである。わずか十九日前に奉請した新写の薬師経を返却せよというのであるから、異例のことである。また、奉請は一〇八巻であったが、返却はそのすべてではなく、八〇巻である。他の薬師経と混乱しないように、割注で「並新写者」と指定し、注意を喚起したのである。指定するのならば「並新写」で充分であり、「者」は必要ない。例えば、次のような記載例が参考になろう（「造東寺司返送文」）。

造東寺司
奉請法花玄賛合三巻
二巻第一（一巻新写／一巻本）
（中略）
右、写畢奉レ送如レ前。
天平勝宝二年（七五〇）正月廿八日知事正五位下行玄蕃頭
（署名略）
（続々修四〇ノ一[102]裏、十一ノ一三九）

送り奉る法花玄賛三巻の内の二巻の内訳は、「一巻は新写のもの、一巻は本経のもの」ということであるが、文末に「者」を記してはいない。つまり、「者」はなくても、「新写」だけでその内容は充分諒解されることは明らかである。「者」は形式名詞として「もの（経）」を表現していると理解するより、「者」を付すことで、文書の受信者に注意を促していると考えるべきであろう。

【資料⑧】 続々修一八ノ六[25]、一四ノ三八六

東塔所解　申請レ銭事
合捌貫壱伯文
四貫八百文椙榑三百村直村別十六文　近江者
一貫三百文楉一百荷直荷別十三文
（中略）
右、可レ奉レ写二一切経一部一経師等宿所并食宿板□
埿葺料銭、所レ請如レ件、以解、
天平宝字四年（七六〇）四月廿九日領上馬養
坂田池主
主典安都宿祢

【資料⑨】　続々修一八ノ六㉙、一四ノ三八九
東塔所解　申請雑用銭事
合可用椙榑四百村近江者　負車廿両
楉一百荷　藁一百囲（割注略）
請銭九千六百文
六千四百文榑四百村直村別十六文
（中略）
以前、大炊并厨温室等葺埿料銭、所レ請如レ件、以解、
天平宝字四年閏四月五日領上馬養

坂田

主典安都宿祢

資料⑧⑨はともに、天平宝字四年二月十日の太師宣（一四ノ三〇八）による一切経書写に関する文書で、経師の宿所・食宿・厨・温室の造営材と運送料を請求している。榑についてのみ「近江」のものを指定しているのであるが、近江産の榑を指定する積極的な理由は不明である。従って、ここは形式名詞として「近江のもの」と解する可能性もある。

【資料⑩】　続々修一八ノ六㊻、一四ノ四〇三

阿弥陀浄土一鋪六幅者

右、依二池上王今月廿三日宣一、奉二請内裏一、使主典□ 坤宮舎人安宿□

六月廿四日上

資料⑩の阿弥陀浄土図は、光明皇太后の七七忌に供される称讃浄土経とともに写経所で作成されたものとされるが、これを内裏に奉請することを記した文書である。「六幅者」は「六幅の大きさの者（もの）」という意で、形式名詞とも考えられるが、同じb御願経奉写等雑文案に、図の大きさを説明した記載（注8）「阿弥陀仏像一鋪三幅綵色」があり、これには、「者」を付していない。したがって、六幅に付された「者」は、形式名詞と判断するより、六幅という大きさを強調し注意を喚起した表現と解するのがよい。

【資料⑪】　続々修三ノ四③⑻⑼16 17、一五ノ二八

奉写一切経所解　申請二借レ米一事

合米弐拾斛白者

右、得二装束忌日　御斎会司今月廿日口宣一偁、頃者用レ米繁多、

上件米充用不レ足、宜三便借二用寺家米一、其代者、後当三報送二者、
今依レ宣状、所レ請如件、以解、
天平宝字五年（七六一）二月廿二日案主上
史生下道朝臣
主典安都宿祢

資料⑪は、光明皇太后の周忌斎一切経書写に関するものである。この写経事業では、米は白と黒の両方で請求している（一五ノ一九～二二）。ここでは、白米であることを指定している。同様に白米を指定して請求している文書が、次に示すように、四日前に発信されている。経師が増員された分の追加請求である。

奉写一切経所解　申二月料更請加二雑物一事
合請米玖斛並白
（中略）
右、自二去年一更加経師十五人、単四百五十人料、更
請加如レ件、謹解、
天平宝字五年二月十八日案主散位従八位下小治田宿祢
外従五位下行大外記兼坤宮少疏池原公　造東大寺司主典正八位上安都宿祢
（続々修三ノ四③⑷⑸[12][13]、一五ノ二三～二四）

この時も「白」であることを指定しているが、「並白者」とはしていない。資料⑪の「白者」の「者」は、内容上必須の要素ではないということである。

【資料⑫】　続々修三ノ四⑤⑶[46]、一五ノ五二～五三

奉写一切経所解　申請レ物事
合奉レ写大小乗経律論賢聖集別生偽疑并目録外経惣五
千三百卅巻
（中略）
浄衣六十二具衫袴布帯頤懸襪菲者
卌八具持レ櫃夫卌八人料
二具持レ香輿夫二人料
二具持二香水一夫二人料
一具焼香舎人一人料
一具灑香水舎人一人料
八具担夫長舎人八人料
以前、所レ奉レ写一切経、従二東大寺一奉二請嶋院一、応レ
用雑物所レ請如レ前、謹解、
天平宝字五年四月廾四日
造東大寺司主典正八位上安都宿祢
外従五位下行大外記兼坤宮少疏池原公

資料⑪と同じく周忌斎一切経に関わる解で、書写し終えた一切経を東大寺から嶋院に奉請する時の雑物（韓櫃・帛袷帳・洗布・名香・浄衣）を申請している。各々の雑物には、その用途や内訳が割注で示されている。その中で、経を納めた櫃を持つ夫、清浄のための香や香水を持つ夫等の浄衣の内訳に「者」が見える。浄衣の内訳は、すべて名詞であるから、「者」が形式名詞でないことは明確である。なぜ「者」を付したのか。この内訳の中には「頤懸

（オトガイカケ）」がある。経典の清浄を保つためのマスクのような物である。写経時に写経生等に支給される浄衣の中に頤懸は殆ど含まれない。つまり、ここの浄衣の組み合わせは異例の組み合わせであり、注意を要する。「者」は、その注意喚起のために記されたといえよう。

以上、a～cの写経事業で作成された解移牒案で、文末に付された「者」の検討を行った。eも写経事業のものであるが、文末に「者」が見えないので、写経事業の解移牒案での例は以上ですべてである。⑧⑨の形式名詞の可能性があるものを除いて、⑦⑩⑪⑫で明らかになったことは、「文末の者」は、内訳・指定・説明などが記される割注に見えること、「文末の者」は、異例の事柄や注意を要する事柄に付される事が明らかになった。

次に検討するのは、dである。dは近江石山寺の増改築事業で作成された解移牒符案で、写経とは全く異なる内容である。先に形式名詞用法の「者」として取り上げた資料②と次の資料⑬が、割注ではなく、本文の文末に付された「者」である。

【資料⑬】　続々修一八ノ三㉖、一五ノ二〇三～二〇四

造石山院所解　申可レ向二文部省一長上事
長上船木宿奈万呂
右、以二月六日一、自二省家之造東寺司一召者、即副二還使一、
差二舎人等一令レ向、仰云、件人造寺司一々引率、
早速参二向省家一、不レ得二怠延一者、今依二仰状一、即便附二
入レ京経師張藤万呂一、申送如レ件、以解、
天平（宝）字六年五月七日下

問題の箇所には転倒符や訂正が施されているが、最終的な文は右の通りで、問題の箇所は「右、月の六日を以て、

省家（文部省）の造東大寺司より召す者《ひと》なり」となろう。文部省が船木宿奈万呂を召す事は、「仰云〜者」の部分でも明らかであるから、「右（船木宿奈万呂）は、省家が造東大寺司から召喚した人物だ」と解すべきであろう。従って、これも資料②と同じ形式名詞用法で、「ヒト」を表していると解釈できる。

dでは、割注の文末に付された「者」は八例ある。順次検討を行う。資料④は、先に取り上げたが、再度取り上げて検討を行う。

【資料④】　続々修一八ノ三⑧、一五ノ一六二

造石山院所

応㆓借充用㆒衣服事先　御葬時御輿人装束物者

右、被㆓竪子別広虫今月十日宣㆒云、奉㆑勅、依㆓少《ママ》都申状㆒、弥努為㆑用、奉㆑請㆑仏装束㆒、許給已畢、宜㆓司察㆑趣、早速施行㆒者、今依㆓宣旨㆒、申送如㆑件、

天平宝字六年三月十一日主典安都宿祢

「者」が形式名詞でないことは、既に述べたとおりであるが、では、「者」はどのような機能を担っているのであろうか。請求する衣服を「先　御葬時御輿人装束物」と指定し、そのように指定したことを相手（受信者）に強く働きかける機能を担っていると考えられる。この装束は、[注9]珍努宮で用いるために慈訓が要請した仏装束に対して孝謙太上天皇が許可した装束であるから、「先　御葬時御輿人装束物」を指定したのは孝謙の意思[注10]であると考えるべきである。それならば、指定した「装束物」に注意が喚起されるのは当然であろう。そのために「者」が付されたのである。「文末の者」は、指定した内容について相手（読み手）に強く働きかけ、注意を喚起する機能を表出させたものと考えられるのである。

残り七例中の三例は山作所や信楽殿壊運所に充当される米に対して付された割注にあるので、まとめて検討する。

【資料⑤】　続修別集八⑥[6]＋続修後集四二③[3]、五ノ四〇一～四〇二＋未収

符　庄領猪名部枚虫所

可二充行一米壱拾斛柒斗陸升彼買置卅一俵内者

右、信楽殿壊運夫等食料、充遣如レ件、宜下察二此状一、受使

至者、依レ員充遣上、但先日自二岡田鋳師王広嶋所一、随二便送遣

文一、猶託二此符一行遣耳、仍具二事状一、即彼所使等、故符、

主典安都宿祢

案主下

天平宝字七年三月三日

【資料⑭】　続修二二裏[9]、一五ノ三一一

符　庄領等所

米肆斛近江庸者

右、附二玉作子綿一、充二山作所一、宜二到依レ員早下充一、

今以レ状、故符、

主典安都宿祢「雄足」（自署）

正月廿三日領下道主

【資料⑮】　続々修一八ノ三[10]、一五ノ一六四

造石山寺所牒　板屋壊運僧等所

合米伍斛在二三雲寺一者　銭伍貫　塩壱斗

右、随レ在且即附二橘守金弓道豊足一、進レ送如レ件、今具レ状、以牒、

天平宝字六年三月十三日案主

別当主典安都宿袮

資料⑤については、先に述べたように資料⑥に類似表現があり、形式名詞用法でないことは明らかである。相手に強く働きかける注意喚起のための「者」であるとみてよい。では、なぜ注意喚起しなければならないのか。この点については、同じく勢多の荘領猪名部枚虫宛の資料⑭も合わせて検討する。

勢多荘には東大寺の食封の租米や庸米など、様々な米が集積されており、天平宝字六年八月十六日には米の買い入れのために、造東大寺司から銭二貫が猪名部枚虫に下銭されており（五ノ二六七）、購入された米もあったことが確認できる。石山寺増改築の財源であった愛智郡の租米もまた勢多荘に集められていたと考えられる（一六ノ一一〇・一一二）。従って、米の支給を勢多荘に指示するときには、どういう米を支給するのかということを割注で指定し、そこに注意を喚起しなければならなかったのである。資料⑭は「近江の庸米であること」、資料⑤は「そこ（勢多荘）に買い置いてある三十一俵の内の米であること」を強調し、そのことを猪名部枚虫に注意喚起していると解すことができよう。

資料⑮は、信楽壊運僧宛てで、この文書の使者は銭と塩を持参しているが、米は三雲にあるから持参していないという状況である。多くの場合、文面の支給物は使者と共に遣わされるから、資料⑮は、米の支給については変則的な状況である。だから、注意喚起のために「者」を付したのである。使者が持参する米ではなく、「三雲寺にある米」という内容を強調し、読み手である信楽壊運僧に注意を喚起していると理解できる。

【資料⑯】　続々修一八ノ三⑫⑬、一五ノ一七一～一七二

符　山作所領等　合可レ作材

綿梠十枝先仰遣飛炎者　宜更四枝　作加並広厚五寸 上下羽二寸直者
先後并十四枝作進上、但運漕可レ重者、宜二高二寸者、削下五寸定
進上一、（中略）
右、可レ作物仰遣如レ件、宜下承二知状一、司木工者、皆悉進上、以二様工一
令レ作進上上、又雇夫等宜レ令レ取二檜皮一、又秦小鯨者、彼器作畢、宜二早速
進上一、今具レ状、以符、
六年三月廿一日
主典安都宿祢　　案主

資料⑯の棉梠の数は、最初の指示分一〇枝（一五ノ一六八）と、寸法の変更後（一五ノ一七〇）の追加分四枝が取り上げられている。追加分と区別するために「先仰遣飛炎（先に指示した飛炎用）」であることを「者」で注意喚起していると考えられる。また、最初の指示の棉梠（一五ノ一六八）は、ソリのある棉梠とソリのない直の棉梠の両方であったが、⑯での追加分の四枝は「直」だけである。何度も指示があったので、間違えないように「直」であることを強調し、山作所の領等の注意を喚起するために「直」に「者」を付けたのである。ちなみに、部材の寸法を記載する割注は多数あるが、「者」を付したのは⑯と次の⑰だけである。

【資料⑰】　続々修一八ノ三⑪、一五ノ一六六
符　山作領等　可レ作材等事
「止」佐須八枝各長一丈 広六 厚四寸　　柱料桁廿二枝方五寸 各長一丈　　比木四枝各長二丈 広七寸 厚四寸
（中略）　　七八寸桁一枝長二丈二尺 太好者
栈久礼五十村

主典安都宿祢

三月十五日下

資料⑰の桁の注記「太好者」は珍しい注記で、寸法以外の注記は石山寺造営資料の中でもここだけである。なぜ「太好者」が必要であったのかは、資料上窺い知ることはできないが、特異な注記であることは確かである。例外的な指示であるから、やはり読み手の注意を喚起するために「者」を付したと解する余地はあろう。

【資料⑱】　続々修一八ノ三⑫㊱、一五ノ二四三～二四四

石山院奉写経所解　申削息事

（中略）

一奉レ写畢大般若経二百八十巻先後并者

以前五条事、附二乙足一、申送如件、

六年九月十四日上

資料⑱の「先後并者」は写し終えた大般若経二百八十巻についての注記である。「前後」は写経の前半期（二月～四月）と後半期（八月～十一月）のことと思われる。前半に写した巻と後半に写した巻の両方が、二百八十巻の中には含まれているということを示す注記である。「者」は、「前期の写経分と後期の写経分を併わせている」という内容を強調しているのである。この文書は九月十四日に発信された消息であるから、この注記によって、八月に再開した写経事業が順次行われていることを強調するために、「二百八十巻には、前期のみならず後期に写した巻も并わせていますよ」と、注意を引く「者」を付加した可能性が考えられよう。

以上④⑤⑭～⑱の八例が、dの割注に見える「文末の者」である。いずれの場合も、書き手が内容を指定し、そのことについて、読み手に注意を払ってもらいたいという意図を具体的な形として表出させたものであることが確

認された。一見すると、前に掲出した名詞を受けて「～のモノ」と体言化する形式名詞用法のように見えるが、その背景や状況を分析してみると、書き手が読み手に対し強く働きかけるべき状況が確認できた。つまり、読み手の注意を喚起する機能を持っている「者」と解すべきだと考えられるのである。

2　布施申請解案の場合

次に、正倉院文書に数多く残っている布施申請解案の中での「文末の者」について検討を行う。布施申請解案を取り上げる理由は、

・パターン化された上申文書であること
・年代的偏りがないこと
・書き手が多数であること
・正文に準ずるものと草稿段階のものと両方が残存していること

である。対象とした布施申請解案は、間写のもの一一七通（注11）と宝亀年間の一切経のもの二四通（注12）、合わせて一四一通である。である。「文末の者」は合わせて一六例である。

間写の布施申請解案一一七通の中で、「文末の者」は一三例ある。そのうちの六例は、天平勝宝元年（七四九）六月の右大臣宣によって書写された大般若経一部六百巻（薗田No.一二〇）で作成された布施申請解案の中の二通である。この二通は草稿と判断されるものである。

【資料⑲】　続々修四二ノ三裏[8]～[5]、十一ノ二八〇～二八四

角恵万呂　写紙百七十一張□□ 定百六十張　布四端

（中略）

已上余人々紙惣五百八十張　布十四端二丈九尺
二百八十張載㆓大鳥高人之名㆒者（之中二百卌張高人）
二百九十四張載㆓志紀久比万呂之名㆒者　布七端二丈九尺
題師一人三嶋宗万呂　題経六百巻　布六端
校生十二人
（歴名省略）
已上人々余紙載㆓若桜部梶取之名㆒者
装潢四人
（歴名省略）
已上人々余紙載㆓秦東人之名㆒者
以前、依㆓去年六月仰給旨㆒、所㆑奉㆑写大般
若料布施、顕注所㆑請如㆑前、以解、
勝宝二年六月

資料⑲は、写経生の経紙・校紙・装潢紙について、きりのよい紙数に定め、端数を「余」とし、余の紙数を、経師の場合は「大鳥高人の名に載す者」「志紀久比万呂の名に載す者」と説明し、校紙・装潢紙についても「若桜部梶取の名に載す者」「秦東人の名に載す者」としている。このような説明は、正文として発信される布施申請解案には記載されない。端数の処理の中身は、布施支給時に必要な情報で、写経所の事務担当者にとっては、注意すべき情報であるが、解の受信者には必要のない内容である。このように端数（余紙）の処理を記載していることから、資料⑲が草稿であることは明白である。そして、写経所の事務担当者が布施支給を行う上で注意すべき内容に、

「者」が付されている。後日の自分に向けて、或いは、他の担当者に向けて注意を喚起するために、「者」を付したと考えてよいであろう。

【資料⑳】　続々修四一ノ六②～⑤、一一ノ二八八～二九四

写書所解　申請₂経師等布施₁事

合奉ㇾ写大般若経一部（六百巻）

（中略）

「阿刀宅足　写紙二百卅（五十）張（八十張）　布四（七）端二丈（経師等余紙料者）」

（中略）

若桜部梶取　校紙四千三百卅八張（七百九十八定七百除七十三）（廿五）　布四端一丈三尺五寸二分

「校紙三千二百五十張　布三端一丈（校生余者）」

（中略）

「物部足国　造紙八百八張　布二端（装潢余者）」

以前、依₂去年六月宣旨₁、大般若経一部奉ㇾ写已訖、仍布施物顕注所ㇾ請如ㇾ前、以解、

勝宝二年六月他田水主

呉原「生人」（自筆）

史生阿刀「酒主」（自署）

資料⑳は⑲から更に変更された布施申請解案であり、端裏に「大般若布（施脱）文案」とある。写経生等の端数を一括する人物を資料⑲から一部変更しており、阿刀宅足と物部足国の項目、及び、若桜部梶取の校紙以下の部分は追記で（注13）

ある。この三人の紙数が各々経師・校生・装潢の端数（余）の総計であることを、「経師等余紙料者」「校生余者」「装潢余者」と割書で注記している。「校生余者」「装潢余者」は、「経師等余紙料者」を受けて、同じ内容を一部省略して表現している。つまり、この三つの注記は同じことを表現するのに、「紙料」は省略しても、「者」は省略していないのである。このことから、「者」が形式名詞ではないことは明らかであり、「者」を省略できない理由があることも諒解されよう。変更が生じているのであるから、これらの注記は、事務処理上注意すべき情報である。やはり、事務処理を行う人物に対して注意を喚起するための「者」であると判断できる。

【資料㉑】　続修別集二三③[6]、三ノ六三八〜六四〇

写書所解　申請経師布施事

合奉レ写六十花厳経九十巻（六十巻波和羅紙 卅巻緑紙）　並第一第二第三帙者|

（中略）

経師三人

三嶋宗麻呂　写紙六百卌張　布十六端

辛浄足　写紙六百卌張　布十六端

大原魚次　写紙六百卌張　布十六端

（中略）

以前、奉レ写花厳経経師等布施、所レ請如レ前、以解、

天平勝宝五年（七五三）十二月十日上

呉原伊美吉生人

資料㉑は、天平勝宝四年（七五二）〜六年（七五四）に造東大寺司写経所と法華寺外嶋院で行われた六十華厳の

写経事業(注14)の布施申請解案である。三人の能筆の経師がそれぞれ一部ずつ担当した写経である。前半は造東大寺司写経所で、後半は外嶋院で行われており、その前半期の布施申請解案である。三人の経師がそれぞれ第一帙から第三帙までを書写した段階で、つまり途中で区切りをつけて布施の申請を行ったのである。書写が終了してから、「六十花厳経三部百八十巻」と記されるのなら問題はないが、「六十花厳経九十巻」だけでは、どのような理由で一部六十巻の花厳経の書写が九十巻になるのか分からない。つまり、「奉写六十花厳経九十巻」は異例なのである。そこで、「第一帙から第三帙までを三部写して九十巻である」ということを説明するために「並第一第二第三帙者」としたのである。異例の内容に対して「者」を付していると考えられる。異例であること、つまり、事業としてはまだ終了していないことを、受信者に注意喚起しているといえよう。

【資料㉒】　続々修四一ノ三1～6、十一ノ四三九～四四七

造東寺司解　申請二経師等布施一事

合奉レ写論并疏三百二巻

九十六巻依二間仰給一所レ奉レ写

（中略）

二百六巻一切経之内疏〈十一巻論　百九十五巻疏〉

（中略）

題経論并疏五百七十九巻〈二百七十三巻先写一切経未題者〉

（中略）

以前、起二天平廿年五月一日一、尽二今年十二月十五日一、

奉レ写論并疏等布施物、顕注所レ請如レ前、謹解、

天平勝宝二年十二月廿三日他田水主

「未題者」は、「未だ題せざるもの」或いは「未題のもの」の意で、「者」を形式名詞用法とみるのが自然である。但し、天平二十年に終了した先一切経の未完成分（題経）の請求を、この間写と常写の布施申請解に追加して請求するのは異例である。「二百七十三巻先写一切経未題者」は、「二七三巻は（すでに終了している）先一切経で未題の分である」ことを、つまり、異例ではあるが、先一切経の未題分を請求していることを、受信者に注意喚起していると見ることができよう。おそらく、この解で請求している間写と常写の施主と、先一切経書写の施主か同一であるから可能な請求であったと思われる。

【資料㉓】　続々修四一ノ四⑩～⑭、九ノ二五〇～二五四

十八年七月一日間仰給案

金光明寺写経所解　申請二間写経等布施一事

合奉レ写経并律六十二巻廿一巻薬師経　卌巻八敬六念　一巻四分戒本

用紙五百五十四張二百七十九張経　二百七十五張律

校紙一千一百八張二校者

（中略）

達沙牛甘　　写紙十三張　　銭六十五文

漢浄万呂　　写紙廾六張已上既経紙者　　銭百卅文

馬　道足　　写紙十九張十三経　六律　　銭百七文

（中略）

史戸大立　　写紙六張已上既律紙者　　銭卅二文

（中略）

以前、依二所レ仰旨一、奉レ写経律并請布施物、顕注申送

如レ前、謹解、

天平十八年（七四六）七月二日舎人大初位上田辺史

従五位下　　　王

資料㉓の「已上既経紙者」「已上既律紙者」は、名詞「紙」に下接しているので、形式名詞でないことは明らかである。布施計算上、経と律のどちらを写したのかは重要な情報である。だから写紙数の割注にその区別が記載されるのである。「者」を付した割注は、複数名の写紙数の内容を纏めて記載している。「馬道足」のように、ひとりひとりの名前の項目には記載せずに、同じ条件である最後の経師の箇所に一括して記載していることを、「者」を記すことで、注意喚起していると考えられる。「二校者」は珍しい注記である。多くの布施申請解案では「校二度」や「並二校」或いは「二校紙…張」等と記されるし、校正が二度行なわれるのは通常のことである。なぜ、二校であることに「者」を付したのか積極的な理由は見いだせない。

　間写の布施申請解案において、「文末の者」は、具体的な相手（自分を含む事務担当者・文書の受信者）に向けて、業務上注意すべき事柄や、通常とは異なる異例の内容に付されていることが確認できた。

　残りの二例は、申請解案の作成過程で付されたのではなく、布施物が到来した後に書き込まれた追記[注15]（九ノ一三八）と、布施申請解案の装潢歴名部分が「装潢充紙帳」に転用された時の割注[注16]（一〇ノ二六七）にある。追記は注意喚起の「文末の者」であるが、転用の割注は形式名詞用法である。

　宝亀年間の一切経の布施申請解案二四通のうち、「文末の者」は次の一例であった。

【資料㉔】　続々修四〇ノ二裏⑥⑤、一五ノ九五〜九七

奉写一切経所解　申請㆓経師布施物㆒事
合奉㆑写六百八十《九》三巻（十三巻甲部注経《内》　六百七十《八十》二巻二部之内）
（中略）
一百九十張先奉㆑写経百九十巻枚替（自奉写一切経司所奉写者）
（後略）

後欠であるが、宝亀三年（七七二）六月頃のものとされる。[注17] 始二部一切経が宝亀三年二月十五日に内裏系の奉写一切経司から東大寺司写経所の奉写一切経所に引き継がれたことに関わる内容であろう。[注18] 枚替分は、「奉写一切経司」で写した経典の分であることを注記していると思われる。従って、写経を行った機関が異なることについて注意喚起をした「者」であると解することができる。

以上、布施申請解案において、文末に「者」が付されたのは一六例。そのうち形式名詞用法が一例。残りの一五例は、相手に働きかけ注意を喚起する「文末の者」であることが確認できた。更に留意すべき点は、パターン化された上申文書に「者」が付されることは、必ずしも多くはないということである。一四一通に一五例（六通）あるだけである。文書を単位にして計算すると、約四パーセントである。五つの解移牒（符）案の場合も、五〇三通のうち一四通にのみ「文末の者」があり、三パーセント弱である。解・移・牒・符のように、書式がパターン化された場面では、表出しにくい性格を持っているのが、「文末の者」であるといえよう。そこで、その性格がより鮮明に表出されそうな資料に目を向けたい。取り上げるのは、公文の規定から比較的自由な写経生等の手実である。

3　手実の場合

天平十一年～二十年までの常写の手実、後写一切経の手実、宝亀年間の一切経の手実（上帙・請筆・請墨）を調査対象とする。常写・後写・宝亀年間一切経で、各々一通・三通・三二通の手実に、[注19]「文末の者」がある。二七通は割注に、七通は本文に、割注と本文両方に「者」を付しているのが二通である。

【資料㉕】　続々修一九ノ二[79]、七ノ三三八

阿刀息人請経十巻　涅槃経第一帙之中（四箇巻山辺諸公写者／五箇巻息人写一巻未写）

（中略）

天平十一年十月十五日「勘人成」

阿刀息人は、自らが写した巻数や未写の巻数を記した割書には「者」を付さないが、自分が請《う》けた涅槃経第一帙の中で、山辺諸公の写した四巻については「者」を付して、自分の布施の対象となる写紙数と区別している。山辺の写した四巻分は、阿刀の布施の計算からは除外されるべきものであるから、この手実を勘検する人物（辛国人成）に対する注意喚起と見てよい。解移牒案・布施申請解案で検討したものと同様、相手に働きかけ、注意喚起する「者」である。

【資料㉖】　続々修二〇ノ五[127]　一八ノ五一一、図1

葛木豊足解　申帙上　合受紙三百枚

仏名経二巻（七巻用廿九枚／八巻廿六枚）　此者勝広前受帙内者

（中略）

宝亀二年七月廿八日

（後略）

【資料㉗】　続々修三二ノ一[59]　二二ノ四九二～四九三、図2

他田嶋万呂解　申請㆑筆事

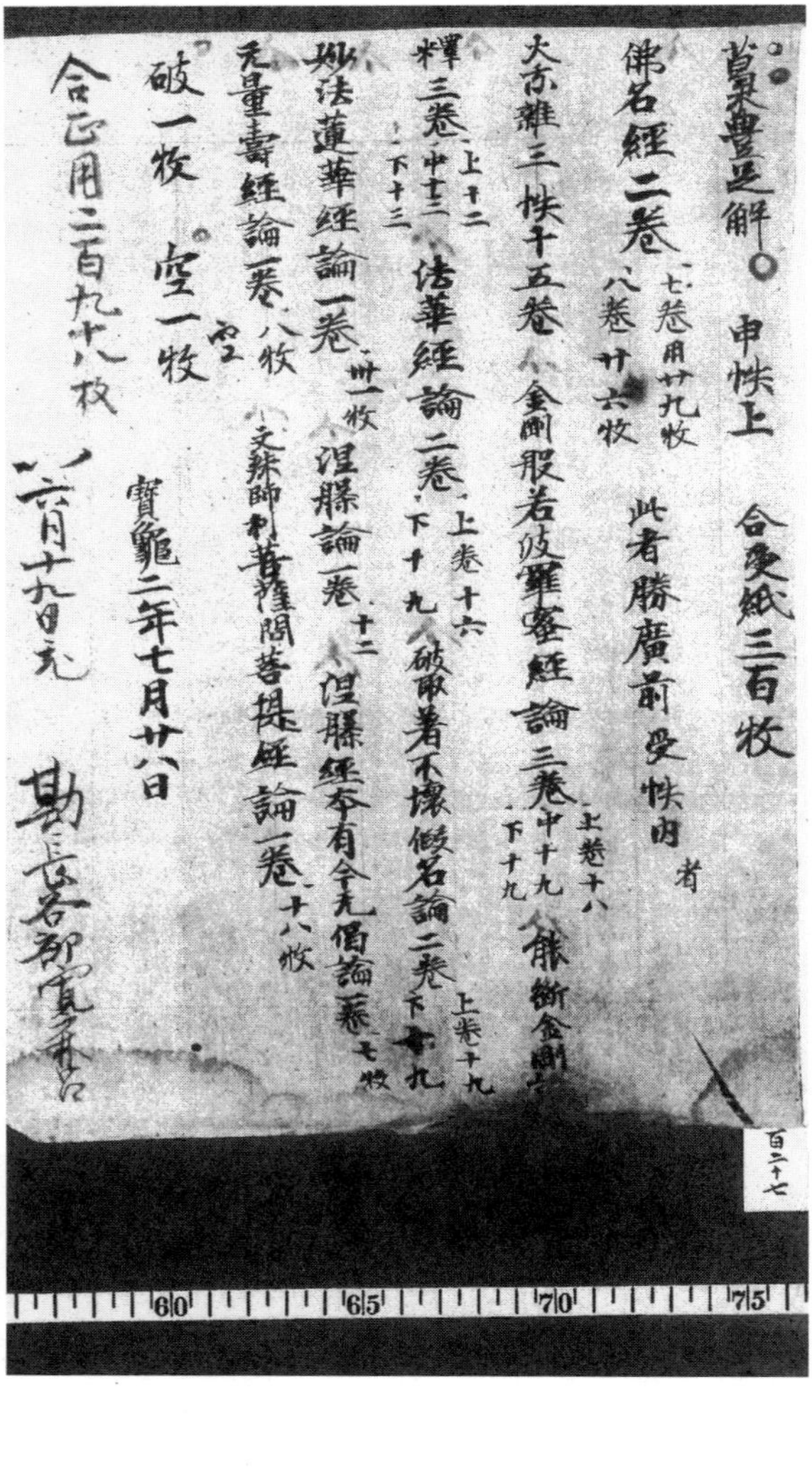

図1「葛木豊足手実」（続々修二〇ノ五127、一八ノ五一一）

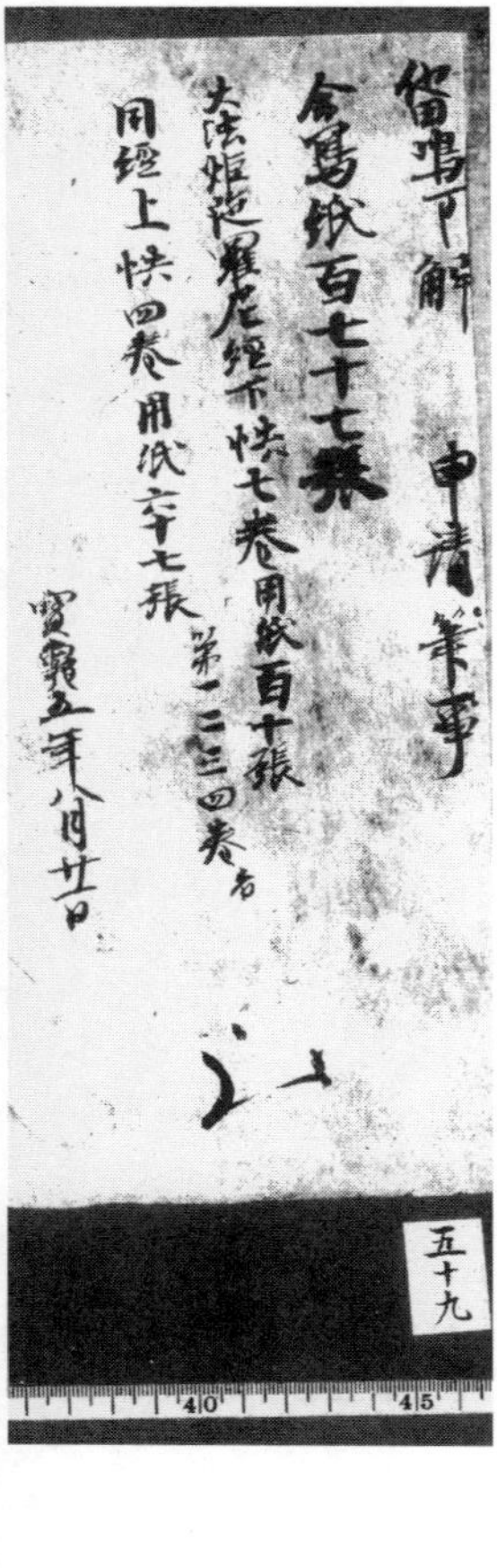

図2「他田嶋万呂手実」（続々修三二ノ一59、二二ノ四九二～四九三）

合写紙百七十七張
大法炬陀羅尼経下帙七巻用紙百十張
同経上帙四巻用紙六十七張第一二三四巻者
宝亀五年八月廿一日

資料㉖の場合、自分の受け取った本経以外に写した経典であるから、充本帳をつきあわせたときに齟齬が生じる。だから勝広前が受け取った経典である事を明記して、「者」で勘検者に注意を喚起しているのである。資料㉗は、書写した上帙四巻の巻を指定して、注意を喚起するための「者」である。ここで、注意すべきは、「者」を宣命体の助詞のように右寄せ小書で書いていることである。つまり、「者」は、表記者の頭の中にある日本語の助詞、或いは助動詞に相当する言葉を表記した可能性があるのではないか、ということである。

次の例は、一部宣命体を交えて書かれた手実である。

【資料㉘】　続々修二二ノ三95～98、二三ノ三七七

坂本東人解　申上レ帙事
大乗雑第六帙十巻　写紙百七十八枚受二百卅九枚 反上六十一枚
注六十一枚　勝鬘経二巻者　麁百十七枚
（押紙ノ下）「十七枚者二百卌四行出在、此乎以廿四行枚成十枚成申、」
（中略）
別申、麁経廿六行乎　成廿四行者、一百張尓二百行出在申、（※□は押紙）
一　勝鬘師子吼大乗大方便経一巻者、依二経本无一而、不レ写申、
宝亀六年五月廿九日　「勘上氏成」

資料㉘の「別申」以下は、「麁経は、二十六行を二十四行に成さば、百張に二百行出たりと申す」と訓読でき、麁経については、一紙二六行の写紙数を二四行に換算すると、一〇〇張について二〇〇行の差が生じることを申告している。そのことを書き記すのに、日本語の語順のままに宣命体で表記しているのである。自由な書き方が許容される場（手実）だから、日本語の助詞が表記されたのであろう。「文末の者」が、助詞に相当する言葉を表現した可能性があることの傍証になろう。

では、これらの手実を作成した写経生らは、文末に「者」を付す場合、「者」をどのように認識していたのであろうか。そのことを、よく示す手実がある。

【資料㉙】　正集二八⑧(2)裏⑬、九ノ二七六～二七七

写角恵麻呂経合十九巻　用紙三百七枚（之中廾一枚者十月以往乗也｜ 四枚者七月以往乗耳｜）

放光般若十巻　用紙百六十七枚（之中百十五枚給料畢者｜ 五十二枚者未給料矣｜）

雑十四帙十一巻　用紙百五十九枚

雑五十四帙八巻（之中四巻写了 四巻未写了）　第一巻十八　第二十八　三巻十九

四巻十六

天平十八年十二月十五日

※この手実には、勘検者による朱の訂正が施されているが、角恵麻呂本人が書いた部分を問題とするので、訂正部分は除いた。

資料㉙で、角恵麻呂は、割書部分に「也」「耳」「矣」の助辞を付している。この三つの助辞に共通するのは、様々な語気を表すことである。最初の割書では、「当月分ではないが、二十一枚と四枚は布施の未払い分であること」を各々、「也」と「耳」で強調している。放光般若十巻の用紙数の割書では、未給の紙数（今回の布施対象）を

注記し、「矣」で強調している。このような記載の仕方から判断すると、「之中百十五枚給料畢（百十五枚は既に布施が支給され終わった）」と注したところの「者」も、同様に強調の語気を表し、助辞相当のものと認識しているといえよう。

出来高払いの写経生にとって、用紙数は布施に関わる重要な数字であり、特に未払い分の用紙数は、勘検者に対して強調し、注意喚起したい事柄なのであろう。しかし、いつでも誰でも、強調するわけではない。多くの写経生等は「也」「耳」「矣」や「者」を付してはいない。[注20]同じ人物でも、同じようなところでも「者」を付す場合と、付さない場合がある。そういう点を考えると「者」は、日本語の強調を示す助詞の機能に類似する。この点については、後で検討することとする。

「者」が様々な語気を表すことについて、手実以外の資料を検討する。

4　その他の場合

【資料㉚】　塵芥三〇③⑵裏⑾、三ノ六四五～六四六

大修多羅衆牒　造寺司
奉請　瑜伽論疏四部　唯識枢要記二巻並上巻
　　　対法論疏一部　顕揚論疏二部
右、為㆓証本㆒故、所㆑請如㆑件、以牒、
　　天平勝宝六年二月廿日少学頭僧「仙寂」
　　　大学頭法師検校使　少学頭僧
「良弁」

大学頭法師「法正」

（別筆1）「判許但受使名令レ注者

次官佐伯宿祢今毛人　　判官大蔵伊美吉萬里」

（別筆2）「瑜伽抄記廿五巻　抄卅六巻末　顕揚論疏二部廿三巻一部智仁師 一部憬興師

唯識枢要記一巻一巻新写 十巻本審詳師者　合梱拾陸巻並白紙梨軸黄表 綺緒无帙

右、以二六年二月廿日一、付二小学頭仙寂一、

検充呉原生人」

（別筆3）「瑜伽論抄卅六巻之中欠七箇巻第十帙第三四五六七八九等巻者 見収納廿九巻第一帙十巻第二帙三巻　第三帙十巻第四帙六巻

右依二来旨一、且収納如レ件、

天平勝宝八歳三月十一日　受上馬養

呉原生人」

資料㉚は、大修多羅衆が、造東大寺司に疏の借用を依頼した牒である。受け取った造東大寺司が写経所に対して、指示を書き込んでいるのが（別筆1）の部分である。そこに「文末の者」がある。「但し受けし使の名を注さ令めよ（疏を受け取った使いの氏名を明記させよ）」という割注の文末に「者」が付されている。命令の語気を強めていることは明らかである。強いていうならば、「!」に相当する強調の記号のような機能であろうか。この強調された指示通り、写経所は合計八六巻の疏を「小学頭仙寂」に付して、二月二十日に貸し出したことを（別筆2）で明記している。このような「!」に相当する「者」は、他にも見える。

【資料㉛】　続修別集七⑤5、二ノ六六七

法華寺務所牒　写経所

六巻鈔八巻摘禅師分、一巻者有二右京一未レ来者、一巻今追可レ進送、見進六巻

右、依二今日牒旨一、附二便廻使一、進上如レ件、

今以レ状、故牒、

天平十九年四月六日秦直米万侶

「一巻者有右京未来者」は、「一巻は右京に有るも未だ来ず！」とでも理解すべきかと思われる。

【資料32】　続々修三ノ一〇①⑸裏8、一二ノ二一九～二二〇

造東大寺司牒　法花寺三綱

奉請梵網経疏参部

一部元暁師撰　一部浜法師撰「无」

一部不知撰者「无」

牒、奉二内裏宣一、以二彼寺本一、奉二請件疏一、早速

進者、今差二舎人少初位上他田水主一、充レ使

令レ請、乞察二事趣一、分二付此使一、故牒、

天平勝宝四年二月二十六日主典従七位上阿刀連「酒主」

次官正五位上兼行下総員外介佐伯宿祢「今毛人」判官正六位上大蔵伊美吉「万里」

「元暁師疏一部

依二牒旨一、令二奉‐請一如レ件、但自余依レ无、

不レ令レ請者、

葛木人高」

（後略）

葛木人高の記した追記の「但自余依无、不令請者」は「但し、自余は无きに依りて、請は令めず！」と理解すべきところであろう。

資料㉚には、文末に付された「者」が他に二例あるので、これについても検討を行う。抹消されてはいるが、（別筆2）の割注「一巻本審詳師者」に「者」が付されている。この「者」は、「審詳師の所蔵するもの（者）」という形式名詞用法である。おそらく唯識枢要記を写経所で写すために、本経として写経所が借用していたのであろう。（別筆3）の抹消された割注「之中欠七箇巻第二帙第三四五六七八九等巻者」にも「者」がある。これは、三月十一日に返却された瑜伽論抄のうち、返却されていない巻を書き出しており、経典管理をする実務者にとっては重要な情報である。従って、注意喚起の「者」と見做すことができる。

ここまで、文書の中で文末に「者」が付された内容に注目し、通常とは異なる内容や実務の仕事上重要な情報、表現者にとって重要だと判断される内容に「者」が付されることを明らかにした。その上で、「文末の者」の機能は次のように帰納できよう。

相手に強く働きかけ、その内容に対して注意を喚起するために付されたものであること、それは、語気を強める助詞に相当する可能性があること、時には強調の記号のように記されること、である。次に、問題とすべきことは、「文末の者」が、どのような日本語の助詞に比定できるかということである。

三　「文末の者」と「曽」

塵芥の原本調査によって、塵芥八の第二九紙裏の記載（二四ノ七一）と、塵芥三八の第二六紙（未収）が上下で接続することが明らかにされた。(注21) その結果、二四ノ七一で

（異筆）「佐□□（官宣カ）」

とされていた釈文は「佐伯若子経曽」であることが確定した。（注22）この文書の釈文は、杉本一樹氏の『日本古代文書の研究』三七九頁に示されているので、これを次に示す。

【資料㉝】

写経司解　申写経用□□（紙事カ）

合写経拾陸巻法華経部二　（異筆）「佐伯若子経曽」

用紙参佰拾肆張

この文書は、佐伯若子（今毛人）の私写経に関するもので、法華経二部の写経を写経司が依頼され、その布施を申請する文書の控に相当するものかと思われる。異筆の「佐伯若子経曽」は、「佐伯若子の経ぞ」と読むことができる。この異筆注記は、文書の内容が佐伯若子の依頼した法華経に関する内容であるということを指定し、強調している注記である。その指定と強調の助詞を万葉仮名「曽」で表現しているのである。まさに、「文末の者」と同じ機能である。そこで、正倉院文書の中で、「佐伯若子経曽」の類似表現を探し出してみることとする。そこに「佐伯若子経者」のような表現があれば、「者」は、日本語の助詞「ぞ」を表記したものであると認めることができよう。まず、「自私所来案」の題籤を持つ私写経に関する帳簿を検討する。

【資料㉞】　続々修十一ノ五⑸[5]、九ノ一九四

奉レ写法華経　（異筆）「石川奥麻呂若子経」

合用紙百五十三張

山辺千足　写紙七十七張　「布八段」

丸部嶋守　写紙七十六張　「布八段」

装潢能登忍人　造紙百六十張　「布二段」
校生荒田殖牛甘一校　刑部金網二校　「三人料布二段」
題師達沙牛甘
天平十八年八月十九日
（異筆）「布施充已訖　志斐万呂」

資料㉞の「石川奥麻呂若子経」は、資料㉝の「佐伯若子経曽」に相当する異筆注記である。文書の内容が、石川奥麻呂の私写経であることを示している。資料㉞では、「ゾ」にあたる文字は表記されてはいないが、同類の内容を示しているとみてよい。この帳簿には、他に「河内先生所願経」「石川大進私願」「私文」といった注記が見える。どれも私写経であることを示す注記である。同じように、私写経であることを示す注記として、次のような例がある。

【資料㉟】　続々修十一ノ七③、十一ノ四七五

（前略）
般若呪法一巻始充山口豊川 後充大友広国　次充竹野広成
七倶胝経一巻　神符□一巻
右経、玄蕃頭王私経者、

㉟は「写私雑所帳」の題籤を持つ私写経の帳簿である。「玄蕃頭王私経者」は、まさに「佐伯若子経曽」と同類表現である。般若呪法一巻と七倶胝経一巻が「玄蕃頭王（市原王）」の私写経であることを説明しており、「者」は、そのことを指定し注意喚起している。一方では「者」と表記し、他方では「曽」と仮名表記している。つまり、「文末の者」は、日本語の助詞「ゾ」に相当する可能性が高いと言ってよいであろう。

そこで、想起されるのは『古事記』に見える「ゾ」と読まれる「者也」の存在である。正倉院文書の中には「者也」は、どの程度あるのであろうか。わずか二例しか見いだすことができなかった。文末の者に比べて非常に少ない。

【資料㉟】「経師等写疏紙筆墨帳」続々修三五ノ六[57]、九ノ三五

柏原大嶋 十九年四月十二日充紙卌張十七日充廿張 正用六十三張此者 与茨田兄万呂相写
唯識論述記第七巻料二人合八十六張之中空二張破一返十二張
彼此惣受紙百張者也四月十八日充紙卌張

（後略）

「彼此惣受紙百張者也」の部分は、「（唯識論述記について）彼れ此れ惣て受けし紙百張者也《ぞ》」と読め、柏原大嶋と茨田兄万呂二人分の受紙をすべて柏原の口座に纏めて書いたことを注記している。「者也」は、既に検討を行った「者」と同じ用法である。

【資料㊱】「写常疏料紙并充装潢帳」続々修二八ノ八[1]、九ノ六九～七〇

十九年三月二十六日来肥紙四千百卅六張為レ写二常疏一料者也 百卅六張者端継等料 一千張者更所レ加也
三千張者先返上三千張之替也

資料㊱は紙の収納帳である。肥紙四千百卅六張の用途を「常疏を写さんが為の料者也」と説明している所に「者也」がある。これも「～の料ぞ」と読むべきであろう。つまり、「文末の者」と同じ用法である。

正倉院文書において、「ゾ」に相当する「者也」はわずかながらも存在する。しかし、圧倒的に多いのは「者」（注23）である。なぜ、「者也」が用いられなかったのか。おそらく、文末の「也」の用法と関わると思われるが、現段階では、このことに対する答えは持ち合わせていない。改めて別稿を期したい。

まとめ

以上、正倉院文書における「文末の者」について、五つの解移牒符案・布施申請解案・手実等の文書を中心に検討を行った結果をまとめる。

・「文末の者」は、通常とは異なる内容や実務の仕事を行うのに注意すべき重要な情報を記した内容に対して付される。
・「文末の者」は、表現者が重要だと判断し、相手（後日の自分も含む）に注意を喚起する場合に付される。
・「文末の者」は、定型化された文書類には表記されにくい傾向がある。
・「文末の者」は、割注に表記される傾向がある。
・「文末の者」には、「！」のような、記号的な機能も見られる。
・「文末の者」は、指定的に強調し、聞き手・読み手に強く働きかける機能を持った日本語の助詞「そ（ぞ）」を表現している可能性が高い。

通常とは異なる内容や実務の仕事を行う上で重要な情報について、表現者が重要だと判断し、そのことを相手に注意してもらいたいと考えた場合に、「文末の者」が付される。同じような内容であっても、表現者が強く思わなければ、「文末の者」は付されない。つまり、「文末の者」は文の成立には直接関与しないものである。日本語の終助詞は、それがなければ文が成立しない。(注24) したがって、文末に付される「者」は、終助詞の「ソ（ゾ）」を表している場合もあるが、「ソ（ゾ）」だけを表記したのではない。あえて言うならば、間投助詞に近い機能を「者」に託して表記した場合もあったと考えられる。

表現者が何かを表現しようとするとき、その表現の底に流れているのが陳述の働きであるが、これが具体的な形となったのが間投助詞である。現代日本語においても、「ネ」「ヨ」「サ」等の間投助詞が、文頭・文節の切れ間・文末に表出するのは、「ネェ昨夜サ雪がネ降ったヨ」のように、表現者が相手（聞き手）を強く意識した場合である。

正倉院文書に見られる「文末の者」もまた、表現者が相手に働きかけようとする意識が表出したものであった。そういう点において、間投助詞に近い機能を有していると考えられるのである。では、なぜ「者」が選択されたのか。「者」は、（イ）提示、（ロ）仮説、（ニ）引用提示に用いられる。これらの用法に共通する機能が、文末に付される「者」の選択に影響を与えたのではないだろうか。（イ）提示、（ニ）引用提示は、文字通り、提示の機能がある。（ロ）仮説は、「若～者」の形を取るが、「若」が表記されなくても、「～者」だけでも仮説条件を提示しうる。つまり、「者」は、表現内容に対して、表現者が様々な提示をするときに用いられるのである。この「者」が表記されることによって表出される提示の機能を利用して、相手の注意を喚起するために、異例の、或いは注意すべき重要な内容に「者」を付したのではないだろうか。

本稿では、解移牒符案に代表される文書を中心に分析検討を行ったが、帳簿については、殆ど取り上げていない。写経の過程で作成される帳簿類、経典の出入りを記す出納帳等にも「文末の者」は、多数記される。解移牒などの書式を採用しない、極めて個人的な書類にも記される。これらの資料群での分析検討は、改めて行いたい。

注

（1）　安藤正次「萬葉人の用字意識から見た「者」字の一研究」（『古典と古語』三省堂、一九三五年）、青木孝「変体漢文の一用字法―「者」（テイレバ）を巡って―」（『国語学』一七輯、一九五四年）、山崎孝雄「古事記のおける「者」と「也」について」（『國學院雑誌』五六、一九五六年）、直木孝次郎「『古事記』用字法に関する一試論」（『日本古代の氏族と天皇』塙書房、一九六四年、初出一九五三年)、鶴久「者字について」(『万葉集訓法の研究』四七八～五〇〇頁、おうふう、一九九五年、初出一九五六年・一九五八年)、石塚晴通「古事記の文末辞法」(『国語と国文学』一九七四年四月号、一九七四年)、瀬間正之「上代における「者」字の用法—助辞用法から助詞用法へ—」(『国語文字史の研究二』和泉書院、一九九四年)

(2) 青木孝注1前掲論文、瀬間正之注1前掲論文。

(3) 造石山寺所解移牒符案の接続と文書の認定は、岡藤良敬『日本造営史料の復原研究』(法政大学出版会、一九八五年)及び、矢越葉子「正倉院文書写経機関関係文書編年目録—天平宝字六年—」(『東京大学日本史学研究室紀要』第十一号、二〇〇七年)を参考とした。

(4) 続々修一八ノ三⑤は、続々修第一八帙第三巻の第五紙であることを示す。一五ノ一五六は、『大日本古文書(編年)』第一五巻の一五六頁であることを示す。

(5) (　)は推定を示す。

(6) 山下有美『正倉院文書と写経所の研究』一六九頁(吉川弘文館、一九九九年)

(7) 本稿での五つの解移牒案は、二〇〇七年五月から開催されている「解移牒会」(栄原永遠男氏主催)での復原案をベースとしている。この復原案は、以下に示す復原案に基づいている。

a 天平宝字二年　造東大寺司写経所公文案帳は、山本幸男『写経所文書の基礎的研究』九七～一〇〇頁(吉川弘文館、二〇〇二年)。

b 天平宝字四年　御願経奉写等雑文案は、山本幸男『写経所文書の基礎的研究』二七〇～二七一頁。

c 天平宝字五年　奉写一切経所解移牒案は、栄原永遠男『奈良時代の写経と内裏』七九～八二頁(塙書房、二〇〇〇年)。

d 天平宝字六年　造石山寺所解移牒符案は、前掲注3参照。

e 天平宝字六～八年　奉写二部大般若経所解移牒案は、栄原永遠男『奈良時代写経史研究』三四八～三四九頁(塙書房、二〇〇三年)。

（8）阿弥陀仏像一鋪三幅綵色　嬬女丸部須持之
右、付竪子河直立万呂丸部小田万呂、奉請内裏、
（天平宝字）四年三月十日　（続々修一八ノ六⑤、一四ノ三六九）

（9）原文では、「弥努」とあるが、字形の類似による「珎努」の誤りである。

（10）栄原永遠男「正倉院文書からみた珎努宮・和泉宮」（『大手前比較文化学会会報』第十二号、二〇一一年）において、「東大寺近辺にあったらしい弥勒菩薩像と観世音菩薩像が、造東大寺司の手によって「珎努宮」に送られた。その際、慈訓の申し出を孝謙太上天皇が許可して、運送従事者は、元正太上天皇の葬儀の際に御輿人が身につけた装束を着用して輸送した」と論じ、さらに、「珎努宮」と元正天皇との深い関係は、その死後、孝謙太上天皇が引き継いだことも論じられた。従って、「先　御葬御輿人装束物」を指定したのは、孝謙太上天皇の意思であると考える。

（11）薗田香融「南都仏教における救済の論理（序説）—間写経の研究—」（『日本古代仏教の伝来と受容』塙書房、二〇一六年、もと『救済とその論理』法蔵館、一九七四年）の「第三表天平年間における間写経一覧」の二二二件のうち、布施申請解案が残っていたのは一一七通であった。一一七通には前欠・後欠・別帳簿に転用されたもの・布施注文も含まれる。岩宮隆司作成による間写の布施申請解案の一覧表（大阪市大古代史研究会口頭報告の資料）も参照した。

（12）市川理恵「宝亀年間の布施申請解案の考察」（『正倉院文書研究一二』吉川弘文館、二〇一一年、後に『正倉院文書と下級官人の実像』同成社、二〇一五年に所収。）において整理されたA～Xの二四通。

（13）阿刀宅足・若桜部梶取・物部足国に合算された個々の写経生等の写紙数を書き記した「布施申請解案」が、十一ノ二九五～三〇〇、続々修四一ノ五⑭～⑰にある。

（14）佐々田悠「天平勝宝五・六年の華厳経書写と外嶋院」（『正倉院文書論集』青史出版、二〇〇五年）

（15）布施申請解案の末尾に以下のように異筆追記されている。
写経所解　申請二経師等布施一事
合法花経二部十六巻
（中略）

「良弁大徳所レ願之経也」

以前、経師等布施物、顕注申送、謹解、

「上件物自レ寺来者」天平十八年三月十六日「阿刀酒主

伊福部　」

（異筆）「又、仁王経一部料布施布一端

一丈八尺充二既母辛建万呂写上巻料一正身

一丈六尺充二大石広万呂写下巻料一正身

四尺装潢料充秦小広

四尺校生料

右、為二大徳私奉レ写経一料物如レ前従レ寺来

天平十八年三月十八日阿刀酒主

伊福部」（続々修四一ノ四②5、九ノ一三七～一三九）

右の「上件物自寺来者」は、形式名詞のようにも読めるが、同類表現である余白の異筆注記では、「従寺来」と、「者」を付していない。従って、これも形式名詞ではないと判断できる。

(16)

装潢六人即百部之内紙装潢者

能登忍人　造紙三千二百十六張　布八端一丈五寸

丈部曽祢万呂　造紙七百七十六張　布二端

治田石万呂　造紙四千二百六十張　布十一端

春虫万呂　造紙三千百四張　布八端

秦東人　造紙二千三百廿八張　布六端

小治田人公　造紙二千三百廿八張　布六端

題師一人　天平廿年十月十三日他田水主

常世「馬人」　（続々修三七ノ四①⑴[3]～[5]、一〇ノ二六七～二六八）

「即百部之内紙装潢者」は、「即ち百部の内の紙を装潢せし者（ひと）」とよむべき所であるから、形式名詞用法である。

(17) 市川理恵注12前掲論文七頁。

(18) 栄原永遠男「奉写一切経所の写経事業」四〇七～四一一頁（『奈良時代写経史研究』前掲、二〇〇三年、初出一九七七年）

(19) 常写・後写・宝亀年間の手実での「文末の者」の例を、末尾の表2に示す。

(20) 韓国千村は、手実で「清野人足所受帙内者」と書いているが（表2のノ・ヒ・ヘ）、宝亀五年八月二十一日の手実（請筆）では、「者」を付さないで「清野人足所受帙内」（二二ノ四九一）とだけ書いている。

(21) 杉本一樹「塵芥文書の復原」（『日本古代文書の研究』吉川弘文館、二〇〇一年）

(22) 二〇〇二年の「日本アジア文献資料論」（奈良女子大学大学院人間文化研究科博士後期課程の授業）において正倉院文書の「者」の用法について研究報告を行った。その折、ご担当の杉本一樹先生よりご教示いただいた。

(23) 既に、山崎孝雄注1前掲論文、直木孝次郎注1前掲論文、石塚晴通注1前掲論文、瀬間正之注1前掲論文等で指摘されているところであるが、『古事記』に、次のように単独の「者」の例がある。

「是天照大神之御心者。亦底箇男・中箇男・上箇男、三柱大神者也。」　（仲哀天皇条）

「者也」でなく、文末に「者」が記されるのはここだけである。正倉院文書での文末の「者」が「ゾ」に相当する可能性が高い点から考えると、『古事記』の例もまた、「ゾ」に相当し、広く官人たちが日常的に使用していた「者」の用法を使用したと考えることもできるのではないだろうか。

(24) 例えば、禁止の終助詞「ナ」や希望の終助詞「ナム」等は、それがなければ文として意味をなさない。

付記

七世紀初頭の百済の地方木簡（伏岩里「畠木簡」）に「□水田二形七十二石　在月三十日者」と書かれており、この

「在月三十日者」の「者」は、「文末の者」の機能に近いと思われる。しかし、前後の記載内容とこの部分が、どのように関わっているのか、現段階ではよく分からないので、本稿ではこの木簡の例を考慮しなかった。もし、この韓国木簡の「者」が、正倉院文書の「文末の者」と類似の用法だと解釈できるのなら、正倉院文書の「文末の者」は、漢語の用法として受け入れられた可能性を考慮しなければならない。今後の課題としたい。

本稿は、平成二十七年度学術振興会科学研究費基盤研究（C）課題番号三〇一六八八七七（代表中川ゆかり）に基づく研究成果の一部である。

表2　手実の「文末の者」

	人物名	内容	本文割注の別	年月日	大日古
ア	阿刀息人	涅槃経第一帙之中四箇巻山辺諸公写者五箇巻息人写一巻未写	割注	天平十一年十月十五日	七ノ三三八
イ	馬道足	復廾二張先上所残者雑卅八帙残	割注	（天平十八年閏九月廿五日）	九ノ一〇〇
ウ	角恵麻呂	合十九巻　用紙三百七枚之中廾一枚者十月以往乗也四枚者七月以往乗耳 放光般若十巻　用紙百六十七枚之中十五枚給料畢者五十二枚者未給料矣	割注	天平十八年十二月十五日	九ノ二七六
エ	爪工家万呂	小乗雑第七帙七巻　用紙七十張此者山辺千足之受帙者	割注	（天平十九年）六月廿八日	九ノ四〇三
オ	小長谷嶋主	合写紙二百五十張正用者	割注	宝亀二年六月十一日	一八ノ三二三
カ	葛木豊足	仏名経二巻七巻用廾九枚八巻廾六枚　此者勝広前受帙内者	本文	宝亀二年七月廿八日	一八ノ五一一
キ	他田嶋万呂	合受紙二百廾四張之中卅五枚依羅清川受紙者百八十九張他田嶋万呂受紙者	割注	（宝亀二年）八月廿九日	一八ノ四八四
ク	陽胡穂足	正用紙二百七十二張之中十二張先司所写者見写用紙二百六十張	割注	宝亀三年四月十九日	一九ノ二五八

ケ	美努家継（校生）	合五十二巻　用紙壱仟弐伯参拾伍張之中七百七十七張三校者 四百五十八張初校者 已上、先施文解上未給料者	割注 本文	宝亀三年十二月十五日	十九ノ五〇六
コ	大宅童子	奉写経合十一巻　月燈三昧経一部者	割注	宝亀五年九月卅日	二三ノ五四
サ	五百木部真勝	合請紙二百六十六張　正用二百六十三張卄六張別帳　卄四行堺者	割注	宝亀五年十月廿八日	二三ノ一〇〇
シ	大宅童子	大智度論第七帙合十巻之中未写一四巻者 受紙百六十張　今現写八巻正用百五十九	割注	宝亀五年十一月六日	二三ノ一〇一
ス	坂本東人	注六十一枚　勝鬘経二巻者　麁百十七枚（中略）已上八巻麁経者	本文	宝亀六年五月廿九日	二三ノ三七七
セ	大宅童子	小乗律雑第七帙合十二巻之中欠无本二巻 第十九巻者 薩婆多毘尼毘婆沙八巻	割注	宝亀六年六月八日	二三ノ三八四
ソ	大宅童子	奉写論八巻成実論合十六巻之内者	割注	宝亀七年正月廿九日	二三ノ五七六
タ	丸部人主	合写論棚巻阿毗曇毗婆沙七帙者	割注	宝亀七年二月二日	二三ノ五七三
チ	大宅童子	正用紙四百卅七張之中先用料入紙八十二枚者 十一巻卄六　十二巻空卄八　十三巻空卄八　者 今現料応給正用紙三百五十七張者空七枚 返上二枚	割注 本文	宝亀七年二月廿二日	二三ノ五二〇
ツ	他田嶋万呂	摂大乗論四巻第七卅二八十二大家童子写者 九枚他田嶋万呂写者（中略） 摩訶僧祇律四帙第五巻十八枚丈部石村写者 八枚他田嶋万呂写者	割注	宝亀七年五月廿九日	二三ノ五九二
テ	丸部人主	律第七巻卅三枚十二枚者丈部益人所写 卄一枚人主写者	割注	宝亀七年六月六日	二三ノ五八四
ト	坂合部浜足	写紙二百十二張余十二　大般若経第五帙者　（請筆）	本文	景雲四年七月廿五日	一七ノ五四七
ナ	他田嶋万呂	六十花厳経二帙二巻一二者　正用卅二張　（請墨）	割注	宝亀元年十一月十七日	一七ノ五一〇
ニ	大宅童子	都合四百十六枚者　（請墨）	本文	宝亀二年四月卅日	一八ノ二九八
ヌ	他田嶋万呂	大智度論八帙第十巻遺十枚十七枚先日受筆入者　（請筆）	割注	（宝亀二年）五月廿八日	一八ノ二七〇

ネ	三使麻呂	合十五巻　正用紙九十二張六巻者	（請筆）	割注	宝亀二年七月六日	一九ノ三〇
ノ	韓国千村	阿毗曇毗婆沙論第二帙　四巻用卌八　岡屋墨縄受帙内者 雑阿含経第三帙　一巻巻第六用廾一　丈部石村受帙内者	（請墨）	本文 本文	宝亀五年六月廿七日	二二ノ二二五
ハ	大宅童子	合写紙百七十二張摂大乗論一帙合十五巻之内七巻者一巻廾二二巻廾五三巻廾五四巻廾一五巻卅六巻廾五七巻廾四	（請筆）	割注	宝亀四年九月十三日	二二ノ一七一
ヒ	韓国千村	阿毗曇毗婆沙論四巻用卌八張　第一巻十四　三巻十一　四巻十一　五巻十二 已上四巻者、岡屋墨縄受帙内者 雑阿含経三帙第六巻用廾一　丈部石村受帙内者 同阿含経一帙第四巻用廾一　清野人足受帙内者	（請筆）	本文	宝亀五年六月廿七日	二二ノ三九三
フ	他田嶋万呂	大法炬陀羅尼下帙七巻用紙百十張 同経上帙四巻用紙六十七張第一二三四巻者	（請筆）	割注	宝亀五年八月廿一日	二二ノ四九三
ヘ	韓国千村	雑阿含経一帙　第五巻用廾七　清野人足所受帙内者	（請墨）	割注	宝亀五年九月廿三日	二二ノ五七一
ホ	大宅童子	奉写紙百七十二張今受大威徳陀羅尼経上帙合十巻之内第二巻正用十三枚大智度論第七帙合一巻之内八巻者正用百五十九	（請筆）	割注	宝亀五年十一月十五日	二三ノ三二
マ	秦正月万呂	合写紙一百卅張注者	（請筆）	割注	宝亀五年十一月廿五日	二三ノ三三
ミ	大宅童子	大威徳陀羅尼経上帙合十巻之内現写九巻在第四巻者　正用百卌一張	（請筆）	割注	宝亀六年正月十九日	二三ノ一七
ム	大宅童子	合写紙百七十二張小乗律第六帙十巻之中八巻之内者毗尼母経	（請筆）	割注	宝亀六年五月十九日	二三ノ五一四
メ	大宅童子	小乗律雑第七帙合十二巻之中　无本二巻現写十巻之内五巻者　正用百廾	（請筆）	割注	宝亀六年六月十五日	二三ノ五〇四
モ	坂本東人	合写紙百卅八枚之中注経六十一枚麁経七十七枚　大乗雑経第六帙之内経者	（請筆）	本文	宝亀六年六月十七日	二三ノ五〇五
ヤ	大宅童子	合写十誦律第六帙合八巻之中二巻者今現写一巻廾五二巻廾九三巻廾三正用七十七枚	（請墨）	割注	宝亀六年十月廿日	二三ノ五一一

「并」字の使用法から文字の受容・展開を考える

――「並」「合」との比較から――

方国花

はじめに

「并」（注1）と「並」は共にヘイという音読み、ナラビニという訓読みを持ち、且つ字形も似ているため、同じ字であると認識する人が多いのかも知れない。現代中国においても両字は「并」字形にまとめられ、「並」は使われていない。しかし、古代においては日中ともに「并」も「並」も使用していて、かつ使い分けられていた。

「并」と「並」について論述した先行研究を概観すると、両字は基本使い分けられていて、「并」の使用法は資料によって違う様相を呈していることが指摘されている。

早くから両字の使い分けについて注目した中田祝夫氏は、『万葉集』において「ならべる」「ならぶ」の意味のところでは、決して「并」字を書いておらず、「并」字は「並」字と異なった用い方をすると指摘する。（注2）

多くの文献資料を用いて緻密な論証を行った鈴木恵氏は、『日本霊異記』諸本、真福寺本『古事記』、『風土記』、『日本書紀』など上代資料、訓点資料、和化漢文資料、古辞書と幅広い資料を用いて「幷」は基本接続詞として、「竝」（「並」の異体字（注3））は基本副詞として使用されるとする。（注4）氏は、『古事記』だけが他の文献資料と違って、「幷」

は全例副詞のアハセテに使われ、他の文献においてアハセテの訓を担う「合」字はアフという動詞か名詞に使用されて、明瞭に使い分けられるとする。なお、訓については、時代が下るに従って変化が見られると指摘する。即ち、上代において「幷」と「竝」字は各々アハセテ、ナラビニと別訓が充てられていたが、院政初期になると「幷」字はほとんど接続詞的用法のナラビニになるということである。これに対して「竝」字は、平安初期から一貫して副詞「ともに」の意のナラビニが本則であるとする。(注5) 氏のまとめを以下に引用する。

　これをまとめると、「竝」字の字義と訓との関係はさして変化せず、「并」字の訓がアハセテから字義の十分に現れることのない「ナラビニ」に変化したことから、「幷」字の用法が「竝」字に引きつけられたと考えることができる。

要するに、「幷」は「並」（「竝」）の用法に統合されることで、その訓がアハセテからナラビニに変化したということであるが、アハセテの訓を持つ漢字には「合」もある。

「并」「並」「合」の三字の関係について、小林芳規氏は『古事記』における用法を出土文字資料である平城宮木簡における用法と比較を行い、次のように述べている。(注6)

　併合の意の副詞として、古事記では「并」が数を合計する意に用いられてアハセテを表し、「並」は「皆」の意で「トモニ」を表した。平城宮木簡では、「并」は語句と語句との並列（「并」の上の語が上位に立つ）に用い、「合」を数を合計する意に用いる。

出土文字資料ではないが、同じく生の資料とされ、奈良時代の文字用法を知る重要な手掛かりとなる正倉院文書にも「并」「並」「合」(注7)が書かれた箇所が多く見られる。「請暇不参解」「造石山寺所解移牒符案」「啓・書状」については桑原祐子氏、黒田洋子氏の一連の研究があるが、「并」「並」についてその用法を注の形で簡単に説明を加えている。(注8)「并」は接続詞に、「並」は副詞に使い分けられるとまとめる一方で、「并」を書くべきところに「並」を書いた誤用例があることも指摘している。(注9) だが、こういう例はごく少数である。

同じく正倉院文書における用法であるが、松尾良樹氏は『献物帳』では、「並」字はすべて、例外のないことを示す範囲副詞に、「并」字は①接続詞（『国家珍宝帳』）、②あわせる、含むという意味の動詞（『種々薬帳』）に、厳密に使い分けられていると述べながら、「このような使い分けは敦煌写本では未検」としている。(注10)

だが、中国の黄征氏は『敦煌願文集』所収資料を対象に「並」「并」「併」三字の使用状況を分析し、以下のように述べている。(注11)

「並」字には二つの意味があり、一つは「並ぶ」、「並べる」という意味の動詞で、述語動詞として使われている。もう一つは範囲を示す「全部」、「皆」、「共に」という意味の副詞に使われている。「并」は接続詞「并且」（且つの意）の意味に使われている。「併」は「皆」の意味の副詞に使われていて、「並」の後者の用法と同じである。

黄征氏の論考により、中国においても「并」と「並」が使い分けられていたことが分かる。ただ、「並」の用法は日中共通であるが、「并」は異なる部分がある。即ち、接続詞としての用法は共通するが、合計を表す副詞としての用法が『敦煌願文集』には見当たらない。では、「并」字のこの用法の起源はどこにあるのか。

小林氏の指摘通り、平城宮木簡には、数の合計を表す字に「合」字が用いられている。だが、近年木簡の出土例が大幅に増え、アハセテの意の合計を表す字が「合」だけでなく、「并」も多く使われていたことが分かる。木簡データベースの検索結果では、(注12)「并」のこの用法は、奈良時代以前の木簡に多く見られる傾向にある。そうすると、これは古い用法であると考えられそうだが、七世紀後半、或いは七世紀末のものである飛鳥池遺跡と石神遺跡の出土木簡にも、合計の意に用いられる「合」の用例が確認される。一方で、正倉院文書は、古い用法を残すとされる大宝二年（七〇二）の御野国戸籍には専ら「并」が用いられている。

このように、「并」の用法についてはまだ未解決の問題が多く、研究する余地が残っている。本稿においては、膨大な量を残す正倉院文書資料を起点に、「并」と「並」、「合」の使い分けについて考察し、木簡や金石文など出土文字資料における用法とも比較することで、古代日本における「并」字の使用実態を明確にすることを目指す。さらに、古代日本における「并」字の使用法の起源を求めるためには、中国、朝鮮半島における出土文字資料との比較検討も必要であり、本稿では古代東アジアの隣国との使用法と比較することで、漢字の伝播ルートについてもその一角を明らかにする狙いである。

一 正倉院文書における用法

1 解移牒符案

まず、解移牒符案を取り上げる。解移牒符案における「并」と「並」、「合」の用例を調べてみると、先行研究で説かれているように、「并」は①接続詞、②動詞の他、③副詞として合計を表す意味にも使用され、「並」はミナ、トモニの意の副詞に使用され、「合」は合計を表す副詞に使用されている。「造石山寺所解移牒符案」と「奉写二部大般若経解移牒案」を例にすると、「造石山寺所解移牒符案」に「并」字は全部で九八例使われているが、接続詞が七五例、動詞が二例、合計を表す副詞が二一例見られる。「並」は全例が副詞として使われ、(注13)全部で三一例見られる。(注14)「合」は九〇例見られる。「奉写二部大般若経解移牒案」には「并」字が全部で一二例使われているが、接続詞が一一例、副詞は一例のみである。「合」は三四例見られる。これらの用例を概観すると、数の合計を表すアハセテにあてられた漢字は「并」も「合」もあるが、「合」の用例数のほうが圧倒的に多く、基本「合」は文頭において集計額を表すのに対し、(注15)「并」は文中の細かい合計値を表すのに用いられている。その具体例を一つ挙げる。

石山院奉写大般若所が仕丁等の月養物を請求した文書の一部であるが、

〔史料二〕「石山院奉写大般若所解案」（続々修一八ノ三⑥⑼、一五ノ二〇六）

石山院奉写大般若所解　申請仕丁等月養物事

合仕丁伍人（立丁一人 廝丁四人）並自正月迄四月并四箇月料

（後略）

とあり、「合」は文頭において人数の集計を表すのに使われ、「并」は文中において月の合計数を表すのに用いられる。即ち、一月から四月までの「アハセテ四箇月」であることを表す。「並」は伍人全員がという意味を表し、副詞として使われている。

ところが、全ての正倉院文書において、同様な使い分けがされているとは限らない（後述史料四がその例のひとつ）。「造石山寺所解移牒符案」は天平宝字六年十二月二十一日からのものが残されている。そうすると、八世紀後半においてはこのように、「并」と「合」は、同じく数の合計の意を表すのに用いられながらも、その用法には使い分けがあったのではないかと考えられる。だが、左に述べるように、大宝二年の御野国戸籍の場合、「并」のみが用いられている。時代による差であろうか。

2　戸籍

正倉院には大宝二年の御野国戸籍、西海道の筑前国戸籍、豊前国戸籍、豊後国戸籍のほかに、養老五年（七二一）の下総国戸籍が残っている。まず、大宝二年の戸籍についてみていくと、西海道戸籍には「并」も「合」も用例が見られない。御野国戸籍のみに「并」の用例が確認されるが、「合」の使用例は見えず、「并」だけが全部で二三九例使われている。味蜂間郡春部里、本簀郡栗栖太里、加毛郡半布里、山方郡三井田里、肩県郡肩々里など残さ

れている全ての郡里の戸籍に「并」の用例が見られる。その中の一例を挙げると

〔史料二〕「御野国味蜂間郡春部里戸籍」（正集二二①、一ノ一六）

上政戸主六人部牛麻呂戸口廾一 正丁四 兵士一 少丁二 小子三 并十 正女五 少女二 小女三 緑女一 并十一

のように、人数の合計を表すのに「并」が用いられている。

しかし、養老五年の下総国戸籍をみると、「并」の用例は見られなく、「合」のみが七三例確認される。葛飾郡大嶋郷、倉麻郡意布郷、釬托郡少幡郷など残されている全ての下総国戸籍の中、いずれにおいても「合」が合計を表す意に用いられている。「合」の用法を示すために、ここに一例を挙げておく。

〔史料三〕「下総国葛飾郡大島郷戸籍」（正集二〇②、一ノ二三〇）

戸孔王部大麻呂、年参拾捌歳、　正丁　　戸主従父弟沓男
弟孔王部弟麻呂、年弐拾歳、　少丁
弟孔王部麻麻呂、年拾壱歳、　小子
弟孔王部弟麻呂、年玖歳、　小子
妹孔王部大根売、年拾玖歳、　次女
妹孔王部真大根売、年玖歳、　小女

口二小子
口一次女
口一小女
口肆不課
合口陸

口弐課
　┌口一正丁
　└口一少丁

「合」はその前に記した「孔王部大麻呂」の家族の口数（人数）の合計を表すのに使われている。このような口数の合計だけでなく、「郷戸合伍拾」（一ノ二九二）のように郷の戸数の合計も「合」で示している。

なお、同じく養老五年のものである常陸国戸籍にも「并」の用例は見えず、「合」のみが二例確認される。

要するに、数の合計を表すのに大宝二年の戸籍には「并」、養老五年の戸籍には「合」が使用されていて、明確に分かれているのである。大宝二年の御野国戸籍の場合、郡の下の行政単位が里になっていて、養老五年の下総国戸籍は「郷」になっているので、「并」は郡里制（或いは郡里制まで）における用法、「合」は郷里制からの用法だったのではないかと考えられそうだが、果たしてこの案は成立するのだろうか。御野国、下総国、常陸国の三国における用法しか確認できていなく、地域差によるものとも見られる可能性がありそうなので、より多くの国のものを残す正税帳における用法も考察する。なお、正税帳は郷里制下のものが残っているので、この時期における詳しい用法の検討も可能である。

3　正税帳

収支決算報告書である正税帳には数の合計を記す箇所が多く見られるが、結論から述べると、下総国戸籍の場合のように合計を表す字に「合」ばかりが使われるのではなく、「并」を使う箇所も多く、その使用にはばらつきがある（表1）。数の合計を表す字には他に「都合」、「惣」の例も確認され、一緒に表にまとめた。なお、「並」の用例もつけておいたが、これはこれまで見てきた例と同じく、ミナ、トモニの意の副詞に用いられている。

表1によると、「合」は大多数の地域（国）にその用例が確認されるが、筑後国と播磨国だけ見られない。この

表1

用語＼年	天平2年	天平4年	天平6年	天平8年	天平9年	天平10年	天平11年
合	大倭国46 伊賀国1 尾張国2 越前国13 紀伊国3	越前国8 佐渡国2 隠伎国5	尾張国8 周防国5	摂津国2 薩麻国11	和泉国16 駿河国6 但馬国30 長門国8 豊後国16	左京職1 駿河国10 周防国65 淡路国2	伊豆国12
都合	紀伊国3 尾張国1	越前国5 隠伎国8	尾張国3 周防国1	摂津国1 薩麻国3	駿河国3 長門国1 豊後国3	駿河国4 周防国2	伊豆国1
并（副詞）	越前国3 隠伎国1	越前国3 佐渡国2		薩麻国15	駿河国6 但馬国6 豊後国34	駿河国4 播磨国13 筑後国6	伊豆国6
并（接続詞）	大倭国2 伊賀国1 紀伊国1	隠伎国1	尾張国4 周防国1	薩麻国1	和泉国7 駿河国1 但馬国2 長門国3 豊後国8	駿河国6 周防国1	伊豆国1
並				薩麻国1	但馬国1 豊後国5	周防国1	
惣				薩麻国10	和泉国2 但馬国2 豊後国6	筑後国1	

両国は数の合計を表すのに「合」ではなく「并」を用いているのである。[注16] 一方で、「合」のみを使用し、「并」を副詞に使用しない国には大倭国、和泉国、摂津国、伊賀国、尾張国、周防国、長門国、紀伊国、淡路国があって、広範囲に広がることが分かる。面白いのは隠岐国で、隠伎国は天平二年（七三〇）には「并」を副詞に使用していたが、天平四年には「并」を接続詞のみに使用し、合計を表す副詞には「合」とその総計となる「都合」を使用している。即ち、天平四年には数の合計を表すのに「并」を用いることを止めて、「合」（或いは「都合」）に改めたということになるが、これは「并」の副詞としての用法が古いからではなかろうか。畿内諸国とその周辺国では数の合計を表すのに「并」でなく「合」を使用しているが、これは「合」を新しい用法と見るならば、中央から文字文

化が地方へと拡散した結果、地方においては変化が遅くなったからとも考えられそうだ。

数の合計を表すのに「合」のみを使用する上記諸国は、「并」は接続詞に使用して、「并」と「合」を使い分けている。豊後国も「并」を接続詞に使用することが多いが、「并」を副詞に使わないわけではない。だが、副詞の「并」と「合」が共に使われる例は見当たらない。

しかし、「并」と「合」は常に使い分けられるのではない。駿河国、伊豆国、越前国、佐渡国、但馬国、薩麻国の場合、合計を表すのに「并」「合」の両方が使用されていて、「并」で合計したものをさらに集計するのに「合」を用いる傾向にはあるものの、使い分けが見られないことも多い。特に、但馬国は「并」と「合」が同じ文脈に使用される。

〔史料四〕天平九年度「但馬国正税帳」（正集二九③、④、二ノ六〇、六二）(注17)

当国所遣駅伝使①并壱拾人、将従壱拾伍人、②合弐拾伍人、経国単壱伯柒日

（中略）

依奉弐度幣帛所遣駅使単陸拾日使廿日 将従卅日

使従七位下中臣葛連于稲、将従二人、③合三人、

使従八位上中臣連尓伎比等、将従二人、④合三人、

（中略）

中宮職捉稲経国、単弐伯肆拾伍日、充稲壱伯柒拾壱束伍把、使日別四把 将従日別三把

酒弐斛肆斗伍升使日別一升

舎人少初位上、巨勢朝臣長野、将従一人、⑤并二人、依例出挙事、起二月一日迄六月廿九日、⑥并百卌八日、又収納事、起九月一日迄十二月九日、⑦并九十七日、⑧惣二百卌五日

朝集雑掌弐人、単参伯玖拾肆日、給食稲壱伯壱拾捌束弐把、人別三把
塩伍升玖拾壱夕人別日一夕五撮
雑掌弐人、起天平九年正月一日迄五月廾日、并⑨百卅八日、又同年
十一月一日迄十二月卅日、并⑩五十九日、合⑪単三百九十四日料、

史料四において、「并」「合」両方とも数を合計する意の副詞に使われているが、「并」は合計（用例①⑤⑥⑦⑨⑩）、「合」はその総計を表している（用例②⑪）。なお、総計を表すのに「惣」字も用いられている（用例⑧）。だが、よくみると、「合」は「并」と同じ文脈、即ち割注の中で使者と「将従」の合計数を表すのにも用いられている（用例③④）。とは言え、「但馬国正税帳」において「并」は六例と少なく、「合」は三〇例と「并」の五倍にも及ぶ。やはり、「合」を多用する傾向にあったと推察される。

なお、「都合」は「都」に全ての意があることから分かるように、総計を表す。分かりやすい例を一つ挙げよう。

〔史料五〕天平十年度「周防国正税帳」（正集三六②、③、二ノ一四四）(注18)

正倉壱伯肆拾柒間　新造弐間　合壱伯肆拾玖間
屋壱拾間
借倉参間
倉下肆間
都合壱伯陸拾陸間不動穀倉五十四間　動用穀倉卅四間　糒倉七間　穎倉卌三間　穎屋一十間　穎倉下四間　空倉一十四間

「合」はその上の「正倉壱伯肆拾柒間」と「新造弐間」の合計値、「都合」は「合」で表した合計値とそれ以降の部分全部の集計値を表す。「都合」はその字義を反映させた用法であることが分かる。(注19)

4 小括

本章においては、正倉院文書における解移牒符案、戸籍、正税帳を取り上げて「并」字の用法を中心に「合」「並」との使い分けについて見てきた。数の合計を表すのに大宝二年の御野国戸籍だけは、専ら「并」を使用し、特徴的であることを述べた。それ以降の他の文書においては「合」を併用、或いは「合」のみを使用していることから、副詞の「并」は「合」に代用されるようになったと理解できる。つとに言われているように、御野国戸籍は浄御原令制下の古い様式を踏襲しており、「合」の使用も局地的ではなく、古代日本の全域に分布していることから考えると、副詞の「并」と「合」の使用の違いは、やはり時間差と考えたほうがよさそうだ。

ところが、周知の通り、正倉院文書は八世紀を主とし、大宝令以前の状況を知ることは難しい。これに比べて、日本の古代木簡は内容が断片的ではあるが、近年七世紀のものが多く発見され、浄御原令制下における文字使用についてもその実態を知ることができる。日本の古代木簡における用法については、章を改めて論じることにする。

二　日本の古代木簡における用法

前章において数の合計を表す「并」の用法は浄御原令制下における古い用法ではないかということを述べたが、正倉院文書の場合、七世紀に遡る資料がなく、確かなことは言えなかった。しかし、日本の古代木簡の場合、七世紀のものが相次いで出土することにより、浄御原令制下だけでなくそれ以前の実態も明らかになりつつある。本章においては、「并」と「合」「並」の使用法を時間軸に沿って、歴史制度の変化という視点に立って考察する。

1 「並」の用法

「并」と「合」の問題は煩雑であるため、まず「並」の用法について検討する。

奈良文化財研究所の木簡データベースで検索すると「並」は五七例検出される。古代の例は五五例だが、木簡の欠損や墨痕の不明瞭などが原因で読めないものが多く、意味の明確に取れるものは以下の平城宮・京木簡の三点のみである。三例ともトモニ、ミナの意の副詞に用いられている。

〔史料六〕「平城宮内裏北方官衙地区出土木簡」

参河国播豆郡篠嶋海部供奉正月料御贄参籠 並赤魚 々別六斤（注20） 348×37×6

参河国播豆郡篠嶋海部供奉七月料御贄参籠 並佐米（注21） 338×31×4

〔史料七〕「平城京左京二条二坊五坪二条大路濠状遺構出土木簡」

・□□七百廾枚 並女瓦 「六口」 右瓦進上如前（注22）

・天平六年七月六日大狛広万呂 (222)×41×4

史料六の二例は共に平城宮内裏北方官衙地区から出土した、参河国播豆郡篠嶋から送られた荷札木簡である。両木簡とも量は「参籠」と記述され、中身は割り書きで記されているが、その中身が左の木簡は全て佐米（サメ）、右の木簡は全て赤魚であることを表すのに「並」が用いられている。史料七の二条大路木簡は瓦の進上の際に使われたものであるが、「並」は七二〇枚もの瓦が全て「女瓦」だということを注記するのに用いられている。（注23）

2　五十戸制・評制下における「并」と「合」の用法

「并」と「合」の用例を木簡データベースで検索すると、大宝令に先行する五十戸制、評制下の「地名＋五十戸」「地名＋評」の表記の見える木簡では「并」の使用のみ見られる。

ここで特記すべき例は、二〇一二年に福岡県太宰府市国分松本遺跡から出土した史料八の木簡である。本木簡については坂上康俊氏の綿密な考証がある。（注25）氏は本木簡に見える大宝令の施行（七〇一）前に使われる「評」、天武一四年（六八五）正月に定められた「進大弐」という冠位の二つの根拠により、六八五年正月〜七〇一年三月に記されたものであると断定し、さらに詳しく検討した結果、本木簡の記述を浄御原令制下の六九一年か六九七年のいずれかのものとする。氏の指摘通り、本木簡は記述法の一部に非御野国型の用語が混じるが、全体の様式としては御野国型に極めて近いものである。御野国戸籍の場合と同じく、数の合計に「并」を使用していて興味深い木簡である。

国分松本遺跡からは、もう一点「并」の使用が見られる木簡が出土している。(注24)

〔史料八〕

・「嶋評　戸主建ア身麻呂戸又附去建□〔アカ〕×
　　　政丁次得□□〔万呂カ〕兵士次伊支麻呂政丁次×
『嶋□□〔戸カ〕　占ア恵［　］川ア里占ア赤足戸有□□×
　　　小子之母占ア真□〔広カ〕女老女之子得×
□□□』
　　　穴凡ア加奈代戸有附□□□□□〔建部万呂戸カ〕占ア×
　　　□□
・「并｜十一人同里人進大弐建ア成戸有　戸主□〔建カ〕×
同里人建ア咋戸有戸主妹夜乎女同戸□□〔有カ〕×
麻呂損戸　又依去同ア得麻女丁女同里□□〔人カ〕×
白髪ア伊止布損戸　二戸別本戸主建ア小麻呂□×

(307)×(80)×9

〔史料九〕

「竺志前国嶋評 私□板十六枚目録板三枚父母 方板五枚并廿四枚 」 323・43・5

本木簡において「并」は「私□板」＋「目録板」＋「父母方板」(注26)の合計枚数、二四枚を表すのに用いられていて、その用法は史料八と同じである。

3 郡里制下における「并」と「合」の用法

これらの七世紀末までの木簡の例から、数の合計を表す「并」は五十戸制、評制下における用法であったと推定できる。だが、その後、郡里制の成立以降は、「合」の使用も多く見られるようになるが、「并」の使用がなくなるわけではない。

郡里の表記の見える木簡には「并」が三例、「合」が一例見られる。郡里制下の、八世紀初頭の次の山垣遺跡出土の木簡には、「合」と「并」が併用されているが、共に合計を表すのに使われている。

〔史料一〇〕

・「□□年正月十一日秦人マ新野□□□貸給
秦人マ新野百□〔束カ〕□本田五百代　同里秦人マ志比十束
同マ小林廿束□□墓垣百代　秦人マ加比十五束
伊干我郡嶋里秦人マ安古十一束　竹田里春マ若万呂十束　○」

・「秦人マ身十束
間人マ須久奈十束　合百九十六束椋□〔留カ〕二百四束 別而代□物八十束□〔勘カ〕新野貸給 并本□四百八十束　○」
□□

本木簡の「并」は、『日本古代木簡選』(注27)においては「半」とされていたが、木簡学会『木簡研究』二〇号において訂正された。筆者は、その下に稲の束数が書かれているので、「半」は意味が通らず、「并」とみて矛盾はないと考える。内容については「冒頭に一行書きで日付、人名「秦人マ新野」、「貸給」などとあり、次いで三行書きで人名の後に束数、一部には田積を付記したものを列記し、最後にその束数の合計と、さらに「椋□〔留ヵ〕稲」「別而代□物」を合わせた束数を記している」（注28）と解釈されている。「合」は稲の束数の合計を表すのに用いられ、「并」は「椋□〔留ヵ〕稲」「別而代□物」の束数の合計を表すのに用いられている。

4　郷里制下における「并」と「合」の用法

郡里制の後は、里を郷に改称し、郷の下に里を置く郷里制となるが、郷里の表記の見える木簡には「并」四例、「合」三例と「合」の使用例が少し増える。一方で「并」を接続詞に、「合」を副詞に使い分ける例も確認される。郷里制施行中の神亀六年（七二九）の平城宮内裏北方官衙地区出土の二〇八三号木簡はその良い例となろう。

〔史料一二〕

・北□所進挙鋑十六隻長三寸半　牒□六隻長四寸
　　　　　　□尻塞卅四枚　鐶二隻

・位并尻塞四枚　本受鉄冊「了」三斤十両損十一斤十両
　合卅二斤　　　　　　　　　神亀六年三月十三日足嶋

303×49×4

「位」は環などをうちつける場合その根元にすえる金具で、「尻塞」は釘の類をうちつけ、その先が裏に出た場合、その釘先をおおいかくすために付ける金具であるとされる（注29）。「并」はこの並列関係にある「位」と「尻塞」の接続詞として、「合」は重さの合計を表す副詞として使われているのである。

八世紀の平城宮・京木簡における「并」の接続詞としての用例は一五例見えるが、副詞としての用例は四五例とその三倍になり、木簡においては八世紀になっても「并」の副詞としての用例のほうが多かったことがわかる。「并」のこの用法は八世紀後半から九世紀後半の金石本町遺跡出土木簡（注30）にも見え、長く使われたことが分かる。

5 「合」の七世紀における用例

しかし、これまで「合」の副詞としての用法は「并」に比べて新しく、八世紀以降から見られるとしてきたが、実は七世紀の木簡に既にその用例が確認される。

一点は七世紀後半の石神遺跡出土木簡である。

〔史料一二〕

・「レ素留宜矢田マ調各長四段四布□□六十一」

・「荒皮一合六十九布也　　」　270×31×5

本木簡は長さ四段の調布の数量を記載するもので、表面の「六十一」の上は「三布」の可能性があり、「四布」＋「三布」＋「六十一」＋「荒皮一」＝「六十九布」となるとされる。(注31)「合」で調布の合計量を表され、七世紀後半において既に数の合計を表すのに「合」が使われていたということになる。

もう一点は飛鳥池遺跡北地区から出土した木簡番号七一七号の七世紀末の木簡である。表面に「□多心経百合三百」と書かれているが、「□多心経」は般若波羅蜜多心経とされ、般若波羅蜜多心経百（巻）ほか、複数種の経巻の合計が三百（巻）の意であると解釈されている。(注32)般若波羅蜜多心経は唐の玄奘が貞観二十三年（六四九）に訳出したもので、本木簡の出土により、玄奘門下で学んだ道昭によって日本に将来された可能性が高まったと説かれる(注33)ことから、本木簡における「合」の用法も唐の影響が考えられる。

飛鳥池遺跡北地区からは他に「合二百ヵ」と読まれる削屑も出土しているが、この「合」も数の合計を表す可能性が高く、上記七一七号木簡と同じく道昭との関係性が窺える。

飛鳥池遺跡北地区から出土した木簡には、「并」の用例は二例見られるが、一つは習書木簡で、一つは下端が折れていて、「并」と読まれる字の下の部分が残っていないため、全体の文意を把握できない。だが、その釈文をみると、「大僧六十并」（七一〇号）、「一石一斗□[并カ]」（一七二号）とあり、「并」は数の合計を表す意とみて矛盾はない。

しかし、「合」と書かれたのは、飛鳥池遺跡の中でも北地区から出土した木簡にのみ確認される。道昭の住院である飛鳥寺禅院と深い関係を持つ北地区[注34]と違って、飛鳥池工房跡とされる南地区[注35]からは「合」と書かれた木簡は確認できず、「并」の例だけである。「并」は飛鳥池遺跡だけでなく飛鳥京跡からもその出土例が確認され、こちらのほうが一般的で、「合」の例は特別だったのではないかと考えられる。よって、「合」の数の合計を表す意で用いられる用法は、道昭よりもたらされた唐の用法と考えて矛盾はなさそうだ。

では、史料一二の石神遺跡出土の木簡の場合はどうなのか。この木簡における「合」の用法も唐の影響と考えていいのだろうか。石神遺跡のB期（七世紀後半）とされる遺構からは、北斉～隋代の中国産施釉陶器片の出土が報告されているが、中国直輸入かどうかは疑問視されている。[注36]同じ遺構からは新羅土器も出土していて、新羅土器は新羅使・遣新羅使などによる朝貢品や交易品として搬入された可能性が高いとされ、[注37]新羅の文字文化もこの時期に共に伝わったとみて問題はないので、新羅の影響を考えるべきなのかも知れない。その可能性は充分にあろう。

そうすると、副詞としての「并」の用法の起源をどこに求めるべきかという問題が浮上してくる。前述の通り、飛鳥池工房としての性格を持つ飛鳥池遺跡南地区には「合」と書かれた木簡が見当たらず、「并」の用例のみである。飛鳥池工房遺跡はガラスを溶かした坩堝の形が百済の益山王宮里遺跡出土の坩堝と酷似していることから、百済系の技術が導入されたとの指摘があり、[注38]「并」の用法も百済の影響が考えられる。

もとより、飛鳥寺の造営に百済から渡来した技術者より先進的技術提供を受けたことは夙に知られていることである。従って百済の文化・人員だけでなく、百済の文字文化も共に伝わったと考えることができる。

要するに、数の合計を表す「合」の用法は唐、或いは新羅より伝わった新しい用法で、「并」の「合」と同じ意味の副詞とする用法は百済より伝わったもので、浄御原令、或いはそれ以前の古い用法であったということになる。

では、「并」の接続詞としての用法はどうなのか。正倉院文書や木簡の場合、八世紀以降のものから「并」の接続詞としての用例が確認されるが、金石文を見ると、七世紀のものに「并」の接続詞として使われた例が既に見える。章を改めて、日本の古代金石文における用法を検討してみよう。

三　日本の古代金石文における用法

日本の金石文は、中国や朝鮮半島には比べものにならないほど少なく、正倉院文書や木簡に比べてもかなり少ないが、出土文字資料を扱う上では無視できない存在である。「并」の接続詞となる用例も七世紀の木簡には残っていないが、金石文には確認できるのである。

聖徳太子追福のため、推古三十一年（六二三）頃に造立されたとされる(注39)「法隆寺金堂釈迦三尊像光背銘(注40)」に「癸未年三月中如願敬造釈迦尊像并俠侍及荘厳具竟」と書かれた箇所が見える。この「并」は「及」と共に、発願の如く造り終えた「釈迦尊像」と「俠侍」と「荘厳具」を羅列するのに用いられ、接続詞として使われていることが分かる。

なお、この造像記には「並」の例も見えるが、これまでみてきた用例と同じく、トモニ、ミナの意の副詞に使われている。

〔史料一三〕

法興元世一年歳次辛巳十二月鬼
前太后崩明年正月廿二日上宮法
皇枕病弗悆干食王后仍以労疾並
著於床（後略）

「鬼前太后」（聖徳太子の母、間人皇后）が崩じてその翌年、「上宮法皇」（聖徳太子）が倒れ、「干食王后」（膳妃）も疲れてトモニ床に著いたという内容であるが、トモニにあたる箇所に「並」が使われているのである。

「並」は他に動詞にも使われている。「船王後墓誌」（天智七年（六六八））にその用法が見られる。該当箇所のみをここに挙げる。[注41]

〔史料一四〕

戊辰年十二月殯葬於松岳山上共婦　安理故能刀自
同墓其大兄刀羅古首之墓並作墓也（後略）

墓主とその妻「安理故能刀自」の墓を共にし、其の大兄「刀羅古首」の墓と並べて作るという内容であるが、「並」は「並べる」という意味の動詞になる。

日本古代金石文の中で確認できた「並」の例は以上の二例である。

続けて「并」の用例についてみると、江田船山古墳出土の大刀（五世紀）には「大鉄釜并四尺廷刀」と刻された銘文が見えるが、この「并」は鉄を混合（し製作）する意と解され、「并わす」と読まれている。[注42]この「并」は動詞である。

「威奈大村骨蔵器」（慶雲四年（七〇七））には「少納言正五位下威奈卿墓誌銘并序」とあるが、これは「并」の最も一般的な用法と言える。この「并」はナラビニと読む場合、接続詞と考えられるが、「并序」を「序を并せたり」と読む説があり、[注43]この場合は動詞と考えるべきである。

ところが、「多胡碑」（和銅四年（七一一））には「弁官符上野国片岡郡緑野郡甘良郡并三郡内三百戸郡成給羊成多胡郡」とあり、[注44]上野国の「片岡郡」「緑野郡」「甘良郡」の三郡の合計数を表すのに「并」が用いられている。この「并」は「あわせて」の訓が示めされており、[注45]前述の例と同じく副詞と見るべきである。

しかし、「多胡碑」と並んで同じく上野三碑の一つとされる「金井沢碑」(神亀三年(七二六))には「合」が数の合計を表すのに用いられている。(注46)

〔史料一五〕

上野国羣馬郡下賛郷高田里
三家子孫為七世父母現在父母
現在侍家刀自他田君目頬刀自又児加
那刀自孫物部君午足次馸刀自次乙馸
刀自合六口又知識所結人三家毛人
次知万呂鍛師礒マ君身麻呂合三口
如是知識結而天地誓願仕奉
石文

神亀三年丙寅二月二十九日

本碑は先祖供養のために立てられたものであるが、願主とその家族の合計人数(=六人)を表すのにも、「知識」により結ばれた人数の合計(=三人)を表すのにも「合」が使われている。本碑は碑文に見える年紀(神亀三年(七二六))からも、冒頭部の郡郷里の記述からも明らかなように、郷里制施行中のものであるが、郷里制下において「合」を多用する傾向にあることは既に述べた通りである。一方で、「多胡碑」は「和銅四年」という年紀を持ち、郡里制下のものとなる。同じ地域の碑文なのに、異なる用法が見られるのは、時代差によるものと考えたほうがよさそうだ。

ところが、「多胡碑」と同じ和銅年間の年紀を持つ「大和国粟原寺三重塔露盤銘」(和銅八年(七一五))には数の合計を表すのに「合」が用いられている。「以甲午年始至於和銅八年合廿二年中敬造伽藍而作金堂仍造釈迦丈六尊像」とあり、二二年にわたる寺の建造期間の合計年数を「合」を用いて表している。(注47)

したがって、「合」のアハセテという意の、数の合計を表す用法は郷里制からのものではなく、それ以前にも使われていたが、「并」の方が古くから使われた用法であるとまとめられる。また、「并」は、七世紀以前から副詞にだけでなく、接続詞にも動詞にも使われていたことが金石文における用例から分かる。ただ、副詞の「并」の用例は金石文においては一例しか確認できなかったが、木簡だけでなく石碑にも「并」のこの用法が確認できたことは古代日本社会に浸透していたことを物語るのではなかろうか。この用法は一部の地域に限られるのではなく、日本全域に広がっていたのだが、左に述べるように、漢字の発祥地となる中国においては同時期には既に使われなくなっていた。

四　中国における用法

前述の通り、中国においても「并」と「並」の使い分けはされていた。しかし、黄征氏の論証から『敦煌願文集』における「并」の用法は日本と異なる部分があることが分かる。即ち、『敦煌願文集』には数の合計を表す副詞としての「并」の用法が見られないということである。しかし、時代は異るが、居延漢簡には数の合計を表すのに「并」が用いられている。(注48)これはどうしてであろうか。周知の如く、『敦煌願文集』は唐代のもので、居延漢簡とは時間的隔たりが大きい。時代的変遷によるものであることは想像に難くないが、いつから変化したのであろうか。

1　漢代における用例

居延漢簡の「并」の例を何点か挙げてみよう。（注49）

〔史料一六〕居延新簡（注50）

第廿五隧卒唐憙　自言貰売白紬襦一領直千五百交銭五百●凡并直二千☑　E.P.T51:302

●凡并直六千五百一十二　E.P.T50:136

☑二匹直六百韋絝銭少百并直七百　E.P.T52:493B

史料一六に挙げた三点の木簡において、「并」は品物の値段の合計を表すのに使われていて、副詞と見られる。

「并」は居延漢簡のこれらの新簡とされるものにだけでなく、『居延漢簡甲乙編』（注51）に収録されている木簡にも「貰賣八椶布八匹＝直二百卌并直八千八百卌」（三一一・二〇（甲一六五六））と書かれているものが見え、同じ用法で使われている。

しかし、合計を表す字には「并」だけでなく、「合」も用いられていた。

〔史料一七〕居延漢簡甲乙編（注52）

入粟十二石增廪五千二百廿五石合五千二百卌七石　受城倉　一一二・二一（甲六三八）

だが、やはり「并」の用例の方が多く見られる。ただ、釈文をみると「並」になっているものの、図版で確認すると「并」である例もある。

二貫六十檠縄十四貫廿八卑一貫廿白韋三利貫六●凡並直二百九十四☑　三一七・二四（甲一六八七）

「并」と「並」は現代中国においては区別しないため、起きた間違いであろう。ところが、両字は当時においても、混用されることはあったようだ。敦煌漢簡の例であるが、「并」とあるべき箇所に「並」と書かれる例も見える。

〔史料一八〕 敦煌漢簡[注53]　七五六A

☐対☐☐卿☐並問大夏馬

読めない文字が多く、且つ前後とも欠損しているため全体的文意は把握しにくいが、「並」とある箇所は全ての意の「並」ではなく、接続詞がくるべきで、「并」の誤用であると考えられる。

ところで、数の合計を表す「并」の用法は敦煌・居延漢簡のような中国辺境の資料だけでなく、漢代の金石文にも多く見られる。

『漢代石刻集成』に収録されている、関中（陝西省中部域）と漢中（陝西省南部域）を結ぶ幹線路となる褒斜道の開通を記念する刻石である「開通褒斜道摩崖」（六六）に

〔史料一九〕

始作橋格六百二十三〔閒〕
大橋五、為道二百五十
八里、郵亭、駅置、徒司空、
褒中県官寺并六十四所、

とあり、郵亭、駅置、徒司空、褒中県官寺の合計数（六四箇所）を表すのに「并」が用いられている。[注54]

同じく『漢代石刻集成』に収録されている、現在の山東省で発見された「曲阜徐家村画像石題記」（一五八）にも「并」の同様の用法が確認される。

〔史料二〇〕

〔延〕熹元年十月三日始作此臧堂、☐為巩相皆☐
☐〔守〕丞、使工五万、又食九万、并直銭十☐万、即

□廿日、成此田買奴、以十一月七日塟婦、此臧中
車馬延□、龍虵虎牛皆食大倉。

これは墓である「臧堂」の造営とその費用、葬儀の日付などを記したものとされるが、「并」は「臧堂」を建てるための出費となる工銭と食費の合計額を表すのに用いられている。合計額の「万」の前の字が読めないが、前の数字を足していくと、合計額は一四万になるはずである。『漢代石刻集成』には数の合計を表す「并」が他にも二例確認される。

さらに、漢代の墓券関係史料においても「并」の同様の用法が確認される。「中国歴代墓券略考」(注55)には漢代から唐代までの墓券及びその関連資料が収録されている。漢代の史料をみると、「漢延熹六年二月□通本封記」(一六三)、「漢光和元年一二月平陰建曹仲成買冢田券」(一七八)、「漢光和七年九月平陰県樊利家買田券」(一八四)に全部で四例確認される。その中の一例を次に記す。

〔史料一二〕漢建寧二年河内郡懐県王末(未・保)卿買地券(一六九)
建寧二年八月庚午朔廿五日甲午、河内懐男子王末(或未)卿、従河南河南街郵部男子袁叔威、買睪門亭部什三陌西袁田三畝。畝買銭三千一百、抍直九千三百。銭即日畢。時約者袁叔威。沽酒各半、即日丹書鉄巻(券)為約。

土地の買値の総額を表すのに「并」が用いられている。

このように、漢代において「并」は広範囲において数の合計を表す意味に使用されていた。しかし、「并」のこの用法は漢代までしか確認されない。

2　三国時代以降の用例

「中国歴代墓券略考」に収録されている漢代より後の用例をみると、三国時代の呉のものとなる「呉黄武六年一

○月呉郡男子鄭丑買地券」（二二七）には「合四畝半地、直銭三万」のように「合」が用いられていて、同じ用法で用いられた「并」の例は見当たらない。

中国歴代の金石文拓本を収録した「金石文拓本データベース」(注56)で確認しても、数の合計を表すアハセテの意の副詞に、「并」は漢代のものとなる上記「開通褒斜道摩崖」に一例確認されるだけである。これに対して、「合」は一番古い用例としては後漢時代の「史晨碑」（一六九）に見え、その後、唐代までの例を挙げると、「幽州范陽郡沃縣□□村高伏徳合三百人爲皇帝陛下造石像一区記」（五〇三）、「張□伯等十四人造弥勒像記」（五一四）、「魏雍州刺史安豊王元延明墓誌銘」（五三二）、「東魏并州楽平郡石艾県安鹿交村邑儀王法現合廾四人等石宝記」（五四七）、「張秋等六人造象記」（五六六）、「都邑主袁義和邑義一百余人造石碑像記（一）」（南北朝、年代不明）、「唐大法師行記」（六三二）、「唐房玄齢碑」（六五〇）、「大唐三蔵大遍覚法師塔銘」（八三九）の全九例である。「并」は三国時代以降の用例においては、主に接続詞、或いは動詞に用いられている。

さらに、三国時代呉の簡牘には数の合計を表すのに専ら「合」が使われている。一九九六年、湖北省長沙市走馬楼から走馬楼呉簡と称される三国時代呉の簡牘が大量に出土した(注57)。中には「嘉禾吏民田家莂」と呼ばれる嘉禾四年と五年（二三五～六）の年紀を持つ租税納入関係の帳簿の木簡群があるが(注58)、『長沙走馬楼三国呉簡・嘉禾吏民田家莂』(注59)で公表され、香港中文大学によりデータベース化され、公開されている(注60)。このデータベースで検索してみると、「并」「並」の用例は検出されないが、「合」は二五一点検出された。しかし、容積の単位となる「合」の用例のほうが多く、アハセテの意味は二九点の木簡にその用例が見えるのみである。「合」は納税者所有の田地の総面積を表すのに用いられるほか、収穫高の合計を表すのにも用いられている。次の例を見よう。

〔史料一二〕四・三二一号

上和丘男子謝箱、佃田五處、合①五十五畝。其十畝二年常限、其八畝旱、畝收布二尺六寸六分。定收二畝、畝收米一斛二斗、②合二斛四斗。畝收布二尺。其卌五畝余力火種田、其六畝旱、畝收布六寸六分。定收卌九畝、畝收米四斗五升六合、斛加五升、③合十八斛六斗七升三合。畝收布二尺。凡為米廿一斛七升三合。其二斛四斗稅米、四年十一月廿八日付倉吏鄭黑畢。其十八斛六斗七升三合租米、四年十一月十日付倉吏鄭黑畢。凡為布二匹一丈一尺三寸、准入米四斛五斗七升、四年十一月八日付倉吏鄭黑畢。（中略）、其熟田畝收錢七十。凡為錢三千三百八十八錢、准入米二斛一斗二升、四年十一月十日付倉吏鄭黑畢。嘉禾五年三月十八日、主者史趙野、張惕、陳通校。

本木簡において「合」は三例使われているが、①は田地の総面積、②と③は収穫高の合計を表す。総面積五五畝ある田地の中で「常限」は一〇畝だが、この中でも通常通り収穫できた田地となる「定」は二畝のみで、「畝收米一斛二斗」とあるので、②の合計値は合っている。③は四五畝ある「餘力火種田」の中の三九畝もの「定」の合計値であるが、これは計算が合わない。「畝收米四斗五升六合」なので三九畝は一七斛七斗八升四合の収穫量となるが、「斛加五升」とあるので、一七斛は八斗五升の追加分となり、合計値は一八斛六斗三升四合となる。[注61] 少しの誤差はあるのだが、「合」が数の合計を表すのに用いられているのは間違いはない。他の木簡においても、「合」の用法は同様である。

なお、敦煌・トルファン文書の中の戸籍を見ても、数の合計を表すのに主に「合」が用いられている。中国の戸籍や戸籍関連資料を多く収録している池田温氏の『中国古代籍帳研究　概観・録文』[注62]で確認すると、合計を表す字に「并」の使用は見られなく、「合」が主流をなしている。「合」は主に受田集計記事に使用されるが、四世紀のものとされる「晋楼蘭戸口簿稿」には戸口の集計にも「合」が使用されている。一方で布・麻・租の集計には「計」を用いる箇所も見える。「合」と「計」は現代語の「合計」にも繋がり、その後もずっと使い続けられたと考えられるが、「并」は三国時代以降には数の合計を表すのには用いられなくなったのである。

古代中国の正史をみても同じ結論が得られる。『漢書』には巻五十一「賈鄒枚路伝」に「夫漢并二十四郡、十七諸侯」、巻七十三「韋賢伝」に「凡祖宗廟在郡国六十八、合百六十七所」と見え、数の合計を表すのに「并」も「合」も用いられていることが分かる。しかし、『後漢書』以降の正史には「并」はこの用法では使われなくなる。

これは、恐らく「并」は「並」と字形が似ていて、混用される恐れがあったからだけでなく、接続詞としても動詞としても使われることが多く、数の合計を表すアハセテの意の副詞に使うには誤用のリスクが大きかったからではないかと推測される。一方で、「合」もアハセテ以外に容積の単位を表すこともあるが、この二つの意味は差異が大きく、間違えられる心配が少ない。そこで、「合」に統一されたのではなかろうか。

要するに、数の合計を表す字に漢代までは普通に使用していた「并」にかわって、三国時代からは、「合」を主に使用するようになったということである。これを日本での用法と比較した場合、間には何百年もの差があって、直接の影響関係を考えるのは難しい。やはり、地理的に中国との中間に位置する朝鮮半島の文字文化の影響を考えるべきであろう。

五　朝鮮半島における用法

古代朝鮮半島の文字文化が古代日本の文字文化に多大なる影響を与えたということは、近年しきりに言われていることであるが、一言で朝鮮半島と言っても、日本列島への影響が一様だったとは考えられず、高句麗、百済、新羅の三国に分けて検討を行う。

1　高句麗

高句麗のものといえば、「広開土王碑」（四一四）が有名である。この碑文には「并」「並」の用例は見られない

が、「合」字が三例見られる。(注63)

第三面第一三行に「合」が一例見られるが、阿旦城と雑珍城から出る烟戸の合計、「合わせて十家」を表すのに用いられている。

〔史料二三〕

炅古城国烟一看烟二客賢韓一家爲看烟阿旦城雑珍城合十家爲看烟巴奴城韓九家爲看烟□模盧

第四面第七行には「合」が二例見られるが、一例は「合」一字で動詞に、もう一例は「都合」という熟語に使用されている。

〔史料二四〕

其不知法則復取旧民一百十家合①新旧守墓戸国烟卅看烟三百都合②三百卅家自上祖先王以来墓上

史料二四の①は「新旧の守墓戸を合わせて」と読め、「合」は動詞として使われていることが分かる。②の「都合三百卅家」は「全て合わせて三三〇家」の意味で、「都合」は前の「国烟卅」と「看烟三百」を足した合計値である。なお、「都合」は現代朝鮮語においても同じ意味で使われる。

このように、「広開土王碑」においては、合計を表すのに「合」が用いられていて、「并」は見当たらない。これは、「広開土王碑」が書かれた五世紀初頭において、中国では前述の通り、既に合計を表すのに専ら「合」が使われていて、その影響であると考えられる。

2 百済

出土文字資料では、金石文が主である高句麗と違って、百済は近年木簡の出土が相次いでいる。従来の金石文資料と合わせて百済の文字使用を知り得る生の資料が増え続けているが、本稿で取り上げる「并」「並」「合」の用例は、現段階では「并」と書かれた下記の木簡二点のみである。

扶余双北里遺跡から出土した一般百姓を相手に行った貸食記録帳簿木簡(注64)において、「并」は数字の合計を表す副詞に使われている。

〔史料二五〕

・戊寅年六月中　固淳夢三石　佃麻那二石

止夫三石上四石［　］　比至二石上一石未二石

佐官貸食記　佃目之二石上□□未一石　習利一石五斗上一石未［　］

・素麻一石五斗上一石五斗未七斗半　佃首行一石三斗半　上石未石甲　并十九石

今沽一石三斗半上一石未一石甲　刀々邑佐三石与　得十一石

(290)・32・4

この木簡は、六一八年のものとされている(注65)。人名、佐官から貸した数量、返した数量、未返却数量などが順に書かれていて、最後に「并十九石」「得十一石」と合計値が書かれている。貸した量を足していくと、「三石＋二石＋三石＋二石＋二石＋一石五斗＋一石五斗＋一石三斗半＋一石三斗半＋三石」＝一九石一七斗となり、集計を書いた「并十九石」と合致する。下の斗を書いた部分が欠失していると考えられる。

羅州伏岩里遺跡から出土した四面体の木簡にも「并」と書かれたものがあるが、一面に「并之」とあるのみで、意味が不明である。だが、数字の合計を表す副詞でないことは明らかである。動詞の可能性が高い。

合計を表す副詞の「并」の用法が一例のみであるが、七世紀の百済においてこの用法が確かにあったことは確認できた。これは、前述の如く、中国においては漢代までの古い用法であったが、百済においてはこの時代までずっと使い続けられていたと推測される。百済におけるこの用法が古代日本に導入されたのだと考えられるが、新羅の用例も確認してからでないと結論づけるのはまだ早かろう。

3 新羅

新羅は高句麗や百済に比べて残された資料が多い。だが、本稿に直接関連のあるものとしては下記の三点が挙げられる。

一つは「明活山城作城碑」（五五一）と呼ばれるものである。その名の通り、明活山城の作城に関するもので、築城時期、工事担当者、担当工事量などが九行で、全一四八文字書かれている。「并」と「合」は担当者と工事量を記述した部分に使われている。該当箇所のみを挙げると次の通りである。[注66]

〔史料二六〕

匠人比智休波日并工人抽兮下干支徒作受長四歩
五尺一寸　叱兮一伐徒作受長四歩五尺一寸尖
利波日受長四歩五尺一寸　合高十歩長十
四歩三尺三寸（後略）

「并」はここでは接続詞となっていて、工事担当者（一部の区域）の匠人比智休波日と工人抽兮下干支を羅列するのに用いられている。「合」は副詞で、上に挙げた三つのグループの担当者が担当した工事量の合計を表すのに用いられている。合わせての長さが「十四歩三尺三寸」とあるが、三つのグループがそれぞれ担当した長さを足していくと、「十二歩十五尺三寸」となる。よって、「十二歩十五尺三寸」＝「十四歩三尺三寸」の等式が得られ、一歩は六尺であったことも分かる。

次は、その表記法が古代日本の史料と共通性があることで注目される「壬申誓記石」（五五二、或は六一二）である。[注67]「壬申年六月十六日二人并誓記」から始まる文章が自然石に刻まれているが、この「并」は副詞である。しかし、数の合計を表すのではなく、二人が共に誓ったことを表す。

最後は日本の正倉院所蔵の所謂「新羅村落文書」である。本文書には「并」「並」「合」の三字とも書かれていて、新羅におけるこれらの字の使い分けを知りうるよい資料となる。本文書には一部欠失している部分があるが、計四つの村における戸口、馬、牛、水田、樹木などの合計数、増減が書かれている。ただ、「并」「並」「合」字の使用はどの村の記述にも見られるが、数の合計を表す副詞となる「并」の使用は「西原京」の某村の記述にしか見られないため、この村の記述のみを次に記す。（注68）

〔史料二七〕

西原京□□□村見内地周四千八百歩　合孔烟十　計烟一余分五
　此中下仲烟一　下々烟九　合人百十八（六）　此中古有人三年
間中産并合人百十四　以丁十九（七）以奴二　助子九（八）以奴二　追子八（六）
小子十一（九）　三年間中産小子一　老公一　丁女卅七（五）以婢四　助女五（四）
追女子十二（一）以婢一　小女子五（三）　三年間中産小女子六
三年間中列収内合人四　以小子一　丁女一　助女子　老公一
合馬十並古之　合牛八以古有七　加牛一
合畓廿九結十九負　以其村官謨畓三結廿負　烟受有畓
廿五結九十九負　合田七十七結十九負　以其村官謨田一結
烟受有田七十六結十九負　合麻田一結八負　合桑千二百
卅五以三年間中加植内六十九古有千百六十六　合栢子木六十八以古有六十　三年間中加植内八
秋子木卌八並古之　乙未年烟見賜以彼上烟亡廻去孔一
以合人六以丁二　丁女二　小女子二　列廻去合人八以丁一　助子一　追子一　小子一

丁女二 小女子二 列死合人廿一 以丁五 以奴一 追子一 老公三 丁女四 以婢一
小女子三 四 老母四 以婢一 孔亡廻一 合人十一 以丁二 助女子一 助子一 追女子二 小子二 小女子一 丁女二
甲午年壱月内省中及白色□□追以出去因白妻是子女子
并四 以丁女一 小子三 合无去因白馬三 以賣如白一 死白馬一 廻烟馬一
合无去因白牛六 以賣如白牛一 廻去烟牛一 死白四
（後欠）

本文書は一九三三年に発見されて以来、日韓両国の多くの研究者に注目され、多くの論考が出されている。(注69) それに伴い、年代も六九五年、七五五年、八一五年など様々な説が出されており定説を見ないが、筆者は六九五年説も充分可能であると考える。それは、ここに古い用法と見られる、数の合計を表す「并」の用例が一例のみではあるが確かに見られるからである。ただ、この例は全文書を通して、史料二七として挙げた西原京の記述の後ろから二行目（傍線を引いた文字）にしか確認できない。他では「合」が用いられている。前から二行目から三行目に書かれている「此中古有人三年間中産并合人百十四」には「并合」と見えるが、これは一つの熟語と見なすのではなく、動詞「并」と副詞「合」に分けてみるべきである。即ち、この記述は西原京某村にいる一一八人(注70)（修正後一〇六人）の人口中、古くからいる人とこの人達が三年の間に産まれた人数を合わせた合計数を記した箇所で、「此の中で古から有る人と三年間に産まれた（人）を并《あ》わせた合わせての人は百十四」と読め、「并」はアハス、アハセルの意の動詞、「合」は数を合計するアハセテの意の副詞と見るべきである。本文書の他の村についての記述でも、古くからの人口と三年の間に出産により増えた人口の合計を示す箇所は同じく「并合」を用いて同様な表現をしている。しかし、人口の変動のみを記す箇所、例えば「三年間中列収内合人四」では「合」のみが用いられていて、筆者の案の傍証となろう。なお、「並」は「すべて」「いずれも」の意の副詞に用いられている。「合馬十」の下に「並古之」の注記が見えるが、これは「合わせて十（匹）の馬がすべて古くからの馬である」ことを表す。

このように、新羅においては、六世紀半ばには既に「并」を接続詞に、「合」を数を合計する意の副詞に用いていた。「新羅村落文書」においても数を合計する意味で「合」を使う例のほうが圧倒的に多く、この用法が普遍的であったと考えられる。「并」は他に、副詞の例も見えるが、「合」と同じ意味に用いる例は一例だけ確認された。この「并」の用法は、中国では漢代までに見える古い用法で、百済においても七世紀末の木簡に見られること、そして日本における「并」の使用状況から総合的に勘案すると、「新羅村落文書」も七世紀末のものと判断できる可能性は充分にある。だが、一例のみであることは注目すべきで、恐らくこの時期の新羅に、数の合計を表す「合」の用法が主流をなしていたが、それまでは「并」も使用していたため、不注意で残された「名残」と考えていいのかもしれない。

おわりに

以上、数の合計を表す「并」字の使用法を、正倉院文書を出発点として、出土文字資料を中心にみてきた。古代日本の場合、中国と直接国交関係がない七世紀以前においては、百済と頻繁に交流する中で様々な技術や文化を取り入れていた。このことは、多くの研究者により説かれてきたことであるが、本稿では、副詞のアハセテの意の「并」の用法もこの間に導入され、古代日本社会に定着した文字用法の一つであることが判明した。古代中国においては漢代に使用され、三国時代以降は見られない「并」の古い用法が、古代日本と百済においては同じ時期に共通して使われることが分かり、このことから言えることである。「并」の副詞として使われる用法が古い用法であることは、「七世紀末の漢字使用の状況が縮図のようにあらわれている」(注71)、「庚寅年籍や庚午年籍まで遡る」(注72)などと評価される「御野国戸籍」、七世紀の木簡に主に使われることから確認される。『古事記』においても数の合計を表すのに「并」だけが使われているが、これについては犬飼隆氏の「古事記の漢字運用は七世紀半ばまでの史たちの学識の集大成」(注73)という指摘が示唆的で、やはり「并」のこの用法が七世紀以前を中心とする古い用法だったからであろう。

七世紀末、八世紀初頭になり、新羅、唐の文化が伝わるようになると、数の合計を表すのに「合」も用いられるようになるが、これは飛鳥池遺跡、石神遺跡から出土した木簡の例から確認される。

「并」は一方で接続詞として使われることも多い。七世紀には既にその用例が見られ、八世紀半ばには多く使われる用法であるが、前述の鈴木恵氏の訓点資料の考察から導き出された、院政初期にはほとんど接続詞的用法のナラビニになるという結論を参考にすると、院政期以降はほぼ接続詞に使われ、副詞としての用法は消えていくということになる。それに伴い、「并」の訓もアハセテからナラビニに変化するようになると考えられる。その理由は「并」の字義の変化、即ち数の合計を表す意味で使われなくなる一方で、接続詞として使用されるようになったからだと推定できる。結果、「並」と同訓の関係になり、ますます混用されやすくなる。

結局、「并」と「並」、「合」の三字の関係を考えると、「并」と「並」は別字であったのが、時代の変遷に伴い、院政期以降からは同訓異字の関係になり、「并」と「合」はアハセテの訓を持つ同訓異字の関係にあったのが別字になるという経過を辿ることになる。これは、「并」の合計の意に用いられる、百済から伝わった中国の古い用法が「訂正」され、忘れ去られることに起因するのだと考えられる。

注

(1) これまで文献によっては文字資料の中の元の字体が無視され、何の断りもないままどちらかの字体に統一されることが多かった。元の史料に基づいて表記することが大事である。特に本稿で主に問題にする「并」は、筆者の管見の限り、正倉院文書や木簡など出土文字資料には専ら「并」が使用される。また、中国の金石文や簡牘においても、「幷」はごく少数である。だが、「幷」表記に統一される文献も少なくない。本稿においては、史料上の元の字体を尊重し、「并」に統一する。ただ、引用文献において「幷」が用いられている箇所については基本これに従うが、史料の場合、書かれている字形を写真版などで確認できるものは観察結果により、訂正を行った。引用文献と写真版で確認した字体が異なるため、訂正した箇所のみ次に記す（傍線をつけた箇所）。なお、「廿」、「卅」、「冊」についても同じことが言えるため、写真版により訂正をしている。

【幷→并】

史料一一「位幷尻塞」（171頁）、『居延漢簡甲乙編』（三一一・二〇）「幷直八千八百卌」（178頁）、史料一九「幷六十四所」（179頁）、史料二〇「幷直銭十□万」（179頁）、史料二六「匠人比智休波日幷工人」（186頁）

（2）中田祝夫「万葉集の中の「并」字と「並」字について―「并序」・「并短歌」の再説のために―」（『言語と文芸』九（五）、一九六七年）

（3）『干禄字書』（顔元孫撰、七一四年）に「並」は「通」、「竝」は「正」との注があり、「並」と「竝」は異体字関係にあり、「竝」が正体字であることが分かる。だが、正倉院文書や木簡などの出土文字資料の中では「並」と書かれることの方が多く、本稿で用いる史料には専ら「並」が使われているため、本稿においては「並」と表記する。

（4）鈴木恵「『来迎院本日本霊異記』に於ける「幷」字と「竝」字の用法」（『鎌倉時代語研究第二巻』一九七九年）

（5）他に門前正彦「漢文訓読史上の一問題（四）―「并」字の訓について」（『訓点語と訓点資料』第一四輯、一九六〇年）、並木喬枝「多胡碑の「并」について」（『群馬歴史散歩』六号、一九七四年）においても「并」の訓をアハセテとする。

（6）小林芳規「字訓史資料としての平城宮木簡―古事記の用字法との比較を方法として―」（『木簡研究』五、一九八三年）。『古事記』における用法については、小林芳規「類義字一覧」（日本思想大系『古事記』岩波書店、一九八二年）においても触れられている。

（7）「合」字は①数の合計を表す副詞とする用法以外に、②「合う」という意味の動詞、③名詞にも使われる他、④容積の単位となる用法が最も多いが、本稿においては、「并」との比較のため、主に①の用法について検討し、④の用法については触れない。特に断らない限り、①の用法を指す。

(8) 桑原祐子『正倉院文書の訓読と注釈　請暇不参解編（一）・（二）』（『奈良女子大学二一世紀ＣＯＥプログラムの報告集』四・九、二〇〇五年・二〇〇七年）、同『正倉院文書の訓読と注釈―造石山寺所解移牒符案（一）―』、黒田洋子『正倉院文書の訓読と注釈―啓・書状―』（科学研究費補助金基盤(C)「正倉院文書訓読による古代言語生活の解明」研究成果報告書、二〇一〇年）。

(9) 桑原氏は以下の「請暇不参解」における傍線を付けた字「並」（傍線は筆者による。以下、同じ。）は「并」を書くべきところで、「ナラビニ」という訓が同じため誤った例だとする（『正倉院文書の訓読と注釈　請暇不参解編（二）』（前掲注8））。

　秦小公誠恐謹解　申大伴舎人御所

　右、以去月廿六甲申日病臥、不参向、怠侍恐レ、但今間障留、注状附曽祢連矢加万呂申上、仍謹以解

　一退白、尽用紙員堪定、並此病所由甚、吉可申給吾尊□

（大日古未収、続々修四〇ノ四裏(69)）

(10) 松尾良樹「『献物帳』試読」（『古代文化』五一巻、一九九九年）。なお、氏は「日本の写本と中国の鈔本―『冥報記』をめぐって―」（『奈良女子大学二一世紀ＣＯＥプログラム報告集』一、二〇〇五年）において、『冥報記』には「并」は全部接続詞として、「並」は副詞として用いられると指摘している。

(11) 黄征「敦煌字詁―並、并、併考辨」（『敦煌語言文字学研究』甘肅教育出版社、二〇〇二年）。本文中の氏の説は筆者の翻訳とまとめによる。

(12) 奈良文化財研究所「木簡データベース」http://mokuren.nabunken.go.jp。以下、日本の木簡の用例検索は本データベースによる。

(13) 他に人名の「塩並」に使われた例もあるが、これについては本稿と関係がないため触れない。

(14) 大日古一五ノ二四三では「並」とするが、マイクロフィルムで画像確認すると、「并」とすべき例もある。「石山院奉写大般若経所解」から始まる文書の本文「合大般若経壱拾肆帙」の下に見える割注「在帙籤牙并レ」は、「帙」と「牙

籖」があるという意味であるため、「並」ではなく、接続詞「并」が正しい（続々修一八ノ三⑪）。
(15) 「造石山寺所解移牒符案」に一例のみ文末に使われた例が見えるが、他の例は全部文頭におかれている。
(16) 筑後国には「惣」も一例確認される。
(17) 引用史料の①②等は筆者が便宜上つけたものである。
(18) 正集三十六巻の②と③は『正倉院文書目録二』によると、「続ク（中間一・二〜一・五糎欠、欠行ナシ）、」とされている。
(19) 「都合」は栃木県の下野国府跡から出土した木簡にも一例確認される。
(20) 奈良国立文化財研究所『平城宮木簡一』三六四号（一九六九年）。「三六四号」は同書における通し番号で、木簡番号と言う。以下同じ。
(21) 前掲注20、三六五号（一九六九年）
(22) 奈良国立文化財研究所『平城宮発掘調査出土木簡概報』二四、九頁下段四八号（一九九一年）
(23) 冒頭の「七」の上の二字が読めず、数量は千単位になる可能性もなくはないが、ここではとりあえず「七百廾枚」とみる。
(24) 釈文は高橋学「福岡・国分松本遺跡」（『木簡研究』三五、二〇一三年）による。史料九の木簡も同じ。史料八の木簡には表面と裏面の一行目の「戸主」の上に合点が付されているが、ここでは省略した。
(25) 坂上康俊「嶋評戸口変動記録木簡をめぐる諸問題」（『木簡研究』三五、二〇一三年）
(26) 「私□板」「目録板」「父母方板」は、何らかの帳簿木簡であるとされる（高橋学「福岡・国分松本遺跡」前掲注24）。
(27) 木簡学会『日本古代木簡選』（岩波書店、一九九〇年）
(28) 加古千恵子・平田博幸・古尾谷知浩「兵庫・山垣遺跡」（『木簡研究』二〇、一九九八年）
(29) 奈良国立文化財研究所『平城宮木簡』二（一九七五年）。「鐶」の右上に合点が付されているが、ここでは省略した。
(30) 大西顕「石川・金石本町遺跡」（『木簡研究』三二、二〇一〇年、(1)）
(31) 市大樹「奈良・石神遺跡」（『木簡研究』二九、二〇〇七年、(4)）。後に氏の著書『飛鳥藤原木簡の研究』（塙書房、

二〇一〇年）「石神遺跡北方域の性格と木簡」に収録。表面一文字目の「レ」は合点とされる。
(32) 奈良文化財研究所『飛鳥藤原京木簡一―飛鳥池・山田寺木簡― 解説』（二〇〇七年）
(33) 前掲注32
(34) 詳しくは竹内亮「飛鳥池遺跡北地区出土木簡と飛鳥寺」（奈良文化財研究所『飛鳥池遺跡発掘調査報告』奈良文化財研究所学報第七一冊、二〇〇五年）、同「大寺制の成立と都城」（舘野和己『古代都城のかたち』同成社、二〇〇九年）を参照。
(35) 詳しくは市大樹『飛鳥藤原木簡の研究』（塙書房、二〇一〇年）、同『飛鳥の木簡―古代史の新たな解明』（中公新書、二〇一二年）を参照。
(36) 小田裕樹「石神遺跡出土施釉陶器をめぐって」（奈良文化財研究所飛鳥資料館『花開く都城文化』二〇一二年）
(37) 江浦洋「海をわたった新羅の土器」（『ヤマト王権と交流の諸相』名著出版、一九九四年）
(38) 巽淳一郎「飛鳥池工房遺跡にみえる古代国家前期の官営工房の構造と実態」（『国学院雑誌』一〇九―一一、二〇〇八年）
(39) 東野治之「法隆寺金堂釈迦三尊像の光背銘」（『日本古代金石文の研究』岩波書店、二〇〇四年）
(40) 釈文は高田良信『法隆寺銘文集成上巻』（国書刊行会、一九七七年）による。
(41) 奈良国立文化財研究所飛鳥資料館『日本古代の墓誌』（同朋舎、一九七九年）
(42) 東野治之「江田船山古墳の大刀銘」『日本古代金石文の研究』（前掲注39書）
(43) 中田祝夫「「并短歌」について」（『国文学 解釈と鑑賞』二四（六）（二七七）一九五九年）
(44) 国立歴史民俗博物館『古代の碑―石に刻まれたメッセージ―』（一九九七年）
(45) 並木喬枝氏はこの碑文にみえる「并」をナラビニと訓読みされることについて批判し、アワセテと読んで、「あわせて（合計）三郡の内の三百戸を郡となし羊に給し」と読むのが正しいと主張している（前掲注5論文）。
(46) 国立歴史民俗博物館『古代の碑―石に刻まれたメッセージ―』（一九九七年）による。
(47) 足立康「粟原寺の露盤に就いて」『塔婆建築の研究』（『足立康著作集三』中央公論美術出版、一九八七年）

(48) 敦煌漢簡においては「并」の副詞の確実な用例は確認できなかったが、居延だけでなく敦煌においても漢代には「并」を副詞に使うことはあったと考える。

(49) 台湾の「中央研究院歴史語言研究所文物図像研究室資料庫検索系統」(http://saturn.ihp.sinica.edu.tw/~wenwu/search.htm) の検索結果による。以下、漢代の出土文字資料の例は本データベースの検索結果を基に、各出典にて確認を取っている。

(50) 甘粛省文物考古研究所・甘粛博物館・文化部古文献研究室・中国科学院歴史研究所『居延新簡』(文物出版社、一九九〇年)。釈文の下の番号は本書における通し番号である。なお、釈文中にみえる「●」は簡牘に書かれている符号をそのまま表したものであり、□は欠損、破損等により字数が確定できない箇所を示す。以下同じ。

(51) 中国社会科学院考古研究所編『居延漢簡甲乙編』(中華書局、一九八〇年)。釈文の後の番号は本書における通し番号である。以下、同じ。「●」「□」は前掲注50と同じ。「=」符号は簡牘に書かれている符号をそのまま表したものであり、繰り返し記号である。

(52) 中国社会科学院考古研究所編『居延漢簡甲乙編』(前掲注51書)

(53) 甘粛省文物考古研究所編『敦煌漢簡』(中華書局、一九九六年)

(54) 釈文と解釈は永田英正『漢代石刻集成』(同朋舎、一九九四年) による。本書によると、この石刻における郵・亭・驛・置は一定の間隔で設置された通信業務機関、徒司空は道路の管理などを司る役所、官寺は役所である。次の史料二〇の出典も同書である。釈文中に見える [ ] で囲っている箇所は、図版に掲げた拓本では欠けているが、他の拓本や金石書などによって補った文字を示す。

(55) 池田温「中国歴代墓券略考」(東京大学東洋文化研究所編『アジアの社会と文化』東京大学出版会、一九八二年)

(56) 京都大学人文科学研究所「漢字字体変遷研究のための拓本データベース」(代表安岡孝一) (http://coe21.zinbun.kyoto-u.ac.jp/djvuchar)

(57) 走馬楼呉簡についてその概要を分かりやすくまとめているものに、関尾史郎「史料群としての長沙呉簡・試論」(『木簡研究』二七、二〇〇五年) がある。

(58) 簡牘は竹簡と木簡の総称であるが、「嘉禾吏民田家莂」は木に書かれたものであるため、木簡とも呼ばれる。
(59) 中国文物研究所・長沙市文物考古研究所・北京大学歴史学系編『長沙走馬楼三国呉簡：嘉禾吏民田家莂』（文物出版社、一九九九年）
(60) 香港中文大学「走馬楼三国呉簡・嘉禾吏民田家莂資料庫」（http://udi.lib.cuhk.edu.hk/projects/zou-ma-lou-san-guo-wu-jian-jia-he-li-min-tian-jia-bie-database?language = zh-hant）
(61) 前掲注59書
(62) 池田温『中国古代籍帳研究　概観・録文』（東京大学東洋文化研究所、一九七九年）
(63) 釈文と解釈は寺田隆信・井上秀雄『好太王碑探訪記』（日本放送出版協会、一九八五年）、白崎昭一郎『広開土王碑文の研究』（吉川弘文館、一九九三年）を参考にしている。
(64) 釈文は基本伽耶文化財研究所編『韓国木簡字典』（伽耶文化財研究所、二〇一一年）によるが、李鎔賢（裴寛紋訳「百済木簡―新出資料を中心に―」（奈良女子大学二一世紀COEプログラム報告集二六『若手研究者支援プログラム（四）』二〇〇九年）を参考に、少し直した箇所がある。
(65) 李鎔賢（裴寛紋訳）前掲注64論文。以下、本木簡についての解釈は李鎔賢氏の説を参考にしている。
(66) 釈文は『옛 글씨의 아름다움 그 속에서 역사를 보다（古の字の美しさ　その中から歴史を見る）』（利川市立月田美術館、二〇一〇年）による。
(67) 漢字を正格漢文ではなく固有語の語順に従って並べる、文末に空格を置いて文章の切れ目を表すという手法は日本の史料にも確認され、影響関係が指摘されている（犬飼隆「第二章　森ノ内遺跡出土手紙木簡の書記様態」『木簡による日本語書記史【二〇一一増訂版】』笠間書院、二〇一一年）。
(68) 釈文は尹善泰「新羅村落文書研究の現状」（新川登亀男・早川万年編『美濃国戸籍の総合的研究』東京堂出版、二〇〇三年）を参照しつつ、写真版により修正を加えた箇所がある。
(69) 宋浣範「正倉院所蔵「華厳経論帙内貼文書」（いわゆる新羅村落文書）について」（『東京大学日本史学研究室紀要』第七号、二〇〇三年）にこれまでの研究が網羅的に、分かりやすくまとめられており、詳しくはこちらを参照されたい。

(70) 「合人百十八」は「此中古有人三年間中産并合人百十四」に「三年間中列収内合人四」を足したもの、即ち、その内訳となる「以丁十九」より「三年間中列収内合人四」の列までを足した人数分である。本文書は武田幸男「新羅の村落支配―正倉院所蔵文書の追記をめぐって―」(『朝鮮学報』八一輯、一九七六年)に指摘があるように、追記が数次にわたって行われており、訂正前の旧態でも計算が合うため、便宜上、訂正後の計算はしていない。

(71) 犬飼隆「文字言語文化としての戸籍」(新川登亀男・早川万年編『美濃国戸籍の総合的研究』東京堂出版、二〇〇三年、のち前掲注67書に再収録)

(72) 鐘江宏之「七世紀の地方木簡」(『木簡研究』二〇、一九九八年)

(73) 犬飼隆「木簡に歌を書くこと」(『木簡研究』三一、二〇〇九年)

解移牒符案にみえる訂正方法とその記号について

井上　幸

はじめに

本稿は、正倉院文書の解移牒符案を対象として、訂正符等の使用状況を列挙したものである。

訂正する際の表現方法（記号等）については、日本語の表記史上、小林芳規氏「見せ消ち符号について―訓点資料を主として―」（注1）など、訓点資料からの実証的研究によって、その種類等が明らかにされた。そして、近年、古賀弘幸氏「訂正符の研究Ⅰ」（注2）および「訂正符の研究Ⅱ―中国書道史における訂正符について（主に唐まで）」（注3）の用例収集と書道史の観点からの詳細な分析によって、各時代における、具体的な状況が明らかになりつつある。さらに古賀論文では、調査資料の地域的範囲も、日本の資料にとどまらず、中国大陸や朝鮮半島における同種の表現も視野に入れられており、両地域と日本の漢字文化における記号の研究が、包括的に進められている。その挙例中、正倉院文書についても、「皇大神宮殿舎錺注文」（『南京遺芳』所収）の「着」字の右横の「ム」抹消が挙げられているように、本稿で対象とする解移牒符案以外にも、正倉院文書には訂正方法が観察できる部分が数多くある。また、日本の古代の使用例として、東野治之氏「抹消符と転倒符」（注4）においては、「法華義疏」の倒置符に、〝乙字形〟のものがあること、そしてそれが、中国南北朝の表記と関わる可能性があることを指摘されている。

小稿は、調査範囲や事例の抽出・分類方法がいまだ不十分ではあるが、日本の奈良時代に成立した正倉院文書の、中でも、解移牒符案を対象とした調査結果を紹介する。前述の通り、正倉院文書や日本古代の訂正表現については、上述の通り、すでに指摘があるものの、断片的にしか挙例されてこなかった感がある。そこでとりあえず、使用されている種類を把握しておくことは、多少なりとも必要なことであると考え、ここに列挙することにした。

また、解移牒符案という文書の性質から、書かれた内容、様々な局面、生成過程に対する理解があってこそ、その記号の指し示す内容が明らかになるものと思われるが、この点、筆者の調査、見識不足から、その見極めが十分には行えているとはいえず、ここにそのリストとして列挙し、御批正を仰ぎたい。

一　調査の指針

本稿で対象とした解移牒符案は、以下の五種で、計五〇三通の文書が貼りつがれている。(注5)

Ⅰ　造東大寺司写経所公文案帳（八八通）

Ⅱ　御願経奉写等雑文案（八一通）

Ⅲ　奉写一切経所解移牒案〈山本（Ⅰ）〉(注6)（五七通）

Ⅳ　造石山寺所解移牒符案（二一〇通）

Ⅴ　奉写二部大般若経所解移牒案（六七通）

このうち、抽出できた訂正箇所における訂正方法は本稿末尾の表1「訂正の形式一覧」に別掲する。また、用例の認定の前提として、どのように用例を収集したのかを次の①～④に示す。

①訂正の範囲

まず、訂正表現といっても範囲が漠然としているが、本調査では、すでに記されたある文字・部分に対して変更する際にとられた表現方法を対象とする。これに対し、元の記述に対し、全文を追記するものについては、〝追記〟として表1には立項しない。

（例）・いろはにほへと　←本調査の対象とする

・いろはにほへと
　ちりぬるを　←追記なので本調査の対象外

②用例の認定

『大日本古文書（編年）』（以下、大日古）に記された見せ消ち符号「ミ」を手掛かりとし、該当部分の『正倉院古文書影印集成』（八木書店、以下『影印集成』）および続々修はマイクロフィルムの紙焼き写真によって確認できたものを抽出した。ただし、大日古に「ミ」記号が付されていない場合でも、『影印集成』の「解説」の本文項に記されている内容にしたがった。さらに詳細に観察すれば、該当数は多くなると思われる。

③異筆・別筆と朱筆の区別

訂正した文字が、元の文字列に対して、異筆・別筆である場合が多くあるが、これらの筆の違いについては、本調査においては、特に区別しない。これらを区別していくことで、内容的に、文書の動きなどが明らかになることがあるかもしれないが、今はこれを目的としないので、すべて同等に扱っている。また、朱筆については、色を変えて訂正を示すという手段ではあるが、その一々を朱筆として計上せず、あくまでも、それぞれの訂正の形式に分類した。

④同一箇所に複数回におよぶ訂正の場合

訂正に訂正を重ねた場合については、何次目のものかということは区別せず、各形式の用例として、一つずつ計上した。

調査の指針としてはあいまいなところが多く、また、分類しきれなかった例も少なくないが、これにより抽出できた訂正方法を形式により分類し、末尾の表1「訂正の形式一覧」に列挙する。各形式の認定には、一覧表最下段「形状の特徴、本行との関係など、分類の規準とした点」に記した。

二　調査結果の概観

上記の調査により抽出できた例の総数としては、七九一箇所であった。各類の用例数の詳細は、本稿末尾の表の「例数」欄に示した。多かった種類は、Aの小書きで傍記するもの（一八七例）、Lの重書（一七三例）、D1～4の中心線（計一一九例）で、総数の六割を占めている。続いて、C1～3の囲み（計九七例）、Bの傍記（六〇例）、H1～3の転倒符（計五七例）、I1・2の接続線（三九例）、K1・2の擦り消し（二八例）、F1～3の傍線（計一二例）、Jの塗りつぶし（一〇例）であった。この他、少なかった種類は、G1～3のムや〇、ミ形の抹消（計六例）、E1・2の斜線（計三例）であった。

以下、各項目ごとに、特記事項をまとめる。

A　傍記する文字数は、一～三文字程度がほとんどである。

B　訂正すべき箇所と修正結果の文字数は、ほとんどが一対一～二文字ではあるが、「進↓令参向人」（〔Ⅰ56〕、続々一八ノ六裏㉞、一四ノ二一二）のような場合もあった。

C　小分類のうち、一重線か二重線かについては、一重線がほとんどであった。また、筆の入りは下からのものもあれば、上からのものもある。訂正すべき文字数は、多くは一、二文字であるが、三行分にわたって囲まれている場合もあった（〔Ⅱ46〕、続々一八ノ六㊳、一四ノ三九九）。

D　使用例が多いものであったが、小分類のうちの、一重線か二重線かということについてみると、一重線がほとんどであり、二重線は一一八例のうちの十一例のみであった。また、二重線については、左側と右側の線の真ん中にふくらみがあってCの囲みに類似する場合がある。これは、本来Cに入れるべきものもあるかもしれない。なお、線の範囲の多くは、一文字〜一行以内がほとんどであるが、四行にわたる（一文書すべて）場合もあった（〔Ⅱ68〕、続々一八ノ六[54]、一四ノ四二二）。

E　調査範囲では、表中の二例のみであった。ただし、このような文字の両端からはみ出るほど長く引いてある場合は見やすいが、もしかすると、Bなどの他の分類にしたものの中にも、文字の中に短めの線（点）がある可能性がある。

F　D類の中心線との区別が難しいが、線が文字には多少かかるものの、文字の中心から外れて、その右側にあるものとした。F1とF2は、その右側に置き換えたい文字を書くものである。F2は最初の部分がカギ状になっている。F2の抽出例はすべて表1に例示した文書と同じ文書からで、他の文書でも利用されているか、さらに調査する必要がある。さらにこのF2と同じ形状で、カギ状の傍線で、削除をしめしている例がF3である。この形状で右に修正内容が記されていない場合、照合結果を示すいわゆる「合点」とも同様にみえる。これに対し、一覧表に挙例したものは、上日の記録にあたる部分で、合計人数が一八人（〔拾捌〕）であったところを「捌」の隣に訂正（A形式による）して「五」と傍記し、一五人としている。そこにリストアップされた人数は、元々は一八名であるが、一覧表中の例を含めた三例にこの類の傍線がついている。ここから、この三例の傍線が削除を示すものであると判断できる。（注6）この他では、「画絁料白絁」に対する「料白絁」の部分（〔Ⅱ4〕、続々一八ノ六[4]、一四ノ三六七）と、「卌六端四丈五寸」に対する「四丈五寸」の部分（〔Ⅴ59〕、続々修一八ノ七[3]、五ノ五〇一）の各一箇所である。また、この〔Ⅴ59〕文書の他の訂正箇所には、訂正方法C類

(囲み一重)が多く、そのいくつかは、一筆書きではなく、訂正したい本行を左右から挟むように描かれている。当該部分は、この囲み抹消の右半分だけを書いたというつもりかもしれないが、始筆にカギ状の部分が明瞭に確認できるので、ここに分類した。これらのことから、いわゆる合点にみえるものでも、削除を表すものが、他にもあるおそれがある。本調査では、文書の内容や形状の吟味まで十分に行えていないので、今後の課題としたい。

G　調査範囲では、1のム形は四例のみであったが、注2古賀論文の図版14でも、他の正倉院文書の例が挙げられている。2の〇印、く印はそれぞれ表に挙げた一例のみであった。2は大日古の記号も〇状であった。これは「十一月」の「一」についていて、削除かどうか判断が難しいが、前後の文書は、一部訂正はあるものの、前の文書は「九月」、次の文書が「十一月」であることから、当該例「十一」の「一」を削除し「十月」とするものと判断した。3の大日古の記号はく状であった。これは「右人等」の「等」を削除するもので、〝右〟の指示内容は一名のみである。同紙に続く同内容の文書でも、一名の場合には「等」はなく、二名以上の場合は「等」があることから、「等」を削除するものと判断した。両形式について、調査範囲外でも使用例があるか、今後検証しなければならない。

H　使用例数のうち、小分類のH2の形がほとんどで、1、3は僅少である。ただし、H1については、H2の始筆の部分が見えにくくなっているだけで、H2の内に入れるべきかもしれない。H2は、他の資料でも最も広く使われている形と思われる。H3の使用例が、調査範囲外でもあるかどうか、今後の課題としたい。なお、使用例数のうち、Ⅳ造石山寺所解移牒符案の場合が、三分の二を占めていた(五七例のうち三四例)。

I　接続線によって、本来書くべき位置を指示するものである。小分類I2では先端(配置すべき場所)に〇印が見えなかった。〇が見えにくくなっているだけで、I1に含まれる場合もある可能性もある。

J　調査範囲では、塗りつぶす文字数は、一～三文字程度であった。

K　調査の概要で述べた通り、大日古の注記か『影印集成』の「解説」によるしか判断しがたいため、これら以外にある可能性がある。また、擦り消し方法等についても、さらに分類できる可能性があるかもしれない。

L　多くの使用例が認められたが、訂正内容の多くは、数字に関するものであった。一～二文字の訂正すべき部分に、上から太く重ね書きしている。

以上、雑駁ではあるが、訂正表現の収集例を概観した。上記の説明では分類しがたい例、遺漏もあると思われ、精確さに欠ける部分が大きいが、記述の内容が分類の決め手になる場合もあるので、さらに慎重に吟味していきたいと考えている。特に、F3形式に関連し、このような記号には、訂正表示以外に、照合結果を示す合点としての機能を有するものもあり、これらとの見極めが難しい場合がある。これらの問題点を今後の課題として、収集・分類の精度を上げていきたい。

分類したそれぞれの形状がどのような機能を担っているのかについても、今回は、簡単にその特徴をまとめるだけになってしまったが（一覧表最下段）、さらに検討が必要である。例えば、ある文字を訂正する際、Bの傍記のように元の文字を消さないものに対して、訂正対象が字数的にも同じようなC形式やD形式と、何か使い分けがあるのかどうかなど、特段の傾向を見出すことはできなかった。今後、他の資料などの事例をふまえ、それぞれの役割、機能について、さらに詳しく検討しなければならない。

おわりに――訂正表現収集の応用

1　誤記と訂正の背景

これらの訂正部分・内容は、単なるケアレスミスのものから、事案の進行上発生する訂正まで、多岐にわたっている。筆者の興味からみると、よくエラーが起こるものはどのような文字、場合かということが興味深い。また、特に、その訂正がなぜ起こったのかを考えることは、当時の国語を観察する上で、貴重な材料になると思われる。すでに、桑原祐子氏「正倉院文書の「早速」—和製漢語のうまれる場面—」(注7)の中の、三節「転倒符・速早・「火急早速」からわかること」で示されているように、「速早」の「早」に転倒符があることが、「早速」であるべきだという語のあり方を示していること、そして、それが、字音語であったという一つの解答を導いていることが実証されている。このように、ケアレスミスであったとしても、訂正の前後を慎重に吟味することによって、当時の人々の言語意識をはかることができる部分を見出す手がかりになると思われる。

2　日本古代の文字資料の中での広がり

これらの結果の検討が進めば、同時期の他の文字資料の吟味をさらに進める必要があると思われる。例えば、木簡においては、紙と異なり、〝削る〟という行為が可能であるが、今回の分類にあるような重書や線なども見られる。すでに東野治之氏によって、「登能国」の「能」についた✓形の転倒符（一覧表ではH２）についても指摘がある（『平城宮木簡』七—一二七五二）(注8)。今後、どのような類の訂正方法があるのか、また、合点などの記号も含め、当時の書記システムを支えたそれぞれの機能を探っていきたい。そして、先行研究で示されている漢字文化圏における収集例の研究成果を活用し、本稿の収集例を検討できるよう広く目を向けていきたいと考えている。

注

（１）『訓点語と訓点資料』七七号（訓点語学会、一九八七年）
（２）『大東書道研究』第十六号（大東文化大学書道研究所、二〇〇八年）

（3）『大東書道研究』第十九号（大東文化大学書道研究所、二〇一一年）
（4）『書の古代史』（岩波書店、一九九四年）
（5）解移牒会において配布された輪読用資料集による。詳細は、本書山下有美氏論文参照。
（6）この例は、山下有美氏に、研究会の席上で、ご教示いただいた。記して感謝します。
（7）『正倉院文書の訓読と注釈―造石山寺所解移牒符案（一）―』（科学研究費研究成果報告書Ⅰ、課題名「正倉院文書による日本語表記成立過程の解明」（研究代表者桑原祐子、課題番号二二五二〇四六七）、二〇一四年三月）
（8）奈良文化財研究所、二〇一〇年

謝辞

本稿をまとめるにあたり、研究会の席上でご指導をいただきましたことに御礼申し上げます。ただ、筆者の調査不足から十分に活かせなかった点が多々あり、お詫びします。あわせて、日ごろの研究会においても、栄原永遠男先生をはじめ、ご参加の皆様に、ご指導賜っておりますこと、この場をかりまして、御礼申し上げます。

表1　訂正の形式一覧

分類	形状	例数	画像	種類と番号	所属	大日古	目的（意味）	形態の特徴、本行との関係など、分類の基準とした点
A	傍記（小書）	187		Ⅰ 2	続々34ノ10裏[11]	13ノ242	脱字挿入	右側の、挿入したい位置に、小さめに
B	傍記	60	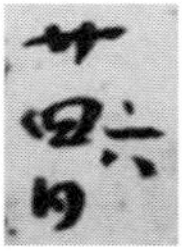	Ⅰ 56	続々18ノ6裏[34]	14ノ212	訂正	右側の、置き換えたい文字の真横に
C1	囲み（一重）	49		Ⅰ 53	続々18ノ6裏[37]	14ノ208	削除	不要な部分を一重線で囲む
C2	囲み（一重）＋傍記	10		Ⅱ 18	続々18ノ6[17]	14ノ379	訂正	一重線で囲んだ右側に置き換えたい文字を書く
C3	囲み（二重）	38		Ⅰ 77	続々18ノ6裏[15]	14ノ258	削除	不要な部分を二重に囲む
D1	線（一重）	50		Ⅱ 8	続々18ノ6[7]	14ノ371	削除	一重線を本行のほぼ真ん中に通す
D2	線（一重）＋傍記	58		Ⅱ 8	続々18ノ6[7]	14ノ371	訂正	一重線を本行のほぼ真ん中に通し、右側に置き換えたい文字を書く

D3	線（二重）	6		Ⅲ 22	続々3ノ4 [16]	15ノ28	削除	二重線を本行のほぼ真ん中に通す
D4	線（二重）＋傍記	5		Ⅰ 37	続々18ノ6裏 [52]	14ノ181	訂正	二重線を本行のほぼ真ん中に通し、右側に置き換えたい文字を書く
E1	斜線（二重）	2		Ⅳ 142	正5⑤裏 [14]	15ノ220	削除	不要な部分を斜線で示す
E2	斜線（二重）	1		Ⅱ 1	続々18ノ6 [1]	14ノ365	訂正	不要な部分に二重斜線をひき、その右側に置き換えたい文字を書く
F1	傍線＋傍記	1		Ⅱ 9	続々18ノ6 [8]	14ノ372	訂正	一重線を本行の右側にひき、その右側に置き換えたい文字を書く
F2	カギ状傍線＋傍記	6		Ⅱ 1	続々18ノ6 [1]	14ノ365	訂正	カギ状の一重線を本行の右側にひき、その右側に置き換えたい文字を書く
F3	カギ状傍線	5		Ⅱ 59	続々18ノ6 [49]	14ノ405	削除	カギ状の一重線を不要な部分の右側にひく
G1	抹消符ム	4		Ⅲ 14	続々3ノ3 [7]	15ノ14	削除	不要な文字の右側にム状の記号を書く

G2	抹消符〇	1		Ⅴ 39	続修50③ 裏[3]	16ノ333	削除	不要な文字の右側に〇状の記号を書く
G3	抹消符ミ	1		Ⅴ 51	続別38 [6]	5ノ494	削除	不要な文字の右側にミ状の記号を書く
H1	転倒符ノ	14		Ⅰ 8	続々34ノ10 裏[8]	13ノ384	順番変更	順番を先にしたい文字の右側にノ（左下から右上にはね上げる）を書く
H2	転倒符✓	42		Ⅰ 51	続々18ノ6 裏[39]	14ノ208	順番変更	順番を先にしたい文字の右側に✓を書く（レ状に折り返すところが1とは異なる）
H3	転倒符✓	1		Ⅱ 64	続々18ノ6 [51]	14ノ408	順番変更	順番を先にしたい文字の右側に✓を書く
I1	接続線〈〇印アリ〉	31		Ⅰ 56	続々18ノ6 裏[34]	14ノ212	位置変更	配置すべき位置に〇をつけ、動かしたい内容を線で指示する
I2	接続線〈〇印ナシ〉	8		Ⅰ 46	続々18ノ6 裏[43]	4ノ344	位置変更	配置すべき位置に、動かしたい内容を線で指示する（〇なし）
J	塗つぶし	10		Ⅰ 47	続々18ノ6 裏[42]	14ノ189	訂正	不要な文字を塗りつぶし、その上あるいは右側に置き換えたい文字を書く
K1	擦消＋傍書	7		Ⅲ 47	続々3ノ4 [44]	15ノ50	訂正	擦り消してその右側に置き換えたい文字を書く

K2	擦消＋重書	21		Ⅳ 102	続後33(1)裏[1]	15ノ194	削除	擦り消した上に置き換えたい文字を書く
L	重書	173		Ⅰ 58	続々18ノ6裏[32]	14ノ221	訂正	置き換えたい文字の上にうまく書き直す

(1)「画像」欄は、各形式のうち典型的なものを例示した。
(2)「種類と番号」欄は、掲出した画像が所属する解移牒符案Ⅰ～Ⅴとその何番目の文書であるかを示す。
(3)「所属」欄および「大日古」欄は、「画像」欄に例示したものの種別・帙巻・紙番号および大日古の巻頁を示す。
(4)「画像」は、E1・G2・G3・K2が『影印集成』、それ以外は、マイクロフィルムの紙焼き版からスキャンしたものである。

正倉院文書における督促の表現
――「怠延」を中心に――

根来　麻子

はじめに

正倉院文書には、物や人の進上を要求し、「遅らせるな」「早くせよ」と命ずる表現がしばしばみえる。仕事を滞りなく進行させるためには、物や人のやりとりが迅速に行われる必要があったため、こういった表現が発達したものと思われる。多くの場合、「不得」「不須」「不可」など禁止をあらわす表現に、「期日に遅れること」や「物ごとを先送りにすること」をあらわす語が重ねられる。「期日に遅れること」「物ごとを先送りにすること」は、「延」や「遅」の一語であらわされる場合もあるが、多くは、同義もしくは類義の語を重ねた熟語のかたちで現れる。そのバリエーションは多様で、「懈怠」「怠緩」「遅怠」「遅緩」などの漢語が使用される一方、「怠延」「延廻」「怠廻」など、漢語には見いだしがたい熟語も少なからず使用されている。

興味深いのは、正倉院文書において、漢語よりも、漢語にみえない語の方が使用例が多いということである(注1)。本稿では、その中で最も用例数が多い「怠延」に注目する。漢語に例のみえないこの語は、人や物の進上を命ずる文書の中に、「不得怠延」「無可怠延」「不怠延」のかたちで用いられる。正倉院文書中に一〇例あり、うち九例が造石山寺所解移牒符案にみえる。残る一例も、天平宝字六年（七六二）に麻柄全万呂が造東大寺司に食料を請うた、造石山寺所関連の解にみえる。なお、造石山寺所関連文書以外では、語順が転倒した「延怠」も一例みえる。

「怠延」「延怠」は、上代の他の資料には見いだすことができない。正倉院文書という実用文書の表現世界において、なぜ、「怠」と「延」とが結びつき、漢語にはない表現が生み出され使用されたのか。その契機と意義とを探りたい。

一　用例

まずは用例を概観する。

〈1〉石山司符　領橘守金弓

応㆓漕下㆒柱事

右、今彼材可㆑用切要、宜承㆓知状㆒、川水共争漕下、事有㆑限勘、不㆑得㆓**怠延**㆒、今具㆑状、差㆓仕丁額田部広浜㆒、故符、

主典安都宿祢

領下

六年六月四日　（続修一七③裏、一五ノ二一四）(注2)

右は、石山司から甲賀山作所へ宛てた符で、柱が今すぐどうしても要るので、早く流して運ばせよ、と命ずるものである。「切要」「事有㆑限」とあることから、期限があって急を要する案件であることがわかる。文書末尾で「不得怠延」と念が押される。

〈2〉符　山作所領等

可レ停ニ止作物一事
右、造物事停止、宜承レ状、所レ造雑材等、一物已上既悉
進上、更勿ニ工雇役一、又散用物等、惣集令ニ持参向一、不レ得ニ怠
延一、今具レ状、附ニ木工丈部真犬一、故符、
主典安都宿祢
六年五月一日
（続々修一八ノ三⑥(3)、一五ノ一九八）

これも同様の符である。造物を停止し、造石山寺所へ戻るよう指示するもので、ここでも、急を要することを示すため「不得怠延」と記されている。

語順が転倒した「延怠」は一例のみ見えるが、「怠延」と同様の使われ方をしている。

〈3〉可レ請零落経事
右、被ニ僧都命一稱《ママ》、件零落経者、使レ請ニ
山階及飛鳥等寺経一者、仍以レ状牒、
其経名目附ニ寺家使一已訖、事是有
レ限、不レ須ニ延怠一、
天平勝宝六年五月廿三日上毛野君粟守
仏本行集経六十巻
（続修四二⑫、四ノ一三）

写経のため不足している経を、山階寺と飛鳥寺に請う文書で、事に期限があるので、早く用意するよう命じている。「不須延怠」も、急を要する案件ゆえに、迅速な対応を求めるための文言として用いられているといえる。

興味深いのは、これら「怠延」が、しばしば督促の文書に用いられることである（一〇例中五例）。五例すべてを

考察してみたい。

〈4〉造東大寺石山院所牒　愛智郡司

応二進上一二箇年料（注3）租米事五年奈良　四年石山院

右四年料租、以二去五日一、差二散位少初位下秦足人一充二乞使一、発遣既畢、此迄レ于レ今未レ進、依レ何然有、仍更差二加散位少初位上穂積河内一領レ乞発遣、宜承二知状一、依レ員早速進上、不レ得二**怠延**一、今具レ状、故牒、

六年五月十六日散位

別当主典安都宿祢

（続々修一八ノ三⑥(8)、一五ノ二〇六）

これは、造石山寺所が愛智郡司に対して出した催促の牒である。五月五日に、宝字四年（七六〇）と五年の租米を進上せよとの命を出したにもかかわらず、まだ進上されていないので、さらに使いを遣り、早く進上するよう促しているのである。ここに「不得怠延」という表現が用いられる。「去五日」に出された一度目の牒とは、次のものである。

〈5〉東大寺司作石山院所牒　愛智郡司

一応二収納一租米事宝字五年料

右、以二先日一、於二石山院一可二進上一者、此今間停止、宜察レ状之、如レ常於二奈良一可レ進レ送、

一早速可二進上一租米事宝字四年料

右、為レ用二石山院一切二要件米一、仍差二散位少初位下秦足人一、

充二乞使一発遣、宜承二知状一、依レ員早速進上、今具レ状、故牒、

天平宝字六年五月四日案主散位従八位上下

主典安都宿祢

（続々修一八ノ三⑥(6)、一五ノ二〇一）

ここでは、宝字五年の租米と四年の租米の進上を命じている。特に宝字四年の租米は、造石山寺所の食料に用いるため、どうしても必要なものなので、早く進上せよという。米が届かなければ、そこで働く人々への食料が支給できず作業が滞るため、早急に必要なものだったのだろう。「早速」「切要」という言葉に表わされているように、五月四日の段階ですでに、急を要する案件として示されている。しかし愛智郡は、五月十六日まで米の進上を行わなかったため、二通目の催促文書（〈4〉）が出された。そこには、文書末尾の表現として、「依レ員早速進上」に加えて、「不得怠延」と記されることとなる。「これ以上進上を遅らせるな」と、強く促す文言が加えられたのである。

次の例も同様である。

〈6〉東大寺司造石山院所牒　智愛郡司

応二進上一宝字四年料租米事

右、以二去五月廿一日一、差二寺奴立人一令レ乞、発遣已訖、

此至二于今一一斛未レ到、仍更差二舎人弓削伯万呂一、

加（注4）領遣如レ前、宜承二知此趣一、残所租米、依レ員無二漏闕（注5）一、

之、附二先後使等一、六月中旬以前進上、不レ得二**怠延**一、今具二

事状一、故牒、

天平宝字四年六月九日安主散位従七位下下

別当主典正八位上安都宿祢

（続々修一八ノ四③、五ノ四四四）

これは、東大寺司造石山院所が愛智郡に対して、宝字四年の租米の進上を求める牒である。文章中に「以㆓去五月廿一日㆒、差㆓寺奴立人㆒令㆑乞、発遣已訖」とあるよう、実はすでに一度、催促していることが分かる。それでもなお進上されなかったため、この文書が発行されたのである。「去五月廿一日」に出された文書は、次のものである。

〈7〉東大寺造石山院所牒　愛智郡司等
応㆓進上㆒宝字四年料残租米事
右、先日雖雖（ママ）㆑乞、至㆑今未㆓進畢㆒、宜察㆓此状㆒、依㆓残員㆒早進上、
但子細趣、従㆓元送牒㆒別顕、仍寺奴立人充㆓乞使㆒、発遣如㆑前、
今具㆓事状㆒、故牒、
天平宝字七年五月廿一日案主散位従七位下下
別当主典正八位上安都宿祢
（続々修一八ノ四③、五ノ四四一）

この文書でも、「先日雖雖㆑乞」とあることから、以前にもすでに、進上の命令があったことが分かる。つまり〈6〉は数度目の催促であり、「不得怠延」は、これ以上の進上の遅れを禁ずる文言であるといえる。

宝字四年料の愛智郡の租米は、宝字六年になっても未進のままになっていたが、造石山寺所による取り立てに応じ、十数回に分けて進上された（注6）。大幅に納期が遅れているにもかかわらず小出しに進上されたため、米の納品を閲した返抄にも、度々さらなる催促の文言が記された。

〈8〉東大寺作石山院司返抄
租米柒斛伍斗　愛智郡

右、依レ員検納如レ件、然得二去十四日一彼状云、以二同日一且卅斛将二進上一、
所レ残同月卅日以前、依レ員可二進畢一、若過二期限一者、依レ式科レ罪
者、今、依三解状太違二先状一、宜承二知趣一之、所レ残米等早速進
上、不レ得二怠延一、仍具二事状一之、即附二廻使等一、以返抄、
天平宝字六年四月廿二日案主散位従八位上下
別当主典正八位上安都宿祢向奈良
案主散位従八位下上
（続修後集三三⑴裏、一五ノ一九一～一九二）

これは、愛智郡から租米柒斛伍斗を受け取った作石山院司の返抄である。「得二去十四日一彼状」で示された米の進上数は三〇斛だったことを指摘し、今進上された数が先の状と大きく異なっていることをとがめ、残りを早く進上するよう求めている。そこに、「不得怠延」と記されている。約束の数量より大幅に少なかったため、残りを早く進上するよう、督促しているのである。次のものも同様である。

〈9〉造石山院所返抄
収納租米参斛黒一石五斗 白一石五斗
右、従レ例大異、又薦縄与悪、加以件米依レ不レ到、造物皆
悉停止、宜察二此状一、所レ残早速進上、以不レ得二怠延一、今具レ状、
以返抄、
天平宝字六年七月九日案主散位従八位上下
主典安都宿祢
（正集五⑤裏、一五ノ二二一）

七月六日に出された愛智郡の解に対する返抄である。三斛の租米が進上されたが、その中に黒米が混ざっていた

ことをとがめ、さらに、薦縄の質の悪さを非難する。そして、米が到着しないことによって石山院での造物が停止してしまうのだと述べ、残りの租米の進上を命ずる。進上された内容に不備・不足があったために記された、さらなる督促の文書であり、「怠延」はその中に用いられている。

租米以外の物事においても同様である。

〈10〉造石山院所解　申未レ到鋳工事

秦中国　狛皆万呂

右、依二司牒旨一、以二廿七日一可レ向二於レ院一、然以二今日巳時一、僅山代野守参款云、秦中国等者、依下有二私障一故上、今明日間留二奈良一者、因レ此件野守者、不レ得二用度勘申一『者』、然件　御鏡、可レ作有レ期、無下可二怠延一事上、大早速加二『以』数一有二仰給一、仍附二返向仕丁一、『更』請二処分一如レ『前』、今具レ状以解、『附仕丁阿刀乙麿』

天平宝字六年三月廿九日巳四点主典安都宿祢

（続々修一八ノ三、一五ノ一七八）

右は、造石山院所から造東大寺司に宛てた解で、孝謙天皇の勅願鏡製作にあたる鋳工を請うものである（『　』内は朱書）。二十七日に造石山院所へ向かったはずの鋳工・秦中国らが、「私障」のためにまだ奈良に留まっていることが分かり、鏡を期限内に製作するために、早く人数をそろえるよう依頼しているのである。この御鏡製作のための鋳工の召喚は、次に挙げるように、すでに三月二十五日の牒によって要求されていた。

〈11〉石山院牒　奈良政所

応二早速進上一鋳工二人上手

右、被二因八麻命婦廿四日宣一云、奉二　大上天皇　勅一偁、為レ鋳二

一尺鏡四面一、上手工四人許、早速令レ召者、宜察レ状、且用
度令レ勘故、不レ論二日夜一、令レ持二調度一進上、事有二期限一、
不レ得二延廻一、今具レ状、附二上馬養一、以牒、
天平宝字六年三月廿五日主典安都宿祢　（続々修一八ノ三、一五ノ一七七）

孝謙天皇の勅を受け、石山院から奈良政所に対し、鋳工の進上を求める牒が出された。この牒により鋳工五人が召喚されたが（一五ノ一八〇）、到着したのは山代野守だけだったために、〈10〉の文書が追って出されたのである。最初の牒〈11〉では、「事有二期限一、不レ得二延廻一」とある。期限があるので先延ばしにならないようにせよ、と命じている。それが〈10〉の文書では、「可レ作有レ期、無下可二怠延一事上」という表現へと変わっている。直後に「大早速」とあることからも分かるように、勅命による鏡の製作は、とにかく期限を守るべき仕事であったはずで、だからこそ遅れを禁ずる文言が記されているのであろう。

このように、「怠延」が、ただ物事の履行が遅れないよう注意を促すのみならず、督促の文書において用いられることが多い点は、この語の意味を考える上で重要である。既成の漢語では表せない語気が込められていると考えられるからである。

二　漢語における表現

『日本書紀』『続日本紀』など日本の漢文献では、「期日に遅れること」や「物ごとを先送りにすること」は「延引」という漢語で表される。

〈12〉太政官奏、「比来百姓例多乏少、至二於公私不レ弁一者衆。若不二矜量一、家道難レ存。望請、比年之間、令下諸国
毎年春初出レ税、貸二与百姓一、継二其産業一、至二秋熟後一、依レ数徴納上。其稲既不レ息レ利、令二当年納足一、不レ得三

延引穀有二逋懸一。

（『続日本紀』巻第八、養老四年（七二〇）三月己巳条）

これは、百姓らに稲を無利子で貸し付けて、その実りを税や食料に充てるようにせよ、という太政官奏である。ただし、貸し付けた稲の返済はその年の内に済ませ、先延ばしになって未納のままにならないようにせよ、という。ここでは、稲の返済が先延ばしになることを「延引」という。

〈13〉勅曰、「（前略）又調庸発期、具著二令条一。比来寛縦多不レ依レ限。苟事延引、妄作二逗留一、遂使下隔レ月移レ年交闕二祭礼之供一、自レ春徂レ夏既乏中支度之用上。（後略）」

（『続日本紀』巻第三十五、宝亀十年（七七九）十一月乙未条）

これは、調庸の進上時期を諸国が守らないことを諫める勅である。令によって定められているにもかかわらず、期を守らずに、一ヶ月も遅くなったり、年をまたぐことすらある。そうなると、その物品を用いるべき祭礼に支障をきたすので、今後そのようなことがないようにせよ、と強く促すものである。ここでも、進上を先延ばしにすることを「延引」という。

〈14〉初征東副使大伴宿祢益立、臨レ発授二従四位下一。而益立至レ軍、数愆二征期一、逗留不レ進。徒費二軍粮一、延二引日月一。由レ是、更遣二大使藤原朝臣小黒麻呂一。到即進レ軍、復二所レ亡諸塞一。於レ是、詔、責二益立之不レ進一、奪二其従四位下一。

（『続日本紀』巻第三十六、天応元年（七八一）九月辛巳条）

右の例も同様である。大伴宿祢益立が従四位下を得て征東副使となったにもかかわらず、進軍させずに、いたずらに軍粮を消費し、日月を引き延ばしていた。そこで、代わりに藤原朝臣小黒麻呂を派遣して軍を進め、益立の位階を剥奪した。ここでの「延引」は、進軍する日時を先延ばしにすることをいう。

「延引」は漢語である。

〈15〉艾重言曰、「（前略）今蜀挙レ衆帰レ命、地尽二南海一、東接二呉会一、宜二早鎮定一。若待二国命一、往二復道途一、延二引日月。」

（『三国志』魏書　巻第二十八、鄧艾列伝）

魏の将軍鄧艾は、蜀を滅ぼした功績によって名誉を得ていたが、独裁的な行動が目立ったため、司馬昭がそれを諫めた。しかし鄧艾は聞かず、独断で呉を攻めて滅ぼすことを提案した。国命を待っていれば、時期を失してしまうからという理由である。ここでは、呉への侵略が先延ばしになってしまうことを、「延引」といっている。

このように、漢語「延引」は、日本の漢文献の中でも「日時を先延ばしにすること」を表す語として用いられている。官人等は恐らくこの語を知っていたはずであるが、正倉院文書に「延引」は用いられていない。「遅らせるな」「早くせよ」と命じる際、既成の漢語に依らず、なぜ、「怠」と「延」を組み合わせた新たな熟語を用いたのか。それは、実務における物事の督促、という文脈において、「怠」の持つ意味が重要だったからではないだろうか。

三　「怠」の語義

「怠」は「落也嬾也慢也」（『篆隷万象名義』）とあるように、なまけること・おこたることを示すが、就中、官人らの勤務態度を直接的に評価する言葉であったと考えられる。『令義解』に「恪勤匪懈者、為二一善一」「公勤不レ怠、職掌無レ闕、為二諸管之最一」（考課令）とあるように、「懈」「怠」なく公務に勤しむことは、官人の規範であった。「恪勤匪懈」の「懈」は、「嬾也怠也」（天治本『新撰字鏡』）とあるように、「怠」と同義である。役人の勤務評定は、「善」の有無と「最」の数で決定される（考課令五十条）から、「善」や「最」の反対である「怠」と評価されることは、官人として最も望ましくないことであったはずである。

正倉院文書における「怠」は、為すべき職務をなさないことをいう。理由がどうあれ、欠勤を「怠」と言い、欠勤に伴う始末書・詫び状を「怠状」といった。[注7] たとえば次の例である。

〈16〉荊国足解　申不レ参状事

右、縁二私経奉レ写一、比日之間怠侍、纔
以二八月廿日一写了、参向為間、以二同日午時一
国足妻之兄死去告来、以レ是不レ得レ忍レ棄、
山代退下、今録二怠状一申送、以解、
宝亀三年八月廿一日酉時
謹上　道守尊卿記室
（続々修三九ノ四裏、二〇ノ五四）

荊国足が私的な写経を行っている間、職務としての写経を休んでいたことを「怠侍」という。私的な写経が終わったが、妻の兄が亡くなったため山代へ退出するのでさらに欠勤することを記し、「怠状」として送付している。

〈17〉秦吉麿解　申不二参向一事
右、以二今月廿八日一、吉麿家之
内物所レ盗、迄二今日一未レ得レ求、
仍累レ日而弥怠二勅旨一、寧為二己
身益一、於二吉麿一太損也、望三
請二日之間一、求三尋虚実一、不レ怠
即参向、仍注二事状一、以解、
宝亀三年五月四日
（続々修三九ノ四裏、二〇ノ六〇）

ここでは、秦吉麿が盗難に遭い、盗まれた物を探す二日間、仕事を休むことを請うている。四月二十八日に盗難に遭ってから、何日も出勤していないことを「怠二勅旨一」、今二日間の休みを得れば、きちんと出勤することを「不レ怠即参向」という。ここでも「怠」は、欠勤することを指していう言葉としてある。

あるいは、病気で欠勤することもまた「怠」である。

〈18〉坂合部浜足謹解　申請下不二参向一怠状上事
　右、以二月五日一縁レ起二痔痢一、三箇日
　暇給罷、然迄二今日一未二息愈一、仍
　注二緩遅状一、謹以解、
　　　　　　神護景雲四年八月八日
　退請、若病息平者、不レ避二昼夜一参二向寺家一、
　敢不二奸滞一、仍注二愁状一、以解
　　　　　　　　　　　　（続々修三九ノ一裏、一七ノ五六三）

坂合部浜足が赤痢にかかって三日の休みを請うたが、まだ治らないので、さらに一日休むことを請求している。たとえ、病気など出仕できない正当な理由があったとしても、欠勤の報告書（詫び状）は「怠状」であり、「怠」は勤務評定にひびくものであった。

もっとも顕著なものは、次の例であろう。

〈19〉中室浄人解　申進二過状一事　（別筆）「附中納言殿使置始連《村主》小室万呂」
　右、浄人之過甚深、不レ能二浮軽一、凡官者先致
　レ礼敬二於公一、後及三孝二悌於レ親一、而今浄人在レ過
　違二礼義一、以既乖二公事一、望請悔二愧先過一、自
　レ今以後、恪勤不二怠緩一、昼奉二仕行事一、夜宿
　直侍、一事以上無二漏闕一、精進奉仕、謹以
　申聞、（別筆）「申聞無」

宝亀二年潤三月九日　（後略）　（続修一九⑥、六ノ一六二〜一六三）

中室浄人が、公務より私事を優先したことを謝する過状である。今後は怠けることなく公務に勤しむことを、「恪勤不怠緩」という。この表現は、先述した孝課令の「恪勤匪懈」に基づいていると思しく、「怠緩」は「恪勤」の対義としてあるといえよう。いかなる理由があっても、私を滅し公事に奉仕することが官人としてのあるべき姿であり、「公」を疎かにすることはすなわち「怠」なのである。（注8）

このようにみると、「怠」と「延」とを重ねた「怠延」に禁止表現が加えられた「不得（無可・不）怠延」には、ただ「早くせよ」というだけでなく、職務怠慢で事が完了しないことを、より厳しく非難する語調があるとみてよい。期限がある、催促されているなど、早急な対応が必要な案件であるにもかかわらず、遅々として行為が完了しない場合に、「ぐずぐずするな」と叱責する表現だといえる。漢語「延引」では、ただ「先延ばしにする」ことしか表せないため、「怠」と「延」とを組み合わせ、官人等の怠慢を咎める、厳しい表現を作り出したのだろう。

四　「怠」を用いた二字熟語

正倉院文書の中には、他にも、「怠」を用いた二字熟語が複数みえる。その中で、漢語にみえないものとしては、「怠廻」「廻怠」（注9）がある。「怠廻」「廻怠」もまた「怠延」「延怠」と同様、「不得」等の否定辞を伴い、物や人の進上の遅れを禁止する文言の中に用いられる。

〈20〉造東大寺司石山院所牒　愛智郡司

合所レ進宝字四年料租米一百卌八斛九斗四升先且進百石 今可進卌八石九斗四升

右、造作院料、件米充用事者、尤彼郡司所レ知、然数雖レ令

レ乞、迄二今時一未二進畢一、宜承二知此趣一、残所依レ員、即副二此使

等一進上、不レ得二怠廻一、仍差二散位少初位下丸部足人、未選
舎人弓削伯万呂等一、充レ使発遣如レ件、今具二事状一、故牒
天平宝字七年正月廿六日散位従八位上下村主
別当主典正八位上安都宿祢
（続修別集六⑧、五ノ三八三）

〈21〉符　山作所領玉作子綿等
合可二山作一材五枝
柱卅根各長一丈一尺　本径七寸已上八寸已下　樋廿枝各長二丈　方四寸
右件材木、今急令三早速進二上寺家一、不レ得二怠廻一、符到奉行
主典安都宿祢　　領上馬養
六年四月十七日
（続修後集三三⑴裏、一五ノ一九〇）

〈22〉造東大寺司
召河内石嶋二月廿六日参　　河内稲万呂　　牛鹿足嶋三月四日参
（中略）
右、得二画工司状一云、被二中務省宣一稱（ママ）、為三
彩色二大仏殿之天井一、件人等令レ向二東
寺一者、宜下承二知此状一、早参中向寺家上
事有二期限一、不レ得二廻怠一、仍差二左大舎人従
七位秦里人充レ使一、故召、　到依例供給馬食
次官高麗朝臣　　判官川内恵師

天平宝字二年二月廿□

（続修四三①、四ノ二六〇）

〈20〉は未納の租米、〈21〉は材木、〈22〉は画工の進上をそれぞれ促す文書である。〈20〉は数度催促しても進上されない租米の督促であり、〈21〉と〈22〉もそれぞれ、「急令㆔早速進㆓上寺家㆒」「事有㆓期限㆒」とあることから、急を要する案件であることが分かる。「怠廻」「廻怠」は、「怠延」「延怠」と同様の用いられ方をしているといえよう。「廻」は、正倉院文書において、次の例のように「日を延ばす」意味に用いられることがある。

〈23〉奉写　御執経所

請㆓開元釈経録一部㆒之中第十九　第廿　先請来

右、以㆓同月二日㆒、依㆓少僧都宣㆒、差㆓六人部嶋継㆒所㆑請、迄㆑今不㆑来、更自㆓内裏㆒依㆓明軌尼師宣㆒、差㆓建部人成㆒令㆓奉請㆒如㆑件、可㆑有㆓御覧㆒、勿㆑廻㆓日時㆒

天平宝字八年八月廿五日信部史生大隅公足

（続々修一七ノ五、一六ノ五五二）

これは、奉写御執経所が経典を請う文書で、「御覧」つまり天皇がごらんになるものなので、日延べすることなく早く持参するよう命じている。「廻日時」は日を経過させる意と理解でき、「廻」字は「延」とほぼ同義で用いられていると考えられる。（注10）

ただし、「怠廻」は正倉院文書に二例、「廻怠」は一例しかみえず、他の上代文献や平安朝以降の文書類にも見いだすことが出来ない。（注11）つまり、一回的な使用であるといえる。対して「怠延」は、造石山寺所解移牒符案や石山関連文書の中に集中してみえる点で、ある程度定着して用いられたものであったことがうかがえる。また、平安朝以降の文書類には、「延怠」のかたちではあるが、物事の進上の遅れを禁止する文言の中に頻繁に用いられている。（注12）一例を挙げる。

〈24〉左弁官

応㆔早速注㆓進愛宕郡所在公田省営田諸司要劇氷室傜田神寺并諸司所所領及絵図等㆒事

右、大納言藤原朝臣実資宣、奉㆑勅、件公田并諸司所領所及絵図等、宜㆘仰㆓彼国㆒早注進㆖者、国宜㆓承知依㆑宣行㆑之㆒。不㆑得㆓**延怠**㆒。

寛仁三年十二月六日　　右大史小槻宿祢

少弁源朝臣

（『類聚符宣抄』第一）

〈25〉是日制、有㆑封神社者神戸修造。於㆓無㆑封社㆒無㆓人修理㆒。自㆑今以後、宜㆑令㆓祢宜祝等修造㆒。毎㆑有㆓小破㆒、随即修作。不㆑得㆔**延怠**使㆑致㆓大破㆒。（後略）

（『日本後紀』巻第二十二、弘仁三年（八一二）五月庚申条）

いずれも、命令の内容を、怠らず迅速に実行することを求める文言である。こういった様相からも、「延」と「怠」とを組み合わせた熟語が、正倉院文書における使用に留まらず、時代を下って汎用性を獲得していることがうかがえる。怠慢による仕事の遅れを禁じる表現は、物事を命ずる実用文書には必需であったのだろう。

また、五国史には、即位や改元など重要事項を山陵に報告する際の告文にも、「延怠」がみえる。

〈26〉遣㆓使者㆒向㆓嵯峨山陵㆒、告㆓以改元之由㆒。策文曰、「天皇恐美恐美毛掛畏支山陵尓申賜倍止奏久、（中略）但理須波先川申賜天、後尓施行倍岐物奈利。然乎有㆓殊障㆒天、一二日之間**延怠**留事乎奈毛、恐畏利御坐須止、恐美恐美毛申賜久止申。」

（『文徳実録』巻第六、斉衡元年（八五四）十二月甲寅条）

瑞祥による改元の施行に際し、本来なら先に山陵の神々に伺いを立てるべきだが、事情があって遅れたことを「延怠留」として、その非礼を詫びている。「留」と仮名が送られていることから「ノベオコタル」と和語で読まれていたとみてよく、ここでも、本来為すべきことの遅延をあらわす表現としてあることが分かる。

なお、もうひとつ、「怠」を用いる漢籍に見出し難い熟語に「闕怠」がある。(注13)

〈27〉□曇院
□被　御装東司左大弁紀朝臣口宣伱、
□牒僧綱所、早速令レ進二御装束
司一、但先障柱雇車進レ之、其賃料於
□給、事有二期限一、不レ可二**闕怠**一者、
今注
レ状、故牒
延暦八年十二月卅日従六位上行少録山口忌寸
正六位上行少丞百済王
（続々修四六ノ九、二五ノ三三）

欠損が多く分からない部分が多い文書であるが、「闕怠」は、「事有二期限一、不レ可二闕怠一」とあるように、物事の先送りを禁ずる文言の中に用いられている。「闕怠」は他に、生江臣東人の解（五ノ五五一、東南院文書三ノ一六）にみえ、そこには、「東人之身、遅鈍并老衰、毎事**闕怠**、更不レ得レ避レ罪」とある。ここでの「闕怠」は、老衰によって思うように動けず、仕事に支障が出ていることを言う。また、「闕怠」は、『続日本紀』にも用例が三例みえる[注14]。漢語の熟語としては例を見いだしがたいこの語が、正格漢文を志向する歴史書の中に用いられることは興味深い。「闕」も「怠」と同様、考課令の規定において、官人らの勤務評価にかかわる語としてある。諸官の「最」についての記述として「公勤不レ怠、職掌無レ闕、為二諸官之最一」とあるように、公務に勤しむと同時に、仕事内容に過失がないこともまた、優秀な官人の条件であった。そうすると、「闕怠」もまた、官人等の職務怠慢と過失をいう語として作られたものといえるのかもしれない。正倉院文書に二例、『続日本紀』に三例と、奈良時代における使用例は多くないものの、平安朝以降、職務怠慢を表す言葉として古記録や文書の中に頻出すること[注15]も、この語の

需要を物語る。

おわりに

以上、正倉院文書にみえる熟語「怠延」の検証を中心に、督促の表現について考察してきた。漢語には例のみえない「怠延」は、造石山院関連文書に集中し、米や人、木材等の迅速な進上を促す文言の中に用いられていた。遅々として租米を進上しない愛智郡に対し、何度も催促の文書を送り、「不得怠延」と記した背後には、造石山院所で働く人々の食料として米が緊要であったという切実な理由があろう。米が送られて来なければ、食料がまかなえず、たちまち作業は停止してしまう。米を期限内に数量をそろえて進上しないのは、郡司としての怠慢であるぞ、という叱責の念が込められているのだろう。また、人員や木材についても、石山寺増築には期限があり、少しでも遅れるとすべての行程がずれ込んでくる。そのため、通常よりも厳しい催促・取り立てが必要だったのではないか。造石山寺所関連の文書にのみみえる「怠延」は、そういった事情を反映して生み出され、使用された表現であると考えられる。漢語「延引」では表現しきれない語調―怠慢によって仕事を遅らせる―を持ち、禁止表現を伴うことによって、実用文書における厳しい督促の表現として機能したものと考えられる。

今後、「延廻」「闕怠」など、「怠延」と同様に漢語に例の見出せない熟語についても、さらなる検証が必要である。

注

（1）漢語にみえる語の用例数は以下の通りである。
「怠緩」四例、「遅怠」二例、「忘怠」二例、「遅緩」二例、「緩怠」一例、「懈怠」一例、「怠懈」一例、「怠息」一

例、「延緩」一例、「過延」一例、「延遲」二例

漢語にみえない語の用例数は以下の通りである。

「怠延」一〇例、「延廻」八例、「闕怠」二例、「怠廻」二例、「廻怠」一例、「延怠」一例

（2）資料の提示にあたっては、『大日本古文書（編年）』（以下、大日古）の巻と頁数を「一五ノ二二四」のように示す。また、文書の所属の続修第一七巻の第三断簡の裏を「続修一七③裏」のように示す。転倒符や訂正符のある場合は、訂正した本文を挙げた。

（3）「租」は誤って「祖」と書かれることの多いことが、中川ゆかり『正倉院文書からたどる言葉の世界（一）』（科学研究費補助金研究課題「正倉院文書訓読による古代言語生活の解明」（研究代表者：桑原祐子）研究成果報告書Ⅲ、二〇一〇年）に指摘されている。よって以下、引用資料、論文本文ともに「租」字で統一する。

（4）原文では「加」と「領」とが小字割書きのような体裁で書かれているが、文脈から判断し、「加領」とする。

（5）大日古では「随」の右側に示された訂正の字を「堕カ」とするが、写真により「闕」であると判断し、翻字した。「漏闕」は、「中室浄人解」（続修一九⑥、六ノ一六二）にもみえるため、熟語として存在していたことが確認できる。

（6）西洋子「造石山寺所解移牒符案の復原について─近江国愛智郡司東大寺封租米進上解案をめぐって─」（『律令国家の構造』吉川弘文館、一九八九年）

（7）桑原祐子「請暇不参解の表現─桑内真公の請暇解と不参解─」（奈良女子大学21世紀ＣＯＥプログラム報告書vol.15『古代文化とその諸相』二〇〇七年）

（8）桑原祐子「古代官人の言語生活─病気回復を表す言葉─」（『古代学』第一号、奈良女子大学古代学学術研究センター・奈良女子大学21世紀ＣＯＥプログラム、二〇〇九年）では、中室浄人の過状には、「孝悌」「恪勤」「一事以上」「謹以申聞」など、律令に用いられる言葉が多く用いられていることが指摘されている。中室浄人をはじめ、当時の官人らが令の文言をよく理解していたこと、また令が行動規範として強く機能していたことがうかがえる。

（9）大日古では「週怠」と翻字されているが、写真でみると「廻怠」であることが確認できる。

（10）日延べをあらわす「廻」字については、「廻」字の字義や漢籍における用法なども含め、さらに考察が必要である。

別稿を期したい。

(11) 東京大学史料編纂所データベースによる調査。

(12) 『貞観交替式』『政事要略』『類聚三代格』『類聚符宣抄』『朝野群載』などに用例がみえる。

(13) 『旧唐書』巻二十一・志第一に、「上帝五帝其祀遂**闕怠**亦甚矣」と、「闕」と「怠」とが連続する文字並びがみえる。ただし当該箇所では、「闕」は「祀」を受ける述語、「怠」は「甚」の主語として読むべきであり、訓読すれば「其の祀ること遂に闕け、怠ることまた甚だし」となろう。よって、「闕怠」という二字熟語の例としては認め難い。

(14) 『続日本紀』における用例は以下のものである。

勅、「凡其庶務、一依二新令一。又国宰郡司、貯二置大税一、必須レ如レ法。如有二**闕怠**一、随レ事科断。」

（巻第二、大宝元年（七〇一）六月己酉条）

仍勅、「比年国司等无レ心二奉公一、毎事**闕怠**。屡沮レ成レ謀。苟曰二司存一、豈応レ如レ此。若有二更然一、必以レ乏二軍興一従レ事矣。」

（巻第三十九、延暦七年（七八八）三月辛亥条）

又鎮守副将軍従五位下池田朝臣真校、外従五位下安倍猨嶋臣墨縄等、愚頑畏拙之弖進退失レ度軍期乎毛**闕怠**利。

（巻第四十、宣命第六十二詔、延暦八年（七八九）九月戊午条）

(15) 『貞観交替式』『政事要略』『類聚三代格』『類聚符宣抄』『小右記』などに用例がみえる。

古代日本独自の用法をもつ漢語

——「返却」「却還」「還却」「解却」——

宮川　久美

はじめに

「造石山寺所解移牒符案」に下道主の次のような文書がある（合点・追筆省略）。

1　造石山院所牒　宇治司所
返向桴工二人　借充給銭壱伯文
右、依別当安都主典於奈良参上坐事、不得
彼事勘定。但以今日申上已訖。然進《遂》可漕件材。
仍且功銭充給返却如件。今具事状、以牒。
六年七月廿三日案主下
（続々修一八ノ三⑨、一五ノ二二九）

＊遂は進の上から重ね書き

【訓読】
造石山院所牒す　宇治司所
返し向かはす桴工二人　借りに充て給ふ銭壱伯文

右、別当安都主典奈良に参上り坐す事に依りて、彼《そ》の事勘へ定むるを得ず。但し、今日を以て申し上げ已訖《おは》りぬ。然して件の材は遂に漕ぶべし。仍りて且く功銭を充て給ひ返却すること件の如し。今事の状を具さにして、以て牒す。

この文書は、造石山院所の依頼によって宇治司所から派遣されてきた二人の桴工が、榑以外の材を運ぶのを、榑だけ運ぶのと同じ功賃では引き受けられないと訴えたため、(注1)宇治司所に対し、桴工二人をそちらに返し向かわせることを連絡したものである。造石山寺所では、別当の安都雄足が奈良に行っているので、今そのことについて決定できない。ただしこのことについては本日を以て奈良に申し上げた。いずれにしても件の材は最終的には運ばなければならない。よって、とりあえず、仮に銭百文をあてて、「返却」すること件の如し、という内容である。初めに「返向桴工二人」と記し、後の方で、「返却如件」と記している。文書の初めの「返向」は「返す」ことと「そちらに向かわせる」ということを言っている。「返」も「返却」も「返す」という意味だが、道主はなぜ「返」を「返却」と言い換えたのだろうか。

「返却」は、正倉院文書に四例見えるが、次の例も下道主の文書である。

これは、奈良にいる上馬養にあてたもので、(注2)内容は事務連絡を主としながら私的なお願いも含んでいる。(注3)

2　謹啓　道守尊左右

一　進上経師等借用銭帳一紙。

一　葛井判官大夫米事文、又一紙　即可進給。

一　別当佐官岡田米春得員文一紙。

一　奉令請方広経一巻、奉入即本経櫃。右、道主私所、十一日以来、欲令奉請。

一　先日佐官大夫仰遣氷魚、依不所取、不得買進上、若不此他物求進上哉、抑請処分。仰可遣。

一　院散雑物、依取収事不得、今明日間参上苦侍。但
進上仕丁等、待後日可向。乞火急可返却遣仕丁并舎人。

十二月八日辰時下道主

（続修四九⑧(2)、一六ノ二四）

【訓読】

謹啓　道守尊の左右

一　経師等の借用銭帳一紙を進上す。

一　葛井判官大夫の米の事の文、又一紙　即ち進り給ふべし。

一　別当佐官の岡田の米、舂き得し員《かず》の文一紙。

一　奉請せしむる方広経一巻、即ち本経の櫃に入れ奉る。右、道主の私所に十一日以来奉請せむと欲す。

一　先日佐官大夫の仰せ遣しし氷魚（注4）、取るところあらざるに依りて、買ひて進上するを得ず。若しは此の他の物を求め、進上せざらむや、仰ぎて処分を請ふ。仰せ遣すべし。

一　院に散る雑物、取り収むる事得ざるに依りて、今明日の間参上すること苦しく侍る。但し進上せむ仕丁等、後日を待ちて向はすべし。乞ふらくは火急に仕丁并びに舎人を返却し遣すべきことを。

十二月八日辰時下道主

文書三通を送ること、経典を送ることと、それを私的に借りたいというお願い、先日、安都雄足から指示された氷魚の入手が困難なことの報告とその後の指示を仰ぐこと、近日中に参上することができないこと等を一つ書きにしている。そして仕丁の進上を延期してほしいこと、「進上する仕丁并びに舎人」を「火急」に「返却」し遣わしてくださるようにお願いしている。

これと同日同時刻付の道主の文書で、同じ内容の部分を含む次のような文書がある。

3　石山院

令奉請般若本経一辛櫃在鏁并封副鎰一隻　残紙一辛櫃在封

布綱漆条　布浄衣参領　経机一前居櫃　筥形一基

右、随担夫員、且進上如件。

一　進上仕丁并領舎人、早速可返遣。先日仰遣残末醤

醤類并雑物、令持将参上。但今明食満給了。

以前條物等、附弓削伯万呂且進上如件、以解。

六年十二月八日辰時下道主

（続々修一八ノ三裏㊴、五ノ二八八）

【訓読】

石山院

奉請せしむる般若本経一辛櫃鏁并びに封在り鎰一隻を副ふ　残紙一辛櫃封在り

布綱七条　布浄衣三領　経机一前櫃に居う　筥形一基

右、担夫の員に随ひて、且く進上すること件の如し。

一　進上せむ仕丁并びに領・舎人は、早速返し遣はすべし。先日仰せ遣はす残末醤

醤類并びに雑物は、持たしめて参上せむ。但し今明の食は満給し了る。

以前の条の物等、弓削伯万呂に附して且く進上すること件の如し、以て解す。

六年十二月八日辰時下道主

傍線部「進上仕丁并領舎人、早速可返遣」は「進上せむ仕丁并びに領・舎人」を「早速」に「返」し遣わして下

さるように、と言っており、2の「火急可返却遣仕丁并舎人」と同じことをお願いする内容である。「火急」と「早速」とが異なるが、これはどちらも「大急ぎで」の意味である。(注5) 文脈から考えて、「可返遣」も「可返却遣」も「返して下さい」であるが、「返」と「返却」で何か違いがあるのだろうか。

また、「返却」と同じ「かえす」という意味の「還却」「却還」が正倉院文書に見えるので、これについても併せて考察する。

一　「返却」

「返却」という語は、正倉院文書の中には、四例しか見えず、そのうち三例が下道主の文書である。他の一例は「大工益田縄手経師貢進啓」である。『万葉集』に大伴家持が使用した例が一例、ほかには『続日本紀』『日本後紀』『続日本後紀』『日本文徳天皇実録』『日本三代実録』『延喜式』『類聚三代格』等に見えるが、『日本書紀』『古事記』には見えない。

そこでまず、「返却」が『続日本紀』以降の六国史等でどのように用いられているか、検討したい。『続日本紀』には以下の六例が見える。

①　新羅国は輙く本の号を改めて王城国とす。茲れに因りて返却其使（その使を返却す）。
（天平七年（七三六）二月癸丑（二十七日）条）

これは、これまでは、日本に対して新羅が朝貢するという立場を取っていたのに、国名を「王城国」と称して対等の立場を取ろうとしたため、その使いを追い返したという記事である。

②　渤海王の表礼无きことを壱万福に責め問ふ。是の日、壱万福らに告げて曰はく、「万福らは、実に是れ渤海王の使者なり。上れる表、豈例に違ひ礼无けむや。茲に由りてその表を収めず」といふ。万福等言さく、

「夫れ臣と為《あ》る道は、君命に違はず。是を以て封函を誤らず輙ち用《もち》て奉進《たてまつ》る。今、違例として返却表函（表函を返却さる）。万福ら実に深く憂へ慄づ。」とまうす。（宝亀三年（七七二）正月丁酉〔十六日〕条）

これも、渤海王の表が無礼であるとの理由によって、その表函の受け取りを拒否したということである。

③ 万福ら入りて座に就かむと欲るときに言上して曰さく、「上れる表の文、常の例を乖けるに縁りて返却表函并信物（表函并びに信物を返却され）訖りぬ。」（宝亀三年二月癸丑〔二日〕条）

これも、進上した表の文が常の例に背いているとの理由で表函并びに信物の受け取りを拒否された、と万福が述べているところである。

④ 使を遣して、渤海の使烏須弗《うすほつ》に宣べ告げて曰はく、「太政官処分すらく、前の使壱万福らが進れる表詞、驕慢なり。故、その状を告げ知らしめて罷り去らしむること已に畢りぬ。而るに今、能登の国司言さく、「渤海国使烏須弗らが進れる表函、例に違ひて礼无し」とまうせり。是に由りて、朝廷に召さずして、返却本郷（本郷に返却す）。但し、表函例に違ふは、使らの過に非ず。海を渉りて遠く来たる、憐矜事須《あはれむべし》。」仍りて禄并びに路糧を賜ひて放還す。[注6]（宝亀四年六月戊辰〔二十四日〕条）

この例でも、渤海国使が進った表函が、例に違って無礼であるとの理由で、本国に追い返すという。

⑤ 参議左大弁正四位下大伴宿祢伯麻呂勅を宣りて曰はく、「新羅国は世《よよ》舟楫を連ねて国家に供奉れること、その来たれること久し。而れども泰廉ら国へ還りて後、常の貢を修めずして、毎事に礼无し。所以に頃年《としごろ》、返却彼使（その使いを返却し）、接遇を加へざりき。」（宝亀十一年正月辛未〔五日〕条）

これも、無礼であるとの理由によってその使いを追い返し、接遇しないという。

⑥ 勅して曰はく「公廨の設は、本、欠負と未納を塡て補はむが為なり。国の大小に随ひて、既に挙式を立つ。而るに今聞かくは、「諸国の司等、欠物有りと雖も、猶公廨を得」ときく。理、法に依りて罪を科せ、没し

て官物とすべし。但し、以《おもひ》みるに、国司等久しく仕官の労有りて、曽て家に還る資無し。今、故に法制を立つ。今より以後、旧年の未納・欠負有らば、大国は三万束、上国は二万束、中国は一万束、下国は五千束已上、毎年徴し塡めて、帳に附けて申上ぐべし。若しこの制に拠らず、未納の者有らば、返却税帳（税帳を返却し）、事に随ひて罪を科せむ。

（延暦九年（七九〇）十一月乙丑〔三日〕条）

これは、違法であるによって税帳を受理せず差し戻し、罪に問うということである。

『続日本紀』の①~⑤の文脈における「返却」は、無礼、違例であるとの理由によって上位者であると自ら任じる日本国が外国の使者を追い返すこと・表函の受け入れを拒否し返すこと、⑥は違法であるによって税帳を受理せず返すことをいう。以後も、

慕感徳等、還《かへ》去る日、勅書を賜ること無し。今上る所の啓を検ずるに云く、伏して書問を奉《うけたまは》ると。言其実にあらず。理、返却すべし。

（『日本後紀』弘仁十年（八一九）十一月甲午〔二十日〕条）

渤海国使の持参した啓に事実と異なることが書かれているので啓を受理せず返すのが理にかなっている。

勅、在京諸司、不与解由状、理尽さざるに依りて返却す。

（『日本三代実録』貞観九年（八六七）十一月十一日丙午条）

理にかなわないので、不与解由状を受理せず返す。

国司解由を進る日、若し任中に調庸雑物の未だ進らざるもの有らば、解由を返却し、来たらむを慎ましめよ。

（『類聚三代格』巻五、仁和四年（八八八）七月二十三日太政官符）

国司が解由を進る日、もし在任中に未納の税があったら解由を受理せず返して、来ることを慎ませよ。

これらのように、事実と異なる、理にかなわない、未納の税がある、等の理由で、下位者が進上したものを上位者が受理せず返す、という例が多数ある。「正税返却帳」（『日本三代実録』元慶四年（八八〇）四月二十九日壬子条、

元慶五年五月三日庚戌条、元慶八年九月五日壬戌条）は、記載内容に不備があるため、受理せず返すことを民部省に報告した主税寮の解である。また、

凡そ諸衞に進れる牲、若し腐臭致さば、早く返却に従へ。換へて進らしめよ。（『延喜式』巻第二十、大学寮）

のように、進上されたものがもし腐った臭いがしたら早く返して交換させよ、などという例もある。

以上のように、「返却」は『続日本紀』以降の六国史や『類聚三代格』や『延喜式』に見え、無礼・違例、書類不備、理にかなわない、違法である、未納の税がある、腐っている（不良品である）等の理由で、上位者が下位者を追い返す・下位者が進上したものを上位者が受理せず返すという意味の言葉であった。

二　「却還」「還却」

「返却」と同じ意味の言葉に「却還」「還却」がある。

而るを調闕《みつきもら》せること有り。由是却還其調（このゆゑに其の調を却還す）。
（『日本書紀』大化元年七月丙子〔十日〕条）

これは、百済の進上した調が例に違って少なかったので受け取りを拒否して返したということで、先述の『続日本紀』をはじめとする「返却」の例と同じく、下位者が進上したものを上位者が受理せず返すという意味である。

渤海の入朝は、一紀を以て定む。而るに今、霊仙に言寄せて巧みに契期を敗る。仍りて可還却状（還却すべき状）、去ぬる年の十二月七日を以て言上す。（中略）伏して請ふらくは、客徒の入京を停止し、即ち着きし国自り還却（還却せむことを）。
（『日本後紀』逸文天長三年（八二六）三月戊辰朔条、『類聚国史』一九四渤海）

これは、十二年に一度と定めてある入朝期限を破って来朝した渤海国の使節を、その到着した国（ここでは隠岐国）から追い返すべきだと、藤原緒継が言上した言葉である。この「還却」も、「返却」と同じく、上位者であると自

ら任じる日本国が、下位者である外国の使者を追い返す、という意味である。

次の三例は、越前国使の桑原庄に関する解文である。

4　越前国使等解　申勘定□物事

（中略）

以前、被去四月五日符偁、検進解文、彼此参差、

共不連署、仍還却如件。

（中略）

天平勝宝七歳五月三日田使曽祢連　弟麻呂

足羽郡大領生江臣　東人

勘史生安都宿祢　雄足

（東大寺越前国桑原庄券第一、四ノ五二～五八）

【訓読】

越前国使等解し申す。□物を勘定する事。

（中略）

以前、去る四月五日の符を被るに偁く、「進りし解文を検ずるに、彼此参差あり、共に連署せず、仍りて還却すること件の如し。」

（下略）

四月五日付けの造東大寺司の符が引用されていて、上位者である造東大寺司が越前国使の解文を不備を理由に受理せず返したということである。

5　越前国使解　中勘定桑原庄所雑物并治開田事

合□町弐段壱伯壱拾□歩

（中略）

以前、被寺家去九月十五日口宣你、彼所公文者、国史生安都宿祢雄足、与足羽郡大領生江東人等共、勘定署名進上仰既畢。何故八九歳公文、田使曽祢連乙麻呂一人耳署名進上。此不理。仍還却如件。宜承知状、与上件人等勘定署名、早速進上者。謹依宣旨、当年地子并田並雑物勘定、去七八九三箇年公文副、附寺家舎人粟田人麻呂、謹申送。以解。

天平宝字元年十一月十二日専当田使曽祢連　乙麻呂

勘受収納坂井郡散仕阿刀僧

知足羽郡大領生江臣　東人

国史生安都宿祢　雄足

（東南院文書三櫃十一巻、四ノ二五〇〜二五四）

【訓読】

越前国使解し申す。桑原庄所の雑物并びに治開田を勘定する事。

合　□町弐段壱伯壱拾□歩

（中略）

以前、寺家の去る九月十五日の口宣を被るに你く、「彼所の公文は、国史生安都宿祢雄足、足羽郡大領生江東人等と共に、勘定署名して進上せよと仰すこと既に畢りぬ。何故八九歳の公文、田使曽祢連乙麻呂一人のみ署名して進上するや。此れ理にあらざるなり。仍りて還却すること件の如し。宜しく状を承知して、上件の人等と勘定署名し、早速進上せよ」といへり。謹みて宣の旨に依りて、当年の地子并せて田並びに雑物勘定し、去る七八九三箇年の公文を副へ、寺家舎人粟田人麻呂に附して、謹みて申し送る。以て解す。

（下略）

これも、上位者である造東大寺司が、下位者である越前国田使の提出した文書を不備を理由に受理せず返すことを「還却」といっている。

6　越前国使等解　申勘定進上公文事

合肆巻

一巻七歳所進

二巻以九月所還却

一巻今勘定収納帳

以前、依宣旨勘定、且附舎人粟田人麻呂、進上如件。但田図者、細子勘作、追将進上。今具状以解。

天平宝字元年十一月十二日足羽郡大領生江臣　東人

国史生安都宿祢　雄足

（東南院三櫃十二巻第三紙、四ノ二五二〜二五三）

【訓読】

越前国使等解し申す。進上せむ公文を勘定する事。

合はせて四巻

一巻は七歳に進れる

二巻は九月を以て還却さる

一巻は今勘定収納帳

以前、宣の旨に依りて勘定し、且く舎人粟田人麻呂に附して、進上すること件の如し。但し田図は、細子勘作し、追って進上せむ。今状を具さにし以て解す。

（下略）

これは九月に不備のため造東大寺司によって受理されずに返された公文二巻、ほか二巻、合わせて四巻を進上するというものである。

「出雲国計会帳」にも

（前略）

節度使符参拾弐条

天平五年

八月

一　七日符壱道　却還雑工生伊福部小嶋等合六人状　以八月廿二日到国

（中略）

九月

一　二日符壱道　飯石郡少領外従八位上出雲臣弟山給伝馬参匹還却状　以九月九日到国

（中略）

一　同日符壱道　熊谷団兵士紀打原直忍熊、意于団兵士蝮部臣稲主、歩射馬槍試練定却還状　以九月十三日到国

（中略）

十一月

一　十五日符壱道　造弩生大石村主大国付前様却還本郷状　以十一月卅日到国

（正集三〇①、一ノ五九三～五九四）

のように「却還」「還却」がみえる。割り注は節度使符の内容を国の側が記したものである。節度使のところから雑工や兵士や造弩生等を出雲に返すことを記した状が到着したことを記録している。節度使側の「返す」行為に「却還」「還却」を使うことにより、節度使側を上位者、国側を下位者とするへりくだり表現となる。

また、『続日本紀』に次のような資料がある。

勅して曰はく、「頃《このころ》七道の巡察使の奏状を見るに、曽て一国の守も政を領めて公平に合ふこと無し。（中略）政を施すに仁あらず。民の苦酷を為す。辺要に差し遣さむとせば、詐りて病重しと称し、勢官に任し使はさむとせば、競ひて自ら拝せむと欲《ねが》ふ。教義を聞くに匪《あら》ず。典章に率《したが》ふこと靡《な》し。意を措き心に属くこと、唯利のみ是れ視る。巧みに憲法を弄びて、漸く皇化を汚す。此の如き流《たぐひ》は、風を傷り俗を乱す。周公の才有りと雖も朕観るに足らず。今より已後《のち》、更に亦任すること莫れ。還却田園、令勤耕作。（田園に還却して耕作を勤めしめよ。）若し過を悔いて自ら新にすること有らば、必ず褒賞を加へむ。塗《みち》に迷ひて返らずは、永く貶黜すべし。」

（『続日本紀』天平宝字五年（七六一）八月癸丑朔条）

これは、欲が深くて邪悪な国司を再任することなく、職から追い払うことを、「還却田園」と言っている勅である。勅の旨を奉じて上位者である司が国司を追い払うということである。

以上述べたように、「却還」「還却」は他動詞として「かえす・しりぞける」の意味で、古代では、上位者が下位者を追い払う、下位者が進上したものを上位者が受理せず返す、という意味に限定して用いられる言葉である。

三　漢籍における「返却」「却還」「還却」

前項までに古代日本における「返却」「却還」「還却」の用例と意味について検討してきた。それでは、これらの語は、中国ではどのような使用状況だったのだろうか。

「返却」は、漢籍には、唐代以前の用例がほとんど見えず、(注7)わずかに次のような例が見いだせた。

嬌を含みて窈窕として迎へ前《すす》み出で、笑を忍びて嫈嫇として返卻迴（かへる）　＊卻は却の正字（『遊仙窟』）

しかし、これは「返却」の例ではなく、「返」「卻（却）」「迴」の三文字の複合詞である。三字とも自動詞「かえる」であり、三つの同義の字が並列した複合詞で、意味は単に「かえる」である。このような、三文字の複合詞は漢魏六朝の口語によく見られるという。(注8)中国の口語には、「返」「却」「迴」「廻」「還」「帰」「去」「退」などをいろいろに組み合わせた三字または二字の複合詞が多数見られる。

果して報認するを得て却廻還（かへる）、幸願はくはなんぞ相惟（違）棄するを須ひむ。

（『敦煌変文集上集』三三頁、孟姜変文）

適《まさ》に金を布《し》く事看已了《みおは》り、是以如今還却帰（ここをもって今かへらむとするなり）。

（『敦煌変文集上集』三七三頁、降魔変文）

子京死後一年、方に舍に来たり帰り、検校して住《とどま》ること三箇月にして還却去（かへる）。

（『敦煌変文集下集』三七五頁、捜神記）

未だ久しからざる間に傷殺すること轉多《あまた》なり。流離四兵即ち還却退（しりぞく）。

（『大方便仏報恩経』『大正蔵』第三巻No.一五六、一五二頁上）

世尊を礼し已り我即ち却迴（かへる）。

（北魏・菩提流志訳『大宝積経』『大正蔵』第十一巻№三一〇、三二六頁中）

子胥兵を収めて却返（かへり）、梁鄭二邦を伐たむと擬《ほっ》す。

（『敦煌変文集上集』二一頁、伍子胥変文）

無毒（鬼王の名）合掌して菩薩に啓して曰はく、「願聖者却返本処（願はくは聖者よ、本つ処へかへらむことを）」。

（唐・実叉難陀訳『地蔵菩薩本願経』『大正蔵』第十三巻№四一二、七七九頁上）

時に王軍を出で、遊戯して廻還（かへる）。

（北魏・吉迦夜・曇曜訳『雑宝蔵経』『大正蔵』第四巻№二〇三、四九五頁下）

太子死相を聞読し、更に乃ち愁憂《うれ》へ、便却還宮（すなはち宮にかへる）。

（『敦煌変文集上集』二九三頁、太子成道経）

一切人民居士長者、或いは頂礼已り、却住一面（しりぞきてかたはらにとどまる）。或いは共に仏に対ひて善き語言有り、各相慰喩すること訖已りて、各おの還却坐一面（しりぞきてかたはらに坐す）。

（隋・闍那崛多訳『仏本行集経』『大正蔵』第三巻№一九〇、八五七頁下）

これらは、自動詞「かえる・しりぞく」の同義結合の語であり、組み合わせと語順はいかようであっても意味に変わりはない。「却返」「却還」「還却」も見えるが、これらはすべて自動詞である。他動詞「かえす・しりぞける」の意味の複合詞は見いだしがたいが、一例、次のような例があった。

早晩却還丞相印、十年空被白雲留（いつかへさむか丞相印　十年白雲を被りてとどまる）。

（『全唐詩』巻一五一、劉長卿「漢陽献李相公」）

しかし、これは、他動詞ではあるが、「天子様から授かった丞相印をかえす」という意味で、日本におけるような、上位者が下位者を追いはらう・下位者が進上したものを上位者が受理せず差し戻す、というような意味ではない。そのような意味の「返却」「却還」「還却」は漢籍には見いだしがたく、古代日本独自の用法なのではないかと思われる。

一方で、日本でも中国と同様の自動詞の複合詞が『日本書紀』以後の文献に見える。例えば次のようである。

時に伊奘諾尊、大きに驚きて曰く、吾意《おも》はずも不須也凶目汗穢之国《いなしこめききたなきくに》に到《き》にけり。乃ち急く走《に》げ廻帰（かへる）。

（『日本書紀』神代上第五段一書第六）

若かじ、退還（しりぞきて）弱きことを示して神祇を礼《ゐや》び祭《いは》ひて、背に日神之威を負ひて影《みかげ》の随に圧《おそ》ひ躡《ふ》みなむには。

（『日本書紀』神武天皇即位前紀戊午年四月甲辰（九日）条）

百済王宮に及ばずして却還矣（かへりぬ）

（『日本書紀』雄略天皇九年夏五月条）

若し已に任那を建てば、移那斯、麻都、自然《おのづか》らに却退（しりぞかむ）。

（『日本書紀』欽明天皇五年三月条）

使を新羅に使はして曰く、「沙門智達、間人連御廐、依網連稚子等を将ちて、汝が国の使に付けて大唐に送り到さしめむと欲ふ」とのたまふ。新羅聴《うけたまは》送り不肯《かへ》ず。是の由に沙門智達等還帰（かへる）。

（『日本書紀』斉明天皇三年是歳条）

広嗣弁荅すること能はず。馬に乗りて却還（しりぞく）。

（『続日本紀』天平十二年十月壬戌（九日）条）

迎藤原河清使判官内蔵忌寸全成、渤海自り却廻（かへるに）、海中に風に遭ひ、漂ひて対馬に着く。

（『続日本紀』天平宝字三年十月辛亥（十八日）条）

貞巻に告げて曰く、使人軽微にして賓待するに足らず。宜従此却迴、（此よりかへりて）汝が本国に報せよ。

（『続日本紀』天平宝字四年九月癸卯（十六日）条）

近年日本の使、内雄等、渤海国に住《とどま》りて、音声を学問《なら》ひて却返本国（本国にかへる）。

（『続日本紀』宝亀四年六月丙辰（十二日）条）

右のように、漢籍におけると同様に、古代日本においても自動詞「かえる・しりぞく」の複合詞の例は多数見られる。つまり、古代日本人は漢籍の自動詞の用法をそれはそれとして使用しながら、「返却」「却還」「還却」に限っては、上位者が下位者を追い払う・下位者が進上した人や物の受取を拒絶して返す、という限定した日本独自の意味の他動詞として使用していたと考えられる。

四　「解却」

前節で述べたような、「日本独自の用法の漢語」すなわち、漢籍の意味用法は承知して、それはそれとして使用しながら、同時に日本独自の意味をその漢語に与えて使用していると考えられる言葉がほかにないか、捜したところ、「解却」がそうだと考えられる。

「解却」は「現職を解任して追い払う」という意味で、『続日本紀』以降の六国史や『類聚三代格』『延喜式』等に多数の例が見える。たとえば次のようである。

> 太政官奏して曰く、「（中略）若し国郡司詐りて逗留を作《な》して、肯て開き墾らぬこと有らば、並びに即ち解却（解却せむ）。恩赦を経ると雖も、免す限りに在らざらむ。」（『続日本紀』養老六年（七二二）閏四月乙丑（二十五日）条）

> 讃岐国介正六位上村国連子老、越後国掾正七位下錦部連男笠等、官長と礼失《ゐやな》く相和順《あひまつろは》ず。仍りて解却見任（見任を解却す）。（『続日本紀』天平十三年五月庚申（十一日）条）

> 若し祢宜祝等、修理に勤めず、破壊に致らしむれば、並びに解却に従へ。（『日本後紀』弘仁三年五月庚申（三日）条）

このような意味の「解却」は中国の唐代以前の例は見いだせない。「解却」という文字列はわずかに次のような例がいくつか見出せたが、日本での意味とは全く異なる。

（前略）死人と化為《な》りて其の背上に上り、急に其頭を抱く。力を尽くして推し却《しりぞ》くるも、能く却《しりぞ》かしむるあたはず。心に恐怖を懐き、慞惶苦悩す。城に入りて婦と共に解却せむと意欲《おも》ふ。

（北魏・慧覚訳『賢愚経』『大正蔵』第四巻№二〇二、四三五頁中）

これは、（阿涙吒が鎌を投げて捕らえようとした兎が）死人と化して背中にとりつき離れない。力一杯推して追い払おうとするが離れない。恐ろしくなり、町に帰って妻と共に引き離そうと思う、という意味である。次の例も、

太白秋高助発兵　長風夜巻虜塵清
男児解却腰間剣　喜見従王道化平

（唐・王涯『平戎辞』）

勇士たちが国内に侵入した敵を平定し、腰にさげた佩剣を解き、王道を以て臣民を教化できたことを喜ぶ、という詩で、「解却」は「すっかりほどく」という意味である。「解却」の「却」は動詞「解」（ほどく）に下接してその意味を強める接辞である。

日本でも、少し時代は降るが、次のように、腰に帯びた剣を解くという中国と同様の例もある。

親王公卿文武百官を引きゐて、天皇を迎へ奉る。即日鸞輿東宮に入御す。親王公卿扈従す。天皇宮を出づるに当りて、未だ輦輿を御せざる前に、太政大臣宮に詣で、起居奏聞す。太上天皇勅賜の剣を解却し、腰底既に空し。兵部卿本康親王・左大臣源朝臣融、先に侍りて尚剣を帯ぶ。驚き乍《つつ》相ひ視、各自ら之れを解く。天皇即時、三人に帯剣を賜ふ。

（『日本三代実録』元慶八年二月五日丙申条）

このように、漢籍には現職を解任し追い払うという意味に用いた「解却」は管見に入らない。つまり、「解却」は、中国語として「解き去る」「すっかりほどく」というような意味であったものを、古代の日本人もそれはそれとして承知しながら、同時にそれとは別に独自に「現職を解任して追い払う」という限られた意味に用いていたのである。即ち、「解却」も「返却」「却還」「還却」と同じく、中国語の意味は承知しつつ、日本独自の意味を与え

て使用したものだと考える。

五　日常の文書および和歌における「返却」「還却」

「返却」は、『続日本紀』以降の六国史や『延喜式』『類聚三代格』等において、外交に関する記録や勅等の公的文書、法的文書等、日常普段の事務連絡書類ではないものに使われることが多い言葉である。「却還」「還却」も六国史や計会帳などにおいて同様である。

しかし、これらは、日常普段の事務連絡書類や書状に使われもした。大伴家持は「返却」を和歌(注9)にさえ用いた。次の例は、造東大寺司が、造石山寺所の提出してきた上日帳三紙を、手続き上の不備を指摘して、受理せず返すというものである。

7　司牒　造石山寺所
　還却上日帳参紙。
一勢多庄領二人并物部三狩等上日連署。
　此不別当司署、仍却。
一下道主、玉作子綿二人者、司不判充、何申上
　其上日。仍亦却。
一雑使人等者、随所請員将充遣。何以造手
　人等、令請雑物。自今以後、更不可然。
　以前三条事、具如前件。今以状、故牒。
　　天平宝字六年二月二日

判官葛井連根道
主典志斐連麻呂　（正集五①(4)、五ノ八四）

【訓読】

司牒す　造石山寺所
上日帳三紙を還却す。
一勢多庄の領二人并びに物部三狩等の上日連署。此れ別当の司署せず。仍りて却《しりぞ》く。
一下道主、玉作子綿の二人は、司判充せず、何ぞ其の上日を申上げむや。仍りて亦却く。
一雑使人等は、請ふ所の員に随ひて充て遣さむ。何ぞ造手人等を以て、雑物を請はしむるや。今より以後、
更に然るべからず。
以前の三条の事、具にすること前件の如し。今状を以て故に牒す。
天平宝字六年二月二日
判官葛井連根道
主典志斐連麻呂

初めに「還却」と言い、一つ書きの中では「却」と言っている。「却」一字でも「受理せず返す」であるが、冒頭では重々しく「還却」と言っている。これは、東大寺司の意向を聞かず既成事実として下道主や玉作子綿を石山や田上山作所で働かせていたことに対して難色を示す気持ちがあって、あえて上位者意識を示す表現として使用したのだろうと思われる。

「返却」の語を用いた道主の文書には、「はじめに」の冒頭に挙げた1の文書一通のほか、次の二通がある。一つは「造石山院所銭用帳」に見える次のような記録である（合点省略）。

8　廾三日下銭壱伯文　雑用内　遷遣八月八日一所
右、自宇治万呂所進上桴工土師石国民鎰万呂等、
為漕材令向。然待奈良事間、借充件銭功、返却如件
主典安都宿祢　　下道主
（続修別集三二裏、五ノ三六七）

【訓読】

廾三日、下す銭、壱伯文　雑用の内　遷し遣す　八月八日一所
右、宇治万呂より進上せる桴工土師石国・民鎰万呂等、材を漕ばむが為向かは令む。然れども奈良の事を待つ間、借りに件の銭功を充て、返却すること件の如し。
主典安都宿祢　　下道主

これは、冒頭の1の文書で支出した百文について雑用の予算から支出したことを「造石山院所銭用帳」に記録したものである。1、8ともに、こちらに進上されてきた者を帰らせるということである。『続日本紀』等に見えた、無礼・違例のため外国の使者を日本国が追い返す、という例ほどのことではないが、桴工たちが公定の材木運漕賃では承服できないと訴えたため、契約を結べなかったのは違例と言える。道主は一旦桴工たちを宇治に帰らせることにした。宇治司所とは上下関係はないはずだが、「単に「返向」（かへしむかはす）と言うだけではなく、「返却」という言葉を使ったのは彼の上位者意識の表れだと思われる。

2は、「謹啓」で始まる丁重な文書である。相手を主語にして「返却」というのは、こちらを下位者、相手を上位者とするへりくだった表現である。

下道主は、天平宝字五年の「奉写一切経所上日帳」（一五ノ一三二）によると、従七位下、天平宝字六年の「造石山院所労劇帳」（一五ノ二三七）によれば、散位寮散位、従八位上である。上馬養は天平宝字六年の「石山寺写経所

解」によると当時、造石山院所案主、散位、従八位下であった（一五ノ一八二）。道主の位階が従七位下なのか従八位上なのかわからないがいずれにしても馬養よりは上である。それでも啓という形式の中で、しかも相手に頼みごとをする文書では、相手を主語にして「返却」し遣わす、と表現することによって、非常にへりくだった表現となる。3は「以解」で書きとめた文書であるので、「乞可返遣」で必要十分な尊敬表現である。上馬養宛ての「謹啓」で始まる2の書状は、公用の内容と共に私的な依頼を含むため、非常に丁寧なへりくだった表現をしたのであろう。

正倉院文書中の四例のうち、道主以外の一例は次の益田縄手の啓である。これは縄手が秦男公を写経生として推薦した勝部小黒宛ての推薦状である。(注10)

9　下任外従五位下益田縄手□頓首啓　　小黒尊御前
進上経所、左大舎人□秦男公
右、□写経師例、為令仕奉、件
人進上。伏乞未嘗有好止母主尊蒙恩
光、必欲預于彼経師例。勿返却。仍録事
状、謹頓首啓。
天平宝字六年四月十六日縄手謹状
「益田縄手」
（続々修四四ノ六裏14、一五ノ四六〇～四六一）

【訓読】

下任外従五位下益田縄手□頓首して啓す　　小黒尊の御前に
経所に進上す、左大舎人□秦男公
右、□写経師の例《つら》に仕へ奉らしめむとして、件の人を進上す。伏して乞ふらくは未だ嘗て好《よ》きこと有らずとも主尊の恩光を蒙りて、必ず彼《そ》の経師の例《つら》に預らしめむと欲す。返却すること勿かれ。

仍りて事の状を録し、謹しみて頓首して啓す。

天平宝字六年四月十六日縄手謹状

「益田縄手」

「未嘗有好」は、全然よくない、というかなり強い言い方である。全然良くありませんが、あなた様のおかげを被って、どうかこの者を必ずそちらの経師の例に加えていただきとうございます、追い返さないでください、とお願いしている。これは、先に挙げた『延喜式』（大学寮）の例、「所進之牲、若致腐臭、早従返却」の、進上されたものが良くなかったために返却するというのとよく似た言い方である。

益田縄手は、東大寺の造営に大きな功績を残し、天平宝字元年（七五七）五月に外従五位下に任ぜられた技術官人である。天平宝字六年五月には良弁の指示により石山寺造営にもかかわり（一五ノ一九九～二〇二）、天平神護元年（七六五）二月には「連」姓を与えられ、神護景雲二年（七六八）六月には遠江の員外介に任じられている。相手の勝部小黒は天平宝字二年に散位寮散位正八位下であった（四ノ二九五）。位階は益田縄手の方が上であるが、小黒を主語として「返却」と言うことにより、相手を上位者としたへりくだった表現となる。位階の上下にかかわらず、改まった丁寧な文体で依頼をする啓にはこのような待遇表現をするのが礼儀なのだろう。

次は川村福物の啓である。

10　頓首啓

進上表紙四枚　墨一廷　筆一柄

右件物、為奉写私経、進上如件。但、墨筆此

先日経奉写時用遺物、在是以進上。若

有不用還却耳。又経奉写消息、且
欲聞食、頓首啓。

十一月十二日主奴福物謹状

謹上　乙万呂尊御従側

（続々修三七ノ一④、九ノ二〇八）

【訓読】

頓首して啓す

進上する表紙四枚　墨一廷　筆一柄

右件の物、私の経を写し奉らむが為、進上すること件の如し。但し、墨筆は此れ先日の経を写し奉りし時に用ひし遺りの物、是れ在るを以て進上す。若し不用ならば還却せよ。又経を写し奉る消息、且く聞き食《たま》へむと欲す、頓首して啓す。

十一月十二日主奴福物謹状

謹上　乙万呂尊御従側

これは、私経を写し奉らんが為に進上した表紙四枚、墨一廷、筆一柄のうち、墨筆は先日の経を写し奉った時の残りなので、もし不用ならお返しください、また、写経の進捗状況などもひとまず聞かせていただきたい、という内容であるが、相手を主語として「還却」ということによるへりくだった表現である。内容そのものは実用的な連絡ではあるが、「欲聞食」（聞きたまへむと欲す）も聞かせていただきたい、というへりくだった表現であり、「頓首」「謹状」「謹上」「主奴」「御従側」等、丁重なへりくだった手紙の形式を取っている。

また、和歌に用いられた例として、大伴家持が紀女郎に贈った次のような歌がある。

大伴宿祢家持更贈紀女郎歌五首

我妹子が　やどの籬を見に行かば　けだし門《かど》より　将返却可聞（かへしてむかも）　（巻四―七七七）

（我妹子の家の籬を見に行ったらたぶん門口から帰らせてしまうのじゃないかなあ。）

これは、家持が紀女郎に贈った五首の歌の第一番目である。日本語の「かえす」を書き表すのに「返却」を用いている。「門よりかへす」とは、家に上げてもくれずに門口から追い返すという意味である。[注11] 本来、古代日本独自用法の「返却」は、外国の使節を無礼・違例等のため追い払う、また、官司が進上された文書等を受理せず返す、というものであった。それを日常の事務文書にも待遇表現として用いたのであるが、和歌において、「我妹子」を主語にして「返却」というのは「我妹子」を上位者、追い払われる自分を下位者としてへりくだってみせていることになる。これは、一種の戯れの表現である。

このように、「返却」「還却」は日常普段の事務連絡等において、待遇表現として用いられた。すなわち、自分を主語として用いれば相手に対して上位者意識を示す表現となる。相手を主語にして用いれば、相手を上位者としたへりくだった表現となる。相手を主語にした「返却」や「還却」が、改まった丁重な文体の啓に見えるのはそのためである。さらには家持のように相手を主語にして「返却」を用い、諧謔味を帯びた歌を作って相手に贈ることもあった。このようにして、「返却」「還却」は日本人の言語表現を豊かにしたと言えるだろう。

おわりに

中国には、「返」「却」「廻」「還」「帰」「去」「退」など、自動詞「かえる」の意味の字を二字ないし三字いろいろに組み合わせた複合詞があり、組み合わせ方や語順にかかわらず、意味は「かえる」であった。古代の日本にもその用法は伝わり、『日本書紀』や『続日本紀』等にも例が見える。しかし、古代の日本の外交に関する記録や勅等の公的文書、法的文書においては、「返却」「却還」「還却」を、上位者が下位者を追い払う・下位者から進上されたものを無礼・違例・不備・理にかなわない・違法である・不良である等の理由で上位者が受理せず返す、という独自の意味をもつ他動詞として用いた。「解却」も現職を「解任」し「追い払う」という日本独自の言葉で中国には例がない。

さらに、これらの中で、「返却」と「還却」は、日常の文書や啓にも用いられた。自分を主語にした場合は上位者意識を示す表現となり、相手を主語とした場合は、へりくだり表現となる。丁重な依頼の文書である啓にはこのへりくだり表現が用いられた。家持の贈答歌における「返却」は「我妹子」を主語にしたへりくだり表現であるが、役人言葉を和歌に使用した、戯れの表現である。「返却」「還却」は、このように日本人の言語生活を豊かにしたが、「解却」は普段の言葉としては利用されず、現職を「解任」するという日本独自の意味に使われるに留まった。「解却」は『新拾遺集』（一三六四年）巻一六―一三八三番歌の詞書に「静妙法師延暦寺の執当解却せられて後」とあり、後代まで現職を解任する意味で用いられている。「返却」は現在でも用いられる言葉であるが、「図書を返却する」などのように、すでに古代の意味ではない。いつ頃まで古代日本の独自の意味で用いられていたのか、「却還」「還却」の場合はどのようであったかについては今後さらに確かめたい。

日本人は、漢語を漢語本来の意味は知りつつ、それはそれとして使用しながらも、日本独自の意味を与えて使用した。このような事例が他にもあるのかどうか、また、これが日本語にとってどのような位置づけになるのか、これらについても今後さらに考えたい。

注

（1）このことについては本書中川ゆかり氏の論文参照。
（2）天平宝字二年以降に見られる「道守」は東大寺写経所案主、上馬養をさすという指摘がなされている（田中大介、二〇〇二年)。「尊」は宛て先に対する尊称。下道主とともに、造東大寺司主典安都雄足の信頼厚い有能な部下であった。天平宝字六年当時、従八位下であった。

(3) この文書については中川ゆかり氏(二〇一四年、一八〜二二頁)に訓読と注釈と考察が、黒田洋子氏(二〇一〇年、一五二頁〜一五三頁)に訓読と注釈がある。

(4) 「仰」の字は原文は「抑」。中川ゆかり氏(二〇一四年、一八〜二二頁)は道主の思い違いによる「仰」の誤字とする。これに従って「仰」として訓読した。

(5) 「早速」と「火急」については桑原祐子氏(二〇一四年、一一六〜一三五頁)に考察がある。

(6) 渤海国使が進った表函が、例に違って無礼であるとの理由で、本の国に「返却」するといい、ただし、表函が違例なのは使い等の過ではないので禄と旅費を支給して「放還」した、という。ここで、言い換えている「放還」は「返却」とは少しニュアンスが異なる。「放」は「追い払う」意もあるが、「自由にする」「解き放つ」意でもある。「還」は「返」と同じく、返す意である。したがって、「返却」の追いはらうという強硬な意味は緩和され、拘束することなく許し帰らせる、というようなニュアンスになる。このことについては別に論じる。

(7) 「漢籍電子文献資料庫　中央研究院歴史語言研究所データベース」・「SAT大正新脩大藏經テキストデータベース二〇一二版」・『文淵閣四庫全書』(電子版、日本語版)(迪志文化出版、二〇一二年)による検索では唐代以前の例は見いだすことができなかった。

(8) 王暁平氏(二〇〇五年)二一頁

(9) 手続き上の不備について。造石山寺所は天平宝字六年正月二十日付で下道主の出向を造東大寺司に対して要求したが(一五ノ一三九〜一四〇)、造東大寺司は、二十三日付け牒で「下道主　右人其名雖預司考不知彼身所在　依不得判充」(五ノ六八〜六九)と述べ、既成事実として道主が石山に来ていることに対して難色を示している。造石山寺所が提出した上日を受理しないというのもそのためである。玉作子綿についても同様に造石山寺所や田上山作所で働かせていたことについて造東大寺司からクレームが付いている。このことについては、桑原祐子氏(二〇一〇年、一七頁および四九頁)に注釈が、中川ゆかり氏(二〇一四年、一一八頁)に言及がある。

（10）　黒田洋子氏（二〇一〇年）に訓読と注釈がある。
（11）「｢返」に「却」の字を添へたのも追つぱらふといふやうな気持をこめたもの」という指摘もある（澤瀉久孝『万葉集注釋巻第四』六〇五頁）。

参考文献

福山敏男『日本建築史の研究』（桑名文星堂、一九四三年）
王重民・王慶菽・向達・周一良・啓功・曽毅公編『敦煌変文集』（人民文学出版社、一九五七年）
澤瀉久孝『万葉集注釋巻第四』（中央公論社、一九五九年）
入矢義高「敦煌変文集」口語語彙索引」（著者油印、一九六一年）
鬼頭清明『日本古代都市論序説』（法政大学出版局、一九七七年）
吉田孝『律令国家と古代の社会』（岩波書店、一九八三年）
松尾良樹「『万葉集』詞書と唐代口語」（『叙説』第一三号、奈良女子大学、一九八六年）
詹満江「唐詩における口語表現—動詞に後置する助辞をめぐって—」（『芸文研究』五一、一九八七年）
松尾良樹「『日本書紀』と唐代口語」（『和漢比較文学』第三号、一九八七年）
松尾良樹「漢代訳経と口語—訳経による口語史・初探」（『禅文化研究所紀要』第一五号、一九八八年）
蔣礼鴻『敦煌変文字義通釋』（第四次増訂本、上海古籍出版社、一九八八年）
笹山晴生「続日本紀と古代の史書」（『新日本古典文学大系　続日本紀一』岩波書店、一九八九年）
項楚『敦煌変文選注』（巴蜀書社、一九九〇年）
松尾良樹「訓点資料を読む—仏典の口語表現を中心に—」（『叙説』第一八号、奈良女子大学、一九九一年）
鷺森浩幸「天平宝字六年石山寺造営における人事システム」（『日本史研究』三四五、一九九一年）
石井正敏『日本渤海関係史の研究』（吉川弘文館、二〇〇一年）
田中大介「写経所文書に現れる『道守』について」（『続日本紀研究』三三九号、二〇〇二年）

王暁平「願文にひそむ俗文学―「江都督納言願文集」を中心として―」（『人間文化学部研究年報』七、二〇〇五年）

渡辺滋『『令集解』の語彙・語法に関する一考察―日本古代における「唐代口語」受容の具体例として―』（『古代学研究所紀要』第3号、明治大学古代学研究所、二〇〇七年）

松尾良樹「漢訳仏典と口語語彙」（『古代学』第一号、奈良女子大学古代学学術研究センター、二〇一〇年）

桑原祐子『正倉院文書の訓読と注釈―造石山寺所解移牒符案（一）―』（「正倉院文書訓読による古代言語生活の解明」科学研究費研究成果報告書Ⅰ、二〇一〇年）

黒田洋子『正倉院文書の訓読と注釈―啓・書状―』（「正倉院文書訓読による古代言語生活の解明」科学研究費研究成果報告書Ⅱ、二〇一〇年）

中川ゆかり『正倉院文書からたどる言葉の世界（一）』（「正倉院文書訓読による古代言語生活の解明」科学研究費研究成果報告書Ⅲ、二〇一〇年）

『文淵閣四庫全書』（電子版、日本語版）（二〇一二年、迪志文化出版）

鈴木靖民・金子修一・石見清裕・浜田久美子『訳註　日本古代の外交文書』（八木書店、二〇一四年）

桑原祐子『正倉院文書の訓読と注釈―造石山寺所解移牒符案（二）―』（「正倉院文書訓読による日本語表記成立過程の解明」科学研究費研究成果報告書Ⅰ、二〇一四年）

中川ゆかり『正倉院文書からたどる言葉の世界（二）』（「正倉院文書訓読による日本語表記成立過程の解明」科学研究費研究成果報告書Ⅱ、二〇一四年）

漢籍電子文献資料庫　中央研究院歴史語言研究所データベース
http://hanchi.ihp.sinica.edu.tw/ihpc/hanjiquery?51^881579234^10^^^@@1260966765

SAT大正新脩大蔵経テキストデータベース2012版（SAT 2012）
http://21dzk.l.u-tokyo.ac.jp/SAT/

東京大学史料編纂所　奈良時代古文書フルテキストデータベース
http://wwwap.hi.u-tokyo.ac.jp/ships/shipscontroller

写経生の任用について

濱道　孝尚

はじめに

皇后宮職系統の写経所（以下、単に写経所とする）では、多くの者たちが写経事業に従事していた。本論の目的は、彼ら写経生の任用について考察することである。

写経生の任用に関わる文書として、「試字」と貢進文が存在することが広く知られている。後述のようにこれらの文書については、井上薫氏、皆川完一氏、東野治之氏、佐々木恵介氏らに代表される論考が存在し、様々な論点が提示されてきた。特に佐々木氏による写経生貢進文の論考は、近年の正倉院文書研究の成果をふまえた、写経生貢進文の研究のひとつの到達点を示すものといえる。（注1）しかしながら、そのような優れた諸研究にも関わらず、残存史料の少なさといった理由により、写経生の任用の方式や、任用体制の全体像については未だ不明な点が少なくない。本稿では写経生の貢進の関係史料を再検討することにより、写経生の任用について問題提起を行いたいと考える。

以下、まずは試字についてとりあげ、次いで貢進文について考察を加える。

一　試字について

正倉院文書および流出文書には、周知の通り「試字」と称される端正な文字で記された文書群が伝来している。「試字」についてのまとまった研究は、文書の認知度に比して少ない状況である。その背景には史料の残存事例の少なさのみならず、試字が古くより古筆の愛好者の興味関心をよび、庫外へと流出してしまったという状況も影響している。

「試字」についての専論としては、皆川完一氏と東野治之氏の論考が挙げられる。皆川氏は試字にみられる「不」、「定」等の追記の存在から、能筆の者を要した写経事業において、経師の登用に際して筆跡の良否を判定した際の文書であると述べている。(注2) また、東野治之氏は官人の登用という観点から「試字」を論じ、試字が行われた場所について、造東大寺司判官の田辺真人の判が書き込まれた例があることから(後述のF群の大鳥春人試字)、写経生の採否の判定が写経所の本司である造東大寺司で行われたと推測した。また、氏は「試字」には貢進文的な性格を併せ備える事例があることも指摘した。(注3) 両氏が指摘するように、「試字」が写経生の任用の採否に関わった文書であるという点は疑いようがない。しかしながら、両氏の研究には重要な指摘が多く含まれているものの、いずれも「試字」という制度全般を考察したものではなく、その制度的な全体像は未だ詳らかでない。

そこで、本節ではまず現存の「試字」について基礎的事項を整理し、次に「試字」にみえる写経生たちの勤務状況を検討することによって、写経生の任用において試字の有していた意義を考察してみたい。少ない「試字」の事例から断定的な結論を導くのは危険であるが、一定の見通しを示すことはできるように思う。なお、「試字」というのは後世の呼称であり、奈良時代の段階でどのように呼ばれていたかについては確証がない。

1　文書としての検討

『大日本古文書』や国立歴史民俗博物館編『正倉院文書拾遺』をもとに、現在確認されている「試字」についてまとめたものが末尾の【表1】である。【表1】では「試字」を現在の伝来状況を基準に七群に整理した。先述のとおり現存する「試字」の多くは庫外に流出しており、C・D群以外は流出文書である。以下、この整理にもとづき、各文書群の概観を述べる。

【A群】

京都知恩院所蔵の「写経所紙筆授受日記」(注4)と題される一巻のなかに、十二通におよぶ経師の「試字」が収められている。文書には十二人の経師が列挙され、すでに皆川・東野両氏によって指摘されているように、文書には「未」「定」「不」といった文字のほか、「貢秦姓乙安」と追記される部分がある。特定人物による写経生の貢進を示す類似の文言は、後述の【F群】にもみられる。

今泉隆雄氏の詳細な論考によれば、本巻は知恩院の鵜飼徹定が奈良時代の古文書を整理し、幕末の慶応二年（一九六六）頃に一巻の巻子本に仕立てたものであるという。(注5)本巻には「試字」のほか、市指図や、経師手実関係文書、写経帳簿類といった写経関係文書が含まれており、各文書の接続も複雑な過程を経て現在に至っている。すなわち、今泉氏によれば巻物は三段階の接続によって形成されており、一段階目が奈良時代本来の古い接続、二段階目が徹定が文書群を入手する以前に某人が整理を加えた段階の新しい接続、そして三段階目が徹定自身による新しい接続であるという。本稿で考察の対象とする試字の範囲で述べると、秦人成・刑部諸国・狛枚人の各「試字」の接続、および金月足・六人部田人・中臣部人万呂・日置佐弥比等の各「試字」の接続が奈良時代本来の状態を保っており、他の「試字」の接続は第二段階のものであり、その整理の段階以前に一紙ごとのばらばらの状態になっていた可能性が高いという。

【B群】

旧佐々木信綱氏所蔵文書として流出した文書群で、現在は天理図書館の所蔵となっている。五人の「試字」のうち長谷部寛麻呂・音太部乙島のものは写経用紙に書かれている。それぞれの「試字」が書かれた時期は不詳であり、またB群の五通の「試字」が本来同じグループの文書群であったかも確証がない。ただし、長谷部寛麻呂と忍坂和麻呂の「試字」を二次利用して書かれた帳簿が宝亀三年（七七二）六月のものであること、また長谷部寛麻呂・忍坂和麻呂・香山久須麻呂らが写経所に勤務していた時期が宝亀初年であることなどから、B群のなかでは背面の利用年次が早く、また経典でなく書儀が書写されているという特殊性をもつ桑原安麻呂の「試字」を除いて、近い時期に書かれた可能性が高いと推測する。

【C群】

C群は現在正倉院文書として伝わったもので、背面の関係は少し複雑であるが【表1】のとおりである。こちらも「試字」の日付が分からないが、二次利用の状況と石川宮衣の経師としての従事期間から推測するに、いずれも宝亀年間のものではないかと推測される。ただし、本群の文書も本来同じグループであったかは詳らかでない。

【D群】

D群も正倉院文書として残ったもので、現在は塵芥文書として整理されている。『正倉院文書目録』によれば著しい傷みのため、台紙に貼られて保存されているが、調査により背面が空であることが判明している。また、写経料紙が転用されており、写真版によって界線のなかに文字が記されていることも確認できる。ここでは名前の不明な一名を含む、七名の「試字」が記されている。史料の年次はみな不詳であるが、掲出されている経師の活動時期から天平十八年（七四五）末から十九年初めにかけてのものであると考えられる。また、そのように経師たちの写経所での活動開始時期が近接していることから、本群の「試字」はほぼ同時期に書かれ、そしてひとまとまりを成す文書群として残されていた可能性が高いと考える。

【E群】

内藤虎次耶氏、広田謙三氏の所蔵を経て、現在は所在不明となっている。名前の不明な一名を含む、二名の「試字」が記されていた。背面の利用状況は不明である。

【F群】

庫外に流出し、和田維四郎氏の『訪書余録』に掲出された「試字」である。当該試字については、東野氏による専論が存在する。(注6)料紙は写経破紙が使用されており、また現存の「試字」のなかでは唯一確実な日付を記す事例である。「古乎麻呂貢」という記述により、大鳥春人が古乎麻呂によって経師に貢進されたことが分かる。東野氏の考察によれば、裏は空である可能性が高いという。

【G群】

京都府小川広巳氏の所蔵文書である。界線の引かれた写経用紙の断片に「試字」が記されており、「写千巻経所食物用帳（天平宝字二年（七五八）七月）」（大日古未収）(注7)の一部として二次利用されている。「試字」を書いた経師とその年次は不明であるが、背面は天平宝字二年七月十九日から二十日の間の断簡である。

以上、現在知られる「試字」について概略を述べたが、文書の現状、および文書にみえる経師たちの勤務状況に着目すれば、以下のようにまとめることができる。

まず、第一に「試字」の残存事例は、現在写経所文書より知られる写経生の数に対して、極めて僅少であるという点である。それは請暇解と比較しても圧倒的に少ない。第二点は、「試字」という選考方式が存在した期間の問題である。これについて「試字」にみえる経師の活動期間に注目してみると、最も早い例で秦人成の天平九年（七三六）頃、遅い例では長谷部寛麻呂・香山久須麻呂の宝亀二年（七七一）頃となっている。したがって、「試字」による選考は少なくとも天平九年前後には存在し、一応宝亀年間の早い時期までは断続的に存続したものと考えてよいだろう。第三点は、文書の廃棄時期の問題である。流出文書の二次利用の状況が分からない等の制約はあるが、背面の判明しているA・B・C群の「試字」と、「試字」を記した写経生の活動時期から、「試字」は書かれた時点よりほどなくして廃棄される場合が多かったと想定される。それは、「試字」が写経生任用の際の筆跡試験であったという文書の性格からいっても無理がない。

第四点は「試字」が廃棄後、二次利用に至るまでにどのように保管されたかという問題である。D群は塵芥文書であることもあり軽々には判断できないが、「試字」を記した写経生たちの写経所への勤務開始時期が天平十七年から同十八年の間に収まっているため、一定の期間内に文書が破棄されて蓄積され、ひとつのまとまりをもって保管されていたことと推測される。流出文書であるB群についても、二次利用の状況や、掲出の経師たちの勤務時期も同時期であるため、本来はひとつのまとまりをもっていたと考えたい。(注8) また、A群については写経生の活動時期にはばらつきがあるが、「写経校紙并上紙帳」への二次利用の状況から推測するに勝宝初年頃までに反古になったものがまとめて二次利用されたと考えて大過ないだろう。したがって、「試字」は一定のまとまりをもってしばらく案主の手元に留め置かれていたものが廃棄され、おそらく廃棄後に反古箱のようなところで保管された後、(注9) 一括して帳簿に二次利用されたという状況を想定したい。この文書の廃棄と保管の問題については、「試字」が行われた場所の理解とも関わる問題であるが、その点については後述する。

以上を踏まえるならば、「試字」について以下のように考えることができるだろう。「試字」は、天平末年から通時的に作成されていた文書であると考えられる。また、基本的に長期に保管されることが想定されていたとは考えられず、対象の写経生の採用の可否が判断された時点で反古箱へと入れられ、適当な時期に二次利用されたものと推定される。

2　「試字」にみえる写経生について

次は「試字」にみえる写経生たちの勤務状況についてさらに検討を加えてみたい。「試字」が残されている写経生たちを他史料で確認できるかどうかを調べてみると、名前の判明する写経生二八人のうち、一七人が確実に経師として採用されたものと考えられる。事例そのものが少ないので安易な数値化は躊躇されるが、採用率の平均は約六一％ということになる。しかし、それぞれの試字群における採用率を比較してみたところ、その採用率には大きく差のあることが分かる。掲出の経師数が極端に少なく、また個人名が不明なE・F・G群を除いて数値化してみると、A群が6／12で約五〇％、B群が3／5で約六〇％、C群で1／3で約三三％であるのに対して、D群では名前の判明する者では6／6で一〇〇％の採用率となっている。すなわちD群の採用率だけが異常に高く（A～C群だけの平均値は四七％）、全体の平均値を上げていることになる。この採用率の差は無視できるものではないと考える。

次に、彼らが写経所に勤務していた期間について検討してみたい。ここでもD群の状況が際立っている。D群で採用された経師たちが史料に登場する期間は阿刀弟人を除いて極めて長く、他田水主、秦家主といった正倉院文書の研究者であれば馴染みの深い人物も含まれている。これに対して他のグループの写経生たちは史料で確認できる期間が概して短く、A群の刑部諸国・金月足のほかは長くても数年の者が多い。また、狛枚人・金月足・錦部広継らについては、一時写経に従事していたがしばらく姿が見えず、再度現れるというように、その活動期間にブランクがあることも確認できる。

さらに、以上の点に留意して、彼らが従事した写経事業に注目してみると、長期の勤務期間が確認される数名を除いては、千部法華経（薗田No.127）・百部法華経（薗田No.128）、仁王会のために短期間で写された仁王経疏（薗田No.161）、または一切経の書写など、大多数の人員を集約的に動員する必要があった写経事業であることがわかる。

以上の勤務期間の長短、および写経事業への従事のありかたをどう理解すべきは難しいが、少なくとも写経生をとりまく採用状況や雇用条件が、均一なものではなかったことを示唆しているのでないかと考える。D群の経師たちと、それ以外のグループの採用状況は大きく異なっている。つまり、様々な状況を考慮する必要はあるが、長期的に採用されている者と、勤務期間の短い者との差が著しかったという状況がうかがえる。現存の「試字」によって採用されたと考えられる写経生に限るのであれば、彼らの多くは大規模写経のために雇用された臨時の職員という性格が強かったのではないか。

また、B群で採用された経師についても興味深い点がうかがえる。B群の写経生たちのうち、忍坂和麻呂・香山久須麻呂・長谷部寛麻呂の三名の採用が確認できる。ところが、彼らの活動に注目したところ、忍坂和麻呂・香山久須麻呂の二人は写経生としての活動が確認できるのだが、長谷部寛麻呂についてはそういった活動が見えないのである。寛麻呂は宝亀年間の手実帳などに署名とともに、「勘」をしていることが分かる（一八ノ三六二）。また、充紙の史料も存在するが、それは「堂雑用料」の凡紙とみえ（一八ノ四八八）、彼に充てられた紙は経紙ではなかった。これらの史料からすれば、長谷部寛麻呂の勤務状況は写経生というよりもむしろ事務官見習といったものであったと考えられる。この点も各「試字」による写経生の採用状況が、採用時点においてすでに均一なものではなかったことの証左であると考える。

なお、最後にいくつかの点について付言しておきたい。A群の金月足の勤務状況に注目してみると、彼は天平勝宝六年（七五四）と宝亀二年〜同七年の期間に経師として勤務しているが、この点は文書の年代と齟齬がある。すなわち、A群が二次利用された「写経校紙并上紙帳」の日付から推測すれば、月足の「試字」の提出は遅くとも天平勝宝元年の中頃までの時期でなくてはならないが、それは彼の写経生として史料上の初見よりもだいぶ早い。同様の点は同群の狛枚人についても指摘できる。このことは、今泉氏も指摘するような「写経校紙并上紙帳」を含む

「写経所紙筆授受日記」が成巻されるまでの複雑な経緯によるものか、または史料で確認される写経への従事がＡ群で提出された「試字」と直接に結びつくものではなかったものか、あるいは史料で確認される写経への従事がＡ群で提出された「試字」と直接に結びつくものではなかったものか、等の理由が考えられる。いずれにしても重要な問題であるのだが、現状の史料から結論付けるには不確定な部分が多すぎるので問題を指摘するに留めたい。

また、試字が課された場所と、任用の採否の決定権がどこにあったのかという問題についてであるが、これらは極めて重要な論点でありながら現段階では断案がない。先に触れたように、東野氏は写経生の採否の判定が造東大寺司で行われたと推測している。しかし、氏の推定の論拠となった大鳥春人の「試字」は、現在知られる「試字」のなかでも最も内容の完備された文書である。すなわち、「試字」の本文、「試字」を書いた者の名前、貢進の事実と貢進者の名前、日付、そして採否の判定者という内容を含むが、これほど内容の整った「試字」は現状では唯一の例であり、また「試字」が課された大鳥春人もまた以後長期にわたって写経所に勤務する経師でもある。したがって、この一例をもって「試字」の全体像を理解するのは躊躇される。さらに、その他の「試字」についていえば、その反故と二次利用の状況から察するに写経所の案主の手元に集積されていた可能性が高く、そうであるならば「試字」が写経所でも行われていた可能性も否定できない。「試字」のなかに界線の引かれた写経破紙を用いたものがあることも、「試字」が実施された場所と写経所との関係の深さを示唆している。また、他官司から出向してきているような官人の場合、すでに他官司での任用の時点で「試字」等を課されており（例えば図書寮書生など）、写経所に出仕する段階では不要であったということもあったかもしれない。本稿では「試字」は一律の条件や状況のもとで行われたものではなかったと指摘するに留めたい。

3　小結

以上、まとまりのない記述になってしまったが、本節における「試字」の検討の結果、試字による写経生の雇用体制について論じたことは次のようにまとめられる。

第一に、現存する「試字」にみられる写経生たちの勤務状況には大きな差が認められ、彼らのなかで長く勤務することのできた事例はむしろ少数であった。このことは彼らの個々の能力の差による部分もあると想定されるが、そもそも現存の「試字」が必ずしも常勤の写経生を雇用するために行われるものではなかったのではないかと考えられる。

この点は「試字」の事例が極めて少ないこととも無関係ではない。東野氏は『訪書余録』の「試字」の分析から出発し、『弘仁式』にみえる式部省史生の任用規定から推測して、奈良時代段階でも同様の「試験」が行われていたことを推定し、また試字という採用方式が写経生に限定されたものではない可能性に言及した。(注10)しかし、「試字」が写経生登用のために一律に課されたものであるのかについては検討を要するであろう。

第二に、仮に試字が常勤の写経生を雇用するための恒常的な制度であったと仮定したとしても、経師たちの勤務期間を含む個々の実際の採用実績には大きな差があるため、現実の任用状況には「試字」以外の要素が大きく作用したことが想定される。すでに皆川氏がA群の「試字」の追記の墨の濃淡に言及して、一旦経師に決定された者がのちに不採用に変更された可能性について述べているが、写経生の任用の可否は様々な事情によって左右されたものであろう。

次節ではそういった点を踏まえて、写経生の貢進文について再検討してみたい。

二　写経生貢進文について

1　貢進文に関する先行研究

貢進文についての研究は、まず井上薫氏によって先鞭がつけられた。(注11)氏は写経生の貢進を奈良時代の仏教の受容のあり方を考える一つの素材としてとりあげたため、論考のなかで提示された論点は多岐に及ぶ。本稿の関心にしたがって重要な点をまとめるとすれば、以下のようになるだろう。

・初期の写経所では専ら他官司の下級官人たちを動員していたが、のちには写経事業が繁忙となったため、民間から写経所勤務を希望する者を貢進するようになった。

・被貢進者の年齢は、初期（天平末年）の写経所勤務者に比して後になるほど高くなる傾向にある。このことは時代の推移とともに写経生としての勤務を望む者が増加した結果であると推測される。

・貢進者（写経生の推挙者）は高位の者に限られず、広く写経所になんらかの関係を持つものであった。

近年発表された佐々木氏による論考は、井上氏の研究をふまえ、さらに書誌学的観点から考察を深めたものである。(注12)氏は平安時代にみられる申文と、正倉院文書における写経生貢進文との間に共通項を見出し、官職を推挙する際の通時代的な在り方を抽出しようとした。佐々木氏の提示された論点もまた井上氏と同様に多様であるが、本稿の主旨からすればとりわけ次のようにまとめることができる。

・貢進文の作成と提出は、被貢進者→貢進者→写経所というルートを基本としながらも、文面に現れるか否かは別として、他にも被貢進者を推挙する人物が何人か存在する場合もあった。

・宛所には造東大寺司や写経所の官人が含まれる一方で、これらの組織とは直接関係のない人物が介在する可能性もあった。

・経師の採用には当然造東大寺司が一定程度関与していたが、実質的決定権は写経所にあった。
・写経生貢進文は優婆塞貢進文と近似する様式・内容を持ち、平安時代の叙位・任官申請文書の提出様式にも同様の特徴を指摘することが出来る。

2 貢進文の事例についての再検討

写経生貢進文について基礎的な論点と事項は上記の研究にほぼ尽くされている。しかし、いくつかの点について検討の余地が残されていると考える。第一に、貢進に関わるとされている史料の残存数をどのように考えるかという点である。従来写経生貢進文として知られている文書の数は、試字と同様に写経生全体の数と比べて極めて少ない。

第二に、残存史料の時期的な問題が存在する。現存の貢進文によって知られる限り、写経生が貢進された時期は天平宝字年間（七五七〜七六五）以降に大きく偏っている。井上氏はこの史料残存の多寡と時期的偏差に注目し、先述のように時期が下るにつれて写経事業が繁忙となり、それに従って貢進希望者が増加したという状況を想定している。

以上のように、貢進文の史料の多寡と時期的偏差は、貢進制度の性格や変遷、および貢進をとりまく状況を理解するうえで重要な点となっており、本稿では改めて問題にしてみたいと考える。

第三には、上述の二点とも関わる問題であるが、当該時期において種々存在したであろう写経生の任用ルートのなかで、貢進制度が占めていた比重はどの程度のものであったかという点である。

以上の点については、史料の数的制約のため困難な点のあるものの、以下で改めて考察してみたいと考えている。なお、貢進文の事例について井上氏は二九人、史料数について二三点を挙げており、佐々木氏もほぼそのまま継承している。一方で佐々木氏は論考のなかで、「貢進の文言そのものが見えないために事例に数えないが、貢進の状況を示す文書」として史料を紹介している（「氏名闕貢進文」、続々修四〇ノ三裏、二二ノ二一五）。管見によれば、ほかにも正倉院文書のなかには、「貢進の状況」を示す文書が存在している。したがって、本節ではまず従来では写経生貢進の関係文書としては事例に挙げられていない文書について、貢進に関わる文書である可能性について検討してみたい。

【史料二】「小野備宅啓」（続修四五⑤、二ノ二八）

小野備宅謹啓

合応二経写奉一人三人

小野朝臣古麻呂即宮舎人

少初位上上主村稲豊大蔵省蔵部

高忍熊

天平九年四月四日

本文書は小野氏が写経所に提出した書状で、「経を写し奉るべき人」として三人の経師らしき人名が列記されている。しかし、文面だけでは三人についていかなる処遇が示されたものなのか、また三人が啓の主体である小野氏といかなる関係にあったのかは俄かに判然としない。井上薫氏は本状について、小野備という人物の宅における私願経を書写するために、写経所に経師の借り出し（派遣）を依頼した史料としている。(注13)

しかし、三人の写経生たちをそのように理解することは妥当であろうか。文書にみえる小野古麻呂・上稲豊・高忍熊について他史料で検討してみると、高忍熊以外は経師としての活動が確認できない。もし本状が経師の派遣を依頼する際の書状であるならば、三人はこの状以前に史料で確認されてよいはずである。しかも、唯一他史料で確認される高忍熊も史料上の初見は本状であり、次にみえる年紀の確実な史料は天平九年九月二十九日の手実である（七ノ一五三）。その後は天平十二年三月まで史料にみえ、とんで天平感宝元年の八十華厳経（大安寺華厳経）の書写にも関わっている（三ノ二三四）。

【史料一】の時期に該当する天平初年は所謂初期写経所の段階であり、残存史料の少なさも考慮する必要があるものの、以上の状況から高忍熊は本状を以て写経所への勤務を始めたと考えるのが妥当であろう。したがって、【史料一】には直接貢進を示す文言はみられないものの、従来考えられているような私願経に関わる文書ではなく、小野氏による写経所への写経生の貢進に関わる史料であると考える。おそらく井上氏の理解には、「小野備宅啓」という文言に引きずられたものと推測される。また、書状には忍熊を除き彼らの帯びる官職が注記されているが、そのような記載も小野氏からの経師の借り出し依頼と考えるならば不必要な情報であるが、貢進の史料であると考えるならばむしろ必要不可欠な情報である。

したがって、以上の検討から、【史料一】は小野氏が自身に何らかの関係をもつ者たちを写経生として推挙した貢進文であったと考える。

【史料二】「安宿豊前状」（続々修四六ノ九⑭、二五ノ二三七〜二三八）

安宿豊前　謹頓首

①主麻呂給物、最上物欲レ請、

一□今間止二安侍一、

右人、②以二今月十三日一令二参向一、但

土伏申、如レ常欲二校生一、将

レ来二宜段一、頓首々々、

莫二疼除一　頓首々々

謹上典　御鐙下

九月十一日安宿豊前

土伏頓首

「(切封)」

本文書は安宿豊前が写経所に送った書状である。文意の不明瞭な箇所があり、また宛先の「典」を特定することができないが、傍線部②によれば豊前が同族である主麻呂を九月十三日に写経所に出仕させ、また「常の如く」校生に任じられることを願い出た文書である。[注14] 当該文書の年次は不明ながら、大日古は天平宝字二年（七五八）としている。現存の文書で知られる限り、主麻呂は宝字二年七月から十月の間に校生として出仕が確認できるため、本稿も大日本古文書の想定に従っておく。ともかく、本文書は貢進文そのものではないが、写経生の貢進の状況を示す文書であると考える。

本文書には「土伏」という表現や、「頓首」という語句が繰り返されるなど、全体として慇懃な表現の書状となっている。しかし、その一方で内容を検討してみると、主麻呂が「賜う物」（布施か）について、「最も上なる物を請けんと欲す」と記されるなど（傍線部①）、通常では考えにくいような要求をしているように読める箇所もある。貢進者である安宿豊前がどのような人物であったのかは詳らかではないが、年次不明の七月十五日（大日古は宝字二年と推定する）に、「後分」として四六貫四〇五文という多額の銭と綺五丈、仕丁一人を進送しており、[注15] そのような写経所への貢献が、本文書に見られるような言動の背景にあるのかもしれない。

【史料三】「大隅公足状」（続修四九④(1)、一六ノ五五三～五五四）

謹白

先日申校生小写経二条行事通可二仕奉一

右、①公足所レ願儻有二応答一、垂二芳処分一、令レ向二彼所一、
②但恐不レ有レ応歟、世間煩事属請也、不レ勝二思情一、
不レ伺二時節一、濫致二書御座下一、不レ具二謹状一、
八月廿五日信部下任大隅公足謹状
謹上　楊尊　侍者　　謹空

【史料四】「大隅公足状」（続修四九④(2)、一六ノ五五四～五五五）

（前略）
後謹、先日申経生、以二今日一令レ向レ寺、幸垂二厚恩一、校生経
生二色所レ給二任用一、以是属請、可レ示二兄弟親愛一、
不レ具二恩状一、貴公察焉、謹空、
八月廿六日公足状
道守尊執事
「（奥裏切封）
公足状」

いずれも大隅公足による書状であり、連続した日付の文書である。まず、八月二十五日付の【史料三】は公足が「先日申した」校生と「小写経」についての書状である。「もし公足（私）の願いが聞き届けられたのでしたら、かの所に（校生を）向かわせます」（傍線部①）とあることから、本文書の前の段階で公足から写経所に対して校生の貢進の意思が伝えられていたものと考えられる。さらに注目すべきは傍線部②の「但」以下で、「恐らく希望を聞き入れてもらえないでしょう。世間の煩事は属請（後述）であるのですから。（しかし）思いに堪えず時節も伺わず、

濫りに書状を差し上げてしまいました」と、回りくどい表現で希望が念押しされている。続く二十六日付の【史料四】の本文は各所の経録について報告する内容であり（本稿では省略）、書状の追伸部分に【史料三】の続報が記されている。すなわち、「先日申し上げていた」経生を寺に向かわせたこと、そして彼ら校生・経生を任用してもらったことについて、それが「属請」であったと述べながら謝意を表明している。

二つの書状の記述を総合すると、事の次第は二十五日以前（先日）に公足が申上した写経生の貢進について、二十五日に公足から「楊尊」に対して再度の希望が述べられ（【史料三】）、それが二十六日に至って採用される結果となった（【史料四】）ということになるだろう。[注16] したがって、これも貢進に関わる史料に数えてよいと考える。

さて、以上の史料を新たに写経生貢進の事例に加えることにより、写経生貢進が行われた時期について若干の再考が促される。従来の研究で井上・佐々木氏が提示した年次の明らかな史料は宝字二年（七五八）以降のものであり、佐々木氏は一部の年次不明の文書について、背面の利用状況から天平末年であると推測しているが、その点を踏まえても写経生貢進が行われた時期について著しい偏差があった。しかし【史料一】の天平九年（七三七）の「小野備宅啓」を貢進文の事例に加えるならば、依然史料の時期的な偏りはあるものの、貢進そのものは初期写経所の時点からあったものと考えることができる。

また、写経生ではないが、次のような貢進文も存在する。

【史料五】「私部得麻呂漆工貢進文」（続々修四六ノ九③、一六ノ五八）

貢上

私部酒主年卄　但馬国気多郡余部郷戸主

私部意嶋戸口

知㆓塗漆㆒

天平宝字六年十二月十六日
貢上人右大舎人少初位上私部「得麻呂」

本文書は但馬国気多郡出身である私部酒主が、同族の得麻呂によって漆の工人として貢進されたものである。貢進文全体が同筆であり、推挙者名の「得麻呂」の部分が別筆となっている。おそらく貢進文そのものは被貢進者である酒主の手で書かれ、その後で貢進者である得麻呂の署名が記されたと考えられる。貢進文には酒主について「知₂塗漆₁」と漆工として技術のあることが記されている。本文書は写経生の貢進文とまったく同じ形式であり、この事例から写経生のみならず、広く写経所や造東大寺司の周辺機関にかかわる技術職も、同様の形式で貢進されていたのではないかと考える。

なお、写経所における写経生の貢進状況については、次の諸点も指摘できる。まず、貢進文の事例を整理するに、装潢が貢進される例がみえない。それは写経所において経師・校生と比べて、装潢の定員が少なかったことに原因があると考えられる。

また、定員という点では校生は装潢と同様に経師より多数の人材を必要としないにも関わらず、残存する史料の範囲では貢進される事例が多く、また経師と比べて採用率も高い。名前の分かる者のうちでは、実に七人中六人（約八六％）が採用されており、これに対して経師は前述のように約半分という状況である。その理由としては校生に求められる資質が経師よりもゆるやかなものであったであろうことなどが考えられる。ちなみに、管見の範囲では正倉院文書にみえる写経生たちのなかには、当初校生として出仕した後に経師になる事例が存在するが、装潢から経師になる事例は確認されず、また逆に経師から校生・装潢の専任となる事例も確認していない。

3　小結

以上、本節の検討により、時期的な偏りは大きいものの、写経生の貢進の事例そのものとしては天平九年から確認できることを明らかにした。したがって貢進そのものも通時的にあったものと考えられる。また、経師と校生については登用の状況が異なるらしいことも指摘した。なお、従来すでに指摘されている点であるが、推挙者の身分の高さが単純に貢進の成否に関わったわけではないようである。その一方で、写経所関係者と直接的な縁故を有する場合、登用されやすかったらしい状況もうかがえる。次節ではその点をふまえて写経生の登用の背景について考えてみたい。

三　写経生の登用をめぐって

本節ではやや視点を変えて、史料にみえる写経生たちをとりまく状況や人間関係を掘り下げることによって、彼らの登用の背景について考察を加えてみたい。

1　貢進者と被貢進者の関係

まず、本節では貢進者（推挙者）の社会的身分が貢進の成否にどのように影響したのかを考えてみたい。先行研究では、貢進の結果に対して推挙者の社会的地位はあまり重要でなかったとされている。それは、大僧都法進や藤原種嗣など、当時の貴族社会・官人社会においてかなり高位の者による貢進が成功しなかったらしい事実などから首肯できる。しかし、貢進の成否には単純な推挙者の社会的地位の高低だけではなく、対象機関（この場合は写経所）とどのような関係にあるかという点が重要であったと考えられる。そこで、貢進文にたびたび登場する池原粟守という人物に注目してみたい。

池原粟守の史料上の初見は天平勝宝六年（七五四）二月の、花厳講師所より菩薩蔵経疏を検領した旨の文書を発したもので、「遠江員外少目上毛野粟守」と署名している（四ノ三三五）。諸史料からは外嶋院や中嶋勘経所と関係が深かったことがうかがえ、天平勝宝七年九月頃からは紫微少疏としてもみえる。

粟守が発した貢進文には次のものがある。

【史料六】「池原粟守啓」（正集四四③、四ノ四〇七）

上毛野名形麻呂

右校生、若有二闕欠一、望二万一用一、謹啓、

天平宝字四年正月十九日「池原粟守」

史料は池原粟守による上毛野名形麻呂（名方麻呂）を校生に貢進する状である。状では「もし欠があれば、万一に用いることを望む」と記されている。名形麻呂は天平宝字二年（七五八）六月から同五年頃まで活動が知られる人物であるが、すでに先学において【史料六】の貢進以前から確認できることが指摘されている。[注17] 今、史料で彼の経歴を追うと、同年七月から九月までの間、通称二千四百巻経（薗田No.190）の校生として従事していたことが分かる（一三ノ四二七、四ノ三一〇）。[注18] そしてその直後に次のような史料がみえる。

【史料七】「中島勘経所牒」（続別五⑤、四ノ三一五）

中嶋勘経所牒　東大寺写経所

上毛野名形麻呂

右人、以二今月十三日一、度二金剛般若

校生一、宜レ承二知状一、牒至奉行、故牒、

天平宝字二年九月十三日

坤宮官少疏従六位上兼遠江少目池原君「粟守」

史料は中嶋勘経所より東大寺写経所に対して、引き続き名形麻呂を金剛般若経の写経事業（薗田No.192）の校生に任用することを指示したもので、文書の発給者は坤宮官少疏であった池原粟守になっている。この間、名形麻呂が従事した薗田No.189・190・192の写経事業は三千六百巻経として知られる藤原仲麻呂主導による大部の写経事業であった。(注19)そして、当該写経事業には宣者として坤宮官の官人の池原君粟守と高丘連比良麻呂が関わっていた。

【史料七】と【史料六】の関係、および池原粟守と上毛野名方麻呂の関係は次のように理解できるだろう。粟守が深く関わっていた仲麻呂の写経事業（薗田No.189・190）に名方麻呂が関わっており、彼は宝字二年の九月中旬に粟守によって引き続き仲麻呂の写経事業（薗田No.192）に差配された（【史料六】）。その後、名方麻呂はこれまた仲麻呂発願による法華経四十五部三百六十巻・金剛般若経四十五巻・理趣経四十五巻（薗田No.194）の校生としても従事し（一四ノ三一九）、さらにその後再度粟守によって校生に貢進されたのである（【史料七】）。貢進文において特定の写経事業が書かれることは稀であるが、「度」（「わたす」と訓じたか）という文言とともにそのように理解することが出来るだろう。

状況から推測するに、粟守と名方麻呂は【史料六】の段階で知己の関係にあり、さらに推測をたくましくすれば両者は同族関係にもあるため（粟守はもとは上毛野氏を称していた）、粟守が名方麻呂の出仕そのものにも関与していたと推測することも不可能ではないだろう。いずれにしても名形麻呂の貢進の事例においては、貢進文による貢進以前に貢進者と被貢進者との間に密接な関係があったことをうかがわせる。

同様の関係は、別の事例でも確認できる。

【史料八】「池原粟守牒」（続別七⑩、四ノ四五三）

牒

大隅公足
右①元是校生、転為二赤染広庭
之替一、然公足元熟二経事一、仍□
遣二彼所一、宜レ察二此趣一、充二紙并本
経一、於レ此令レ写耳、
津守宿祢長川
右是文部省額外位子、□（其）
才堪レ為二校生一、仍進二②大隅
公足之替一、
宝字四年十一月十九日
池　原　粟　守
使坤宮舎人高真鳥

貢進文としては池原粟守によって津守長川が校生として貢進されたものであるが、史料からはそれに関わる他の人事についても判明する。牒によれば長川は校生大隅公足の代わりとして貢進された（傍線部②）。また、公足も元来赤染広庭の代わりに校生になったもので（傍線部①）、「元より経の事に熟」していたために[注20]、さらに今経師として従事することになったのである。前述の【史料三・四】にもみえた大隅公足は勝宝七年頃から左舎人としてみえ、外嶋院・勘宝積経所の牒に池原粟守とともに署名している。また、奈良朝写経の跋文より、勝宝八～宝字三年に校経に関わっていたことも判明する。つまり粟守と公足は【史料八】の貢進文での人事以前に知己の関係にあったと推測され、また写経所との関係もすでに長く、さらには写経所の事務的業務についても明るかったのであろう。

この事例も先の名形麻呂と同様に、貢進者と被貢進者との間に貢進以前からの密接な関係がうかがえる事例である。

なお、【史料八】で粟守の被貢進者となっている長川であるが、彼が属する津守宿祢氏もまた、先の上毛野公と池原公とが同族関係にあったのと同じように、もとより地縁的な関係を有していたと考えられる。池原公はもと上毛野公であったが、延暦十年には池原公綱主が居地名によって住吉朝臣を賜姓されている。(注21)ここから上毛野・池原両氏の本拠地が摂津国住吉郡であったことが分かる。一方長川の属する津守宿祢もまた住吉大社の奉斎氏族として著名な氏族であり、その本拠地は住吉大社の鎮座する摂津国住吉郡であったと考えられる。そのように考えると長川と粟守の間にも地縁的関係を背景とする縁故が存在したものと考えられる。

ここで挙げた名形麻呂・公足・長川の事例では、被貢進者は写経生として採用されたが、その際被貢進者の写経所への勤務の実績と粟田池守との関係が功を奏したように思われる。なお、粟守は長背広足が秦勝常陸を経師に貢進した貢進文にも自署を加えているが、佐々木氏によって該当文書は長背広足から五百瀬尊へと提出されたのだが、粟守の手を仲介し、その際に彼の署名も記されるという複雑な動きを示す事例としてとりあげられている（四ノ二七五）。秦勝常陸は結局経師としては採用されなかったようであるが、池原粟守がこの時期の写経所の人事にとって重要な地位を占める人物であったことがうかがえる。

次に粟守と同様の事例として川原福物をとりあげてみたい。川原福物は本属官司は不明であるが金光明寺造物所の案主であり、五月一日経の管理等に携わっていたとされる。(注22)また、写経所への私願経の書写の依頼など、たびたび写経所に雑事を依頼する史料がみえ、池原粟守と同様に写経所に顔のきく人物の一人であったようである。(注23)

【史料九】「川村福物啓」（川村福物校生貢進啓）（続修四九③、二二ノ三七二）

謹啓

若桜部朝臣梶取式部蔭孫

右人、置㆓彼所㆒、欲㆑充㆓校生㆒、仍其
身貢上、但未㆑申㆓官司㆒、乞照㆓此趣㆒、
且任㆓用之㆒、後日申㆓於官司㆒、可㆑在
之状申上、謹啓、

七月廿六日主奴福物状

謹上　経所諸尊足下

本文書は福物が若桜部梶取を校生に貢進した史料で、被貢進者である梶取はこの後からの勤務が確認される。本状の前半は「校生に充てんと欲す」と他の貢進文と同様な定形句であるが、「但」以下に続く文言は注目に値する。すなわち、「ただし、まだ官司（式部省であろう）には（校生に貢進したことを）報告していない」との旨が述べられ、さらに「しばらく任用して、後日官司に対して報告せよ」と記されている。つまり、福物の状は貢進文の体をなす啓状でありながら、現実の任用の状況としては、貢進自体とその可否について既定事項であったかのような内容となっている。このようなイレギュラーな任用の在り方がまかり通った背景に、写経所に対する福物の影響力が存在していたことは疑いようがない。

2　「属請」をめぐって

以上、写経所への貢進の成否が写経所に直接関わる人員との縁故関係に左右される部分が大きかったと考えた。

そのように想定したとき、注目されるのは先述の【史料三・四】にみえた「属請」という概念である。「属」と「嘱」は共に「たのむ」という字義をもつので、「属請」は「嘱請」と同意である。「嘱請」の語は「僧尼令」の8有事可論条にみえる。同条は僧尼が所司を経由せずに表啓を上ること、および妄りに官家に嘱請することを禁ずる条文であるが、当該条文の『令集解』の引く「令釈」において、「杜預注左伝、嘱は託也。音は之欲の反。広雅、請は求也、乞也」と注されている。したがって、「嘱請」は「たのむこと」、「依頼すること」といった意味であった。

「嘱請」の語は天平六年（七三四）十一月二十日の著名な太政官謹奏にもみえる。件の太政官謹奏は、僧侶の得度にあたり法華経と最勝王経の暗誦を義務付けることを提言するものであったが、奏上のなかで僧の出家の現状に触れ、「此来、出家は学業を審らかにせず、多く嘱請に由りて甚だしく法意に乖く」と述べている。(注24) つまり、僧尼が本来修めるべき学業を修めず、関係者や権力者に「たのむこと」によって得度が与えられている状況を問題としている。このような謹奏がなされる背景には、「嘱請」による得度が一般的に横行していた現状が認められるであろう。

【史料五】では大隅公足が、自身が校正・経生を推挙したことは「属請」であり、さらには「世間の煩事」であると述べていた。公足の書状にみられる「属請」の文言と、書状の冗長な文面の背景には、縁故による「属請」は本来不適当なものである、適材適所に人員を配置するという官僚登用の大義名分に反するものであるとの認識が存在したのであろう。しかし、そのような、言わば後ろめたさにも関わらず公足は「属請」を行うのであり、また現実にそれが容れられる状況が存在したのである。

それではそういった「属請」と貢進文の関係はどのようなものだったのだろうか。実は、貢進文のなかにも「嘱請」に類する語を含む事例が存在する。

【史料一〇】「田辺真人状」（田辺真人校生貢進状）（正集四四④、二二ノ三七三）

大舎人田辺岡麻呂
猶預㆓校生之例㆒、欲
㆑令㆓袛承㆒、親族之
道不㆑得㆓黙遁㆒、謹
上㆓属詫㆒、謹白、
九月十日真人
謹奉　小黒卿座下

本状は写経所の職員であった田辺真人が小黒卿に対して、同族の岡麻呂が校生に任じられることを依頼したものである。文中の「属詫」は先述の「令釈」の注釈の内容をふまえれば、「属請」と同じ意味となる。貢進された岡麻呂は以後校生としての活動が確認されるので、この真人による「属詫」は成功したようである。

本状で注目すべきは、貢進文において、貢進行為が「属詫（属請）」であると明確に述べられている点である。つまり、貢進文による写経生の貢進は公的な制度というよりは、むしろ「嘱請」に近い性格のものであったのではないだろうか。このことは写経生貢進文の大部分が啓という私的な書状の形式か、あるいは単に「貢」と記すだけといった形式であったことと無関係ではないだろう。また、この田辺真人の状には、先の大隅公足の書簡にあったような冗長な表現はみられないが、「親族の道、黙遁するを得ず、謹んで属詫を上る」と、親族であるが故に黙っていることができず、属詫に至ったと述べられている。したがって、公足と同様に「嘱託は建前としては好ましいものではないが」といった意識が認められるのではないだろうか。なお、貢進者の田辺真人も池原粟守や川村福物と同様に写経所と縁の深い人物であり、多くの私願経を依頼している。（注25）

また、写経所の関係者のもとにはしばしば写経生以外への任官の斡旋が願い出されることもあった。

【史料一二】「上咋麻呂状」（続々修三九ノ四裏、二二ノ二一三）

奴咋麻呂恐惶謹頓首

欲レ望レ官事左右兵衛左右衛士府等一々末任

右、以二今日一、官召人名注烈、諸人

云、明日召与者、若垂二大恩一、預二

此類一賜、一生喜何有、今不レ勝二

望憑一犯二輙貴所一、無レ功憑望一

古人所レ厭、雖レ然尊公垂レ愁、

今以レ状、恐懼謹頓首死罪々

々、謹状不レ具、

十月廿三日奴上咋麻呂謹上

本状は、今日明日に人事があるとの風聞（諸人云）があるので、左右兵衛か左右衛士等の雑任に自分を推挙して欲しいと願う内容である。差出人である咋麻呂もまた写経所にしばしば書状を送っていた人物であったが、おそらく写経所の事務官であり、同族でもあった上馬養との誼にたのむものであったのだろう。咋麻呂の希望が叶ったかどうかは不明ながら、自身によって述べられた「功なく憑望することは古人の厭う所」という任官の斡旋依頼（傍線部）もまた、「属請」と同様の性格のものであったと考えることができる。

以上の事例より、写経所の人員の縁故を軸として行われる「嘱請」は、写経所の人事の一端を占めるものであったと考える。また、【史料二】にみられたような任用の推挙としては不自然にみえるような文言も、その背景に

「嘱請」を伴う縁故が存在したことによるものと理解することも可能である。このような任用のあり方は存外広範に存したと考えることができる。

最後にそういった写経生の任用が、実際の労働の現場においてどのように受け止められていたか、その一端を示すものとして次の史料を紹介したい。

【史料一二】「写経司解案」（続々修四六ノ八、二四ノ一一六〜一一八）

一切写経司解　申司内穏便事

一　召ニ経師一且停事

遺紙四千張　見経師廾人　廾五箇日単功五百

応レ写紙四千張　人別写八枚

右、紙少人多、計必断レ手、請且留停、其間設レ紙、来八月中旬、擬《更》惣召加、

（中略）

以前六条事、随ニ経師等情願一、顕注如レ前、謹請ニ処分一、以解、

この史料は写経所からの六カ条に渉る請願であり、大日古によれば天平十一年の頃のものとされている。中略部分にみえる条文では、浄衣のことや支給される食料の質の改善を求める内容が記されているので、当該史料は、写経従事者たちによる労働環境の改善を求める要望であったと考えられる。史料には多くの訂正が加えられているほか、習書もみられるため、彼らの要望が実際にどのような内容と形式で提出されたかは不明である。しかし、列挙されている事項は写経所の現場における実際の懸案事項であったと考えてよいだろう。

そのなかで引用部分の「経師を召すことを且く停めること」と標榜された条からは、写経所内での実際の仕事量に対して経師の数が多いために、新規の採用を見送ってほしいとの要望があったことが伺える。この一史料をもって写経所内の状況を一般化することは危険であるが、経師の採用が必ずしも写経所の現場の需要に合致しないことがあったらしいことが分かる。そのような状況の背景には、先述したような「嘱請」による人事の影響が存在していたのではないかと推測する。

3　小結

以上、断片的な史料から推断した部分も多いが、写経生等の貢進とその成否の背景には、「嘱請」と表現されるような写経所関係者との縁故関係が存在したことを指摘した。また、そもそも現存する史料にみられる写経生の貢進という行為は、そういった縁故を核とするような私的な行為であったのではないかと考えた。なお、こういった「嘱請」は広く行われていたと考えているが、任用全体のなかでどの程度の比重を占めたかという点については、現段階では答を保留しておきたい。

おわりに

以上、本稿で論じたことをまとめると次のようになる。

(一)「試字」は天平九年頃から宝亀元年に渉って行われており、選考方式としては通時的に行われていたものと考えられる。ただし、実際に採用された経師について検討してみると、臨時に雇用されたかのような経師が多い。また、「試字」に臨む候補者たちの条件が一律、平等であったかについては疑問の余地がある。

(二) 写経生貢進文の事例は、数は少ないながらも初期写経所の頃から認められ、「試字」と同様に通時的に行われれていたものと考えられる。また、経師・校生以外の技術職も同様の形で貢進されたと考えられる。

(三) 写経生貢進の背景には私的な縁故にたよる「属請」があり、写経生貢進文そのものがそのような私的な性格をもつものであったと考えられる。

本稿での考察をふまえても、写経生の貢進およびその任用体制の全体像については十分に明らかになったとは言い難い。「試字」と貢進文との関係も未だ明らかではない。しかし、本稿で指摘した点をふまえて、若干の問題提起を行い、展望を示してみたい。

まず、考えるべきは貢進文による写経生の貢進が、あるいは写経所で「試字」を課すという任用方式が、写経生の任用全体からみた場合、果たして主要なルートであったのかどうかという問題である。従来の研究ではこの点について曖昧であり、漠然と現存の史料を以て写経所における任用制度の全体像を理解する傾向にあったように思う。事例の少なさから敷衍するのは躊躇されるが、「試字」によって任用される経師には臨時職員的な性格が強く、また本論でも繰り返した通り、残存事例の少なさも気になる点である。また、貢進文の背景には「嘱請」とも表現される、貢進者・被貢進者、および写経所関係者との縁故関係の存在がうかがえ、そういった関係は任用や採否の在り方に大きく影響していたと推測された。したがって、「試字」や貢進文による任用は果たして制度として呼べるほどに固定的なものであったかは疑問の余地がある。

以上に鑑みるに、「試字」や貢進文といった現存の史料からうかがえる写経生の任用状況は、むしろ写経所における写経生任用において特殊的な状況なのであり、史料上に現れない任用の方式に写経生任用の主流があったのではないだろうか。ではその主流の任用方式が、どこでどのようにして行われたものであったのか、あるいは写経生たちの任用について、写経所がどの程度主体的に関与したかについては、なお検討の余地を残す問題であると考える。

本小論で提示した仮説を証明するためには、悉皆的な写経生の調査が必要となるだろう。残存史料の問題も考慮しつつ、また、写経生の選考の場所や、採否に関わる裁量権が那辺にあったのかという点も、より追及されるべき論点である。また、そもそも写経生や下級官人といっても彼らが属する社会階層は各々差があるのであり、そういった点を含めてより精緻な議論をする必要もあろう。本稿ではひとまず、著者の能力の限界もあり、以上の問題提起を行うに留め擱筆したい。

注

(1) 佐々木恵介「正倉院文書中の経師等貢進文について」(『正倉院文書研究』一二、二〇一一年)
(2) 皆川完一「正倉院文書に見る人と書」(『正倉院文書と古代中世史料の研究』吉川弘文館、二〇一二年、初出、平凡社教育産業センター編『書の日本史第一巻』平凡社、一九七五年)
(3) 東野治之「『訪書余録』所載の写経生試字」(『日本古代史料学』岩波書店、二〇〇五年)
(4) 重要文化財に指定されており、指定名称は「天平年間写経生日記」である。
(5) 今泉隆雄「所謂「平城京市指図」について」(『史林』五九－二、一九七六年)
(6) 東野氏注3前掲論文
(7) 接続は右部が継目切断で、続々修八ノ一九、一三ノ二八四～二九八に続く、左部が二五ノ二四八～二四九、所在不明文書(京都岩井武俊氏旧蔵文書)に続く。食物用帳の部分は大日古未収であるが、皆川完一「正倉院文書「写千巻経所食物用帳」について」(『東京大学史料編纂所報』八、一九七四年、のち注2著書に再収)に釈文を載せる。
(8) 「桑原村主安麻呂試字」については、裏文書が天平十九年と大きく年次が離れている。同文書は経典ではなく書儀が記されるなど、他文書にはない特異な点が認められるため、本来はひとまとまりのものではなく、流出の過程において混入したものではないかとの考えを示したい。

（9）写経所内に「反古箱」が設置されていたという状況は、栄原永遠男氏によって想定されているものであるが、妥当かつ合理的であると考える（『正倉院文書入門』角川学芸出版、二〇一一年）。
（10）東野氏注3前掲論文
（11）井上薫『奈良朝仏教史の研究』（吉川弘文館、一九六九年）
（12）佐々木氏注1前掲論文
（13）井上氏注11前掲書
（14）状に「常の如く」と記された意味については、被推挙者と考えられる主麻呂がなんらかの理由で一時写経所への出仕を停止していたものが再開された（「安侍を止め」はそのような状況を指すか）ことと関係するのか、あるいは豊前が他にも写経生等を貢進していた実績を示唆するものなのか、不詳である。
（15）「安宿豊前銭進送文」（続々修四三ノ二二⑤、二五ノ二三〇）
（16）【史料四・五】については公足による私願経の書写依頼であるという可能性もないわけではないが、本文のように考えた。また、二十六日の書状では「校生経生二色所給任用」とあることから最終的に校生と経生の二種が採用されたことは間違いないが、二十五日の書状にみえる写経生の名称としては「校生」のみであり、また二十六日の書状で「先日申」とみえるのは「経生」のみである。この点について、【史料四】が「先日申校生」と「先日申小写経」を問題としており、両者がそれぞれ【史料五】の「校生」と「経生」に当たると考えている。
（17）佐々木氏注1前掲論文
（18）上毛野名方麻呂の史料上の初見は宝字二年六月二十四日の金剛般若経（薗田№189）の充紙帳においてであるが（十三ノ三二二）、ただしそこには「不」と追記されている。
（19）これらの写経事業については、山本幸男『写経所文書の基礎的研究』（吉川弘文館、二〇〇二年）に詳細に論究されている。
（20）「元」字について大日古は「无」の誤りかと推測しているが、「元」のままでも意味が通じると考える。
（21）『続日本紀』延暦十年（七九一）四月乙未条

(22)　山下有美『正倉院文書と写経所の研究』(吉川弘文館、一九九〇年)
(23)　拙稿「写経所における「私書」の書写」(『正倉院文書研究』一三、二〇一四年)
(24)　『類聚三代格』年分度者事　天平六年十一月二十日太政官謹奏。なお『続日本紀』では同年同月二十一日戊寅条にみえる。
(25)　拙稿注23前掲論文

写経生情報				
人名	身位	※1	従事した写経事業	備考
丹比連広国		×	×	
秦人成		○	唯識論疏16巻（天平9年）	天平9年（7ノ121）にみえる
刑部諸国		○	多数（天平11年～宝字7年）	天平11年～宝字7年頃からみえる
狛枚人		○	№127仁王経疏100部（勝宝2年）、忌日御斎会一切経（宝字5年）	勝宝2年（11ノ197）、宝字5年（15ノ112）にみえる
多治比真人諸羽		×	×	
三村部友足		×	×	
大倭毛人		○	№101千部法華経（勝宝元年）	勝宝元年（10ノ14、539）にみえる
金月足		○	№128百部法華経（勝宝6年）、一切経（宝亀2～7年）	
六人部田人		×	×	
中臣部人万呂		×	×	
日置佐祢比等		×	×	
錦部広継		○		勝宝7歳、宝亀2年～同3年に経師としてみえる
長谷部寛万侶		○		宝亀2年2月～同3年12月までみえる
香山久須麻呂		○	一切経（宝亀2～）	宝亀2年3月～同7年2月までみえる
忍坂和麻呂		○	一切経（宝亀1～3年）	宝亀1～3年12月までみえる

【表１】試字と試字にみえる写経生

	文書情報					
	史料名	大日古	所属	接続	背面	備考
A	丹比連広国写経試字	11ノ107	知恩院所蔵文書	不明	「写経校紙并上紙帳」（11ノ102～107、勝宝元年7月頃か）として二次利用か	「貢秦姓乙安」
	秦人成写経試字	11ノ108	知恩院所蔵文書	不明		
	刑部諸国写経試字	11ノ108	知恩院所蔵文書	不明		「未」「定」の異筆書入れあり
	狛枚人写経試字	11ノ109	知恩院所蔵文書	不明		
	多治比真人諸羽写経試字	11ノ109	知恩院所蔵文書	不明		「未」「定」の異筆書入れあり
	三村部友足写経試字（断簡）	11ノ109	知恩院所蔵文書	不明		「不」「定」の異筆書入れあり
	大倭毛人写経試字	11ノ110	知恩院所蔵文書	不明		「未」「定」の異筆書入れあり
	金月足写経試字	11ノ110	知恩院所蔵文書	不明		「合卌四日」
	六人部田人写経試字	11ノ111	知恩院所蔵文書	不明		
	中臣部人万呂写経試字	11ノ112	知恩院所蔵文書	不明		
	日置佐祢比等写経試字	11ノ112	知恩院所蔵文書	不明		「未」「定」の異筆書入れあり
	錦部行広継試字	25ノ197	知恩院所蔵文書	不明	「奉写一切経所経師筆充帳（宝亀３年６月）」（未収）	
B	長谷部寛万侶試字	19ノ133	天理図書館所蔵文書	不明	天平余光「奉写一切経所食口案」（宝亀3年6月）（未収）に二次利用	
	香山久須麻呂試字	19ノ134	天理図書館所蔵文書	不明	不明	
	忍坂和麻呂試字	19ノ134	天理図書館所蔵文書	不明	天平余光「奉写一切経所食口案」（宝亀3年6月）（未収）に二次利用	

写経生情報				
人名	身位	※1	従事した写経事業	備考
音太部乙島		×	×	
桑原村主安麻呂	散位大初位下	×	×	経典ではなく書儀を書写している。
石川宮依		○	一切経	宝亀元年～7年頃に経生としてみえる。
県主十二月		×	×	
村主作麻呂	文部省位子	×	×	
大伴養万呂		○	天平17年末～勝宝3年末の期間に多数	
他田水主		○	天平18年末～宝宝年間まで多数	勝宝2年頃から事務官としても活動している
阿刀弟人		○	天平18年～19年	
柏原大嶋		○	天平19年～勝宝3年末	
秦家主？		○？	天平18年～宝亀2年頃まで多数	最初は校生として写経所に勤務
大友広国		○	天平17～勝宝5年頃まで多数の写経事業に従事	
(不明)		?		
飛鳥部立麻呂		○	天平宝字2年頃に写経に従事	
(不明)		?		
大鳥連春人		○	長期間にわたり、多数の写経事業に従事	天平21年正月19日の文書
(不明)		?		

	文書情報					
	史料名	大日古	所属	接続	背面	備考
B	音太部乙島試字	19ノ135	天理図書館所蔵文書	不明	不明	
B	桑原村主安麻呂試字	19ノ135～136	天理図書館所蔵文書	不明	天平19年の造一切経所の文書※2	
C	石川宮衣試字	19ノ136	続別22(1)裏	ナシ	「奉写一切経所食口案（宝亀3年2月）」（6ノ332～333ℓ2）	
C	県主十二月試字	19ノ136～137	続々集22-3裏128紙目	不詳	「物部由万呂手実（宝亀6年5月1日）」（23ノ386）	
C	村主作麻呂試字	19ノ137	続修44⑯裏	ナシ	「写経所解（案）？（年不詳）」（25ノ342～343）	
D	大伴嚢麻呂等試字	19ノ138	塵芥34①	ナシ	空	
		19ノ138	塵芥34①	ナシ		
		19ノ138	塵芥34①	ナシ		
		19ノ138	塵芥34①	ナシ		
	大友広国等試字	19ノ139	塵芥34②	ナシ	空	
		19ノ139	塵芥34②	ナシ		
	某試字		塵芥34③	ナシ	空	
E	飛鳥部立麻呂等試字	19ノ139～140	所在不明（広田謙三氏旧蔵）	不明	不明	
		19ノ140	所在不明（広田謙三氏旧蔵）	不明	不明	
F	（大鳥春人写経試字）※3	未収	『訪書余録』所載文書	不明	不明	式部書生従八位上「古乎麻呂貢」
G	写経試字	未収	京都府小川広巳氏所蔵文書	ナシ	「写千巻経所食物用帳（天平宝字2年7月）」（未収）	

※1他史料で確認できるかどうかを示す。※2横山由清『尚古図録』（1876）に記述がある。国立歴史民俗博物館編『正倉院文書拾遺』（1992年）の解説による。※3便宜上そのように名前をつけた。

正倉院文書にみえる浄衣

渡部　陽子

はじめに

奈良時代の写経事業においては、紙や筆・墨を使って写経をすすめ、軸・緒を付け、出来上がった経巻は帙につつみ櫃に納める。写経事業に携わる経師・校生・装潢等には、浄衣や食料など衣食住に必要なものも支給される。浄衣に関しては、申請や納入、支給記録など正倉院文書の記載も多い。浄衣を着用して写経することは、中国大陸から朝鮮半島、日本に伝来したと考えられ、浄衣はいくつかの経典の本文中にも散見される。「維摩詰経巻第三」（涼李軌安楽三年（六二〇）書写、敦煌）の奥書には、「…弟子焼香。遠請経生朱令弁。用心斎戒。香油洗浴、身着浄衣。在於静室、六時行道。…」とある[注1]。

正倉院宝物には「久米浄衣」と書き込みのある衣などが残っている。右衽裏裾に「久米浄／衣返上」との墨書がある単衣仕立ての布袍には、全体にわたって濃い褐色の汚れがあり、右手の袖と上前の下方の汚染が著しい（中倉二〇二布袍　衣第二号（第一一一号櫃））。久米とは、正倉院文書にみえる、天平勝宝頃に写経所で働いていた装潢「久米家足」と推定され、褐色の汚染は経紙を染めた染汁によるものであろうとされている[注2]。また、麻布で作られた袴には、表に「王」、裏に「広万呂」の墨書がある（中倉二〇二布袴第一号（第九四号櫃））。天平十五年（七四三）から二十年ごろ、写経所の経師として王広万呂という人物がみえるが、関連があるかどうかわからない。

関根真隆氏は、日本古代の服飾品について研究史をまとめたうえで詳細に整理・検討し、どのようなものが着用されたか、その素材や量などを、文献と遺物から総合的に考察した（注3）。奈良時代の衣服に関する文献史料は、正倉院文書が大きな位置を占める。正倉院文書の大半は写経所文書であり、浄衣などの衣服について、どのような織物か、その量、誰に支給したかという具体的な記録がみえる。ところが先行研究では、浄衣は写経という行為に対して支給されるものであるにも関わらず、写経事業を通して考える点が欠けている。本論文では、正倉院文書を詳細に検討することによって、写経所において（注4）、いつ誰に、どのような場合に、浄衣が申請され支給されていたのか、その後浄衣はどのように扱われたのか、写経事業の中での浄衣という物品の運用状況を考えてみたい。

一　浄衣とは

浄衣とは、「清浄事にたずさわるに際して着用する衣」として、狭義には袍や袍袴をさし、広義には、従事する際の服装全体を示す（注5）。浄衣という特殊な型式の衣があったわけではない。表1、表2にあげたように、広義の浄衣の中には、外衣として袍・袴・襖子、内衣として汗衫・褌、そのほか被・湯帳・冠、履物類として袜・菲・木履があり（注6）、これらは経師・装潢・校生に支給される。優婆夷などの女性は袍と裳を着用した。作業着である前裳・早袖は、仕丁等にのみ支給され、仕丁や膳部、優婆夷といった下働きの人々は、袍と袴・裳の上に、早袖・前裳をつけて汚れを防いだ。なお、仕丁等に支給される浄衣は、前裳・早袖のほかには、夏冬通して袍・袴・冠だけであり、経師等と違って襖子や汗衫といったものはみえない。また、経師・装潢・校生等上層者には、良質布（絁、細布）でゆったりしたものを、雑使・駆使・仕丁等下層者には粗布（調布、庸布、祖布、商布）で比較的小形のもの（少

表1　浄衣の種類

	名称		異称	備考
外衣	袍	(夏料)	単衣、単袍	布1丈8尺以上
		(冬料)	袷袍、綿袍、綿衣	夏料の2倍の布量
		女子料	女袍、女衣	1丈5尺以下　冬は袷袍
	襖子	男子料		冬料、綿入
	袴	(夏料)	単袴	
		(冬料)	袷袴、綿袴	夏料の2倍
	裳	女子料	裙	史料中では単衣のみ(胸高につけるため、上衣は短い)
内衣	汗衫	男子料	衫	
	褌	男子料	下袴、内褌	
その他	前裳			下層労働者(男女)の前掛
	早袖			下層労働者(男女)の労働着(胸部と短い袖部のみか)
	湯帳		湯帷、温帳	上層者の入浴時のタレギヌ状のもの
	被		衾	上層者のフトンのようなもの
	冠			男女に支給(男は幞頭、女は不明)
	帯			給付例少ないが、布製か
履物類	菲		扉	ゾウリ　経師・装潢・校生のみ
	木履		木沓	下駄か　経師・装潢・校生のみ
	襪		袜	足袋　経師・装潢・校生のみ

表2　写経事業における浄衣と支給対象者

		経師・校生・装潢	雑使	膳部	駆使丁・仕丁	優婆夷
袍	A	布1丈8尺			布1丈8尺	布1丈5尺
	B	絁1匹・綿3屯	細布1丈8尺		祖布1段(袍袴)	細布1丈2尺
	C	絁1匹・綿2屯			庸布3丈6尺・綿1屯	
袴	A	布7尺			布7尺	
	B	絁2丈5尺・綿1屯半	細布7尺		祖布1段(袍袴)	
	C	絁2丈5尺・綿1屯			庸布7尺	
襖子	C	絁4丈5尺・綿2屯				
裳	A					布2丈1尺
汗衫	B	絁2丈2尺				
	C	絁2丈2尺				
褌	B	絁1丈2尺				
	C	絁1丈2尺				
襪	A	布3尺				
	B	調布3尺				
	C	布3尺(2度)				
冠	B	細布3尺				
	C	布3尺				
冠・早袖・前裳	B			調布1丈		
	C			庸布9尺		
被	C	絁1匹・綿7屯				
湯帳	A	布1丈				
	B	調布1丈2尺				
	C	布1丈2尺				
木履	B	1両				
	C	1両(15文)				
菲	B	1両				
	C	3両(10文・3度料?)				

A…法花経1000部8000巻、〈夏浄衣〉(天平20年(748)7月24日、10ノ316～317)
B…法花経45部・金剛般若経45部・理趣経45部(天平宝字4年(760)1月15日、14ノ292～300)
C…大般若経2部1200巻(天平宝字6年(762)12月16日、16ノ59～68)

量）を支給する傾向がある。

正倉院文書にみえる浄衣関係の史料を整理すると、浄衣が支給されるのは、経師・装潢・校生が多く、この三つの職種では支給されるものは同じで、差はない。また寒時には防寒のため、袍・袴が袷となって、袍・袴・襖子に入れる綿が支給される。袍に入れる綿は駆使丁にも支給される場合もあるが、綿の量が経師の半分の時もある（一六ノ六二）。木履と菲（扉も同じ）は経師・装潢・校生のみにしか支給されない。木履は基本的に一人に一両だが、菲は二度料〜四度料など、長期間にわたる写経事業の場合には複数支給される場合があり、菲の方が消耗が激しいと考えられる。なお、木履と菲は現物ではなく、銭で写経所に納入されることが多い。扉は、東市で購入される史料もあり（一三ノ二六五、一四ノ七六）、流通していたことがわかる。

なお、浄衣は清衣と称することもあり、両者は同じものを示す。写経所が宮から送られた物品の送状を貼り継いだ「自宮来雑物継文」(注7)（十一ノ三四七〜三五〇）によると、宮側は「清衣」と呼称し、それを受け取った写経所側のリストでは「浄衣」（一三ノ二四四〜二四六）となっている。正倉院文書では圧倒的に「浄衣」の記載の方が多いため、「清浄事」の衣として、写経所では「浄衣」という名称が使われることが通例だったことがわかる。

写経事業を管理・監督する領や案主は、写経所の運営担当者として常時勤務していたはずだが、経師等に比べて浄衣の支給例は非常に少ない。(注8)経師・装潢・校生が、写経事業ごとに召集されるいわばプロジェクト単位の非常勤職員とすると、領や案主は常勤職員として、基本的に浄衣も写経事業ごとに申請するのではなく、造東大寺司などの上位機関から定期的に支給されていた可能性がある。

［造石山寺所解移牒符案］のなかには、浄衣の申請などが見られ、写経事業関係者だけでなく、木工や鋳工など広く仏事に関わる者が着用するものも「浄衣」と称されていたことがわかる。弥努（弥努宮の誤りか）に仏を奉請するのに用いるために、元正太上天皇の葬儀時の御輿人の装束物を借りたいという申請もあり（天平宝字六年（七

六二）三月十一日、一五ノ一六二）、特別な儀式に用いた衣は大切に保管され、次に使用する場合も、どのような由緒のものかこだわりをもって使われたようである。（注9）

［奉写一切経所解移牒案］のなかでは、忌日御斎会一切経を東大寺から嶋院に奉請するにあたり、櫃をかついだり香を運んだりする者について、浄衣（衫・袴・布帯・頣懸・襪・菲）が申請されている（一五ノ五二～五三）。頣懸とはおそらくマスクのようなものであり、大切な経に直接息がかからないよう、細心の注意をはらって奉請されたことがうかがえる。この一切経を書写する経師等の浄衣は、寒時に冬服として綿袍・袴・被、熱時に夏服として単衫・帛汗衫・下袴・細布袴・冠・調布湯帳・巾・袜、それを縫うための糸、そして菲（一人につき四両）と木履の銭が申請された（一五ノ六三～六九）。これらは経師に支給された浄衣類のほぼフルセットであり、光明皇太后の一周忌にむけて、写経所でも最大限の装備で臨む姿勢がみえる。

二　個別写経事業における浄衣の申請

ある何らかの目的をもって、一種類もしくは複数の経典を写経することを、ひとつの個別写経事業と考えると、現時点で確認しているだけでも、奈良時代の写経所では四〇〇以上の個別写経事業がみえる。ただし、正倉院文書にみえる文書や帳簿類において、全ての記載について、どの写経事業に関するものかわかるわけではない。記載内容が省略されているもの、帳簿自体が分断されて一部分しか現存していないものなど、断片的な情報しか残っていないものも多い。経典名や、発願者や関係者の名前、日付などによって、どの写経事業に関係する記載なのか分類することになるが、紙や浄衣などの物品に関する記録も、その手がかりとなる。

1　用度申請にみえる浄衣

さて、写経事業における事務処理の大まかな流れとしては、用度を申請し、収納・支給の記録をつけ、書写終了後に経師等の布施を申請し、最後に決算として用残報告をする。管見の限り、正倉院文書にみえる写経事業の中で用度申請の文書が確認できるのは、表3にあげた三一例である。用度申請とは、その写経事業を遂行するために必要な紙の枚数や経師等の人数を計算し、筆墨などの物品、銭、米などの食料を計上して、まとめて申請する文書である。奈良時代に写経所で行われた写経事業に関連する帳簿や文書が、全て現存しているわけではないが、四〇〇以上の個別写経事業がみえることを考えると、そのうち三一例しか用度申請が確認できないということは、全ての写経事業ごとに用度申請の文書を作成した訳ではないらしい。用度申請を作成しない場合も、必要に応じて、個別に紙などの物品が申請・収納されたようである。

その三一例の用度申請のなかで、浄衣に関する記載がみえるものが二四例ある。文書の後半が欠損しているため、全ての記載内容が確認できないものが二例あるが、完存する用度申請のなかにも浄衣の記載がないものが五例ある。(注10)三一例の用度申請のうち、一六%にあたる五例に浄衣を申請する記載がないということは、用度申請において、浄衣は必須の物品ではなかったということである。浄衣が申請もしくは支給されたことがわかる写経事業は、二四例の用度申請があるものに加えて、物品の収納記録など用度申請以外の帳簿を含めても、四〇例しかみえない。浄衣に関する記載があっても、どの写経事業に関係するものか判明しない文書があることを考慮に入れても、全ての写経事業において、その都度必ず浄衣が申請されたとはいえない。

表3　用度申請のみえる写経事業

	経典名	浄衣の記載
天平20年	法花経１部８巻・阿弥陀経２巻・最勝王経１部１巻・観世音経２巻	×
—	大般若経１部600巻	(後欠)
勝宝 2年	法華経100部800巻	○
勝宝 2年	大般若理趣分１巻・最勝王経（第２巻）１巻・金剛三昧本性清浄不壊不滅経１巻	×
勝宝 2年	大般若経１部600巻	○
勝宝 3年	花厳経１部80巻（金字）	×
勝宝 4年	最勝王経１部10巻・仁王経１部２巻・六巻鈔１部６巻・梵網経疏１部２巻	(後欠)
勝宝 4年	華厳経１部60巻	○
勝宝 4年	法花経１部８巻・最勝王経１部10巻・金光明経１部８巻・十輪経１部10巻・弥勒経１部３巻・理趣経１巻・薬師経１巻	○
—	花厳経10部800巻	○
勝宝 6年	大般若経１部600巻・花厳経１部60巻・花厳経１部80巻	○
勝宝 9歳	心経100巻	○
宝字 2年	千手千眼経1000巻・新羂索経10部280巻・薬師経120巻	○
宝字 4年	法花経45部360巻・金剛般若経45巻・理趣経45巻	○
宝字 4年	阿弥陀仏・法花経１部８巻	○木沓のみ
宝字 4年	仏頂経１巻	○
宝字 4年	灌頂経１部12巻・梵網経１部２巻	○
宝字 4年	大仏頂首楞厳経陀羅尼10巻・随求即得陀羅尼10巻	○
宝字 5年	忌日御斎会一切経	○
—	(経典各不明)	○
宝字 6年	灌頂経12部144巻	○
宝字 6年	大般若経２部1200巻	○
宝字 7年	法花経２部16巻	○
宝字 7年	最勝王経11部110巻・宝星陀羅尼経１部10巻・七仏所説神呪経３部12巻・金剛般若経600巻	○
宝字 7年	法花経２部16巻・顕无辺仏土経1000部1000巻	○
宝字 7年	仁王経疏１部５巻	×
宝字 7年	十一面経31巻・孔雀王咒経７巻・陀羅尼集経（第４・９巻）２巻	○
宝字 7年	梵網経20部40巻・四分律戒本20巻	○
—	法花経１部８巻・阿弥陀経10巻	×
宝字 7年	心経1000巻	○
宝字 8年	大般若経１部600巻	○

2　冬料と夏料

まずは、浄衣が申請されるにあたって、季節による種類の違いを確認しておきたい。天平勝宝四年（七五二）四月二十八日の六十華厳経一部六十巻の用度申請では、経師・装潢・校生各一人に浄衣を二具ずつ申請している（一二ノ二六六〜二七二）。冬料・夏料を一具ずつとあり、浄衣の詳細は書かれていないが、用度申請の作成者も受取側も、何を支給すべきかこれでわかったのであろう。(注11)これは、三部の華厳経を三人の経師が一人一部ずつ写す、いわゆる「三部花厳経」のうち、大原魚次もしくは三嶋宗麻呂が経師を担当した華厳経の用度申請と考えられる。大原も三嶋もベテランの経師であり、いくつもの写経事業で題師をつとめたことのある能筆家である。写経をなるべく早く完成させるためには、大量の経師等を動員することが必要であるが、この写経事業は、一人の能筆家による美しい同じ筆跡で写経することに重点が置かれた。そのため、長期間かかることは想定内であり、三嶋の華厳経は天平勝宝六年（七五四）七月三十日にようやく写経料紙の用残報告がなされている（一三ノ一七）。浄衣も夏・冬料を支給して、通年の作業ができるようにしたのである。

天平二十年（七四八）五月二十六日の法花経千部八千巻の浄衣申請（一〇ノ二七一〜二七四）では、夏料として単袍・汗衫・褌・袴・湯帳を、冬料として綿入りの袍・襖子・袴・被と、汗衫・褌・湯帳をあげている。(注12)このように長期間の写経事業では夏料と冬料を一度に申請しているが、表4のように用度申請にみえる浄衣を整理すると、季節ごとに申請する経師等の浄衣の種類が違うことがわかる。

綿入りの袍・袴・襖子・被を申請するのは、八月二十八日から二月二十五日までみえる。三月十二日〜七月二十四日には、単衣の袍・袴を申請しており、綿の入った襖子や被はほとんどみえなくなる。三月十一日と七月二十九日には、袍と袴は単衣で、綿入りの襖子と被を請求している。季節の変わり目には、単衣と綿入れを取り合わせて着用する場合があるのである。衣替えの日が厳密に決められていた訳ではないようであるが、三月頃に冬料から夏料に移行し、八月頃には冬料を請求し始めるという傾向が見て取れる。

3　写経事業と浄衣

では、浄衣を申請するかどうかということは、どのような基準で判断されたのであろうか。写経所の活動の中心である一切経の写経事業では、長期間にわたるということもあり、浄衣が申請された可能性が高い。先述のように忌日御斎会一切経では、冬料・夏料の両方の浄衣が用度申請に計上されている。一切経が連続して行われた宝亀年間の告朔案を見ると、ほぼ毎月、浄衣料として何らかの布類や木履・菲などが納入されている。不足するたびに随時申請し、納入・支給されたようである。

そうすると、問題となるのは、間写経の写経事業である。そこで、浄衣を申請する場合と、しない場合の写経事業を検討してみたい。

天平宝字二年（七五八）六月から十一月にかけて行われた、いわゆる三千六百巻経の一連の写経事業、つまり金剛般若経一千巻、そして千手千眼経一千巻・新羂索経十部二百八十巻・薬師経百二十巻、それから金剛般若経一千二百巻（以下それぞれの写経事業を、千巻経、千四百巻経、千二百巻経と称す）の三度の写経事業は、光明皇太后の延命のために、藤原仲麻呂の指示のもとに行われた。千巻経は六月十六日、千四百巻経は七月四日、千二百巻経は八月十六日の大保恵美朝臣（藤原仲麻呂）の宣により開始された写経事業である（一四ノ二五七～二五八）。千巻経と千二百巻経は当初より一連の事業として計画され、皇太后不予をうけて千四百巻経が急遽その間に割り込んで書写された。（注13）

三千六百巻経において、用度申請が現存しているのは千四百巻経だけであり、そのなかに浄衣もみえる（一三ノ三七三～三八〇）。千巻経では、扉の銭が申請されたが（一三ノ二四一、二四三）、合計五六具の浄衣が収納されたこ

年	月日	袍		袴		襖子	被	湯帳	汗衫	褌	袜	冠	木履	菲	大日古
		単衣	綿入	単衣	綿入	綿入	綿入								
宝字 4年	1/15		○		○			○	○	○	○	○	○	○	14ノ292～300
勝宝 6年	2/18		○		○	○	○	○	○	○	○		○		13ノ50～57
宝字 7年	2/25		○		○	○	○	○	○	○	○	○	○	○	5ノ388～395
宝字 4年	3/9		○?		○?										4ノ411～412
宝字 7年	3/11	○		○		○	○	○	○	○	○	○	○	○	5ノ403～411
宝字 7年	3/12	○		○									○	○	16ノ347～352
宝字 4年	3/14		○		○			○	○	○	○	○			14ノ369～372
宝字 4年	ウ4/2	○		○				○	○	○	○	○			14ノ387～389
勝宝 9歳	6/15	○		○				○	○	○	○			○	続別9裏、13ノ221
宝字 7年	7/2	○		○				○			○	○	○	○	16ノ407～410
宝字 2年	7/6	○		○			○?	○	○	○	○	○	○	○	13ノ373～380
天平20年	7/24	○		○				○			○				10ノ316～317
宝字 8年	7/29	○		○		○	○	○			○	○	○	○	16ノ505～514
宝字 7年	8/28		○		○	○	○	○	○	○	○	○	○	○	16ノ341～343、25ノ339～340、15ノ81～82、15ノ79～81、16ノ419～420
宝字 4年	10/3 ※1		○		○	○	○?	○	○	○	○	○	○	○	14ノ349～358
勝宝 2年	10/13		○?		○?			○	○	○	○	○	○		3ノ463～468
宝字 6年	11/22		○		○	○	○	○	○	○	○	○	○	○	16ノ114～117、14～16
宝字 6年	12/16		○		○	○	○	○	○	○	○	○	○	○	16ノ59～68
宝字 6年	12/21	○		○							○				16ノ106
宝字 7年	12/25		○		○	○		○	○	○	○	○	○	○	16ノ423～427
天平20年	5/26	○ 	 ○	○ 	 ○	 ○	 ○	○ ○	○ ○	○ ○					10ノ271～274
—	—	○		○		○	○	○	○	○	○		○		12ノ272～277
宝字 5年	—	 ○	○ 	 ○	○ 		○ 	 ○	 ○	 ○	 ○	 ○	○ 	○ 	15ノ63～69
—	—		○		○	○	○	○	○	○	○	○	○	○	18ノ587～589

※1　大日古では7月とあるが、『正倉院古文書影印集成11』の解説によると、10月の間違いである。

表4　用度申請にみえる浄衣の種類

経典名	
法花経45部360巻・金剛般若経45巻・理趣経45巻	
大般若経１部600巻・花厳経１部60巻・花厳経１部80巻	
法花経２部16巻	
仏頂経１巻	
最勝王経11部110巻・宝星陀羅尼経１部10巻・七仏所説神呪経３部12巻・金剛般若経600巻	
法花経２部16巻・顕无辺仏土経1000部1000巻	
最勝王経１部10巻・宝星陀羅尼経１部10巻・仏頂尊勝陀羅尼経１巻	
灌頂経１部12巻・梵網経１部２巻	
心経100巻	
十一面経31巻・孔雀王咒経７巻・陀羅尼集経（第４・９巻）２巻	
千手千眼経1000巻・新羂索経10部280巻・薬師経120巻	
法花経1000部	
大般若経１部600巻	
梵網経20部40巻・四分律戒本20巻	
大仏頂首楞厳経陀羅尼10巻・随求即得陀羅尼10巻	
大般若経１部600巻	
灌頂経12部144巻	
大般若経２部1200巻	
仁王経疏１部	
心経1000巻	
法花経1000部	夏料 冬料
花厳経10部800巻	
忌日御斎会一切経	夏料 冬料
（前後欠史料につき経典名・年月日不明）	

ともわかっている（一三ノ二四三〜二五二）。扉以外の浄衣類については、現存する正倉院文書のなかには残っていないが、申請文書が提出されたと考えられる。

　このように巻数が多く、写経量の多い写経事業を行うには、紙だけではなく、経師等の食料や布施なども大量に必要となる。そのため、大規模な写経事業には、それをまかなえるだけの出資者が必要である。逆に言うと、大規模な写経事業の場合は、ある程度潤沢な予算を期待できるということでもあり、浄衣が申請される可能性も高いと考えられる。

　仁王経疏一部五巻の用度申請では、経紙（見写料・表紙料・儲料）と凡紙、菟毛筆一管半と墨一挺を買うための銭のみを申請している（天平宝字七年（七六三）四月十七日、一六ノ三七五〜三七六）[注14]。この仁王経疏一部五巻（円測師撰）は、法順尼の今月（四月）十七日宣によって平備師の為に写すとあり、八人の経師の名前がみえるが（一六ノ三二一）、この八人の浄衣に関する記載は見当たらない。写経事業において、最低限の必要物品は、紙・筆・墨ということである。

心経百巻の用度申請では、紙・筆・墨に加え、経師三人・装潢一人・校生一人に対して、袍・袴・湯帷・襪・汗衫・褌・扉が請求された（天平勝宝九歳（七六五）六月十五日、続修別集九①裏〔大日古未収〕、一三ノ二二一）。浄衣の収納記録はみえないが、七月九日に出された布施申請でも、経師三人・装潢一人・校生一人がみえるので、用度申請どおりの人員が写経に従事したことがわかる（一三ノ二二三〜二二四、四ノ二三五〜二三六）。六月の食口によると、心経担当者として経師九人・装潢三人・校生二人が単口で計上されている（四ノ二三三〜二三四）。心経は一巻一張、百巻でも一〇〇張という非常に短い経であり、経師等の仕事も二、三日で終了した。このような短期間の写経事業でも、浄衣が申請されたのである。

見写料でいうと、仁王経疏は一七三張、心経も一〇〇張という比較的量の少ない写経事業である。だが、仁王経疏には浄衣が申請されず、心経にはたとえ二日間の写経でも浄衣が申請されたということは、写経の量だけが浄衣申請の基準ではあるまい。用度申請を作成する写経所の案主、そしてその写経事業を発願し、物品を供給する発願者が、予算編成に浄衣を組み込むと判断した場合、浄衣は申請される。必需品の紙や筆墨と違い、ある程度の大規模な写経事業、また強力な発願者による予算が潤沢な写経事業などのみ、浄衣が申請されたのではなかろうか。

三　浄衣の支給と返却

写経事業において、写経所に納入された浄衣は、どのように運用されたのであろうか。浄衣はどのように経師等に支給され、そして返却されたのか、考えてみたい。

1　長期間の写経事業における浄衣の支給

写経事業が何年間にもわたって行われた場合、浄衣はどのように支給されたのであろうか。具体的な浄衣の支給に関する史料はあまり多くないため、実態にせまることは難しいが、宝亀年間の一切経の写経事業では、浄衣が申請・支給された史料がいくつかある。そのなかでも、浄衣の支給対象者がわかる史料が数例あり、複数回登場する人物もいる。

神護景雲四年（七七〇）六月十三日、夏の浄衣として、経師大友路万呂に汗衫・褌・布単袍・袴・温帳・袜・冠を支給し、七月八日には他田嶋万呂にも同じものを下した（六ノ七、九）。翌年の宝亀二年（七七一）正月七日には、大友に調絁と綿（袷の袍・袴料）を、（注15）同十九日には他田に絁と綿と調布を浄衣料として下しており、これは冬料である（六ノ一六〜一八）。宝亀二年五月二十六日の夏浄衣申請には大友の名前がみえ、同二十八日の夏浄衣（汗衫・褌）申請には他田の名前がみえる（六ノ七七〜七八）。

つまり、大友と他田には、神護景雲四年の六・七月、翌宝亀二年の正月、申請どおりすぐに支給されたと考えると同五月に、夏・冬・夏料の浄衣が支給されたことになる。この期間には先一部一切経の写経が行われていたが、最初の夏料として、汗衫・褌・布単袍・袴・温帳・袜・冠を、冬になると綿入りの袷袍・袴を、次の夏には汗衫と褌という内衣を支給した。この一切経の写経事業では、長期間にわたって連続して従事した経師等には、最初に浄衣のフルセットを支給すると、その後は季節ごとに必要最低限のものだけを支給したという可能性がある。

先述のように、浄衣には冬料と夏料がある。写経事業が長期間にわたることが確実な場合には、用度申請で冬・夏料の浄衣を計上していた。消耗品である菲は、二度料〜四度料など、ひとつの写経事業で複数支給されることもあるが、それ以外の浄衣は、一人につき各一具ずつである。ただ、古代の衣服の耐久性がどれだけのものかわからないが、宝亀年間の一切経の例をみる限り、汗衫や褌といった内衣つまり肌着は、一シーズンが終わる頃には着用に耐えがたくなるのではなかろうか。二度目の冬や夏がめぐってくると、最低限のものだけでも、二着目が支給される場合もあったと推測される。

2　三千六百巻経における浄衣の運用

先述のように、三千六百巻経において、経師・装潢・校生の浄衣が申請され収納・支給されたのは、千巻経と千四百巻経だけである。千巻経は五六具（一三ノ二五八～二六五）、千四百巻経は五三具（一三ノ三六五～三七〇）の浄衣が収納されるとすぐに下充された。ところが最後の千二百巻経では、木沓と扉は納入・購入され、被の布は収納されたが、浄衣は以下の一三領が追加納入されただけである。「先経残者」とある銭五〇〇文が浄衣料布二端分として下され、二日後にその布で浄衣五領分が縫い上げられて収納されている（一四ノ一一、七七）。これは「先経」つまり千四百巻経の銭の残りを、千二百巻経の浄衣料に使用したのである（一四ノ二三七）。十月二十四日にも浄衣八領と袴一腰が納入された（一四ノ七八）。

千巻経と千四百巻経に参加した経師・装潢・校生は総勢一一七人にのぼり、千巻経・千四百巻経には参加せず千二百巻経のみ新しく従事した経師・装潢・校生は二二人いるが、浄衣の数は到底足りない。では、これら三千六百巻経の写経事業では、浄衣をどのように運用したのであろうか。

【史料二】「東寺写経所牒案」（続々修一八ノ六裏、一四ノ一七三～一七四）

東寺写経所牒　御書所
合請経師装潢並陸人
難波高屋　田上嶋成　子部多□□（夜須）

丸部人主　荊嶋足　宍人百村
右、被大保去八月廿一日宣你、以先経師□(并)
浄衣等、令奉写金剛般若経□□(一千二)
百巻者、謹依宣旨、件人等所□(請)
如件、乞察此状、令賷浄衣早
赴寺家所、若有障公事者、令返上
浄衣、(勘)仍(具以)状牒、
天平宝字二年九月廿二日主典正八位上安都宿祢

【史料二】「造東寺司写経所解案」（続々修一八ノ六、一四ノ四〇七～四〇八）

造東寺司写経所解　申請経師事
史生少初位上常世馬人
右、被大保去八月廿一日宣你、以
先請経師并其浄衣等、令奉
写金剛般若経一千二百巻者、
謹依宣旨、所請如件、謹解、
天平宝字二年九月廿三日専当主典正八位上安都宿祢雄足

三千六百巻経では、浄衣の支給に関しても、ひとまとまりの写経事業として認識されていた。千二百巻経の開始にあたって、経師を召集する際に浄衣のことにも言及がある。造東大寺司主典安都雄足は案主上馬甘等に対して下したいくつかの指令の中で、「経師先所給浄衣令洗、早速召集」（一四ノ六四）としている。また【史料二】には

「以先請経師并其浄衣等、令奉写金剛般若経一千二百巻者」とある。(注16)この時点で「先」といえるのは千巻経・千四百巻経の写経事業であり、先の二つの写経事業の従事者に、千二百巻経の写経事業に参加させようとしたのである。千四百巻経の書写が終了し、元々の所属先に戻っていた経師等を、千二百巻経の書写開始時に再召集するにあたって、千巻経や千四百巻経で支給された浄衣を洗って持参させることが指示されている。これは、千二百巻経の写経事業において新たに浄衣を支給する予定がなく、物品の運用上は、あくまで三千六百巻経全体でひとつの写経事業であるという、仲麻呂や写経事業の管理者側の見解を示している。

【史料一・二】にみえる経師と装潢の中で、経師子部多夜須、丸部人主は千巻経・千四百巻経・千二百巻経の全ての写経事業に参加し、田上嶋成は千巻経・千二百巻経にみえるので、これらの召文に応じたことがわかる。装潢荊嶋足と宍人百村は、千巻経・千四百巻経に参加したが、千二百巻経にも従事したのは宍人百村だけである。ちなみに、宍人百村は千四百巻経に従事した際、七月七日に浄衣一式を支給されたことがわかっている(一三ノ三六五)。難波高屋と常世馬人は千巻経・千四百巻経には参加したが、召集されたものの千二百巻経の写経事業に従事した記録はない。そして、【史料二】には「若有障公事者、令返上浄衣」、つまり本来の業務が忙しく写経事業に参加出来なければ、浄衣を返上させよとあるので、難波高屋と荊嶋足は浄衣を返上しなければならなかったと考えられる。

田上・丸部・荊・子部は、もともと写御書所にいたらしく、【史料一】だけでなく、千巻経を写経する際も写御書所から召集されている(一三ノ三三四~三三五)。(注17)また、写御書所から東大寺写経所への移(年月日不明、一三ノ三三五)によると、難波高屋について、「以今月二日、自内裏給出　御書令写」(以下欠失)とある。【史料一】で御書所から召集された者のうち、難波と荊は千二百巻経に参加していない。難波は、写経所で千四百巻経に参加した後、写御書所の業務に戻り、千二百巻経に参加出来ないことを伝えるためにこの移が送られたのかもしれない。

これらの史料から明らかになったことは、以下のとおりである。経師たちは、千巻経・千四百巻経の写経事業を終えたあと、支給された浄衣を持ったまま本来の職場へ帰った。千二百巻経を開始するにあたって、再び彼らが召集されたが、もし千二百巻経に参加しない場合は浄衣を返却することが求められた。あくまで千巻経・千四百巻経・千二百巻経はひとまとまりの写経事業であり、写経事業への従事を途中で止めるのであれば、浄衣も返さなければならなかったのである。千巻経・千四百巻経から継続して従事する経師たちは、先に支給された浄衣をそのまま千二百巻経でも着用し、千二百巻経から新たに参加した人々は、途中退出により返却された浄衣や、補充された浄衣を与えられて、写経事業に従事したのである。

3　写経事業と浄衣の返却

天平宝字八年（七六四）に行われた、御願大般若経一部六百巻の写経事業では、用度申請（一六ノ五〇五～五一四）どおり、浄衣料が収納された（一六ノ五一六）。木沓と菲は、現物での収納ではなく、銭が納入された（一六ノ五二五～五三六）。銭は、菲二〇両直として四〇〇文というように、まとめて下される場合が多いが、経師秦家主と秦豊穂には木沓一両直が充てられており、対象者に直接銭を渡すこともあった。

［奉写御願大般若経料絹綿布下帳］（五ノ四八八～四九二）、［奉写御願大般若経料浄衣下帳］（一六ノ五二一～五二五）によると、それぞれの経師等に浄衣が一具ずつ支給されたことがわかる。ただし、この写経事業では、いくつかの浄衣を途中で返却した記録がみえる。例えば、経師道守豊足の浄衣は八月十二日に支給されたが十八日に返上され（一六ノ五二一、紙筆墨も十八日に返上（一六ノ五四一））、その浄衣が二十七日には赤染広庭に支給された（一六ノ五二三）。経師念林老人は、天平宝字八年九月二十八日に筆墨直（一六ノ五三二）と浄衣一具（一六ノ五二四）を下されたが、充紙帳にも充本帳にも写経の痕跡はみえず、十一月二日に返上（被・袍・襖子・汗衫・袴・袜・温帳領布六尺・筆一・墨半）された（一六ノ五二四）。（注18）

経師春日根継は、八月二十七日に筆墨直（一六ノ五二八）と浄衣料（絁（襖子・汗衫・褌）、綿（被・襖子）、細布（被・袍・袴・冠）、調布（襪・湯帳））（五ノ四九一・一六ノ五二三）を下され、八月二十九日に第一五帙を充本され（一六ノ五五〇）、九月十日まで紙が充てられ写経に従事した（一六ノ五四七）。ところが、春日は九月十一日夜に逃亡したため、[注19]十一月二十九日に彼の浄衣（細布袍・細布袴・細布被・細布三尺冠料）は返上された（五ノ五〇六）。春日に支給されたもののうち、襖子・汗衫・褌・襪・湯帳は返上品目にみえないので、彼が持ち去ったのかもしれない。第一五帙の用紙一八九張のうち、根継八三張・広成一〇六張とあるので、書写は安宿広成が引き継いだことがわかる（一六ノ五五〇）。

写経事業終了後の天平宝字八年十一月二十九日には、「経師并雑使等浄衣所残、返上」として、先述の春日根継ほか合計九人分の浄衣や布・綿などが列挙されている（五ノ五〇五〜五〇七）。収納された浄衣は、経師・装潢・校生三八人、膳部・雑使・駆使丁一五人分であるから、ここで返上されたのは、収納された浄衣の一部分でしかない。最終的に余った浄衣や、逃亡した経師が残した浄衣のみ、返上されたのである。それ以外の、写経事業に最後まで従事した経師等に支給された浄衣については、返却の記録はない。写経が終了した時点で、残った紙筆墨が返上されたことは、多くの写経事業でみえることであり、この御願大般若経の充紙帳でも、経師ごとの口座式の記載の最後に、写紙の合計数が書かれ、紙筆墨の返上も記録された（一六ノ五三七〜五四八）。しかし、浄衣に関しては、充紙帳にも先述の浄衣下帳にも、写経事業終了時の返上記録はないのである。写経事業に最後まで従事しなかった人のみ、浄衣を返却しなければならなかったと考えられる。

途中で浄衣を返却したことがわかるのは、御願大般若経の経師だけではない。天平勝宝二年（七五〇）の仁王経疏の写経事業においても、経師辛海倭万呂に対して、四月七日に支給された紙・筆・墨は清衣領とともに返上された（十一ノ一九五）。彼の紙・筆・墨は最初に支給されたきり、使用された痕跡がなく、写経に従事しなかったと考えられるため、浄衣も返却しなければならなかったのである。

したがって、写経事業を途中で退出した場合は、支給された紙筆墨や浄衣を返却しなければならなかったことは明らかである。返上された浄衣は、他の経師に再支給される場合もあった。ただし、史料をみる限り、写経事業終了後に全員分の浄衣を返上した記録はない。これは、残ったものはたとえ一枚、ひとつであっても返却する紙筆墨とは対照的である。写経事業に最後まで従事した者は、浄衣を返上する必要がなかったのではなかろうか。

三千六百巻経の場合は、千巻経・千四百巻経が終わった時点で、経師等が浄衣を持って帰ってしまっていた。仲麻呂や写経所側は、物品の管理上、三千六百巻経をひとまとまりの写経事業として認識したため、千二百巻経で新たに浄衣を支給するつもりがなかった。しかし、経師等は、千巻経・千四百巻・千二百巻経をそれぞれ別の写経事業と考えていたため、自分の仕事が終わると、浄衣を持って帰ったのではなかろうか。どこまでがひとつの写経事業と考えるか、写経事業の管理者と従事者による認識の差が、異例の召集文となってあらわれたのである。

4　請暇不参解にみえる浄衣の返却

写経所の経師等が提出した休暇願・欠勤届である請暇解・不参解にも、表5にあげたように、浄衣に関係する記載が散見される。例えば、鼻乙麻呂の請暇解（天平宝字六年（七六二）八月十一日、五ノ二七〇）には、「返上清衣四種　細布二丈五尺　汗衫　裩　襪布」とある。鼻乙麻呂は、宝字六年閏十二月から行われた二部大般若経の写経事業に参加しているが、八月時点でどのような作業をしていたかは不明である。

現存する請暇不参解のほとんどは、天平宝字年間と宝亀年間に集中している。請暇不参解二三八通のうち、約四〇%を占めるのが病気を理由としたものである。「洗衣服」の為に休暇を請求したのは一三例ある。「穢衣洗」の為に請暇解を出した人には、特定の個人に偏りがあったらしく、若倭部益国は二回、丸部大人は宝亀二年（七七一）

四月九日と五月四日に連続して出している。現存する請暇不参解の中で五％しかない「洗衣服」一三例の中で、二通も提出しているのが二人もいるというのは、他の経師たちよりも皮膚が弱かったり潔癖症であるなど個人的な性質を想定しても、そう間違いではあるまい。

また、「帙畢」や病による休暇に際し浄衣等を返上したのが一〇例みえる。ただし、そのうちの請暇解七通では、経師等によって本文と日付が記入された後に、「返上浄衣」云々の書き込みが別筆で記入されている。返上記録を書き込んだのは請暇解の提出者ではなく、写経所の事務担当者が浄衣を受け取った時に書き込んだものであろう。残り三通は不参解、つまりすでに暇を取っていて、病が長引いたことなどにより暇の延長を申請する場合である。この三通には、提出者本人によって、浄衣を進上することが書かれている。

例えば、経師安宿広成の請暇解は四通残っている（一七ノ五五九～五六〇、一七ノ六〇二～六〇三、六ノ一七一、一八ノ四六七）。宝亀二年（七七一）四月十五日には、「私神祭祀」のため三日間の暇を請い、四月二十五日のものでは、四月十七日より病に臥しているため更に五日間の休暇を願い出ている。また安宿広成は、宝亀二年五月二十八日、赤痢病のため参向することができないので、装束（綿被一領、布帳一領）を進上するという解を提出しており（一八ノ五四八）、四月半ばから五月末に至っても病がちであったようである。この文書は、病床で書かれたものであり、持って帰っていた綿被と布帳（湯帳と同じか）を返却したのである。

先述の三千六百巻経でも、二通の請暇不参解がみえる。一人目の経師小治田人君は、千巻経において、六月二十五日から七月十日まで紙が支給されており（一三ノ三三二）、七月二十四日には十巻を書上げている（一三ノ四六四）。また人君には七月十日に筆墨の直四〇文が充てられ、異筆で「以十九日返上」と書き込みがある（一三ノ二四〇）。「小治田人君不参状」（天平宝字二年（七五八）七月十四日、一三ノ四六二～四六三）によると、七月十一日から今日（十四日）まで病で寝込んでおり、治癒すれば必ず参向するつもりだが、「然司符随、浄衣筆直進上」するとある。

つまり、人君は七月十一日、病にかかったため写経所を退出する際、支給された浄衣や、十日に受け取った筆を購入する銭も持って帰った。すると病床の人君に、写経所から支給された浄衣などの物品は返却せよという通達が届いたため、使者に書状と浄衣と銭を持たせて写経所へ向かわせた。十九日には、人君に支給された銭四〇文が返上されたことが、写経所の帳簿に記入されている。人君は病暇をはさんで、担当の経巻の写経を無事終了したらしい。ただ、十四日の時点では、人君の病がいつまで続くかわからなかったため、とりあえず物品を返却しなければならなかったのである。特に三千六百巻経は浄衣の数が不足していたため、写経所で仕事をしていない者に対しては、催促して浄衣を返上させたのであろう。

二人目の大原国持は、宝字二年九月二十日や十月六日には、買物使などとして千二百巻経に従事している（一四ノ五六、一四ノ八）。「経師等被充帳案」（一四ノ二六一～二六五）には、被を支給された人々のなかに雑使としてみえる。［請暇不参解］（天平宝字二年十月二十一日、四ノ三四六～三四七）によると、大原国持は、雑使として支給された浄衣を洗濯するため、暇を申請したのであろう。

年月日や書かれた状況は不明だが、「假退時、浄衣被返上事」（一七ノ六〇七）と記載された文書もあり、写経所を退出するにあたって浄衣を返却する場合もあったようである。ただし、休暇をとる場合には必ず浄衣等を返さなければならないのであれば、全ての請暇解に浄衣返上の記載がみえるはずである。それが請暇不参解全体の四％にしか返上記録がみえないということは、浄衣返上が原則ではなかったことを示すと考えられる。そもそも、請暇解では三日間や五日間など、期限を区切って休むのであるが、不参解を提出するということは、予想以上に病が篤くなってしまって、写経所に戻れる見通しがつかない場合などが多い。仕事にいつ戻れるかわからないからこそ、浄衣を返上したのであり、不参解の中に本人の書き込みによる浄衣の返上がみられるのは妥当と言える。請暇解は定型文化し類似の表現が多いが、請暇解の本文中に浄衣返上の記載がみえないのは、数日間の休暇では浄衣を返上する必要がないためであろう。長期間写経所を離れることになってはじめて、浄衣を返上しなければならなくなったと考えられる。

　これらの史料によると、経師等は、写経所の外にまで浄衣を持ち出していることがわかる。浄衣は、決して写経所から持ち出してはならない備え付けの備品ではなく、支給された個人の裁量に任された部分があるということである。

（「　」は追記部分）	大日古
	4ノ347
	17ノ556～557
	17ノ605
	17ノ601～602
	17ノ596
	17ノ595
	17ノ573～574
	17ノ600～601
	18ノ468～469
	18ノ542
	6ノ288
	20ノ56～57
	9ノ5
衣服悉解洗不得東西	22ノ211
然司符随、浄衣筆直進上	13ノ462～463
返上清衣４種（細布２丈５尺、汗衫、裩、襪布）	5ノ270
「浄衣秦山人所置了」	17ノ560～561
「返上浄衣、被、温帳、汗衫、単袍、袴」	17ノ559～560
「返上被、温帳、単袍」	17ノ558
「返上帛被１、浄衣１領、調布端５尺」	17ノ575
「返上被帳衣１」	17ノ580
「返上浄衣、被、汗衫、単袍、袴」	17ノ560
「返上浄衣、被、汗衫、袍、袴、温帳」	17ノ559
布帳１）　為赤痢病不得参向	18ノ548

これらは請暇不参解ではないが、文書中に請暇・不参の内容がみえる。

　経紙であれば、ある写経事業の残紙を、別の写経事業に使用するという記録が散見される。また筆墨も、「古筆」や「墨端」という使い古しのものが支給されることもあり、写経所内で使い回されていたことがわかる。ところが、浄衣に関しては、三千六百巻経のようにひとまとまりの写経事業とされるもの以外では、ある写経事業で支給されたものを回収し、全く別の写経事業に転用するという記述はみえない。浄衣の転用は、同じ写経事業のなかで、Ａという人物が途中で退出したために返却した浄衣を、Ｂという人物に再支給

表５　請暇不参解にみえる浄衣類の記載

年		月	日		氏名		暇日	請暇・不参の理由
宝字	2	10	21	雑使	大原国持	請暇	5	穢衣服洗
宝亀	1	11	9	経師・校生	若倭部益国	請暇	2	穢衣洗
宝亀	1	12	7	経師	安子石勝	請暇	2	穢単衣洗
宝亀	2	2	20	装潢	氏小勝	請暇	3	洗衣服
宝亀	2	3	11	装潢	八木宮主	請暇	5	洗衣服
宝亀	2	3	11	経師	大坂広川	請暇	4	衣洗
宝亀	2	4	9	経師	丸部大人	請暇	4	穢衣洗
宝亀	2	4	15	経師	凡海連豊成	請暇	5	衣洗
宝亀	2	4	20	経師・校生	若倭部益国	請暇	2	穢単衣洗
宝亀	2※1	5	4	経師	丸部大人	請暇	3	穢衣洗
宝亀	3	3	21	経師	巧清成	請暇	3	穢衣服洗
宝亀	3	8	14	経師	秦度守	請暇	4	奉写帙畢、依此為穢衣洗
—	—	3	9	経師	高市老人	（請暇）※2	1	洗衣服
—	—	12	12		咋万呂	—	—	（前欠）
宝字	2	7	14	装潢・経師	小治田人君	不参	—	利病
宝字	6	8	11	経師	鼻乙麻呂	不参	—	依攣足瘇
宝亀	1	10	23	装潢	秦太徳	請暇	3	帙畢
宝亀	1	10	26	経師	安宿広成	請暇	3	帙畢
宝亀	1	11	3	経師	赤染広庭	請暇	—	帙畢
宝亀	2	4	5	経師	漢部沙弥麻呂	請暇	5	病治
宝亀	2	6	20		（前欠）	請暇	—	息安
—	—	—	—		（前欠）	—	—	（前欠）
—	—	—	—		（前欠）	—	—	（前欠）
宝亀	2	5	28	経師	安宿広成	（不参）※3		進上装束（綿被１、

※１　大日古は「宝亀三年」とあるが、写真によると「二年」である。※２、３

するという場合のみである。

短期間の写経でも浄衣が支給される場合もあり、浄衣が写経事業ごとに使い捨てられるわけではあるまい。全ての写経事業に浄衣が支給されるわけではないこと、写経事業終了時に浄衣の返上記録がないことから推測すると、ある写経事業が終了しても、経師等は支給された浄衣を着たまま、次の別の写経事業に従事するという可能性が考えられる。ひとつの写経事業が終わるまでは、写経所の案主の指示に従わねばならないが、仕事をやり遂げた後は、支給された浄衣をどうするかはそれぞれの判断に任され、別の写経事業に着用したり、もとの職場に持って帰ったりしたのではなかろうか。

5　被の支給と返却

以上のように、写経事業を途中で退出した人にのみ返却記録のみえる袍や袴と違って、被だけは、写経事業終了後に、まとめて返上する場合がある。

千二百巻経料として、天平宝字二年（七五八）十月二日に経師等被料布七二端、翌三日には綿五七六屯が収納されている（一三ノ四九一、四九二）。正倉院文書にみえる被（衾）一覆は、平均すると布一端・綿五〜七屯であり、布七二端と綿五七六屯では、被七二覆分（布一端・綿八屯）となる。さらに天平宝字二年十月三日には、経師装潢校生等被七二領を縫うための糸一斤を申請した（四ノ三三九）。この史料はどの写経事業のためのものか記入がないが、日付と数量からすると千二百巻経の被で間違いあるまい。(注21)(注22)

また天平宝字二年十月三日、造東大寺司から三綱務所に対して「為令縫経師等衾」の寺女十人が要請された（四ノ三三九）。これにはどの写経事業に関するものか明記されていないが、千二百巻経について「縫被雇女」に対する功料（別五〜七文）（一四ノ九）と米（一四ノ一六）が支給されており、彼女らは千二百巻経の被を縫うための人員であろう。

七月六日、千巻経においても、衾五六覆が申請されたが（一三ノ三八一〜三八二）、納入・支給記録はない。夏には必要性が認められずに申請が却下され、千二百巻経になってようやく寒くなってきたため、被が納入されたのかもしれない。ただし完成品ではなく、被の材料が納入されたので、写経所で急遽縫製する女性を手配することになったのである。

「経師等被充帳案」（一四ノ二六一〜二六五）には、経師・校生・装潢・雑使に被が支給されており、一人に一覆、二人に一覆というそれぞれの記載を合計すると、七一覆分となる。十月四日から下充し始め、それぞれの返上記録を見ると、十月末〜十一月初頭に写経所に返上されたようである。この帳簿は、被を支給した経師等の名前を書上げたものであるが、全て一人に一覆という訳ではない。二人の人名のあとに「已上二人充衾一」という書き込みもあり、二人に一覆を支給するものも一五組三〇人あった。この二人組は、紙筆墨充帳などの記載によると、ほぼ同時期に勤務しているので、一つの夜具で一緒に寝ていたと考えられる。(注23)

二人で被一覆を支給された一五組三〇人のうち、四組は校生同士のペアである。残り十一組二二人のうち、経師の身分を見てみると、文部省位子・無位が二人、内史局書生無位が一人、あとの一九人は全て白丁である（一四ノ二二六〜二三四）。千二百巻経に参加した白丁の経師三五人のうち、半数以上の一九人が二人で被一覆しか与えられず、二人には被を支給された記録がない。二人で被一覆の対象者を割り当てるにあたって、経師の中では白丁を中心に選定された可能性がある。

千巻経・千四百巻経には参加せず、千二百巻経で新規に召集された経師一六人全てが白丁（十一人が二人で被一覆、四人が一人で被一覆、一人が被支給なし）である。山本幸男氏は、千二百巻経では、千巻経や千四百巻経に比べて坤宮官の影響力が後退したため、造東大寺司や写経所が経師等の召集に苦慮したとする。(注24)

被は、十月になって納入されたが、最初から二人に一覆を支給する計画だったわけではあるまい。正倉院文書にみえる他の事例と同様に、当初は一人に一覆として想定していたはずである。ところが、最終的に経師等の人数が想定以上に多くなってしまったため、被の数が足りなくなり、一部分には二人に一覆を支給せざるを得なくなった。写経所のなかでは、経師・装潢・校生、雑使・駆使丁といった職種によって、支給される食料や浄衣の質や量が決定される。だが、今回のような非常事態の場合、同じ経師のなかでも、もとの身分によって待遇に差が出たのではなかろうか。

被を写経事業終了後に返上したのは、千二百巻経だけではない。御願大般若経では、経師等に支給した被をまとめて返上している（一七ノ七〜八）。忌日御斎会一切経でも布被四六領を返上した（一五ノ五三〜五四）。(注25)［奉写一切経所浄衣用帳」にも神護景雲四年九月五日に衾三三領を返却したことがみえる（六ノ一一）。

興味深いのは、経師一人ひとりがばらばらに返上するのではなく、写経所の管理のもとに、被をまとめて返上している点である。二人で一つの被を共有することもあり、寝所の備品として管理されていたため、常に身につける袍袴などに比べて個人に支給されたものという意識が低かったのではなかろうか。

四　浄衣の管理

1　浄衣の製作

写経事業で用いられた浄衣は、いったいどこで誰によって縫製されたものであろうか。

天平宝字六年（七六二）の二部般若経の写経事業では、雇女が「縫浄衣」として食口にあげられている（一六ノ三三三～三三八）。宝亀年間の一切経でも、告朔案には、優婆夷や雇女、婢が「縫浄衣」としてみえ、浄衣の縫糸が計上されることもあった（六ノ一三七他）。写経事業で浄衣を着用することは、天平から宝亀年間まで奈良時代を通して見られるが、浄衣を縫うことは数例しかみえない。写経所で浄衣を縫うということは、何らかの事情による、例外の事態であったと考えられる。

千四百巻経の写経事業において、天平宝字二年（七五八）七月開始の「経師装潢校生等浄衣請来検納帳」（四ノ二七八～二八〇）の第一紙の冒頭には、「千手千眼并新羂索薬師経々師肆拾人并装潢校生等浄衣自縫殿請来検納帳」とある。[注26] つまり、千四百巻経の経師・装潢・校生の浄衣は「縫殿」から収納されたということである。正倉院文書のなかで、「縫殿」という記載がみえるのはこの箇所だけである。中務省には縫殿寮、後宮には縫司があり、「裁縫衣服」を職掌としているが、造東大寺司の写経所という律令国家の末端の官人の衣服が、いったいどこで縫製されたのか、手がかりはほとんどない。この「縫殿」が、縫殿寮に関係あるのか、それともまた別の組織かは不明である。

なお、千四百巻経の写経事業では、浄衣の縫製に関係する者に対する食料支給や銭等の記載は見当たらない。「縫殿」が写経所外の組織であることは確かであろう。浄衣の縫製に関する組織としては、この千四百巻経の「縫殿」が唯一の事例である。この「縫殿」が、他の時期も写経所に浄衣を供給していたのか、別の組織があったのかわからない。

2　浄衣の洗濯

年月日不詳だが、写経司から出された経師等の待遇改善要求のなかに、「欲換浄衣事」として「右浄衣、去年二月給付、或壊或垢、雖洗尚臰、請除被及帳以外悉皆改換」とある（二四ノ一一六～一一八）。かなりの長期間、同じ浄衣を着続けて、洗ってもどうにもならない状態に追い込まれていたようである。休暇の理由として、洗濯が認められていたということは、奈良時代の衣が現代の衣服のように簡単に洗えるわけではなく、洗濯が手間のかかる仕事だったことを示す。洗濯のための請暇解にあげられた日数も、二日間から五日間であり、病気などの他の理由と比べて短期間というわけではない。

宝亀年間の告朔案には、宝亀三年（七七二）の十月、四年の二月・三月・六月分に、雇女が経師等の浄衣や被を洗うために計上されている（六ノ四一五、四八四、五〇七、二一ノ五〇三）。だが、ひと月に一～六人と少なく、毎月というわけでもないため、写経所で浄衣を定期的に洗濯していたわけではない。宝亀二年（七七一）一～三月告朔には雇女四七人が（注27）「洗経師等浄衣并雑生菜廾五石七斗蔄并洗漬」、閏三～五月告朔には雇女五〇人が「洗経師等返上浄衣被并雑生菜卌二石二斗蔄并洗漬」とあり、他の月よりも人数が多いが、漬物をつくる作業も一緒に記載されているため、洗濯をしたのが何人かわからない（六ノ一六〇、一九八）。「洗衣服」の請暇解一三例のうち、宝亀二年一月から五月にかけてのものが七例と半数以上を占めることを考えると、洗濯に従事する雇女がそれほど多くなかったことが推測される。定期的に写経所で雇女が浄衣を洗ってくれるならば、休暇を申請してまで経師が洗濯しなくてもよいはずだからである。閏三～五月告朔の雇女の項に「洗経師等返上浄衣被」とあるので、経師等が返却した浄衣や被を洗濯し、次の支給に備えたのであろうか。四年二月告朔の単口には、洗濯の雇女の他に、優婆夷十一人が「縫雑使仕丁等浄衣并法師浄衣衾解洗」とある。綿入りの浄衣や衾はそのまま洗濯できず、まず糸をほどいてから洗濯し、仕立て直したのかもしれない。写経所では、返却された衣を雇女が洗濯したくらいで、支給された浄衣の維持・管理は基本的に経師本人たちの責任であったと考えられる。

3　浄衣の保管

難波時御願大般若経一部では、経師から返上された浄衣を「案主曹司櫃内」に納めた（八ノ五八〇）。また、天平十八年（七四六）正月三十日に申請された物品の中に、「今見請浄衣五十九具」とある（二ノ四九一～四九二）。この史料では、まず最初に経師・疏師・校生・案主・装潢それぞれの浄衣について、「官浄衣」「般若浄衣」と「既无」「既破」という書き込みがあり、この時点での写経所の構成員がどのような衣を着ていたかをチェックしている。この「般若浄衣」と「既无」、そして「破」と書かれた浄衣の数を合計すると五九具となる。これらの浄衣の数は、「今見請浄衣五十九具」と一致する。つまり、経師等が身につけている浄衣のなかで、「官浄衣」のうちまだ着用に耐えられるものを除いた分を、新たに申請しているのである。

他にも、公文櫃に、浄衣や袴、布帯等が収納されている（一四ノ二四三～二四四）。これは、千二百巻経と同時期に行われた知識大般若経と関連する記載と考えられる。このように、写経所の案主の手元にある櫃には、進行中の写経事業などに関する様々な物品が納められた。余ったり途中で返上された浄衣類を案主が一時的に保管し、他の経師に再支給したりしたのであろう。案主は、浄衣下帳などの帳簿によって、誰にいつどのような浄衣を渡したかを把握して、浄衣の申請・支給をしていたと考えられる。

まとめ

浄衣とは、写経をはじめ、造寺、仏や経の奉請など、「清浄事」に関係する場合に着用された衣である。写経事業において、浄衣は用度のひとつとして申請され、経師等に支給された。ただし、全ての写経事業に対して、必ず浄衣が申請されたのではない。写経事業の必需品は紙・筆・墨であり、この三種類の物品がないと写経をすることはできないが、浄衣はもともとあるものを使用することもできる。天平宝字六年（七六二）の仁王経疏一部の写経事業では、写経所から造東大寺司へ書生四人分の浄衣料の布を申請するにあたって、「被弓削禅師今月二十日宣云、奉勅上件浄衣料、司家之便用者」とある（一六ノ一〇六）。この写経事業は称徳・道鏡の意を受けたものであるが、造東大寺司にある浄衣料を使って写経することを指示されたのである。(注28) 造東大寺司に浄衣料の在庫があることを、道鏡側も承知していたことになる。ある程度の大規模な写経事業や、予算の潤沢な写経事業などにおいてのみ、新たに浄衣が申請・支給されたと考えられる。また、おおよそ三月頃から夏料、八月頃から冬料が申請され始め、移行期間には単衣の袍・袴と綿入りの襖子・袷を組み合わせる場合もあった。

正倉院文書の帳簿類を見ると、写経事業が終わると、残ったものは紙一枚、使いかけの筆墨に至るまでチェックされ返却されたことがわかる。ところがそこには、各自に支給された浄衣を最後に返却するという記載はない。ただし、休暇や何らかの事情によって、写経事業を途中で退出した人の場合は、紙・筆・墨とともに浄衣を返上する記載が散見される。こうやって返上された浄衣は、別の経師等に転用される場合もあった。

途中で返上した浄衣の記録はあるのに、写経事業終了時に全員分を返上した記録がないということは、写経所の細かい管理体制からいっても不自然である。ここから推測されるのは、浄衣を支給された写経事業の場合、途中で退出すれば浄衣を返却しなければならないが、最後まで写経事業に従事すれば、浄衣を返却する必要がないのではないかということである。三千六百巻経のように、ひとつの写経事業が終了するまでは支給された浄衣を着続ける必要があるが、写経事業終了後は返却する義務はなく、その後、経師等はその浄衣を着用して、また別の写経事業に従事する場合もあったのではなかろうか。

写経所では、五月一日経など「常写」といわれる一切経の写経の合間に、「間写」といわれる個別写経事業を行っていた。つまり、写経所に勤務している経師等は、一切経の写経に対して支給される浄衣を着用していた可能性がある。想像をたくましくすれば、その「常写」の浄衣や、時折支給された「間写」の浄衣を着て、他のいくつもの「間写」も行っていたのではなかろうか。洗濯が必要なほど何ヶ月も着続けた衣を、写経事業ごとにわざわざ回収して、別の人物に再支給するとは考えにくい。写経事業で支給される物品のなかでも、紙や筆墨と違い、肌身につける浄衣は、各個人に属する要素が大きい。だからこそ、正倉院宝物の「久米浄衣」のように、自分の名前を書く場合があったのである。

他所から多くの経師が動員される大規模な写経事業では、浄衣が申請されることが多い。浄衣が支給されず、足りなくなった場合は、造東大寺司の在庫や、写経所の案主が管理する櫃に保管された浄衣を使用していたと考えられる。

浄衣類の製作は、写経所が関与する場合は、婢や雇女が携わり、縫糸が納入されることもある。ただ事例が少なく、基本的に写経所では浄衣の縫製に関わっていなかったと考えられる。天平宝字二年にみえる「縫殿」のように、専門の組織があったのかもしれない。

浄衣を着用して写経を行うということは、自明のことのようでありながら、正倉院文書を検討してみると、わからない点も非常に多い。本論は、限られた史料のなかから、実態の一端について、可能性を提示したにすぎない。

また、奈良時代の写経事業は、律令国家の末端組織による組織的な作業であると同時に、宗教行為である。本論では、浄衣に関する清浄観、ケガレ観という点について、[注29]考察を深めることが出来なかった。今後の課題としたい。

注

（1）磯部彰編『台東区立書道博物館所蔵　中村不折旧蔵禹域墨書集成』（文部科学省科学研究費特定領域研究〈東アジア出版文化の研究〉総括班、二〇〇五年）

（2）松島順正「正倉院の衣服について」（『書陵部紀要』第二四号、一九七二年）。正倉院事務所の「年次報告」によると、「この袍は両端に織り耳を持つ七〇cm幅の麻布を、長さ約四七四cm分使用して作成されていることがわかり（襟の生地の取り方によっては五三八cmである）、正倉院文書に記されている浄衣一領の寸法である一丈七尺（約五〇五cm）・一丈八尺（約五三五cm）にほぼ合致している（宝亀三年（七七二）十二月奉写一切経所告朔解案（『大日本古文書』六-四五二）他）。」（『正倉院紀要』第三一号、二〇〇九年）。また、褐色の付着物の材質の同定には至らず、漆ではないことが明らかになったということである。

（3）関根真隆『奈良朝服飾の研究（本文編・図録編）』（吉川弘文館、一九七四年）。日本古代服飾史の先行研究は多い。代表的なものとして、最初に正倉院の呉楽の装束について文献例との照合を行った石田茂作『正倉院伎楽面の研究』（美術出版社、一九五五年）、正倉院の衣服類の裁断技術を調査した山本らく「日本上代被服構成技法の観察」（『共立大学紀要』第一・四、正・続、一九五五・一九五九年）、遺例と文書例の比定を進めた角山幸洋「写経事業従事者の衣料について」（『南都仏教』第一五号、一九六四年）などが挙げられる。

（4）奈良時代に国家的な写経事業を行った機関は、内裏系統の写経機関と、写経所文書が残る皇后宮職系統の写経機関がある。組織も名称も様々な変遷をたどるが、本論文では便宜的に「写経所」で統一する。

（5）関根前掲注3著書

（6）広義の「浄衣」のなかには、袍や袴といった布製品以外に、菲と木履というはきものも含まれる。例えば、浄衣五七具の内訳が、袍・襖子・汗衫・袴・褌・袜・被・冠・湯帳・巾・菲・木沓とある（『大日本古文書（編年）』二十五巻一二～十四頁。以下、『大日古』二五ノ一二～一四と略す）。浄衣のなかに履物類を含む史料は、他にもいくつかある（一五ノ五二～五三、一三ノ三六五～三七〇、三ノ四六四）。

（7）本論文において「　」で示す史料名は『大日古』のもの、［　］で示すのは東京大学史料編纂所編『正倉院文書目録』のものである。

（8）写経事業に対しての浄衣の支給は、管見のかぎり、領は三例（一七ノ一七五、二二ノ五二四・五二五）、案主は五例のみである（二ノ四九一～四九二、一八ノ二二～二四、一六ノ四七三～四七七、六ノ六〇～六二（一八ノ一一一～一一二はその案文か）、六ノ七四～七六）。

（9）栄原永遠男「正倉院文書からみた珎努宮・和泉宮」（『大手前比較文化学会会報』第一二号、二〇一一年）

（10）天平勝宝三年の金字華厳経一部八十巻の写経事業では、用度申請には浄衣は見えない（十一ノ四九七～四九九）。ところが、四月行事の請物として浄衣十三具（金字花厳経経師等料）があげられている（十一ノ五二三～五二九）。用度申請が現存するもののなかで、用度申請に浄衣が計上されていないにも関わらず、浄衣が納入されたのがわかる唯一の例である。浄衣だけの申請文書が別に作成されたのかもしれない。

（11）「三部花厳経」では、辛浄足が経師を担当した華厳経は飯高内侍の宣で行われ、内裏から紙が納入されたり、紫微中台と文書のやりとりをしたりしており、発願者も内裏に関係の深い人物だと考えられる（一二ノ三三三～三三六、一三ノ四五～四六）。

（12）栄原永遠男氏によると、本史料と、夏浄衣を申請した「東大寺写経所解案」（天平二十年七月二十四日、一〇ノ三一六～三一七）で請求されたのは、天平二十年の夏の衣料と、同年から翌二十一年にかけての冬の衣料であり、それ以前に天平二十年正月以降の冬の衣料が支給されていたとする（「千部法花経の写経事業（上）」『正倉院文書研究』十、二〇〇五年）。

（13）山本幸男「御願経三六〇〇巻書写の全体像」（『写経所文書の基礎的研究』吉川弘文館、二〇〇二年）

（14）筆そのものを一管と半分だけ授受するというのは、物理的に不可能である。天平宝字七年八月二十八日の梵網経四十巻・四分僧戒本経十巻・四分尼戒本経十巻の用度申請では、菟毛筆一管（四〇文）をもって写紙一五〇張、墨一挺（三〇文）をもって写紙三〇〇張とある（一六ノ三四二、一五ノ三四〇）。筆一管と半分だと、二二五張を写すことができ、仁王経疏で申請された経紙は一九一張であるから、十分である。写経所は、筆墨の現物ではなく、菟毛筆一管半の銭六〇文と墨一挺の銭三〇文というように、銭を申請することで、用紙数に応じた詳細な計画をたてることができる。写経事業ごとに筆墨そのものを準備するのではなく、必要な銭を収納して、写経所の在庫分を順次使用する。様々な写経事業を断続的に行う写経所だからこそ可能となる、筆墨の合理的な運用方法である。

（15）ただし袍料の下に、「以同月廿五日充坂上浄道」との追記があり、後日何らかの事情で別の経師に転用された。

（16）【史料二】や他の経師の召文（四ノ三一六～三一七、四ノ三一九～三二〇）にも同じような文言が見える。

（17）この文書は後欠で日付がわからず、「止」と異筆で書き込みがあるため、最終的に発送されなかった可能性があるが、ほぼ同文の右大舎人寮へ杖部子虫を請う文書は天平宝字二年六月二十六日付けであるので（一三ノ三三四）、近接した日付であろう。

（18）返上記録に続けて、「残褌温帳料布六尺墨半挺」という書き込みがあり、念林の浄衣と墨は、一度に全て返却されなかった。用度申請では、湯帳一條は調布一丈二尺とあるので（一六ノ五〇七）、返上分と残分で、湯帳の布が半分ずつに切断されていたことになる。浄衣を下す時の記載方法が、先述の「奉写御願大般若経料絹綿布下帳」では絁や調布の寸法で記され、「奉写御願大般若経料浄衣下帳」では浄衣一具と数量で記されている。湯帳とは、布二幅を継ぎ合わせただけのタレギヌ状のものと推測されているが（関根前掲注3著書）、本史料によると、写経所が浄衣類を、縫製されていない布のまま、経師等へ支給した可能性がある。

（19）天平宝字八年九月十一日は、藤原仲麻呂の乱勃発の当日である。造東大寺司や写経所は全体としては孝謙太上天皇側に与したが（一七ノ四～六）、春日根継の逃亡は、仲麻呂側に加わるためと考えられる（栄原永遠男「御願大般若経の写経事業」『奈良時代写経史研究』塙書房、二〇〇三年）。

（20）栄原永遠男「平城京住民の生活誌」（岸俊男編『日本の古代9　都城の生態』中央公論社、一九八七年）、同「正倉院の世界」『日本の歴史④　天平の時代』集英社、一九九一年）。桑原祐子『正倉院文書の訓読と注釈―請暇不参解編

（一）（二）』（奈良女子大学二十一世紀COEプログラム「古代日本形成の特質解明の研究教育拠点」報告集Vol四、九、二〇〇五、二〇〇七年）は、請暇不参解一通ごとに訓読と注釈を加えている。

(21) 被と衾は同じものを示す名称である。法花経二部料の用度申請（五ノ三八八～三九五）において、絁の項では衾（ただしこれは抹消され、実際に望陀布が被料として納入された（一六ノ三三八））、中に入れる綿の項では被と記すので、衾と被は同一のものを示すことがわかる。麻被一條が細布三副（二四ノ三二八）とあることから、被は七尺平方ぐらいのものに六～七屯の綿を入れた、今日のフトンのようなものであったと推定されている（関根前掲注3著書）。

(22) この糸一斤は申請どおり納入されなかったのか、十一月某日に下された銭一三〇文によって、五日に市から糸一斤を購入したことがわかる（一四ノ一三、七九）。

(23) 「後金剛般若経経師等参仕歴名」（一四ノ一一四～一一七）は、何月何日に写経所に来たか、経師・校生・装潢の名前を書上げたものであるが、それ以外にもいくつか書き込みがある。名前の下に他の人物の名前を追記したものや、二人の名前を線でつなげたものもあり、一六組三二人分が見える。そのうち九組は、「経師等被充帳案」のペアと合致する。二人に被一覆を支給する組み合わせを誰と誰にするか、案主が歴名のリストを使って思案していたのではなかろうか。

(24) 山本前掲注13論文

(25) 用度申請で経師等一七〇人分の被を申請しているものの、収納記録がないので、返上された被が全てなのか一部分なのかわからない。

(26) 続々修第八帙九巻の第一紙は四ノ二七八～二八〇に収録されているが、第二紙から最後の第六紙までは未収である。第二紙目以降も、収納記録であり日付に矛盾はないが、『正倉院文書目録』の当該箇所がまだ刊行されていないため接続情報がわからない。ただ、用度申請（一三ノ三七三～三八〇）には経師等の浄衣四七具と仕丁等の浄衣一五具（袍・袴）が申請されているのに対し、この帳簿の第一紙には、経師等の浄衣四七具が七月六・七日に納入され、仕丁等の袴一〇腰が十日に納入されたことが見える。第二紙の十三日の項には、仕丁等の浄衣一五領と袴五腰が納入されており、十日の袴一〇腰とあわせて、仕丁等の浄衣一五具全てが納入されたことになる。したがって、第一紙と第二紙は一連の帳簿と考えられる。

(27)『大日古』には「卅七人」とあるが、続修後集第三十五巻の写真を確認すると「卌七人」である。

(28) ただし、造東大寺司の浄衣の便用という臨時の措置であるためか、十二月末にも関わらず、単衣の袍・袴と袜のみの申請である。

(29) ブライアン・ロゥ「中国唐代と日本古代における写経と「清浄観」」（根本誠二・秋吉正博・長谷部将司・黒須利夫編『奈良平安時代の〈知〉の相関』岩田書院、二〇一五年）

（本論文は、公益財団法人高梨学術奨励基金の平成二十六年度研究助成による成果である。）

天平初期の帳簿

――解移牒符案の源流を求めて――

栄原　永遠男

はじめに

正倉院文書中の写経所文書としては、神亀四年（七二七）から宝亀七年（七七六）までのものがある。このうち神亀年間のものは、聖武天皇の夫人である藤原光明子家の家政機関の写経担当部署のものである。（注1）その後、光明立后にともなって皇后宮職が設置されると、その写経担当部署の文書が姿を現す。

皇后宮職関係文書のうち、天平初期のものについて接続情報（注2）を検討すると、奈良時代に貼り継がれたものがあることがわかる。それらを検討すれば、写経所文書としては早い時期の文書整理の仕方を知ることができるであろう。こうして明らかになった文書整理の方式のなかに、解移牒符案に通ずる特徴を見出すことはできないであろうか。

一　『皇后宮職解移牒案』の検討

1　断簡の検討

まず初めに、「史料目録」が〈皇后宮職解移牒案〉（注3）とするものを取り上げたい。これは、現在A～Nの一四断簡にわかれている。これらの皇后宮職関係文書については、早く井上薫が詳細に検討しており、(注4)その成果には参照すべき点がある。しかし、現段階では接続情報にもとづいて接続関係を確認し、表裏関係を考慮しながら検討する必要がある。

一四断簡については、接続情報のあるものが少ないので、明確なことは言えないが、いくつかの接続情報、「白い紙」の位置、書かれている文書の時期などから、(イ)～(ト)の七グループに分けることができる。これらには、二七通の皇后宮職の発給文書の写しや案(a～z、α)が記されている。この両者の関係を整理すると表1のごとくである。(注5)

「史料目録」が〈皇后宮職解移牒案〉とするものが、すべて奈良時代に貼り継がれていたわけではない。奈良時代に貼り継がれていたか又は一連のものとして存在していた帳簿を、「史料目録」の〈皇后宮職解移牒案〉と区別して『皇后宮職解移牒案』と称することとする。

まず(ヘ)Mについて検討する。これにはzが書かれている。zは船花張善・安子子君・辛金福の三人について、上日数・写紙数・書写経巻の内訳等を記したものである。その内容は(ロ)Bのcと一致する場合が多いが、異なる点もある。このため、上日報告として図書寮に報告された数字はどちらであったのかが問題になる。

この点については、zは現状では単独の断簡Mとして存在するが、cの方は『皇后宮職解移牒案』に貼り込まれている点に注意する必要がある。この点からみて、cの方が図書寮に報告された皇后宮職移の写しであろう。したがって、(ヘ)Mのzは『皇后宮職解移牒案』の一部とはされなかった草案と見なければならない。

つぎに(ホ)Lのyは、天平二十年(七四八)十月十八日の東大寺あての皇后宮職牒で、背面は空である。内容は□□諸公の上日を報告するものである。写経所文書として残っているので、宛先は東大寺となっているが、造東大寺司がこの時点ではすでに成立しているので、事実上は造東大寺司あてであろう。いたみが進んでいるが、皇后宮職牒の正文とみられる。(注6) 時期的にも他と離れているので『皇后宮職解移牒案』と一連のものとは考えにくい。また（ト）Nのαは、経師が仕事をやめるにあたって、それまでの上日を報告しようとしたものである。墨線を引いて抹消し、余白を二次利用しているので、これ自体は機能しなかったものである。したがって、これも『皇后宮職解移牒案』と一連のものとはしがたい。

2　（イ）（ロ）（ハ）の検討

以上から、（ホ）（ヘ）（ト）の三グループは、奈良時代には『皇后宮職解移牒案』を構成していなかったと考えられる。残るは（イ）～（ニ）であるが、そのうちまず（イ）（ロ）（ハ）について検討しよう。

まず（イ）Aは、一紙の表に図書寮あての移aと太政官あての解bを書き写し、後者の末尾の一行のみを背面にまわって続けて書き、背面はその後約三七センチにわたって空のままになっている。内容は、天平三年度(注7)（同二年八月～三年七月）の上日に関する移と解である。これによれば、当初は表裏とも白紙の紙に天平三年度の上日報告をまとめて写したもので、これのみで完結していた段階があったと考えられる。ただし、右端表側のハガシトリ痕は不明とされているので、あるのかもしれない。あるとすれば、いつかの段階で右側に続くものがあったことになる。また、左端裏にハガシトリ痕があるので、左側に続いていた可能性がある。

つぎに（ロ）Bでは、二紙にまたがって天平四年度（同三年八月～四年七月）の上日を報告する図書寮あての移cと太政官あての解dを写している。deは同じ新家大魚に関する二つの上日報告である。そのあとは末尾まで約一四センチ空である。したがって、Bは天平四年度の上日をまとめたものとして、ある段階では完結していたと考えられる。ただし、右端表側にハガシトリ痕があるので、別の段階では右側に続くものがあった可能性がある。また、左端表側のハガシトリ痕が逆継ぎの跡であれば、左側にも続いていたことも考えられる。

（ハ）はC～Hの六断簡からなる。このうちC～Gには、皇后宮職解移f～qの一二通が写されている。この五紙は、それぞれ「貼リ継ガル」とされている。その紙継目は、皇后宮職解移の途中にあり（すなわち紙継目をまたいで写している）、紙継目の前後で記載に矛盾はないから、この貼り継ぎは当初のものと見てよい。このC～Gの左に「接続カ」としてHが続く。これには中務省あての移rの次に太政官あての解sを追い込みで写している。したがって、（ハ）C～Hの六断簡は、皇后宮職の解移牒が写された当初の状態を保っている。（ハ）の右端の裏面にハガシトリ痕がある。逆継ぎで右側に続いていた可能性がある。（注8）

（ハ）には、皇后宮職の解移牒が追い込みで写されていたが、それが天平五～七年度の上日に関する解移牒であることに注意する必要がある。（イ）（ロ）は、上述のように、それぞれ天平三年度と四年度の単年度の上日報告を写しており、当初はそれぞれ別個に存在していた。ところが（ハ）では、複数年度分をまとめて写しており、年度ごとに別個に写す意志が認められない。

以上から、天平三年度と四年度については、それぞれ別個に写しをつくり、天平五～七年度は一連で写したと考えられる。では、この最初の段階で（イ）（ロ）（ハ）の写しを作成したのは、どのような部署であろうか。この点を考えるためには、背面の文書との関係を検討する必要がある。

3　（イ）（ロ）（ハ）の背面

まず（イ）Aの背面は、日付の行のみが表からまわって書かれているだけで他は空であるので、この点を考える手がかりはない。

つぎに（ロ）Bの背面について検討しよう。Bの背面は〈写疏雑用帳〉（続修一六②、一ノ三九三～三九五）で、天平二年七～一一月、同三年正月の日付が見られる。したがって、こちらが一次文書である。両側切断であるので、前後に続いているものからこの部分を切り取り、背面を返して皇后宮職の解移ｃｄｅを写したと理解される。ｃは年紀を欠くが、井上薫は天平四年八月一〇日ごろのものとしている。日までは別として妥当である。

〈写疏雑用帳〉には、漢書・晋書を初めとする書籍の書写に関する記載が見られる。経師への割充て、用紙の枚数と受けとり・使用の記録、鋪設物の数量の注記などが書き込まれている。

冒頭は「第九帙」という記載から始まっており、これがどのような書物かわからない。井上薫は、これに対する「三年正月廿四日安子充」という異筆書込みについて、（イ）Ａのａの安子児公に「晋書第九帙」とあるのと対応することを指摘し、これが晋書の書写に関するものであるとしているが、その通りである。

井上の指摘以外にも、第一三帙について、

未写／新家 〻〻第十三帙 未写人定／〻〻〻〻　十巻／〻〻

と、「未写」「未写人定」を消して「新家」と注記しているが、これが同じ（イ）Ａのｂの新家大魚に「晋書第十三帙」とあるのと対応する。また〈写疏雑用帳〉の、

晋書分麻紙三百九張 六十張充辛／現二百卌九張、用百八十九張、残六十一張

の「辛」も（イ）Ａのａの辛金福が晋書第四帙を写していることと対応する可能性がある。さらに〈写疏雑用帳〉の「漢書」については、担当した書生の名が記されていないので、（イ）（ロ）と直接対比できないが、（ロ）Ｂのｃに秦双竹が漢書第二帙五巻を写していることが見えることと関係するかもしれない。

以上によると、（ロ）Ｂ背面の〈写疏雑用帳〉と（イ）Ａのａｂや（ロ）Ｂのｃとが関係することは確かである。したがって〈写疏雑用帳〉は皇后宮職内の写経担当部署[注9]の文書と見られ、そこで反古にされた文書を切断し、その背面に皇后宮職の解移ｃｄｅを写したのである。後者を写した部署は前者と同じであろう。つまり皇后宮職内の写経担当部署で反故文書を再利用したのである。

次に（ハ）C〜Hについて検討したい。その背面は次のごとくである。

㋐〈写経所啓（案）〉「写経所啓」　天平五年正月二十七日　続修一六③⑴裏
㋑〈優婆塞貢進文〉「僧智首解」　天平四年三月二十五日　同　⑵裏
㋒〈丹比広公手実〉「丹比広公写論手実」　十月二十七日　同　⑶裏
㋓　空　同　⑷裏
㋔〈写経所啓（案）〉「写経所啓」　天平六年七月十一日　同　⑸裏
t「皇后宮職移案」　続々修二四ノ五①裏

このうち最後のt「皇后宮職移案」は、図書寮にあてて安子児君の上日を報告する移の案である。

皇后宮職移図書寮
　少初位上安子児君　上日肆拾肆
　　写紙壱伯玖拾張（法華経八巻一百七十張　理趣経一巻廿張）
　右、自去年八月十日、九月廿五日

これは、右のように、途中まで書いてその後を書くことをやめており、年紀を欠く。その後は約一九センチほど余白となっている。大日古は天平三年のものとするが、井上薫は天平二年八月から同六年九月以外の某年八月十日〜同年九月二十五日までの上日を報告したものとする。安子児君が法花経と理趣経を写したとする点や、後述する期間の切り方の共通性からすると、彼がこれらの経典を写していた天平六年八月から七年九月の上日と写紙数を天平七年七〜八月ごろに報告しようとしたもの[注10]と見るのが適当である。

この背面に中務省あての移rと太政官あての解sが続けて写されている。前者rは、

皇后宮職移中務省

史生秦《少位下》双竹　上日参拾伍

写紙一百七十張

右、起去年八月十五日尽九月廾日

上日并写紙如件、

のように、去年八月十五日から九月二十日までの上日と写紙であることを記すが、年紀と日下・連署部分を欠いている。しかし、期間の切り方が、右に続く続修一六③(5)の天平七年七月二十九日の図書寮あての移pが去年八月五日から九月二十日までの上日を報告し、天平七年八月九日の兵部省あての移qが去年八月十日から九月二十一日までの上日を報告しているのと類似している。この点から見て、rは天平七年七〜八月ごろのものと見ることができる。後者sは、次のようである。

皇后宮職解　太政官

史生少初位下丸連白万呂　上日参拾伍

写紙一百九十張

右、

天平七年八月十一日□□従八位

これによると、天平七年八月十一[注11]日の年紀と日下の署名はあるが、その前の事実書き部分が冒頭の「右」[注12]一字だけで後が書かれていない。

これによると、一次文書の図書寮あての移tと、二次文書の中務省あての移r・太政官あての解sとはほとんど時間差がないと見られる。ここで重要なことは、ともに皇后宮職の文書を写していることである。したがって、皇后宮職の写経担当部署内で反故文書をすぐに二次利用したとみられる。

これと同様なことが㋐㋔についても想定できる。この両者について「史料目録」は〈写経所啓（案）〉、大日古は「写経所啓」とする。しかし、これらの年紀は天平五年、六年であるが、その時点で「写経所」という組織は存在しない。また、ともに発行主体は書かれていない。したがって、㋐㋔の性格と文書名については検討が必要である。

まず㋐は、天平五年一月二十七日の啓案で、こちらが一次文書である。

謹啓　写経事

合雑経　卅九　五十六巻用紙一千四百卅四

写阿弥陀経二百巻 用紙五張 々別

用紙一千張三[四]百十五張 色紙一百七十九張 穀紙二百五十五張

（経師名、用紙数、合点、圏点、点省略）

合卅人　装潢三人　校生舎二人 末矢主 土佐伊豆万呂

天平五年正月廿七日

可召　史戸赤麻呂　丸白麻呂　秦並竹

これには多くの訂正がなされ、書き方も乱雑であるので、下書きであろう。内容は、阿弥陀経二〇〇巻と雑経五六巻の写経に関する報告である。この写経は「写経目録」（続々修一二ノ三、七ノ五～三二）に見える次の記載（七ノ六）に相当する可能性が高い。（注13）

天平五年正月始写

薬師経七巻 本願三巻 新翻四巻　皆色紙同褾綺□赤□軸

阿弥陀経十巻 色紙色褾綺帯赤木軸　用紙五張

随願往生経十巻 黄紙黄褾綺帯赤木軸

阿弥陀経二百卅巻黄色黄色褾赤木軸
　二月卅日内堂進納

「写経目録」の写経は、皇后宮職の写経担当部署が行ったものであるので、㋐はそこが作成した皇后宮職の文書である。宛先は「謹啓」とあるので、光明皇后であろう。

次に㋔は天平六年七月十一日の布施申請の啓案で、日付からみてこちらが一次文書である。

今写最勝王経十部一百巻　　用紙一千六百張
　応給布廾二端　　絁十一匹
（経師名、写紙数、絁数、布数省略）
装潢倉椅部小滓造紙一千六百張以四百紙充一端布「絁一匹　布二端」
右十一人、応給功「布」并潢紙、如件、謹啓、
　天平六年七月十一日

丁寧に書かれているので、正文あるいは案として清書されたが、装潢に対する布施の書き落としや文言に不備があったため、採用されずに残されたものと見られる。内容は、最勝王経一〇部一〇〇巻を経師一〇人、装潢一人で作成した布施を申請するものである。これについては、前掲「写経目録」に、

最勝王経十部一百巻黄紙及褾
　六月一日始、七月十日了

とある最勝王経一〇部一〇〇巻の写経（七ノ二〇）が注意される。七月十日に終了して翌日に布施申請するという日付の整合性から見て、両者は同じものである可能性は高い。(注14) そうすると、㋐と同じく㋔も、光明皇后あての皇后宮職の啓の正文あるいは案の未採用分で、皇后宮職の写経担当部署が作成したと考えられる。

以上から見て、㋐㋔は、「史料目録」や大日古が「写経所」の文書とするのは適当でない。「皇后宮職啓（案）」とするのが妥当であろう。

では、㋐㋔の背面を二次利用したのはどこか。㋐の末尾に「可召　史戸赤麻呂　丸白麻呂　秦並竹」とある点に注意したい。三人の経師を召したいという要請の文言である。これに応じて、翌二月二十日から史部赤麻呂と丸白麻呂の二人が写経に従事し、その上日を皇后宮職が彼らの本属（民部省と太政官）に報告していることが確認できる（l、m）。

l皇后宮職移　　民部省

　史生少初位上史戸赤麻呂　上日一百卅二夕柒拾伍

　　写経四百八十七張

右、起二月廾日尽六月十日、上日并写紙

等如件、今注具状、故移、

　廾八日

五年八月大属正八位下勲十二等内蔵忌寸

m皇后宮職解　　上日事

史生少初位下丸連白麻呂　上日参拾柒

　写紙一百八十二張

右、起去二月廾日尽閏三月

十一日、上日并写紙如件、今注レ具、

天平五年九月八日大属

したがって、㋐の要請に応じて彼らを「召」した主体は、光明皇后の指示を受けた皇后宮職である。つまり㋐は皇后宮職の写経担当部署で作成された下書きで、その後反故とされ、同じ部署でf～hとiの前半を写すために二次利用されたのである。

㋔の背面にはoの後半とpqが写されている。これは㋐と同じ状況であるので、㋔を二次利用したところも㋐の場合と同じであろう。㋓は空、㋑㋒については、手がかりがない。しかし、tや㋐㋔から見て、これらも皇后宮職の写経担当部署にあった文書であろう。

以上によると、（イ）（ロ）ともに（ハ）についても、皇后宮職内の写経担当部署が自らのところで反故にした文書を再利用したものであると言いうることとなった。（イ）～（ハ）の端部にはそれぞれハガシトリ痕がある場合があるので、何かに貼り継がれていたが、（イ）（ロ）（ハ）が直接貼り継がれていたかどうかまでは確かめられない。

4　（ニ）の検討

奈良時代に『皇后宮職解移牒案』を構成していたものとして、最後に（ニ）が残った。これは続々修二四ノ五②(1)～(3)のＩＪＫ三断簡で、天平十一年七～八月のものである。この三断簡の前後に白い紙があり、冒頭下部に付箋ＡＢ（注15）が貼られている。これからみて、三断簡相互の接続情報はないが、続々修二四ノ五編纂以前の段階で張り継がれた状態であったとみられる。おそらく奈良時代の状況をとどめているのであろう。

（ニ）のＩＪＫ三断簡のうち、表裏で時期が明記されているのは、Ｊである。そこに書かれている皇后宮職移ｗは天平十一年八月十四日であるが、背面は天平十一年二月二十八日「写経司解」（七ノ二二四～二二五）でこちらが一次文書である。他も同様の関係であろう。なお、後者に見える「写経司」という組織は、これより前の天平十年

三月ごろに、「写経所」と「経師所」が統合されて成立したものである。(注16)

そこで次にIのu、vに注目すると、背面は「写経司経師手実帳」(二四ノ九三～九四)で、忍坂成麻呂・秦姓弟兄・大鳥高人の手実がこの順に張り継がれている。これらには組織名は記されていないが、忍坂成麻呂と大鳥高人が天平十一年四月十五日「写経司啓」(二ノ一六一～一六六)に見え、「写経司」で作業していることがわかる。秦姓弟兄については不明だが、その手実が先の両人の手実の間に貼り継がれているので、同様に「写経司」で作業していたと判断できる。したがって、これは大日古のとおり「写経司」の手実帳としてよいであろう。そうすると、「写経司経師手実帳」と「写経司解」は、いずれも「写経司」の文書であり、その背面を二次利用して皇后宮職移uvを追い込みで写したことになる。これを写したのは写経司の官人であるから、写経司の反古を写経司が二次利用したことになる。(注17)

Jにはwが、Kにはxが書かれており、それぞれ一紙一通である。wはオクに余白があるが、あまり丁寧な書きぶりとは言えず、訂正もある。またxは途中で書きやめられており、ともに草案とみられる。JK(w、x)は、I(u、v)に続けて草案をそのまま張り継ぐことで写すことに代えたとみられる。

以上から、(ニ)の最初の断簡であるIは、「写経司」の反古を「写経司」が二次利用したものであり、JとKは、「写経司」にあった空紙や反故を「写経司」が二次利用して作成した草案を張り継いだものであることが明らかになった。

5　小結

以上によって、(イ)～(ニ)はいずれも、皇后宮職の写経担当部署や写経司が、自らのところの反古文書を二次利用して作成したものであることが判明した。「史料目録」が〈皇后宮職解移牒案〉とするもののうち、皇后宮職の文書を写してひとまとまりのものとして記録しておこうとしたものは（イ）～（ニ）であった。奈良時代に存在した『皇后宮職解移牒案』と言いうるのはこれらである。

では、それらが写経所文書として残ったのは、なぜであろうか。背面が空である場合もあるが、表裏とも使用されている場合がほとんどである。したがって、二次利用するために、写経所が別組織の反故を入手したものとは考えにくい。むしろ、皇后宮職の写経担当部署が、そのまま写経司をへて写経所へと展開していったために、前者の文書も写経所に引き継がれて残ったと考えた方がよい。

このことは、（ホ）～（ト）が写経所文書として残っていることからも言いうる。（ホ）Lのyは皇后宮職牒の正文、（ヘ）Mのzは（ロ）のcの草案、（ト）Nのαは発せられなかった文書で、余白が二次利用されている。このうち（ヘ）Mと（ト）Nは、皇后宮職の写経担当部署で作成されて反故としてそこにあったものである。これらは、皇后宮職の写経担当部署が写経所へと展開したがゆえに写経所文書として残ったとするのが考えやすい。これに対して、（ホ）は、皇后宮職から造東大寺司にむけて発せられ、造東大寺司から写経所政所に回されてきた正文である。時期も異なるので、写経所文書として残った理由も（ヘ）（ト）とは異なる。

『皇后宮職解移牒案』としてよい（イ）～（ニ）については、次の点が明らかになった。第一に、皇后宮職の写経担当部署や写経司が、作成した皇后宮職の解移牒を、自らの部署内の反故を二次利用して原則として追い込みで写したものである。第二に、基本的に皇后宮職が発した文書の写し（一部案もある）であり、皇后宮職に来た文書は写されていない。これは、写経担当部署や写経司の事務担当者が、写経にかかわる内容の文書を皇后宮職の名で出したので、それを記録しておくために作成したものであろう。

二　「左京職符牒帳」の検討

1　断簡の検討

写経所文書には、天平七年（七三五）の左京職関係の一群の文書があり、特徴的なグループをなしている。つぎに、これらの文書群を取りあげて、その構成および特徴を明らかにする。(注18)

これを短冊で示すと図1のようになる。写経所の担当者たちは、ある断簡の背面の空部分を二次利用する際、その断簡を左右方向に裏返すことがほとんどであった。ところがこの場合、二次利用した人物（志斐万呂）は、この断簡を上下方向に裏返した。このため、表裏を合わせて図示しようとすると、図1のように、上下段とも同じ方向になる。

大日古はAについて「コノ断簡、月日ノトコロニ「左京之印」一町アリ、蓋シ左京職公文ノ反故ニ書シタルモノナルベシ、」と注記しながら「写経布施注文」と命名している。つまり異筆部分にとらわれて、他の左京職関係文書と一連のものであると認識していない。しかし、接続関係から、月日部分の一行だけであるが、一連のものであることは明らかである。なお、Aの月日は大日古は「十月三日」とするが「十一月三日」の誤りである。

次に、大日古では、次に述べるように、E～Gに関する説明が十分でない。

謹解　申所盗物事

合壱拾参種

麻朝服一領　葛布半臂一領　帛褌一要　麻糸抜一箇

帛被一蓋　紵帳一張　調布帳一張　被莒一合

緑裳一要　青裳一要　鈄一面枝継所管作口左方均右方／於往疵枝継所於中藁可挿入穴

赤漆真弓一枝小〻削黒漆端　幌二具
右等物、六条二坊安拝常麻呂之家、以去八月
廿八日夜所盗、注状以解、
天平七年閏十一月五日
中宮職舎人少初位上中臣酒人宿祢久治良
左大舎人寮少属大初位下安拝朝臣常麻呂

職符　東市司
件所盗物文、以去八月廿八日申送如前、
大進大津連「船人」
少属衣縫連「人君」

まず右に引用したEであるが、天平七年閏十一月五日付の「安拝常麻呂解」が左京職に提出された。盗品の届である。これを受けた左京職は、一紙内のオクに「左京職符」を書き込んで、全体として左京職符とした上で東市司に下したのである。したがって、一紙に二通の文書が書かれている。

つぎに、大日古は年欠十一月二十日「左京職符」（一ノ六三二～六三三）を一つの文書のように掲載している。しかしこれはF（正集四⑧⑷）とG（同⑸）の二つの文書である。大日古では、両者の紙継目が示されていないので、この点を認識することがむずかしくなっている。

2　背面の検討

以上から、左京職関係文書がA～Gの七断簡存在することがわかった。このうちABCについては接続情報があり、この順に接続していた。AとCには「左京之印」が捺されており、正文である。ABの背面は「写疏所解案」

（二四ノ三七六～三七七）、Cの背面は天平十八年七月一日の「写疏所解」（二ノ五二一～五二二）である。この両者は「接続カ（表裏接続カ）」とされており、一つの布施申請解案Ⅰである。こちらが二次文書でA～Cを裏返して書いたことになる。

これに対してD～Gについては、FとGが「貼リ継ガル」とされている以外は、接続情報がない。そこで、D～Gの四断簡の接続関係について検討する必要がある。

D～Gの背面は、四断簡からなる天平十八年六月二十九日の「写疏所解」で、布施申請解案Ⅱである。年紀から見てこちらが二次文書である。この四断簡は相互に「貼リ継ガル」とされているが、本来のものかどうかわからない。

記載内容では、総計部分と経師ごとの内訳合計とで計算の合わないところがある。「経師卅三人」とあるのに二二人の名しか見えず、布施銭は「一貫九百卅五文経師」に対して一貫八八三文で四二文の差がある。一張あたりの布施は七文なので六張分の齟齬があることになる。経師の多くは写紙六張につき布施銭四二文請求されている。したがって、この齟齬は経師一人分にあたることになる。「経師卅三人」の「三」部分は不自然で「二」を「三」に改めたとみられる。経師一人が増えたか、あるいは欠落していたのに気づいたにもかかわらず、その分の追記がなされなかったとみられる。(注19)

写真による判断だが、このような記載内容の不整合はあるが、筆跡、継ぎ目の状況などには、奈良時代の継ぎとして問題のある点はない。これによると、D～Gは二次利用された時点では張りつがれていた可能性が高い。いずれも正文と認められる。

この背面の二つの写疏所解（布施申請解案ⅠⅡ）は「貼リ継ガル」とされているので、両者を貼り継いで布施申請解案の継文を作成した可能性がある。

3 「左京職符牒帳」の存在

以上によると、A~CとD~Gは、それぞれ二次利用された時点にはすでに貼り継がれていたことになる。この二群は、ともに左京職が発給した正文を貼り継いだものである。同一の継文の二つの部分と見てよかろう。前者の最後のCは天平七年一一月九日付、後者の最初のDは同一一日付と日が接近している。たとえ両者の間に欠落があったとしても、わずかであろう。

大日古は編年主義を優先させた結果、B—D—F—G—E—Cの順に掲載している。このため、EとFGの逆転、Cの位置がおかしいなどの問題が生じており、一連の文書の配列がくずれてしまっている。したがって、左京職関係文書が一連の継文であることが認識できなくなっている。

以上の検討の結果、左京職の発給文書の正文を貼り継いだ継文が存在したことが明らかになった。Aの右端は切断されており、かつてはAの右に伸びていたと見られる。同様にGの左端も切断されており、やはりGの左方に続いていた。背面の写疏所解の日付から見てD~Gの背面の方が先に二次利用されたと考えられる。そうすると、この継文は、もとはさらに左右に長いもので、右から左に巻かれた状態で存在し、末尾から順に切断もしくは剝し取られて二次利用されていったことになる。布施申請解案ⅠⅡが残されたためにその背面の左京職関係文書だけが残存したが、他に二次利用されたものは、残らなかった。

以上によると、天平十八年六~七月ごろの写経所の事務局には、左京職関係文書の正文を貼り継いだ巻物が存在していたことになる。これらの正文のあて先は、BCDEFGに明記されているように、東市司である。したがって、これらの正文は、東市司側にあったものである。東市司では、左京職から送られてくる文書を貼り継いで整理していたものと思われる。

東市司が整理した文書が、左京職から来た文書のみを対象としていたのか、それとも東市司が提出した文書の控えや下書き、左京職以外から来た文書も含めて整理していたのか、そのいずれであるかは明らかでない。しかし、A～Gを見る限り、前者ということになる。この場合「左京職符牒帳」のような名称となるであろう。

三　「〈皇后宮職牒〉」＋「本経返送状」

天平九年四月六日「〈皇后宮職牒〉」（正集四四⑤、二ノ二八～二九）の右には、「〈本経返送状〉」（続々修一六ノ二④、七ノ一九二～一九四）が接続している。

大人覚章経一巻　　本行六行蜜経一巻
（経巻省略）
請観世音菩薩消伏毒害陀羅尼経巻一　合五十五巻
大寺之本
「十年十一月九日、件本経返送如前　　請河人成
付辛国人成　給赤万呂」（別筆1）
「川原人成」（別筆2）
……………………………………………………

皇后宮職　　牒大寺三綱所
請雑経事且請五十五巻
右、為本抄写、件経奉請如前、仍付舎人川原
人成、以牒、
天平九年四月六日従八位下守少属出雲「屋麻呂」
正六位上行大進勲十二等安宿首「真人」

「検目録奉借充」

「〈皇后宮職牒〉」は、皇后宮職が大寺（大安寺）三綱所に出した牒で、その内容は「本の抄写の為に」五十五巻の「雑経」を借りたいので、舎人川原人成に付して牒する、というものである。背面は空であるので、新しい紙を使用したことになる。文字は丁寧に書かれており、日下の署名と連署は自署である点から見て、正文である。それが残存しているのは、大安寺に送られたあと、借りることのできた経巻とともに皇后宮職にもどってきたからであると考えられる。

オクには別筆で大きく「検目録奉借充（目録を検じて借し充て奉る）」と書き込まれている。これは、大安寺の三綱などで、借用の申し入れに対して「目録」にもとづいて貸すことを認める旨を書いたものである。使者の川原人成は、この書き込みを書いてもらった牒を持って、経巻を保管している経蔵のようなところにまわり、これを示して雑経五五巻を借り出し、牒とともに皇后宮職に持ち帰ったことになる。

ここで問題は、この牒だけでは借用依頼を受けた大安寺は、皇后宮職が要求している雑経五五巻の具体的内容を知ることができないことである。したがって、皇后宮職牒の正文とは別に、借用希望経巻の正式リストが添えられていたはずである。そのリストは「〈本経返送状〉」ではない。正式リストそのものは大安寺が受け取り、皇后宮職に貸し出した経巻のリストとして留め置いたであろう。

「〈本経返送状〉」の末尾には「合五十五巻／大寺之本／請河人成」とある。大安寺に送られたリストに「大寺之本」とは書かないから、これは皇后宮職側の控えとして記されたものであろう。そこに「大寺之本／請河人成」が覚えとして書き込まれた。大安寺に送られた正式のリストは、冒頭にリストの題、末尾に何らかの文言があったかもしれないが、内容は「〈本経返送状〉」と同じ経巻が列挙されていたとみられる。

「〈本経返送状〉」は、冒頭に約二センチ（二行分）の余裕を持って書き始められ、末尾には約七センチの余白（経巻名列挙部分で測って）がある。最初に作成された時には、後述する返却に関する記載はなかった。「〈皇后宮職牒〉」は、川原人成が大安寺から経巻とともに持ち帰った。皇后宮職側では、その右側に「〈本経返送状〉」を貼り付けた。その後、写経の経過にともなって、経巻名に合点、丸囲い、朱点などが付された。さらに天平十年十一月九日に、借用した経巻を返却したので、その旨を「〈本経返送状〉」末尾の余白に書き込んだ（別筆1）。これを書き込んだとき、「〈皇后宮職牒〉」と「本経返送状」はすでに張り継がれていた。それは、最後の「川原人成」（別筆2）が「〈本経返送状〉」側に半存しており、残り半分は「〈皇后宮職牒〉」の冒頭部分にあることでわかる。この紙端から半存部分まで約七ミリあるが、それが張り継がれていた時の糊代の幅である。

「〈皇后宮職牒〉」の左端にハガシトリ痕はないので、左に張り継がれたものはなかったとみられる。「〈本経返送状〉」の右端については情報がないので明言できないが、写真で見る限り右端表に糊跡はみられない。この二通だけで存在していたのであろう。

以上によると、皇后宮職では、天平九〜十年ごろ、事案ごとに関係する文書を張り継いで帳簿とし、それによって事務を取っていたことがわかる。

むすび――解移牒符案との対比

前節までに、天平初期の写経所文書のうち、貼り継がれたものとして、『皇后宮職解移牒案』、「左京職符牒帳」、「〈皇后宮職牒〉」＋「〈本経返送状〉」の三つの場合を検討してきた。これらの特徴を整理したい。

『皇后宮職解移牒案』は、皇后宮職の写経担当部署や写経司が、皇后宮職の名で外部に出す文書を、反古を二次利用して基本的には追い込みで写したものであった。一部に案を張り継いだ場合もあったが、これは写すかわりに張り継がれたものと理解される。年ごとに一通ずつ作成された場合や、数年分をまとめて作成された場合があった。

それらがさらに貼り継がれて長い巻物とされた可能性はあるが、確認できなかった。

この帳簿には、外部から皇后宮職の写経担当部署や写経司にまわって来た文書の正文や写しは含まれていない。また、皇后宮職が写経担当部署や写経司に対して出した文書（符など）の正文や写し、写経担当部署や写経司が皇后宮職に出した上申文書（解など）の下書き、控え、写しなどの文書類や、事務執行上のメモのようなものも、まったく含まれていない。

この点からすると、『皇后宮職解移牒案』は、写経担当部署や写経司が、上部の皇后宮職の名で外部に出した文書を写して記録しておくことを目的に作成されたと考えられる。

次に「左京職符牒帳」は、東市司が上級官司の左京職から来た符や牒の正文を貼り継いだものであった。ここには、東市司が左京職に対して出した上申文書の下書き、控え、写し、左京職以外の官司から東市司に来た文書の正文、写しは貼り継がれていない。

東市司は当然左京職の指示に対応したはずである。左京職からきた正文のとなりに東市司の対応に関する文書が貼り継がれれば、その部分は一件処理的な様相を呈し、「〈皇后宮職牒〉」＋「〈本経返送状〉」のような状況となるのであるが、そのようなことはなされていない。この点からすると、「左京職符牒帳」は上級官庁の正文の保管を重要な目的として作成されたと考えられる。

「〈皇后宮職牒〉」＋「〈本経返送状〉」では、皇后宮職（の写経担当部署）が外部に出した文書の正文（宛先からもどってきたもの）に内部の控えを貼り継ぎ、それを帳簿として用いて事務処理していた。いわば一件処理の方式である。この場合は関係文書が二通のみであるが、関係文書が多い場合は、それらが貼り継がれて長い巻物になったのではなかろうか。このような一件処理の関係文書を貼り継いだものを単位として、それらをさらに貼り継いで長大な巻物としたことも想定できる。

以上のような天平初期の帳簿の特徴は、解移牒符案に認められるであろうか。これまで解移牒符案とされてきたものは、次の五通で、いずれも天平宝字年間のものである。

① 造東大寺司写経所公文案帳　天平宝字二年六月～同三年七月
② 御願経奉写等雑文案　天平宝字四年二月～八月
③ 奉写一切経所解移牒案　天平宝字五年正月～五月、九月
④ 造石山寺所解移牒符案　天平宝字六年正月～同七年六月
⑤ 奉写二部大般若経解移牒案　天平宝字六年十二月～同八年十一月

これらの内容および性格分析は他日を期すこととして、ここでは上記の三通の特色が解移牒符案に認められるのかどうかという点を検討することとする。

これらの特徴のうち、写経所が作成した外部あての造東大寺司の文書の案が写されるという点は①に認められる。『皇后宮職解移牒案』のように、自らが作成し上級官司の名で外部に出される文書を、作成した下部機構や部署の側で把握していたのではないか。

他から来た文書の正文が貼り継がれるという点だけを見ると、それは①にみられる。しかし、上級官司である造東大寺司から写経所に対して出された文書の正文が貼り継がれているわけではなく、造東大寺司から送った経巻の受取状（たとえば興福寺三綱が出したもの）の正文が貼り継がれているのである。したがって「左京職符牒帳」における上級官司からの正文の貼り継ぎとはちがう。また、外部からの文書が並べられるということは④にも見える。しかし、それは外部から来た封戸租米に関する文書の写しである。正文を貼り継いだものではないので、これも「左京職符牒帳」とは異なる。

この写しのもとになった正文を貼り継いだ継文は存在していた可能性はある。しかし、それは、上級官司からの

文書ではない。むしろ関係文書を貼り継いで整理したもので、一件処理的要素を持っているとみられる。

以上によると、本稿で検討した天平初期の三つの事例の持つ特徴のうち、上級官司の名で出す文書を下部組織が作成した場合、その写しをとって保存しておくという文書整理の仕方は、その後の解移牒符案に受けつがれたとみてよい。この点に解移牒符案の源流を求めることができるであろう。

それが拡大して、下部組織が上級官司に代わって自らの名で文書を作成して発給した場合や、さらには下部組織が上級官司に文書を出した場合に、その下書き、控えを貼り継いだり、写しをとっておくというところに展開していったという道筋はたどれるかもしれない。また、上級官司から来た文書を下級官司が貼り継いで保管しておくということは、そのままの形では解移牒符案には認められないが、愛智郡司が出した封戸関係の文書が貼り継がれていたように、他の官司から来た正文を貼り継ぐことは行われた。これも展開の一例かもしれない。

①〜⑤の作成については、写経所別当の安都雄足や同案主の下道主・上馬養たちが深く関係したことがすでに指摘されている。(注20) それは妥当であるが、彼らはそれ以前から存在していた文書整理の方式を参考にしながら①〜⑤を作成したであろう。

注

(1) 栄原「藤原光明子と大般若経書写―『写経料紙帳』について―」(上田正昭編『古代の日本と東アジア』小学館、一九九一年、のち『奈良時代の写経と内裏』塙書房、二〇〇〇年に再収)、鷺森浩幸「藤原光明子家に関する一史料」(『続日本紀研究』三〇五、一九九六年)

(2) 本稿では、断簡の接続情報、紙端の情報は東京大学史料編纂所編『正倉院文書目録』(以下「史料目録」と略称する)によるが、煩をさけていちいち断らない。

（3）以下、〈　〉は「史料目録」の文書名、「　」は『大日本古文書（編年）』（以下、大日古）の文書名である。「〈　〉」は両者共通の場合である。

（4）井上薫『奈良朝仏教史の研究』（吉川弘文館、一九六六年）

（5）井上薫の整理との異同を記しておく。井上はzについてcの案で天平四年八月十日ごろのものとするが妥当である。次に井上は、rについて天平二年七月三十日以前か同五年八月十五日以降のものとする。rはpqの次に接続している。pqは天平六年八月五日ないし十日から同七年九月二十日ないし二十一日までの上日を報告するものであり、通例の七月までの期間を約二か月超過する異例の期間設定をしている。しかるに文書の日付は七月二十九日、八月九日で右の期間と齟齬しているのは、この異例の期間設定と関係するとみられる。rの期間設定はpqとほぼ同じであり、qのつぎに写され、rの次に写されているsの日付が天平七年八月十一日であることからすると、rは天平七年八月ごろのものであろう。井上はtについて天平二年八月から同六年九月以外の某年八月十日から同年九月二十五日までのものとするが、本文で後述するように、天平七年七～八月のものと見るのがよい。

（6）オクに別筆があるが、文意を十分に取りにくい。

（7）前年八月から当年七月までが考課の年度であった（考課令1内外官条）。

（8）Cの左端側については、紙端の状態に関する情報がない。

（9）天平九～十年ごろには「経師所」「写経所」という部署があり、天平十年三月下旬ごろに両者が統合されて「写経司」が成立したとされる（山下有美『正倉院文書と写経所の研究』吉川弘文館、一九九九年）。それ以前については、部署名が明らかでない。この部署では、晋書・漢書その他の仏教経典以外のものも写しているが、中心は写経であるので、写経担当部署と称しておく。

（10）山田英雄はrの宛先を図書寮の誤りとする（「奈良時代における上日と禄」『日本古代史攷』岩波書店、一九八七年、もと『人文科学研究』二二、一九六二年）。しかし、秦双竹は図書寮から中務省に移動し、rが皇后宮職解とすべきところを皇后宮職移と誤った可能性もある。ここでは原文書の表記の通り皇后宮職移としておく。

（11）大日古は日付の「日」の文字を記さない。年紀の部分は破損しているが、残画から「日」はある。

(12) 大日古は「右」を落としている。
(13) 「写経目録」の方の合計は二五七巻で一巻のずれがある。
(14) 「写経目録」には、これとは別に天平六年六月ごろ写された最勝王経一〇部一〇〇巻が見えている（七ノ二〇）。こちらは時期が合わないので、もう一組別の最勝王経一〇部が写されたとみられる。
(15) 付箋ＡＢについては、栄原『正倉院文書入門』（角川学芸出版、二〇一一年）参照。付箋Ａは初期の未修文書の所属を示すもの、付箋Ｂは続々修の成巻の順序を指示するもの。
(16) 山下有美注9著書
(17) これらが写経所文書として残っていることからすると、写経司が皇后宮職の移を作成したと考えられる。ｖ、ｗは、左右の衛士府に対して火頭の返却と宮（皇后宮職）への留置を願う移を追い込みで写している。この移を作成したのが写経司とすると、これらの火頭は左右衛士府から写経司に出向していたことになる。ｗは、異筆書込みから福寿寺と金鍾山房が天平一一年七月ごろに同時並存していたことを示す重要な史料である。猪養得足と玉作牛部に「福」、君子得に「福寿寺」、「林金鍾山房」とある。彼らはこれ以前に写経司からさらに福寿寺と金鍾山房に送られていたことになる。
(18) なお、これは、注15拙著五九～六一ページ（韓国語版七〇～七三ページ）にかけての記述の補足および訂正でもある。
(19) 用紙も六張のずれとなるはずであるが、「用紙二百七十六張」に対して内訳合計は二六九張でずれは七張である。
(20) 山下有美注9著書

表1　断簡と皇后宮職発給文書との関係

グループ	断簡		皇后宮職発給文書					
	断簡	所属	記号	型式	宛先	年紀	備考	大日古巻頁
(イ)	A	続修16①	a	移	図書寮	天平3·8·10		1ノ442～443
			b	解	太政官	天平3·8·10	年紀と日下の1行のみ背面にあり	1ノ445
(ロ)	B	続修16②	c	移	図書寮		年紀欠	1ノ443～444
			d	解	太政官		年紀欠	1ノ449
			e	解	太政官	天平4·8		1ノ449
(ハ)	C	続修16③(1)	f	解	太政官	天平5·7·20		1ノ474
			g	牒	?	5·7·30		1ノ474～475
			h	移	図書寮	5·8·11		1ノ476～477
			i	解	太政官	天平5·8·15		1ノ477
	D	続修16③(2)	j	移	監物	天平5·8·16		1ノ478
			k	移	右京職		年紀欠	1ノ478～479
			l	移	民部省	5·8·28		1ノ479
			m	解	太政官	天平5·9·8		1ノ480
	E	続修16③(3)	n	移	監物	天平6·8·5		1ノ585
	F	続修16③(4)	o	移	図書寮	天平6·8·10		1ノ585～586
	G	続修16③(5)	p	移	図書寮	天平7·7·29		1ノ628
			q	移	兵部省	天平7·8·9		1ノ629
	H	続々修24ノ5①	r	移	中務省		年紀欠	1ノ444
			s	解	太政官	天平7·8·11		1ノ629～630
			(t)	移	図書寮		年紀欠、背面	24ノ12
(ニ)	I	続々修24ノ5②(1)	u	移	右衛士府	天平11·7·12		2ノ174
			v	移	左衛士府	天平11·7·12		2ノ352
	J	続々修24ノ5②(2)	w	移	式部省	天平11·8·14		2ノ181
	K	続々修24ノ5②(3)	x	移	散位寮		年紀欠	24ノ13
(ホ)	L	続々修24ノ5③	y	牒	東大寺	天平20·10·18		3ノ125
(ヘ)	M	続々修24ノ5⑩	z		図書寮		前欠、年紀欠	24ノ11～12
(ト)	N	続修後集28⑧	α	移	散位寮		年紀欠、抹消	24ノ13～14

解 太政官	解 太政官 左弁史生	解 太政官 史生	移 中務省 史生	移 監物	移 民部省 史生	移 兵部省 史生	移 右京職 史生	牒
長江忌寸金弓	三宅作志	丸連白万呂	秦双竹	別君粳万呂	史戸赤麿	将軍陽生	私告東人	檜前馬長
9 22 22　f 19　上日110 25　張数569→606 6 7	i 上日123,105 張数488	m 上日37 張数182		6,5 27,20 20,11　j 20,15　上日103,69 24,16　張数410 6,2	l 上日132,75 張数487		k 上日88,61 張数429	27　g上日31 4　張数176
				n 上日95 張数321				
		s 上日35 張数190	r 上日35 張数170			q 上日41 張数190		

移 図書寮	移 図書寮	移 図書寮	解 太政官
秦双竹	安曇連広浜	酒豊足	新家大魚
涅槃経1帙192 10,3 唯識論10巻177 実相般若経5巻40 15,8 法華経8巻160 10,3 15,7 a 8,2 上日132,37 張数579 20,4 27,10			16 勝鬘経2巻 14 注金剛般若経3巻 15 勝鬘経疏1巻 19,3 金剛仙論2巻 18 以上8巻計172 13 涅槃経2帙201 12 瑜伽論略集10巻185 13 瑜伽論抄3巻218 12 晋書13帙163 17,4 b 18,6 上日187,20 20,7 張数939
20,17 正法華経3巻56 文選下帙5巻120 漢書2帙5巻166 10,10 20,15 10,9 25 25 c 上日182,51 23 張数56→342 20 27			7 涅槃経2帙10巻 10 花厳経4巻 20 最勝王経12巻 27 観音三昧経4巻 11 正法華経3巻 16 金剛波若経6巻 20 28 d e 上日171 11 張数602 6 15
法花経8巻160 h 上日102,32 張数160	大集経10巻200 大法炬陀羅尼経6巻90 菩薩蔵経10巻218 大威徳経4巻57 h 上日121,93 張数565	大集経10巻186 大威徳経6巻115 菩薩蔵経10巻215 大法炬陀羅尼経4巻60 h 上日124,85 張数576	
	最勝王経10巻160 雑経51巻260 涅槃経4帙10巻201 o 上日153 張数621	法華経8巻160 雑経20巻167 坐単経2巻54 涅槃経3帙10巻198 普曜経2巻38 o 上日140,60 張数617	

した紙数、③表１の文書記号、④当該年度の上月と夕の合計数、⑤当該年度の写

表２　（イ）～（ハ）の作業の内容

年度	年月	移 図書寮		移 図書寮		移 図書寮	
		船花張善		安子児公		辛金福	
天平３年度	天平２年８月		涅槃経3帙190②		涅槃経1帙192		涅槃経4帙184
	9月	12,6①	瑜伽論抄3巻240		涅槃経3帙190		瑜伽論抄2巻144
	10月	10,4		12,5	瑜伽論抄2巻120		晋書4帙233
	11月			15,6	晋書9帙242		実相般若経5巻40
	12月			28,8			
	天平３年正月		a③	11,4	a	11,2	a
	2月		上日119,40④		上日161,50	27,10	上日137,45
	3月		張数430⑤	20,3	張数744	26,7	張数601
	4月	25,10		15,4		16,5	
	5月	20,5		19,5		19,6	
	6月	24,4		21,7		14,5	
	7月	27,10		20,8		20,10	
天平４年度	8月	17,6	涅槃経1帙192	18,17	正法華2巻42	27,16	涅槃経15巻293
	9月	10,10	最勝王経3巻46		最勝王経3巻42	28,28	正華経2巻42
	10月	20,19	文選上帙9巻□	21,20	華厳経5巻79	29,26	最勝王経2巻32
	11月	27,26		22,20	涅槃経2帙200	29,6	金剛般若経4巻48
	12月	11,10		19,9		27	文選音義7巻181
	天平４年正月	23,20		23,21		23	花厳経3巻60
	2月	27				28	
	3月	25	c		c	21	c
	閏3月		上日198,91		上日118,97		上日227,96
	4月	28	張数392→508		張数354		張数656
	5月						
	6月						
	7月	20		15,10		26,15	
天平５年度	8月		最勝王経10巻160		正法華経10巻192		大集経10巻229
	9月		悲華経10巻195		最勝王経10巻160		大法炬陀羅尼経6巻108
	10月		入楞伽経10巻170		花手経10巻253		阿弥陀経20巻100
	11月		実録10巻66		大灌頂経12巻125		薬師経7巻77
	12月						文選音義3巻75
	天平５年正月		h		h		
	2月		上日243,150		上日210,105		h
	3月		張数591		張数730		上日191,110
	閏3月						張数589
	4月						
	5月						
	6月						
	7月						
天平６年度	8月				最勝王経10巻160		
	9月				雑経10巻80		
	10月				法華経8巻160		
	11月						
	12月						
	天平６年正月		o		o		
	2月		上日？		上日？		
	3月		張数？		張数400		
	4月						
	5月						
	6月						
	7月						
天平７年度	8月				最勝王経10巻170		
	9月				理趣経3巻60		
	10月						
	11月						
	12月						
	天平７年正月				p		
	2月				上日54		
	3月				張数230		
	4月						
	5月						
	6月						
	7月						
天平８年度	8月						
	9月						

①～⑤の凡例によって以下表示する。①各月ごとの上日と夕の数、②涅槃経３帙田書写に要紙数合計

（裏・上端注記）ハ有｜ハ有　ス（表裏接続カ）　ウハ有｜オウハ有　カ（表裏接続カ）　ハ有｜ウ糊痕アリ　貼リ継ガル　ウ糊痕アリ｜貼リ継ガル｜貼リ継ガル｜貼リ継ガル｜ウハ不明

	A	B	C	D	E	F	G
裏	24ノ376・2 〜376・4	24ノ376・5 〜377	2ノ521〜2	2ノ515 〜516・6	2ノ516・7 〜517・11	2ノ517・12 〜518・6	2ノ518 ・7〜8
裏文書	「写疏所解案」（Ⅰ） 写疏所解　申請布施事 用紙二百七十九張	枝紙二百七十九張 坂上武万呂	「写疏所解」→ 高市老人 （七四六） 十八年七月一日　支斐万呂	「写疏所解」（Ⅱ）→ 写疏所解　申請布施事 柞井馬甘	錦大名 山下昨万呂	史戸大立 題師大鳥高人	以前… 十八年六月廿九日　志斐万呂
表文書	「写経布施説文」 「左京之印」1　十一月三日	「左京職符」 職符　東市司 （七三五） 天平七年十一月五日	「左京職符」 職符　東市司 「左京之印」12 天平七年□□（十一カ）月九日	「左京職符」 職符　東市司 天平七年十一月十一日	「安拝常麻呂解」 謹解　申所盗物事 「左京之印」14 天平七年閏十一月五日 職符　東市司	「左京職符」 職符　東市司 十一月廿日	職牒　東市司
巻次	続42⑤	続42②	正4⑧(1)	正4⑧(2)	正4⑧(3)	正4⑧(4)	正4⑧(5)
表	24ノ377	1ノ631	1ノ641	1ノ631〜2	1ノ634〜5	1ノ632〜3	1ノ633

（表・下端注記）切断｜ハ有　カ（表裏接続）　ウハ有｜ウハ有　カ（表裏接続カ）　ハ有｜ハ有｜貼リ継ガル｜切断

図1　左京職符牒帳

あとがき

二〇〇七年五月から始まった解移牒会は、歴史学、国語学、国文学という様々な分野の研究者が正倉院文書中の解移牒符案を読み進めてきた研究会である。国語学・国文学の研究者がこのようにして正倉院文書に取り組んでいる研究会は、おそらく他にはないと思う。国語学・国文学の分野では、正倉院文書はそれほどポピュラーな資料ではないからである。正倉院文書の国語学的研究を細々と続けていた私にとって、この解移牒会は、長年お世話になった栄原ゼミと同様、かけがえのない研究の場である。栄原ゼミから数えると十五年間お世話になっている。異分野の人間でありながら、長期にわたってゼミや解移牒会にお世話になった。そのことに免じて、栄原ゼミ・解移牒会と私との関わりを述べて、あとがきにかえることをお許しいただきたい。

正倉院文書は、計り知れない可能性と魅力を持った一大資料群である。歴史学の分野のみならず、国語学、国文学の分野においても、それは言うまでもない。一三〇〇年前に書かれたものが、その墨色も鮮やかに、筆の勢いも訂正の跡も生々しくそのまま残存し、そのうえ、その文書や帳簿は、それぞれに有機的なつながりを持ちながら存在しているのだから、当然のことである。頭ではよく解っていることであるが、具体的な実感をもって、そのことが腑に落ちるまでに、私は長い時間を要した。正倉院文書の基本的な扱い方を知らないまま、自己流で国語学の研究を始めたからである。

正倉院文書を研究資料として扱うためには、奈良時代の姿に復原する方法、その資料の性格や構造、文書・帳簿の作成過程や処理過程を学ばなければならない。さらに、正倉院文書の中心をなす写経所文書をあつかうためには、写経所の構造・変遷、写経のプロセス、個別写経事業研究のこと、長大帳簿研究のことも学ばなければならなかった。

なんとかしたい一心で、一九九三年には正倉院文書研究会に入会した。そこで、その頃盛んに行われていた個別写経事業研究の実態を知り、どうすれば写経事業別の帳簿セットを厖大な資料のなかから抽出できるのか、知りたいと思った。毎回のように報告される「正倉院文書を伝えた写経機構」の研究にも圧倒された。

栄原先生にお声をかけていただき、二〇〇〇年四月から栄原ゼミに参加するようになり、正倉院文書の基礎を学んだ。バラバラになった断簡を奈良時代の姿に復原する方法、奈良時代の紙の使い方、墨の色の見方、現状の文書・帳簿の観察の仕方、個別写経事業の帳簿セットの作り方、写経所での案主や雑使の仕事のことなど、どれもこれも、まさに目から鱗が落ちるようなことばかりであった。訂正の印やチェックの跡、段階的に残る文書作成の痕跡に、一三〇〇年の時を超えた生資料のもつ力を実感した。歴史学の立場での文書・帳簿の読み方の訓練を受け、文書や帳簿の分析によって詳細に明らかにされる人やモノの動きに魅了されていた。

しかし、そこに止まってはいられない。国語学の資料として正倉院文書を扱うためには、一点一点の文書を、まず日本語として読むことしかない。目で見て意味を理解するだけではなく、言葉として声に出して読むという試みをしてみなければ、国語学の課題は見えてこない。

そう考えて、やり始めたのが「正倉院文書の訓読と注釈」の仕事である。二三〇通余りの請暇不参解を対象にして、同類文書の同一表現を集め、語形・語義・語法・表現パターンを帰納し、八世紀の実用世界での言葉の実態を記述することを試みた。中国語学、歴史学、国文学の方々の助言を得ながらの作業であった。次に、造石山寺所解移牒符案を資料として作業を始めた。折しも、栄原ゼミで、天平宝字年間の五通の解移牒案を読もうという話が盛り上がった時であった。

私にとっては、願ったり叶ったりの研究会の発足である。「正倉院文書の訓読と注釈」の時の国語・国文学のメンバーと共に参加した。解移牒会のある週は、まず写真と『大日本古文書（編年）』の釈文を照らし合わせて文字のチェックをし、訓読文をノートに書き、帳簿で記載事項のウラをとり、「依先日解文」とあれば、先日解文を探索し、請求した物品などが、いつ、どれだけ支給されたかを調べてメモを取った。気になる言葉や表現があると、用例を集めて、妥当な読みの候補をあれこれと考え、またたくまに一週間が過ぎた。

どうしても、自分だけでは考えが纏まらないときには、メンバーの一人とああでもない、こうでもないと話し合い、うまく説明がつけられないまま研究会の日を迎えることも度々あった。先生の読解や他のメンバーの意見を聞き、「ああ、そういうことか」と納得できることもあり、「いやいや、何かしっくりこないぞ」と消化不良のまま終わることもあった。歴史学の立場での読み方と国語・国文学の立場での読み方の違いや着目するところの違いが、新たな刺激となった。

石山寺造営の領であった下道主が作成した文書の訓読にも悪戦苦闘した。しかし、仕丁や様工のために苦心して文書の表現を工夫し、上位機関に掛け合っている姿が浮かび上がってくると、道主のような下級官人の言葉の世界に光をあててみたいと感じるようになった。

正倉院文書の時代は、外国語の文字である漢字でしか日本語を書く方法がなかった。特に実用の世界では、仮名書きされることも稀である。その八世紀の下級官人たちの言葉の世界を、書かれた漢字文から明らかにしていくことは苦しい。しかし、解移牒会の場では、文書や帳簿を丹念に読み、これまでに蓄積されてきた、歴史学をはじめとする様々な分野の研究成果を最大限に生かしながら議論することで、写経所や石山寺の造営現場で働いた人々の様子が、その言葉と共に、生き生きと再現できたと思う。これからも、正倉院文書の世界とそこに眠っている日本語の世界を明らかにする努力を続けたいと思う。

最後に、出版環境が厳しさを増すなか、このような専門性の高い論文集の刊行をお引き受けくださった和泉書院に、執筆者一同深くお礼申しあげる。

平成二十七年九月

桑原祐子

執筆者一覧（論文掲載順）

山《やま》下《した》 有《ゆ》美《み》　大阪市立大学博士（文学）

中川《なかがわ》 ゆかり　羽衣国際大学教授

桑《くわ》原《ばら》 祐《ゆう》子《こ》　奈良学園大学教授

方《ほう》 国《こっ》花《か》　奈良文化財研究所アソシエイトフェロー

井《いの》上《うえ》 幸《みゆき》　奈良文化財研究所アソシエイトフェロー

根《ね》来《ごろ》 麻《あさ》子《こ》　川崎医療福祉大学専任講師

宮《みや》川《がわ》 久《ひさ》美《み》　奈良佐保短期大学教授

濱《はま》道《みち》 孝《たか》尚《ひさ》　大阪市立大学都市文化研究センター研究員

渡《わた》部《なべ》 陽《よう》子《こ》　大阪市立大学都市文化研究センター研究員

栄《さかえ》原《はら》 永遠男《とわお》　編者紹介に記す

■編者紹介

栄原永遠男（さかえはら　とわお）

大阪歴史博物館館長、東大寺史研究所所長、大阪市立大学名誉教授　京都大学博士（文学）

最近の著書・編著

『万葉歌木簡を追う』（和泉書院、二〇一一年）、

『正倉院文書入門』（角川学芸出版、二〇一一年）、

『聖武天皇と紫香楽宮』（敬文舎、二〇一四年）、

『難波宮と都城制』（中尾芳治と共編、吉川弘文館、二〇一四年）

日本史研究叢刊 30

正倉院文書の歴史学・国語学的研究
—解《げ》移《い》牒《ちょう》案《あん》を読み解く—

二〇一六年六月二五日初版第一刷発行

（検印省略）

編者　栄原永遠男
発行者　廣橋研三
印刷所　亜細亜印刷
製本所　渋谷文泉閣
発行所　有限会社 和泉書院

大阪市天王寺区上之宮町七－六
〒五四三－〇〇三七
電話　〇六－六七七一－一四六七
振替　〇〇九七〇－八－一五〇四三

ISBN978-4-7576-0803-0 C3321

日本史研究叢刊

大塩平八郎の総合研究	大塩事件研究会編	21	九〇〇〇円
大塩思想の可能性	森田康夫著	22	八〇〇〇円
海民と古代国家形成史論	中村　修著	23	八〇〇〇円
医師と文芸　室町の医師竹田定盛	大鳥壽子著	24	八〇〇〇円
玉葉精読　元暦元年記	髙橋秀樹著	25	一〇〇〇〇円
中世説話の宗教世界	追塩千尋著	26	七〇〇〇円
近世の豪農と地域社会	常松隆嗣著	27	六八〇〇円
大塩思想の射程	森田康夫著	28	六〇〇〇円
有間皇子の研究　斉明四年戊午十一月の謀反	三間重敏著	29	六五〇〇円
正倉院文書の歴史学・国語学的研究　解移牒案を読み解く	栄原永遠男編	30	一二五〇〇円

（価格は本体価格）